U0437865

WILEY

纠 缠

Entangled

人与物之间关系的考古学

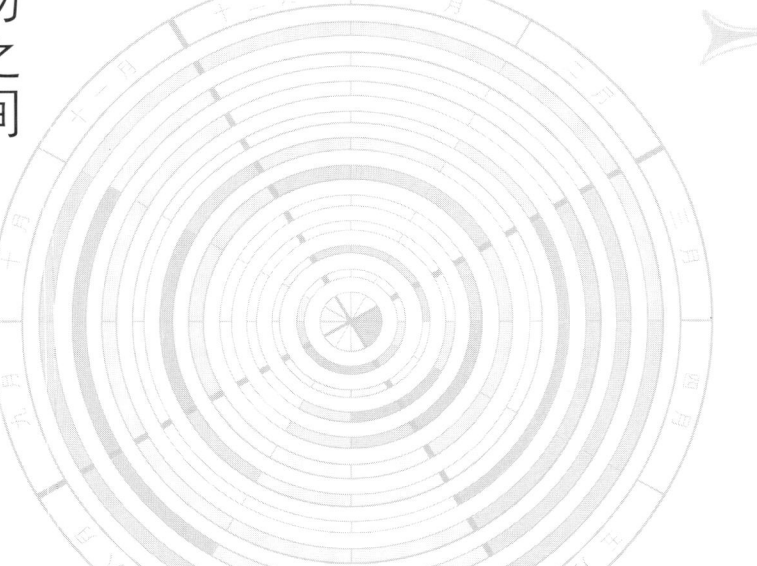

A New Archaeology of the Relationships between Humans and Things

[英] 伊恩·霍德 (Ian Hodder) 著

刘 岩 译

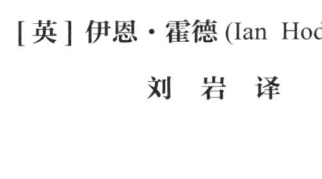

上海古籍出版社

中央高校基本科研业务费专项资金资助项目
"中国考古学视域下的西方考古学中的本体论转向研究"(2021NTSS14)

北京师范大学历史学院青年教师发展资助项目

题 记

飞吧，飞吧，飞吧
希望之翼
在历史的广袤无垠中翱翔
美丽图像中的俗套之词
从寂静孤独之地中被迫说出的言语
美有多种形式
自由，希望，身份
坐在椅子上聆听着声音
对着这图像聆听，触摸，嗅闻
如果没有黑暗，那光明会是什么？
如果没有地面可以着陆，我们真的会坠落吗？
那翱翔将会怎样呢？
如果你能做的只是坠落，你如何在正确的地方着陆？
残破的雕像，从悬崖掉下
—
沿着不同方向行走，我就会变成不同的人

——出自凯尔·霍德-哈斯托夫（Kyle Hodder-Hastorf）的诗文

第一版前言和致谢

这本书主要是我在以下研究机构进行学术休假期间完成的，我对这些机构表示由衷的感谢：英国牛津的莫德林学院（Magdalen College）；法国巴黎的人文科学之家基金会（Fondation Maison des Sciences de l'Homme），尤其感谢阿兰·施耐普（Alain Schnapp）；土耳其伊斯坦布尔的安纳托利亚文明研究中心（科奇大学，Koç University），尤其感谢斯科特·雷德福德（Scott Redford）。我还要对下面这些阅读过本书全部或部分手稿并提出有益评论的同仁表示感谢，他们是：布赖恩·科丁（Brian Codding）、埃瓦·多曼斯卡（Ewa Domanska）、马修·约翰逊（Matthew Johnson）、路易丝·马丁（Louise Martin）、琳恩·梅斯克尔（Lynn Meskell）、比约纳·奥尔森（Bjørnar Olsen）、鲍勃·普鲁塞尔（Bob Preucel）、史蒂夫·申南（Steve Shennan）、詹姆斯·斯基博（James Skibo）及其不愿透露姓名的学生，以及几位匿名评审者。而且我还要感谢在牛津期间，埃里克·克拉克（Eric Clarke）和迈克尔·博登（Michael Burden）不厌其烦地回答了我关于音乐的问题，格雷格·霍德（Greg Hodder）向我介绍了波特（Porter）的作品。我非常感谢克里斯·多尔蒂（Chris Doherty）制作了图 1.3 的纠缠关系图，并在恰塔霍裕克（Çatalhöyük）遗址同我一起讨论纠缠理论。

最重要的是，我特别感谢琳恩·梅斯克尔，感谢她在我思考和写作本书期间给予的关爱和支持。她一直都是我新思想的宣传者、评论者和灵感之源。

  这本书将永远和凯尔（Kyle）联系在一起。虽然我最初告诉他这个主题时，他不以为意，但我已经努力提出了在他看来可能有价值的论点。他已经与世长辞，但我会深深地、深深地怀念他。

第二版前言和致谢

这一版对第一版的内容进行了大幅修改。最重要的修改或许是，我在这一版中增加了一章，这章的内容是人与人之间的纠缠，与此同时，这一版将人的关系放在纠缠理论更为核心的位置。这样做主要是源自我对人与物之间的对称性理念的批判。近年来，人与物是对称的这种思想一直在考古学和其他相关学科中备受青睐，但也产生了伦理论题，我在本书中对此深表赞同并进行了讨论。另一处重要修订是，经过认真思考后，我放弃了"自在之物"（things-in-themselves，又名"物自体"）的概念以及物的客体性。在第一版中，我错误地认为物可以脱离其背后的关系而存在。对此，本书采取了更具关系性的立场。

在本书中，我还更加注意流动（flow）和时间性（temporality）。我之所以更关注关系性（relationality），是因为我发现，所有的物和人都在不断变化。因时而变的思想动摇了物在空间中固定不变的理念，因此，本书更加关注产生流动的各种力量，而且整体上的关注点由存在（being）转向生成（becoming）。

在第一版中，我试图在人文社会科学的各种不同视角之间搭建起沟通的桥梁，因此将有关进化的讨论也收录其中。但考虑到新版中对流动和力场（force fields）的强调，进化论的思想同上述理念之间存在不一致性——新版中对纠缠在一起的、充满矛盾性的各种关系线索的强调，似乎同将适应适合度（adaptive fitness）这一维度放在优先地位的理论并不匹配。

  我非常感谢加文·卢卡斯（Gavin Lucas），他耐心地阅读了本书第一章和第十章。当然，这两章中存在的任何错误及不当的概念表达完全由我负责。感谢杜伊古·塔尔干（Duygu Tarkan）绘制了图10.1。我还要感谢阿尔佩尔·贝恰克奇（Alper Bıçakcı）和萨尔普·乌南（Sarp Unan）帮助编排本书的参考文献并绘制了图1.1。

中译本序言

　　本书为《纠缠》一书的第二版。同第一版相比，我在这一版中作了非常多的修改。近年来，考古学理论已经跨过了后过程考古学的早期阶段，并受到新物质主义（new materialism）和后人类主义思潮的影响。在这一背景下，本书构成了考古学理论最新进展的一部分。不论考古学理论的这些新取向可以称作是后过程考古学的发展，还是已经构成了一种新的研究范式，它们都关注过程。此处的"过程"并不是过程考古学意义上的过程，而是指诸如怀特海（Whitehead）和柏格森（Bergson）等过程哲学家笔下的过程。在本书中，我更关注变化的线索（string）或流动，以及关系性。虽然万事万物都在不断变化，而且同其他事物息息相关，但在特定的线索或流动下，变化是沿着特定路径发生的。这些路径依赖的轨迹之间不断摩擦，并产生进一步的变化。作为考古学家，我们的任务就是识别出能量在过去流向未来的路径中是如何流动的。

　　本书的核心思想是"无中不能生有"。我了解到，中国考古学界对诸如农业和国家等重要变化的起源很感兴趣。从纠缠的视角来看，所有的起源都是流动的变化，这种变化在保留过去某些特征的同时也迈向未来。本书摒弃了"当下"的观念，认为过去沿着各种线索或流动直接流向未来，而这些线索或流动是"准独立的"（quasi-independent），因此彼此之间不断摩擦，最终产生了变化。纠缠理论在方法上是实证的，而且是自下而上的。在分析过程中，为了理解新出现的现象，考古学家需要厘清不同的线索或流动，理解这些线索之间的依附关系（dependency）。因此，我认为并不存在可以称得上"起源"的时刻，因为万事万物都在不断变化。起点并不存在，存在的只有持续发生的生成状态。

很多当代考古学理论关注关系性、聚合体（assemblage）和本体论，人们也重新关注物质实物和人相互共存、相互作用（interaction）的方式。虽然我将这本书看作是上述理论进展的一部分，但也认为，本书同这些理论之间存在重要区别。纠缠理论关注的并不是相互作用或相互关系的网络，而是在探索人与物之间相互依赖的方式。人陷入自身对物的依赖关系（dependence）之中，而其中一些依赖关系更具束缚作用。那些弱势群体更难改变自己的生活，因为他们深陷"贫困陷阱"（poverty trap）及其他形式的约束。从这一层面来看，纠缠理论更接近马克思主义，而非新物质主义或后人类主义。

举例来说，人们对基本需求的定义不断变化。在智能手机诞生初期，人们没有智能手机还可以生活。我曾坚持不使用智能手机达十年之久。智能手机并不是基本的生活必需品，我可以摆脱手机和社交媒体。但智能手机逐渐同生活中的方方面面纠缠在一起，这让人们开始依赖手机。没有智能手机，购物、订餐、听音乐会、外出旅行都将变得异常艰难。在某些国家，没有智能手机将很难付款。我们的日常生活已经严重依赖我们同智能手机之间的物质纠缠，因此，我们受制于那些提供手机商品、服务和算法的跨国巨头公司。这种物质羁绊是纠缠理论的一个关键要点。

我了解到中国的考古学理论有着自身的传统，包括同历史学、马克思主义、金石学及归纳逻辑等的联系。早期的后过程考古学非常关注人与物的能动性（agency），新物质主义和后人类主义思想也在从很多方面探索能动性是如何扩散到外物的（dispersal of agency）。从另一方面来讲，纠缠理论更关注产生能动性的各种作用力，认为这些作用力是高度混杂的，既涉及物质材料，也包括社会文化，这些元素捆绑在一起，构成了一个个具有束缚作用和矛盾性质的集合（bundle）或不断变化的聚合体。

本书旨在对"何以为物"这个问题进行研究，并从新的视角来解答这个问题。本书将物看作能量的流动，是各种力量流动的传输通道。物是不稳定的过程，但物也是稳定和固定不变的。考古学家很擅长对不同时期物的变化进行记录，会记录数千年间风格变化和技术变化的"战舰曲线"。鉴于中国考古学对证明这些变化和相互作用如何发生尤为感兴趣，我很希望看到中国考古学家们利用纠缠理论解决考古学问题，并在实践中丰富纠缠理论的内容。在这一方面，刘岩博士已经有所行动（见刘岩博士 2023 年发表在《剑桥考古杂志》上的研究文章）。我非常感谢刘岩博士承担了本书的翻译工作。我们所有人都深深受制于语言的纠缠，这也使得任何翻译工作都会催生新事物。我很期待听到中国同行们对纠缠理论的回应。

伊恩·霍德
2024 年 5 月于伊斯坦布尔

目 录

第一版前言和致谢 /1
第二版前言和致谢 /1
中译本序言 /1

第一章 另眼观物（由物到流） /1
  何以为物？ /3
  自在之物？ /7
  不断变化的纠缠定义 /14
  由物到线索 /20
  纠缠的强与弱 /23
  结论 a：为何过程如此重要？ /24
  结论 b：人与万物合而为一吗？ /26

第二章 人对物的依赖 /29
  依赖关系：一些基本概念 /33
    依赖关系的形式 /33

人与物之间反思的与非反思的关系　　　　　　　　　　/ 35
　　　人与物关系的亲疏：隔岸观火与身临其境　　　　　　/ 38
　　　认同与所有权　　　　　　　　　　　　　　　　　　/ 42
　前人对人对物的依赖关系的论述　　　　　　　　　　　　/ 47
　　　与物此在　　　　　　　　　　　　　　　　　　　　/ 47
　　　物质文化与物质性　　　　　　　　　　　　　　　　/ 51
　　　认知与延展心智　　　　　　　　　　　　　　　　　/ 57
　结论：物即是人　　　　　　　　　　　　　　　　　　　/ 63

第三章　物与物之间的相互依赖　　　　　　　　　　　　/ 65
　物与物之间关系的表现形式　　　　　　　　　　　　　　/ 69
　　　生产与再生产　　　　　　　　　　　　　　　　　　/ 70
　　　交换　　　　　　　　　　　　　　　　　　　　　　/ 70
　　　使用　　　　　　　　　　　　　　　　　　　　　　/ 70
　　　消耗　　　　　　　　　　　　　　　　　　　　　　/ 71
　　　废弃　　　　　　　　　　　　　　　　　　　　　　/ 71
　　　后堆积过程　　　　　　　　　　　　　　　　　　　/ 71
　可供性　　　　　　　　　　　　　　　　　　　　　　　/ 77
　从可供性到依赖性　　　　　　　　　　　　　　　　　　/ 80
　法国学派——操作链　　　　　　　　　　　　　　　　　/ 83
　行为链　　　　　　　　　　　　　　　　　　　　　　　/ 85
　物依赖过去之物和未来之物　　　　　　　　　　　　　　/ 90
　纠缠的观念　　　　　　　　　　　　　　　　　　　　　/ 91
　结论　　　　　　　　　　　　　　　　　　　　　　　　/ 92
　专栏：中东地区新石器时代的恰塔霍裕克遗址　　　　　　/ 94

第四章　物对人的依赖　　　　　　　　　　　/ 99

　　物的解体　　　　　　　　　　　　　　　/ 105

　　行为考古学与物质材料的行为　　　　　　/ 108

　　行为生态学　　　　　　　　　　　　　　/ 114

　　人类行为生态学　　　　　　　　　　　　/ 122

　　物的时间性　　　　　　　　　　　　　　/ 127

　　结论：物的野性　　　　　　　　　　　　/ 129

第五章　人与人的纠缠　　　　　　　　　　/ 133

　　不平等、权力和纠缠　　　　　　　　　　/ 136

　　贫困陷阱　　　　　　　　　　　　　　　/ 141

　　情感纽带　　　　　　　　　　　　　　　/ 144

　　结论　　　　　　　　　　　　　　　　　/ 146

第六章　探索纠缠　　　　　　　　　　　　/ 149

　　物的物理过程　　　　　　　　　　　　　/ 151

　　时间性　　　　　　　　　　　　　　　　/ 155

　　物常被人遗忘　　　　　　　　　　　　　/ 160

　　纠缠的约束力与路径依赖　　　　　　　　/ 163

　　纠缠的类型与程度　　　　　　　　　　　/ 167

　　　　纠缠的核心与外围　　　　　　　　　/ 170

　　　　偶然性　　　　　　　　　　　　　　/ 172

　　结论　　　　　　　　　　　　　　　　　/ 175

第七章　纠缠着的抽象事物与身体参与　　　/ 177

　　抽象化、隐喻和模仿　　　　　　　　　　/ 179

从格兰诺拉麦片到贝多芬　　　　　　　　　　　／ 185
　　恰塔霍裕克遗址的抽象纠缠　　　　　　　　　／ 195
　　结论　　　　　　　　　　　　　　　　　　　／ 199

第八章　个案研究：中国及中东地区驯化及定居村落生活的出现　／ 201
　　中国　　　　　　　　　　　　　　　　　　　／ 203
　　中东地区　　　　　　　　　　　　　　　　　／ 206
　　结论　　　　　　　　　　　　　　　　　　　／ 218

第九章　方法　　　　　　　　　　　　　　　　／ 219
　　纠缠关系图　　　　　　　　　　　　　　　　／ 222
　　正式网络的方法　　　　　　　　　　　　　　／ 228
　　时序性纠缠　　　　　　　　　　　　　　　　／ 234
　　历时性纠缠　　　　　　　　　　　　　　　　／ 241
　　阐释　　　　　　　　　　　　　　　　　　　／ 246
　　结论　　　　　　　　　　　　　　　　　　　／ 249

第十章　走向纠缠的弦理论以及同其他理论的对比　／ 251
　　物并不具有能动性　　　　　　　　　　　　　／ 254
　　当下并不存在，存在的只是从过去到将来的流动　／ 256
　　走向纠缠的弦理论　　　　　　　　　　　　　／ 259
　　现阶段有关人与物之间关系的其他理论　　　　／ 268
　　　　拉图尔与行动者网络理论　　　　　　　　／ 271
　　　　聚合体理论　　　　　　　　　　　　　　／ 274
　　　　封装和捆绑　　　　　　　　　　　　　　／ 276
　　　　本体论　　　　　　　　　　　　　　　　／ 278

物质参与理论　　　　　　　　　　　　　　　／280
　　　能动实在论　　　　　　　　　　　　　　　　／281
　　结论　　　　　　　　　　　　　　　　　　　　／283

第十一章　结论：由物到流　　　　　　　　　　　／285
　　水波式文化?　　　　　　　　　　　　　　　　　／287
　　写在最后的一些案例　　　　　　　　　　　　　／289
　　一些有待解决的问题　　　　　　　　　　　　　／293

参考文献　　　　　　　　　　　　　　　　　　　／296

索引　　　　　　　　　　　　　　　　　　　　　／323

译后记　　　　　　　　　　　　　　　　　　　　／338

第一章
另眼观物（由物到流）

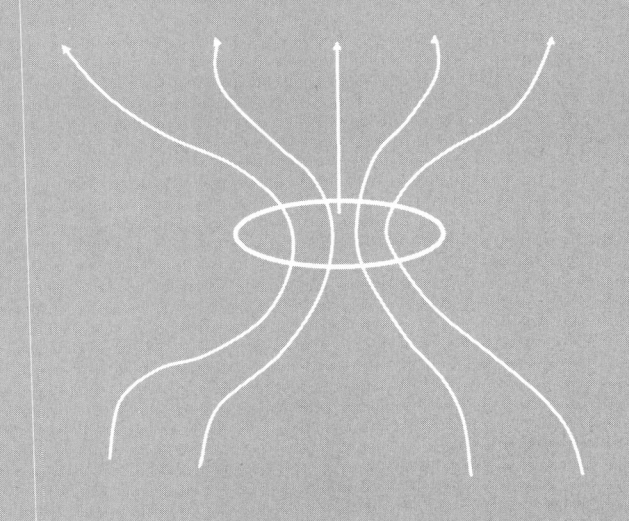

当我正驱车行驶在880号州际公路前往东湾的奥克兰机场时，我看到有一辆车正在我前方行驶。虽然这辆车对我来说始终是同一辆车，但它无时无刻不在变化。车的燃料正在消耗，轮胎正在磨损，而且当我从不同的光线观察它并从不同的方式思考它时，这辆车的外观也在发生变化。这辆车真的自始至终都是同一辆车吗？它是稳定不变的同一个事物，还是处在某种序列中的多个不同事物？这很像忒休斯（Theseus）木船之谜①。赫拉克利特（Heraclitus）问到，如果你将一艘船的每一块甲板、每一张船帆逐一换掉，那这艘船和之前的那艘船还是同一艘船吗？这个问题的答案真的很重要吗？

何 以 为 物?

本书论述的是人如何被物所牵绊。因此，我们首先需要给物下个定义，而且需要将物和诸如客体②等术语区分开。在我看来，万事万物皆为物，即没有不可称之为物的事物。虽然我们可以用物来指代各种各样不同的实物（entity），但在大多数有关物的讨论中，人们常用罐子、锤子、篮子，以及盲人使用的白色手杖等简单的日常之物作为物的代表。"物"这个词的一种通俗用法是，如果我们暂时不知道某件东西的名字，或者这件东西对我们来说仅仅是一件一般的东西，我们通常将其称为"那件东西"（that thing）。当我们在谈论某个我们不记得名字的人或物时，我们会将其称作"那啥"（thingy）或"那谁"（thingummyjig）。事实上，我们也将人称为物，比如，我们会说"可怜的老东西"（poor old thing）。

柏格森（Bergson 1911 [1998]）认为，我们总是从实物的层面思考世界。不仅如此，在本书的大部分内容中，我都将用"物"来指代那些具有内

---

① 即忒休斯木船悖论——译者。
② object，或对象、物体——译者。

在实质和外在特征的实物。它们存在于空气或水之类的介质中（Gibson 1986[1979]）。但我们同样需要思考的是那些更加抽象的观念是否也是物。我们很难将物质和非物质或者无形（intangible）的事物区分开。人们已经证明，"非物质的遗产"也是具有形态的，它们以文字、舞蹈等形式存在。我们很难将"民族国家"（nation）一词同地方、图景和经验区分开。现如今，世界上体型最大的单体机器是强子对撞机，这种大型机器由超过一万名科学家和工程师耗时100多年建造，是人们探寻有关亚原子粒子观念的产物。

我不确定那些无法让人立刻联想到某种图像、感觉或某种物质集合体的词语或观念是否存在。在我脑海中，即便诸如"正义""荣誉""理论""崇高"这些最抽象的词语都同某种图像联系在一起，这些图像或许是对抽象概念的不精确表达（如一套用来衡量正义的标尺），但不论如何，我都需要这些具象的事物来帮我牢牢记住这些抽象的观念。当然，不论是口语还是书面语的文字都是物质实物。我不太清楚的是，如果某种概念或感觉脱离了与之相关的文字或背景，关联（association）是否还能够存在。

所以，在某种程度上，即便我没有明确指出观念和概念同大脑中突触的物质放电有关，但我将它们都看作是物质的。将观念与物质、思想和实践相区分是毫无益处的。我们可以重新回到下述观点，即"物"这个词可以用在任何事物上。诚然，有些物如陶罐、陶盘是简单之物，而另一些如社会机构和全球供应危机是复杂之物。一些物如石器工具和锤子是固态之物，而另一些则是液态和气态之物。物可以包括行动、思想和直觉。因此，"物"这个词的适用范围非常广泛。

我们如何将"物"这个词同诸如"对象"①等其他相似的词汇区分开？"对象"这个词同主体与客体、精神与物质、自我与他者相对立的悠久历史密切相关，它暗示了一种用学术化的语言对物质进行分析、编码和把握的客

---

① 或"客体"——译者。

观化方法。从词源学上看,"对象"指的是被抛出,对象同主体"相分离"(stand against)。从这一层面来讲,"对象"同"物"相区别,后者从词源学上看指的是聚集和联系。不论是分子、原子,图书、计算机,还是诸如学校、协会这样的社会机构,物都可以将不同的流动与关系聚集在一起形成各种各样的排列布局(configuration)。经过一段时间后,物质、能量和信息会聚合在一起,形成一个具有异质性的捆绑结构(heterogeneous bundle)。不同的物会聚合在一起。

在1971年出版的一部英文著作发表的一系列论文中,马丁·海德格尔(Martin Heidegger)直接阐述了对象性(objecness)和物性(thingness)。在名为"物"(The Thing)的章节中,海德格尔对壶进行了研究。海德格尔注意到,因为人们将泥土制成了壶,作为原料的泥土便"完成了使命"(Heidegger 1971:167)。因为壶与人相对立,所以我们可以将物表述为客体。因此,对象是与人关系疏远并与人相对立的东西。我们将要在第二章中讲到,海德格尔将这种对象称为现成在手(present-at-hand)。当对象损坏的时候,我们才会注意到它们,想方设法修理它们。当科学家研究壶的组成和用途的时候,壶就成了研究对象,成为与人疏远的特殊存在。

但对海德格尔而言,壶有着不同于物体或对象的一面。壶可以盛装倾倒在里面的液体,并将盛装的液体倒出。水和酒出自岩泉、雨滴或者长于地上的葡萄。倒出的液体可以为人类解渴,也可以成为上帝的祭酒。所以,壶将人类、上帝、大地与天空联系了起来,正是这种联系所形成的"集合"(gathering)让壶成为了物。海德格尔引用了古高地德语(Old High German),将物看作是需要仔细讨论的事物的集合。作为物的壶将人类、上帝、大地与天空暂时聚集在一起。

在同一本书的其他地方,海德格尔又列举了有关物的其他例子。海德格尔将桥看作是将溪流两岸联系在一起的物,它将桥上的人们聚集在一处,并将进城的人和车及去田间劳作的人联系了起来(Heidegger 1971:151—152)。

桥作为物，人们可以研究它的可用性，以及将不同事物联系起来的功能性。在本书中，我将着重论述物是如何将人与非人的事物聚合到具有异质性的网络关系中的。有时，这种聚合过程是在19世纪的考古学家皮特-里弗斯（Pitt-Rivers［1874 and 1875］1906，另见本书第二章）所说的思想或意识思维（conscious mind）中发生的，在某种程度上，这或许等同于海德格尔笔下的"现成在手"。但有时这种聚合过程发生在皮特-里弗斯所说的自动思维（automaton mind）中，即人与物之间理所应当的身体关系中，同海德格尔笔下的"上手"（ready-to-hand）状态很相似。

看吧，物能够将人与其他物联系在一起。我们下面就以两个人共同购买一套房产为例对此进行论述。或许他们每个人都拥有这套房子的一部分份额，这两个人或许以结婚的方式成为一家人，或许没有，但不管怎样，这两个人通过一起买房子联系到了一起，并同这套房子建立了联系，同时，房子本身及对房子的维护也将两个人拴在了一起（在本书中，我会将其表述为"纠缠"［entanglement］）。因此，如果房顶漏水了，这两个人要共同维修，以保证房子能够正常居住，并确保他们的投资不受损失。为了购买这套房子，他们投入了自己的全部家当，为此还欠下了债务，如果漏水或者维修不当让他们的房子贬值，他们就不得不去偿还欠下的债务。由此，同债主的债务关系将这两个人联系在了一起。不仅如此，他们也通过房子联系在了一起，他们很难分开或离婚，每个人的行为都与另一个人的利益息息相关，如果一个人的行为损害了房子的价值，或者让两个人的关系紧张，他们都可能将房子卖掉，如此等等。由此，房屋将人紧紧联系在了一起。

当我们试图减少偏见，并以一种置身事外、事不关己的方式研究客体时，我们通常会说自己是在以一种"客观"的方式从事科学研究。为此，我们不得不将壶与我们自身分离，对壶进行测量、分类，并将其拆解为不同的部分。壶成为了研究的对象，成为了可以孤立存在且可以比较的客体。这种分析也是研究物的一个阶段，但这样的研究阶段需要应用能够将客体联系起来并将客体当作物来研究的更加宽泛的方法。这种研究方法更强调物（例如房子）将人与非人聚集在一起的复杂方式，也强调物如何以对人有用的方式将物质、能量和信息暂时联系在一起。

自 在 之 物？

长期以来，学术界都在争论究竟自在之物①，即那些脱离事物之间关系的物是否存在。虽然本书以赫拉克利特的问题开篇，但我毕竟不是哲学家，而且我也不想让这本书变成一部哲学著作。然而，我想指出，这个看上去无比深奥的争论实际上产生了重要的影响。

现如今，很多考古学理论家都采用了关系的视角，而这个视角和对"自在之物"这一观点的扬弃相呼应（如 Harris and Cipolla 2017）。另一些学者则认为，那些脱离关系的、同人相分离的事物确实是存在的（Harman 2018，Olsen 2010，Witmore 2007）。在这些学者看来，物体同人及其他物体之间的关系不足以定义物体。在我看来，上述观点从根本上就是错误的。我坚信，自在之物是不存在的。

下面我就来解释一下为何自在之物不存在。显而易见的是，我们总是将物看作是可以在空间和时间中延伸的固体，我们似乎非常看重物表面的稳定性。我们总喜欢将世界看作是固体（Bergson 1911 [1998]），而且大部分人类学家和考古学家都认为物让社会具有了稳定性（如塞尔 [Serres]、奥尔森、拉图尔 [Latour] 和普拉达 [Preda]，引文和详细的讨论见第四章），而在我看来，这些学者所持有的观点是一种幻象。大部分有关物的争论都集

---

① "自在之物"是康德提出的哲学概念，指的是存在于人的感性直观与先验范畴之外、不可被人直观认识的事物，在欧陆哲学中又被译作"物自体"。本书根据邓晓芒在康德《纯粹理性批判》（人民出版社，2004年）中的译法，统一译作"自在之物"。本书中"自在之物"的含义和康德的"自在之物"有所不同，强调事物的普遍联系与运动的特点——译者。

中在诸如锤子、陶罐、篮子等明显靠自身就可以稳定存在的简单物体上。但一旦我们开始思考诸如天气、互联网等复杂事物，或者如气味、声音、衰败这样的无形事物时，物自身的稳定性便开始遭到破坏。而像舞蹈这种转瞬即逝的、飞逝而过的事物，其稳定性又该作何解释呢？如果我们将上述这些事物而不是陶罐和陶盘作为思考对象，那么我们会说，物总是在不断变化。

以上就是我不认同自在之物存在的一个原因，即复杂或无形之物既不像它看上去的那样稳定，也不像它看上去的那样容易定义。天气每时每刻都在变化，简单之物也同样如此。当我和学生坐在研讨室讨论物时，我们常常会以围坐着的桌子为例。当然，当我们在拍击桌子表面时，会说它是稳定的；但转念之间，我们便会认为桌子并不稳定，它无时无刻不在变化。如果将这张桌子登到克雷格的列表（Craig's List）广告网站进行销售，它的价格会不断变化，而且随着股市的波动，这张桌子的价格也会上下浮动，不仅如此，随着年份的增加，桌子的价值也会不断浮动。我们走进研讨室看向桌子，桌子所处的位置可能让人无法看到它，因此处在上手状态；但我们以一个新的视角观察就会看见桌子并主动意识到它的存在，此时桌子处在现成在手的状态。而一旦我们讨论这张桌子，它便从上手状态转向了现成在手的状态。

当然，人们总会忍不住认为，虽然人对物的感知及物的意义在不断变化，物本身却能保持稳定。但我们能将物同其属性、意义和特质分而视之吗？我们将某一件锤子认定为锤子，仅仅是因为我们见过锤子并了解它具有钉钉子的性质。进一步来说，我们识别任何事物仅仅是因为我们是通过学习和经验来认识世界的。将某物定义为物是对世界的干预，即以某种方式对世界进行切分。事实表明，我们通过对周围环境进行连续不断的感官体验来识别某物，在这一过程中，我们将万事万物赋予了历史。我们将某一种形态的器物或陶片认定为陶罐，我们认识厨房中的微波炉，我们将笔记本电脑同处在坐姿状态的大腿相分离，将笔记本电脑同使其发挥功效的电力和无线信息相分离，所有的这些都依赖于我们以何种知识认识世界。根据我们同各种物品发生相互联系的不同方式，我们将台式电脑的显示器同键盘分离开。纺织品之所以能够放在博物馆里展示，是因为博物馆内安装了可以控制温度和湿度的环境监控系统，如果没有这些装置，纺织品将会腐败分解。由此可见，在不断变化的感知或实践的背景下，万事万物皆相互依赖。

  我们可以从事物自身和观察事物的方法之间的联系出发，对自在之物的观念进行反驳。这是一种最简单的反驳方式，我想以恰塔霍裕克遗址的发掘为例对此进行说明。考虑到我所论述内容的普遍性，在此列举考古学的例子看似很不恰当。但为何我会列举考古学的事例而不是现代日常生活的事例呢？我将"考古学"一词用在本书的副标题，部分原因在于考古学具有揭示、发现和追溯万物起源的含义，还因为相较于历史学、民族学或社会学，考古学所提供的长时段视角可以让我们以更清晰的方式去观察物的流动（flow of things）。这种长时段的视角清楚地表明，事物表面的稳定性以持续不断的变化为基础。

  这一点在恰塔霍裕克遗址 1 500 年的地层序列中当然是正确的（见原书第 61 页专栏）。当你造访遗址时，映入眼帘的是轮廓清晰、稳定如常且已经发掘完毕的房屋，你看到这些房屋并在脑海中想到："它们已经屹立在那 9 000 年了，这不就是稳定性的一个例子吗？"但实际上，房屋墙壁是现代人用泥浆和愈合剂固定住的，而且文保工作者每年要在房屋保护上投入巨大的精力。由此可见，房屋自身的稳定性实际上是一个幻象。当然，有人可能会反驳说，这座房屋在新石器时代是作为独立的物体而存在的。毫无疑问，当人们居住在房屋中时，房屋不言而喻是存在的。或许在整个房屋生命史的任意时刻，人们都会产生这样的想法，但作为考古学家的我们会认为，这座房屋自何时开始修建使用，又在何时废弃是很难确定的。这些房屋在长时间内被连续使用，即这些房屋利用之前废弃的房屋墙体并在原有房屋的地点上修建。古人通过将房屋下层堆满拆卸下的泥砖将房屋废弃，而通常来看，旧有废弃房屋内的堆积物已经奠定了其上所修建的新房屋的平面结构。因此，新房屋要从何时开始算起？图 1.1 表示的是人们定义房屋的不同方式，这些方式大到整个房屋的纵向序列，小到每月甚至每星期对地面、炉灶及台面的周期性粉刷行为（每一次粉刷都能让房屋产生细微的变化）。在不同的尺度上，我们应用不同的技术，如土壤微形态学来探索物的持续流动。我们会根据分析的精细程度及研究的问题以不同的方式对房屋进行切分。实际上，存在的只有物的流动，房屋本身并不存在。

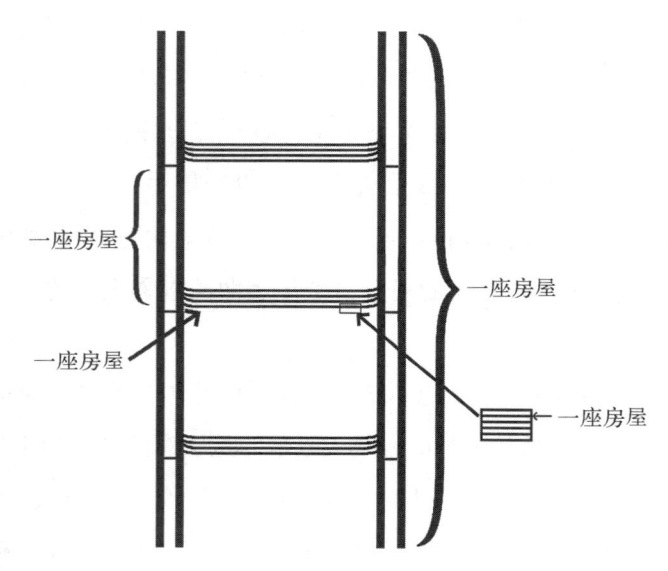

图 1.1　恰塔霍裕克遗址的房屋究竟为何物？
（来源：作者和阿尔佩尔·贝恰克奇）

作为考古学家的我们虽然将一件陶罐称作陶罐，但随着这件陶罐逐渐碎成更小的陶片，它就变成了混入其他粒子的粒子。这件陶罐的边界在何处？这取决于现代科学技术。通过应用岩相学和化学分析，我们或许可以说包含黏土物质的小颗粒是来自陶罐。因此，陶罐的存在取决于测量方法，它同我们所使用的测量方式密切相关。对不同尺寸陶片的收集同样取决于我们所使用的筛网类型和筛选方法，一片陶片在考古数据库中的存在形式取决于考古发掘技术和观察方法。

因此，在我看来，自在之物是不存在的。我的这个观点同另一个有违传统的观点密切相关，后者认为，并不存在可称之为当下的事物。当下并不存在，正如过去终将流向未来。就物的存在而言，我们需要相信当下，努力营造稳定的生活并去理解这个世界。因此，虽然我们对当下世界的营造已经成为了我们日常生活的一部分，但我有充分的理由将其看作是一个自以为是的幻象。

首先，从我自身的经验来看，我找不到当下。我知道人们（尤其是我这一代人）应该努力"活在当下""享受此刻"，对此我也深表赞同；但在日常生活中，我永远无法抓住当下。我用锤子钉钉子时感知到的也总是刚刚发生的事情，我试图抓住锤子钉钉子的时刻，但它总是从我指缝中溜走。我所感知到的一切事物都只是逝去的过去；我所拥有的一切思想都只是流逝的过去，它总是在我的脑海中掠过，并在我的意识中穿过。当然，我可以预测锤子的摆动，而且在行动发生之前我就能够做好思想准备并对行动进行预判。因此，虽然过去和将来都真实存在，但过去似乎总是直达未来。我永远无法抓住当下，也永远无法让物停止流动。正如图 1.1 中恰塔霍裕克遗址被连续使用的房屋所示，人们在房屋中从事原料制备、炊煮、吃饭、制作工具、纺织及打扫居住面等活动，房屋则在这种连续不断的流动过程中不断发生改变。在流动与生成的过程中，能够停下来并被我们称为当下的时刻并不存在。

虽然时间之流永远无法停止，但我们可以截取一段时间切片，将这一段时间内的相关活动囊括其中，将这段时间切片称作当下。我拒绝使用当下这个概念的另一个原因是，似乎并没有依据来帮助我们判断如何去定义当下。当下持续了 1 秒、100 年还是 1 000 年？在我看来，我们需要任意拼凑出一些时间，这样我们就能够讨论系统、组织、信仰和分类，而不必在不同的事物尺度之间来回切换。但我们需要构建当下并不意味着当下真实存在。

我将在第十章中对物的稳定性和当下的概念进行深入探讨，但此时此刻（即你读到我笔下所述的需要构建当下的这个时刻），我想说的是，存在的只有由过去到未来的流动过程。因此，自在之物从来都不存在。赫拉克利特曾经说过："人不能两次踏进同一条河流。"当然，还有一种观点认为，唯一存在的只是流动的当下，过去和未来都是虚幻的。我虽然不赞同这种观点，但重要的是，即便是从上述观点来看，存在的也只有流动和运动。

即便那些无生命之物，它们身上还有电荷，还有重量。它们会相互吸引也会相互排斥。它们有力量和速度，有热量和黏性。它们时而上升，时而下降。它们升空成云后同空气融为一体。它们会脱水，会变湿，会改变外观和浓度。当然，对气体和液体来说，这些都是确凿无误的事实。我在水龙头下搓动着双手，水流流过我的双手时会改变形态。固体同样也会改变形态。固态有机物会进行新陈代谢，它们会呼吸、摄取营养、产生能量、排泄废物，最终腐化变质。即便最为坚硬的无机物也会变化。岩石被侵蚀成砂，并由水流分选、裹挟，经河入海。考古学家也熟知，即便黑曜石也不是稳定不变的，其表面也会以一定的速率发生水合作用。物质会在不同的层面迸发出生机与活力（Bennett 2010）。

由此可见，存在于世间的只有物质流、能量流与信息流，它们由各种生物、社会与物质力量所驱动，这些驱动力包括物理世界的重力与电磁力的各种组合方式，生物世界的生死意志及社会世界中各种形式的欲望等（Deleuze and Guattari 2004：377，Ingold 2010）。在研讨室中，我和学生围坐的桌子并没有变成散落在地上的尘埃。这首先是因为亚原子层面存在电磁力及重力能够让地面支撑桌子，还因为木料有机体中的化学键，以及人类社会中的体制机制，在这种机制下，为了让桌子保值，需要让它保持清洁，让它光洁如新、坚固结实。在诸如飞机驾驶这种最复杂的过程中，所有不同种类的力量会以具有异质性的力场束的形式发挥作用。

在此我所关注的是物在时间上的不稳定性，这种不稳定性让各种物每时每刻都在以不同的形式聚集在一起。物在空间关联和集合的方面也同样如此。在本书后面的内容中，我将会把时间和空间放在一个整体维度上进行讨论，而不会将它们看作是物的两个独立维度。但此时此刻，我想强调的是，空间所具有的连续性特征如何让物无法独善其身。在有关恰塔霍裕克房屋的研究中，人们一直在争论"房屋"内的成组建筑（如现代的温莎公爵府[the House of Windsor]）(Kuijt 2018)。恰塔霍裕克的房屋还同开放空间及活动区相联系。房屋边界的划分取决于人们的研究议题。我们还可以用现代汽车作为例证，对物不具备独立性这个问题进行论述。汽车在感知层面看上去具有边界，让我们能够看得见摸得到，但实际上我们被汽车的外表所欺骗。汽车看上去是孤立存在的稳定物体，但"汽车"这个词在很多场合所指代的事物同我面前行驶在高速路上的汽车并不一样（"车"这个词可以用来形容火车车厢、升降梯机舱及马车等）。汽车还同厢式货车和移动房车联系在一起。而且在直觉层面之外，汽车还依赖构成"车性"（carness）的组成部分的其他事物。举例来说，我们一般会假定汽车的存在需要道路的支持，是整个道路网及道路管理系统让汽车的存在成为可能。一辆美国汽车同明尼苏达州北部的铁矿之间关系密切，用于生产汽车钢铁架构的铁矿石正是从此运出（Ryan and Durning 1997）。这辆汽车与底特律装配厂有联系，在装配厂中，机器人和工人一起为汽车喷漆。这辆汽车还与伊拉克石油有联系，为了争夺石油，20世纪西方国家和中东各国在此博弈多年。但我们似乎忘记了正是这些空间关联才使汽车的存在成为可能。我们一直对这些联系视而不见，直到海湾地区各国提高油价后，我们不得不在汽油泵上花费更多。

当我环顾旁边书桌上的物时，发现它们都是客观存在、确凿无误的物体。我可以将这些物体拿在手中触摸、把玩，并移动位置。它们的形态清晰可见，彼此不同，都有自己独特的生命史。然而，当我走过去仔细观察，发现台灯的电源插头插在墙壁插座中，电话上插着两根电话线，电脑上连着电子电路、宽带网线，还有很多无形的能量和信息环绕着我。当我看向地面，发现地上还有很多电线和插头通过插座与墙相连。我们应当关注物的"前-后"两面——从正面看去，物的样子往往整洁鲜明，但其光鲜亮丽的外表背后却暗藏各种管线、垃圾箱、煤仓、油桶，这些东西往往藏在物的背后，或埋在地下，或设在屋顶。物上述所有的联系往往都是遁隐于暗处。

到目前为止，我一直都在建立一种不同物以集合的方式联系在一起的观点。许多参与"新物质主义"或"本体论转向"（ontological turn）思潮的学者都认为，物是以聚合体的形式存在的集合。学者们重点关注的是聚合体所具有的异质性，将各个节点联系在一起的关系网络，以及能够产生巨大影响的涌现性（如 Harris 2017）。虽然学者们对关系性的关注非常重要，但我将在本书的第十章中指出，由于这些研究将关注点放在了聚合体而非纠缠、羁绊（entrapment）和依附关系，通常缺乏说服力。

不断变化的纠缠定义

我笔下的"纠缠"一词就是物质流的绝佳例证。纠缠一词的可供性（affordance）是逐渐展现在我面前的，因此，我对纠缠的定义是逐步拓宽、逐渐变化的。我对纠缠这一概念的理解也不是一成不变的。具体来说，我是逐渐对纠缠中的流动或力量予以重视的。

我最初将纠缠定义为人与物之间四种类型关系的总和（Hodder 2012）：人对物的依赖（HT）、物与物之间的相互依赖（TT）、物对人的依赖（TH），以及人与人之间的相互依赖（HH）。因此，纠缠 =（HT）+（TT）+（TH）+（HH）。在上述定义中，我们可以认为，人可以是物（如奴隶），物也可以是人（如视角主义［Perspectivism］的某些形式［De Castro 1998］），或者至少来说，物具有人的某种能动性。因此，人和物可以定义为不同背景下以不同方式存在的相互关系。人与物是以彼此相关联的方式产生的。然而，对依赖关系而不是简单的关系性的重视，让人们注意到自己是如何被自己同物之间的关系所羁绊。人（不论如何被定义）陷入了一种双重约束（double bind）关系，即人依赖物（不论物被如何定义），而人依赖的物反过来也依赖人。

区分两种形式的依赖关系是很有必要的。第一种也是更普遍的依赖关系指的是人如何通过物去实现某种目的。人正是通过使用物而存在，人的日常生活、社会交往、衣食住行及所思所想都离不开物。在此，我是从"依托"（reliance on）的角度来使用"依赖关系"一词。但依赖关系常常会引申出另一种关系，即依附关系。正如从世界体系理论（World Systems Theory）（Wallerstein 1976）到心理学（Rice 1998）中形形色色的依附关系及共同依附关系（co-dependency）理论所呈现的那样，依附关系涉及某种约束。人们往往会身陷各种依附关系中，作为社会人和个体人的依附关系限制了我们自身能力的发展。

纠缠中的依赖关系和依附关系构成了一种双向辩证关系。一方面，人依赖或者指望物去实现自己的目标（依赖关系）。这体现的是依赖关系中富有建设性意义的一面，即人们使用工具和符号去形成自身的主体性、构建社会并适应环境。正如伊丽莎白·格罗兹（Grosz 2001：168）所说，"是物质、是物创造了生活"。另一方面，我们也看到了依附关系与共同依附关系，它体现为人与物任何一方脱离另一方都不能独立存在，因此，人与物相互依附、相互约束、相互限制。这同物身上所具有的恶毒的"生物学物质性（materiality）联系在一起，而这种物质性（可能）是人们在不知不觉中（在原子或原子能层面）干预自然界的结果，也可能是危害人类的畸形怪体（Blob①）的复仇"（Grosz 2001：167）。作为纠缠的组成部分，积极的依赖关系与消极的依附关系既让人的行动得以发生，也约束了人的活动，让人们陷入一种难以摆脱的纠缠之中。因为人对那些依靠人进行维护的东西产生依赖，所以，会陷入物的生命与时间性、让人难以捉摸的兴衰更替及贪得无厌的需求之中。物就像九头蛇海德拉（Hydra）一样，需要像赫拉克勒斯这样的大力英雄来让它们停止繁殖、解除对人的羁绊，然而这种羁绊本身极具诱惑力与创造力。

---

① Blob 是漫威公司漫画的虚构人物，体型庞大，行为怪诞，力大无穷，喜欢恃强凌弱，从事犯罪行为——译者。

因此，我们可以将纠缠重新定义为人与物之间由依赖关系和依附关系所组成的辩证关系。"纠缠"这个概念想要找到人与物之间相互羁绊的方式。同时，纠缠也试图发现，随着时间的推移，人与物之间的纠缠数量①持续增长或呈指数型增长的动力机制是如何发生的，该动力机制构成了人类经验的核心。从最开始，作为手工匠人（Homo faber）的我们开始在石斧上投入劳动，在劳动过程中，我们发现，虽然我们可以做的更多，但我们已经陷入了对物以及物的局限性与不稳定性的需要与要求之中。

但是，将纠缠定义为人与物之间的辩证关系依然存在问题。我将在第五章中指出，对人与物进行区分是十分必要的。在我看来，将所有的人与物都看作是网络之中处在同一层次的行动者（actant）②的观点既是错误的，也是不道德的。然而，很明显的是，我们很难界定人与物之间的边界。我们的身体是由各种有机体构成的复杂聚合体——我们依赖肠道中的生物菌群，而且在很多社会中，自我已经渗透到了周围的世界中（Strathern 1988）。学者们对延展心智（extended mind）和分布式自我（distributed self）也有很多讨论（见第二章）。在大多数社会中，人们通常会将无生命的事物看作是有生命的（如 Kopenawa and Albert 2013）。由此可见，区分人与物的方式取决于社会背景。我们不能将人与物的区分视作理所当然。

鉴于此，我此刻将纠缠定义为一种隐喻，它试图厘清由物质的正向流动与逆向流动构成的具有矛盾性质的混杂状态（messiness），而这些正向与逆向的流动产生、束缚和包含各种物体（人、动物、事物、观念、社会组织机构）。上述定义识别出了人与物的产生方式及人与物发生作用、彼此区分的方式。它同样认识到了事物持续存在的变化或流动。正如我们在恰塔霍裕克遗址房屋的例子中看到的，存在的只是聚合时空观（spacetime）下"房屋

---

① "随着时间的推移，人与物之间的纠缠数量"为译者添加。
② "actant"是行动者网络理论的重要概念，以区别于专门指代人的"actor"（行动者），有行动者、施动者、行动元、行动素等译法——译者。

性"（houseness）的持续流动而已。房屋总是处在生成的过程之中，是由很多种力量产生的，这些力量包括提供食物的需求，显示威望和提供栖身之所的需求，以及重力的作用（详见第十章）。包含了依赖关系与依附关系的复杂且相互矛盾的正向与逆向流动每时每刻都在发生。人依赖房屋墙壁和屋顶，但雨水会将没有被火烧制的泥砖分解，因此人们需要对房屋进行修缮，这让人卷入了同物的依附关系中。我稍后会论述恰塔霍裕克遗址中包括人、动物、物、观念和社会组织机构在内的诸多事物是如何在实践生活中的各种力量与流动中产生的。然而，不论这些事物的产生方式如何，它们都涉及混杂的矛盾性。

随着时间推移，恰塔霍裕克遗址陶器数量的逐渐增多为我们提供了有关纠缠关系中具有矛盾性质的混杂状态的绝佳案例。恰塔霍裕克遗址最早期的地层中大多不见陶容器，而且陶片密度的记录（Tarkan 2021）也显示出，在遗址的早、中期，人们引入陶器的速率非常缓慢。最早的陶器器型小、器壁厚，是本地生产的，陶土内含有有机羼和料，而且并不用作炊煮。据推测，这些陶器是用作各种盛储器。在遗址的最早阶段，人们在进行炊煮活动时，首先将陶球加热，再将加热后的陶球放入篮子内炊煮食物，或者直接将食物放到加热后的陶球上炊煮。虽然这种炊煮方式十分高效，但人们在炊煮食物时需要将陶球反复加热、不断挪动，因此不能离开炊煮地点（Atalay 2005，2013）。在遗址的中期阶段，自遗址南部的第 M 层（Level South M）开始，口部有孔的夹砂薄壁陶罐已成为常见的炊器（Tarkan 2021，Yalman et al. 2013），而且随着炊器数量的增多，陶球日渐衰落（Mazzucato 2013）。同陶球相比，炊煮陶器的优势在于人们可以直接将它放在或者悬挂在炉灶上，这样炊煮者就不必一直在炊煮地点看守。从某种程度上说，陶罐扮演了炊煮者的角色。随着房屋内发生的活动逐渐增多，人们可能会首选那些省时省力的技术。

正如图 1.2 所示，在遗址的早期阶段，与陶器有关的纠缠数量十分有限；但到了遗址中期，当人们使用陶器炊煮食物后，同陶器有关的纠缠明显增多。陶器的残留物分析结果表明，这些陶器是用来加工肉类、脂肪与油脂及奶类的（Pitter et al. 2013）。随着与陶器有关的纠缠越来越多，陶器参与到更多种类的活动之中。陶器的可供性仿佛是逐渐实现的，即陶器最初仅仅是用作容器，之后被用作炊器。随着社会经济系统发生变化，更多的活动在房屋内发生，陶容器的可供性被充分利用。炊器提升了房屋内食物和能量的流动。

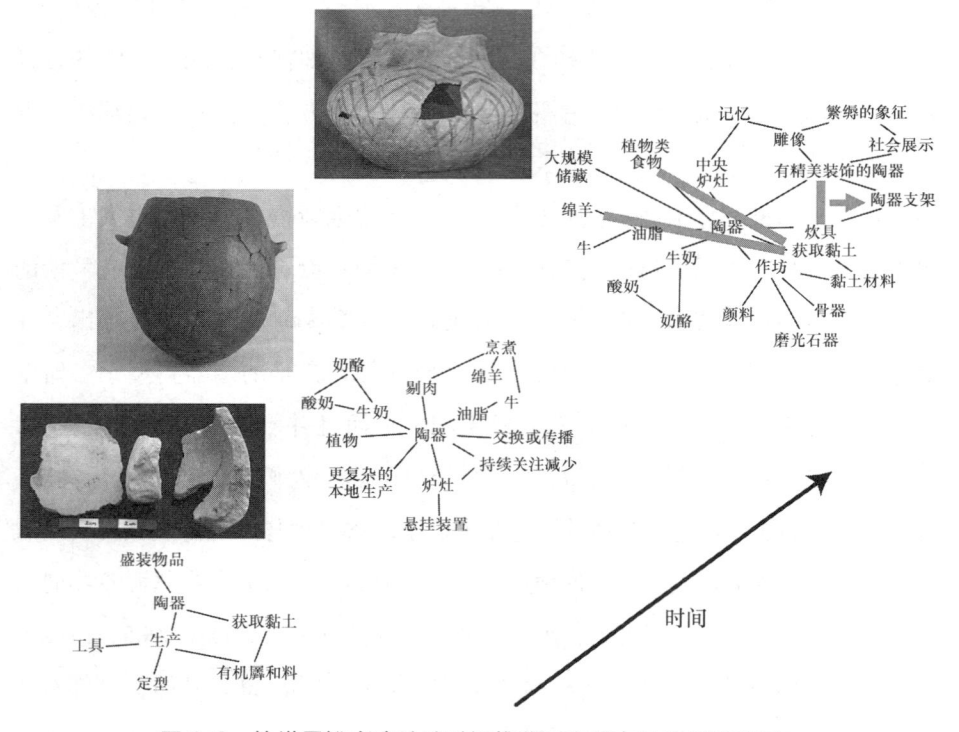

图1.2 恰塔霍裕克遗址随时间推移同陶器有关的纠缠关系。
该图还表明了各种事物之间存在矛盾
（来源：作者）

到了遗址的晚期阶段，随着更多非本地的原料获取与交换证据的出现，陶器所涉猎的活动范围更加广泛（Doherty 2013）。在遗址的晚期和最终阶段，出现了包括新的装饰纹样在内的新的陶器形态。在公元前6千纪早期，在遗址的西丘出现了装饰繁缛的陶器，这或许表明更多的陶器参与了社会交换和消费活动。但随着时间的推移，出现了体型更大的陶器，这表明了陶器被用作更大规模的储藏活动。虽然恰塔霍裕克遗址同陶容器使用有关的纠缠关系逐渐增多，但纠缠的增加是一个长期缓慢的过程。最初，陶罐被当作一整套不同类型容器的一部分使用，后来，人们将其用作炊煮器物，再后来，陶器被用作储藏和社会展示①。

随着与陶器有关的纠缠关系的增加，事物之间混杂且具有异质性的关联集合中出现了矛盾。举例来说，人们在当地就可以获取黏土和砂子来制作陶器，随着陶器的数量越来越多、质量越来越好，遗址周边出现了很多洼地（Doherty 2013）。而至少在一年中的特定时段内，这片土地还会被用作绵羊的草场（Henton 2013）。可见，人们在遗址周边从事制陶黏土开采、放牧等活动，而随着制陶黏土的开采量逐渐增多，在当地景观上开采同放牧等其他活动之间出现了冲突。地表长满芦苇或许能够部分解决上述冲突（Ryan 2013）。在恰塔霍裕克遗址的晚期阶段，芦苇的数量明显增多，而这或许也是当时人们环境管理策略的一部分。我们还可以再看下面这个例子。公元前6千纪，陶器上的繁缛装饰无法同炊煮给陶器外壁带来的烟炱痕迹共存。人们为了解决这个问题，需要区分炊器和盛储器，因此，出现了支脚这种将陶器同炉火或地面相分离的新型陶器，这使得陶器的装饰更加明显。在上述案例中，随着矛盾的出现，人们需要找到合适的策略解决矛盾，这一过程让人与物陷入更深的纠缠。

由此，可能经常出现的情况是，随着纠缠的数量逐渐增多，越来越散漫无序且愈发带有偶然性，矛盾也随之而来（其他的例子见 Hodder 2016）。但此时我们依然能够以静态纠缠关系图的方式（关系图在不同时期有着不同形态）将各种不同的事物关联在一起。如果我们从稳定的实物转向动态的物质流，情况又会怎样呢？

---

① 即部分人用陶器来显示社会威望——译者。

由物到线索

当我第一次将图 1.3 作为恰塔霍裕克遗址黏土使用的案例发表时，并没有注意到事物之间的联系是由诸多线缕（thread）或线索构成的。纠缠关系中存在某种时间性，即不同的纠缠过程需要按照某种时间次序依次发生。此后，我还以恰塔霍裕克遗址的陶球和陶器为例探讨了不同操作序列是如何交汇到一起的（Hodder 2016：117；见本书第十章）。在黏土使用的案例中，我在图 1.3 的纠缠关系图原稿中加入了几条关系线索或链条。因此，燃料、炉

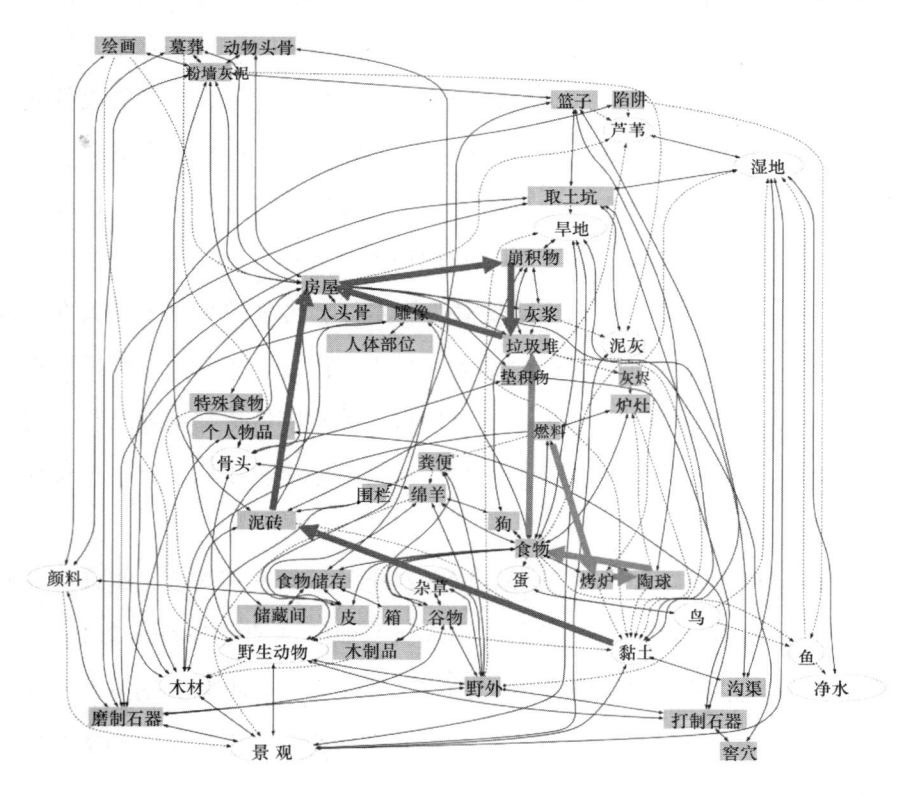

图 1.3 恰塔霍裕克遗址第一阶段与黏土有关的纠缠关系。
关于该图的惯用符号及进一步讨论见第九章

（来源：作者与克里斯·多尔蒂）

灶、陶球、食物和垃圾堆不仅仅是在网络或聚合体中联系在一起，而且是操作序列或能量流动的一部分。燃料通过操作序列或能量流动给炉灶加热，而炉灶内燃料产生的热量传递给用于炊煮食物的陶球，最后人们吃剩的食物残渣则被丢弃在了垃圾堆之中。同样，黏土、泥砖、房屋、芦苇和垃圾堆也不仅仅是网络关系中的节点，而且还是连结不同操作步骤链条的一部分。通过这些链条，黏土被用来制作泥砖，之后泥砖则用来修建房屋，而房屋受到侵蚀后会增加土丘周围冲积物中的堆积物（Doherty 2008，2012，2017），之后会同垃圾堆里的堆积物混合在一起用来建造房屋。

　　从图1.4中，我们可以对上述事物相互关联的关系线索的复杂性略知一二。该图表明了恰塔霍裕克遗址中不同事物之间存在的操作序列或能量流动，并向我们展示了这些操作序列或能量流动的频率或特征是如何随着时间的推移而发生变化的。举例来说，在恰塔霍裕克遗址的晚期地层中，绵羊的

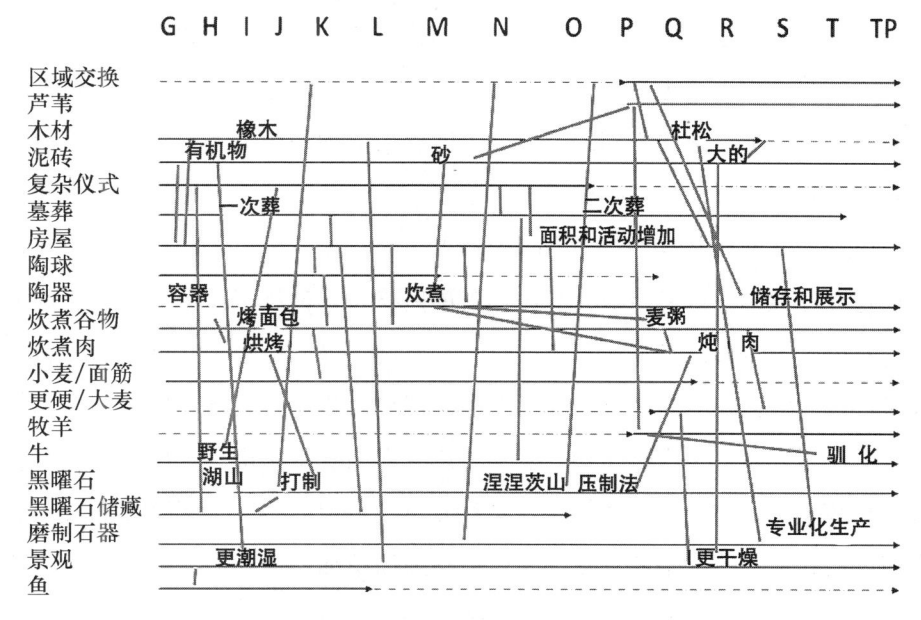

图1.4　恰塔霍裕克遗址一些有据可依的操作序列的历时性变化

（来源：Hodder 2020/约翰·威利父子出版公司［John Wiley & Sons］）

数量明显增加，而且我们已经了解到陶器的功能经历了由容器到炊器、到盛储器、再到社会展示品的变化。该图中纵向交错的线条表明了那些不断变化的关系线索之间存在联系，并且这些联系是有据可依的。在本书第十章，我将探索所有这些线索或流动之间发生的交错关系，尤其将会关注到石煮法同炊煮陶器引入之间的联系。我此刻将图 1.4 放在这里的目的是让读者对事物之间相互联系的高度复杂性有一个大致的了解。

在上文的论述中，我将纠缠定义为混杂。纠缠理论并没有将社会看作是标定好的整体，也没有将其视为不同社会群体之间的相互作用；相反，纠缠理论同其他理论一样，指出了社会中混杂的矛盾、妥协与紧张关系。纠缠理论将会指出在何种情况下，我们对彼此的依赖及对彼此所思所行的依赖，让我们不得不去接受同这些思想与行为相纠缠的其他观念与行动。举例来说，在选举中，我们会将票投给为我们谋福利（如保护堕胎权）的政党，但该政党的某些做法我们并不认同（如允许更多的移民）。我们就生活在上述这些协商与矛盾关系之中。最终，所有事情都将纠缠在一起，让我们处在无比复杂的混杂局面之中。正是这种混杂性使得人们的行动总会产生许多意想不到的后果，也让那些意想不到的后果成为广袤无垠的纠缠关系的一部分。短视的解决方案最终往往会带来长远的问题。

由此，同网络乃至织网（meshwork）相比（Ingold 2010, Latour 2005），或许还存在混搭（mashwork）这种形态的网络，它就像用纤维黏合而成的毛毡（felt），一条条线索并没有编织成网，也没有组成格网，而仅仅是彼此叠在了一起。混搭在我们的日常生活中随处可见，我们每天都在应对这些不同线索的矛盾。我们去商店购物，开车上班，在面试中演讲，为如何升职而担忧，将孩子送去学前班，在教堂中帮助他人，将选票投给有潜力的候选人，在回家的路上买些苹果汁，在行驶途中到加油站加油。我们就生活在这些琐事中，讲述着它们，并将这些小事拼搭在一起构成了一天的生活。这些日常琐事或线缕通常构成了更大规模叙事的一部分，它们给人的感觉像绳索一样松散地系在一起。纠缠就是各种事物不断交织成线缕并陷入矛盾与混杂的过程。从更大的尺度看，我们知道我们需要给汽车加油，这样我们才能去参加工作面试，才可能得到薪水更高的工作，有了更高的薪水，我们才能购买自己真正想要的乡间别墅，实现自己的田园生活梦。而一旦我们沿着购买乡间别墅的路径走下去，就已经放弃了其他选项，如四处游历或购置游艇。随着生活的持续，可供我们选择的选项可能越来越少——我们已经对特定的叙事或线索产生了路径依赖。从更大的尺度来看，我们可能依然怀有为应对全球气候变暖贡献力量的雄心壮志，这意味着我们不应该再去给汽车加油，但我们依然需要参加今天的工作面试！

纠缠的强与弱

纠缠理论的一个重要面向是它既让变化和演变成为可能，让能量流、物质流、信息流和欲望流聚集在一起，也会产生约束作用。对纠缠关系而言，存在一种能让万事万物卷入其中的束缚作用，使其在区别于网络和聚合体理论的同时还具备更强大的解释效力。尤其需要指出的是，纠缠理论让我们理解为何人们会陷入某些特殊的路径，即本书第六章所论及的路径依赖之中无法抽身。

鉴于诸如图 1.3 这样的案例，以及我们刚刚提到的从物到线索或流的视角转变，我们或许可以讨论两种形式的纠缠羁绊（entangled entrapment）或牵绊（caught-up-ness）。程度较弱的纠缠仅仅是混杂在一起的复杂关联产生的，因此，这种纠缠很难在让某一事物发生变化的同时不改变其他的事物。有些线索和叙事在程度上介于有组织的格网和纤维团块之间，同时将（不同背景下不同形式的）人与物联系在一起并对其进行定义，这些线索和叙事让事物之间产生了牵绊。纠缠的约束力（tautness）及不同线索在时序上的排列方式（我只有先在加油站给车加油之后才能去参加面试）产生了约束作用。同样，我们通常也会陷入那些相互矛盾、令人费解的各种观念的纠缠（我头脑中有着需要给车加油的想法，但在信念层面，我反对全球气候变暖）。我们或许可以认为，这种程度较弱的纠缠形式就像我们一直坚持的各种习惯，这些习惯已经内化在我们的身体中，我们已经对此习以为常——布迪厄（Bourdieu）将之称为"惯习"（habitus，又译作"习性"）。但纠缠却并非如此，从纠缠的视角来看，我们陷入某些具体的路径之中的原因并不是习惯和传统，而是因为，当我们权衡了缠绕在身边的各种关系线索后，切身感受到，除了沿着某条路径走下去之外，别无他法。

当我们将关注的重点从塑造人并将人囊括其中的纠缠关系线索转向约束，即探索关系线索之间的依赖与依附关系时，我们就已经进入程度较强的纠缠关系领域。在此，我们主要关注的是一种双重约束关系，即对依赖于人的物的依赖。为此，我们陷入了更高强度的劳动之中，换言之，我们开始依赖那些对我们产生约束和限制作用并将我们引向不符合自身利益的关系链条。

结论 a：为何过程如此重要？

那么，有关忒修斯木船之谜长达千年的哲学争论真的重要吗？在我看来，关于"不论我们如何改变船的构成，改变后的船是否还是原来的那艘船"这个问题很容易回答——二者当然不是同一艘船。包括锤子与钉子、观念和哲学在内的所有事物均是如此。正如柏格森和怀特海等过程哲学家及博加德等（Bogaard et al. 2021）考古学家所说，所有的事物时刻都处在变化之中。

所以，问题就变成了"为何我们会认为自在之物是存在的"——"我们为什么会产生这种幻想？""为什么我们会关注形态稳定的实物而不是聚集在一起且总是不断变化的各种流动？"长期以来，在考古学和人类学领域，人们一直都认为，物是保持不变的，变化仅仅是偶发的状况。这种观念背后通常假定稳定性是事物的常态，并认为我们要从变化的瞬时性去解释由狩猎采集者向农民的转变，以及从城市到国家的转变等现象。当然，也有例外发生。某些辩证马克思主义就会认为"所有稳固的事物都烟消云散"是一条具有革命性的箴言。但我们认为，我们需要用各种不同的方法（如社会演化论方法、稳态系统方法）去解释稳定性而非变化。人们总是假定，在某些因素让物发生变化之前，物是保持不变的。人们为何会有这样的观念？

稳定的当下即物一成不变（在我看来是一种幻象），我们可以从固态实体的角度认识世界，以及物不会发生大的变化，这三种观念一起构成了一幅有关社会、过去和当下的稳定图景。不论变化有多大，不论当下有多少不公正和不平等需要我们去解决，我们都会坚守物的稳定性。我们虽认识到环境在不断变化但却不能采取足够的补救措施去降低对环境的危害，最终酿成了恶果。我们需要让物保持原状。纠缠关系错综复杂且影响深远，这让我们很难观察到真正的变化如何发生。我们还会相信资本主义取得了长期成功，并坚信资本主义具有自我完善的能力，即便当下不平等的现象愈发严重，且向上流动的可能性越来越小。

自在之物的概念表明，如果我们能够应对好某个关键事物，那么，当问题出现时，我们就能够解决它。新技术因为能够解决经济、社会和环境问题而受到人们的吹捧。但人们通过修建堤坝等方式进行技术干预所引入的不仅仅是堤坝。正如我们将在本书第十一章中讨论的那样，堤坝是由大量不断变化的纠缠关系组成。虽然堤坝能够起到治水的作用，但水流会携带大量泥沙将湖泊和河流淤塞。用混凝土修建的堤坝可能会发生泄漏。被堤坝围起的河水可能会淹没历史遗迹，这迫使人们对历史遗迹进行抢救。问题在于堤坝作为人们眼中的自在之物，实际上却是由各种物质流以复杂甚至矛盾的方式交织在一起的集合体。

由此，我认为有关忒休斯木船或 880 号州际公路的争论确实是重要的。

自在之物的概念可能会让我们对世间存在的复杂的相互依附关系视而不见。我们或许看不见我们所作所为产生的影响，我们或许也已经对意外后果习以为常。总而言之，社会中的统治阶层为了自身利益会宣扬稳定性并鼓吹人们需要让物保持原状、保持稳定并让其脱离同其他事物的联系。仅仅购买一部智能手机就好，不要管手机是以不同零部件组装在一起的方式存在（见第十一章）。那些声称是物的稳定性将社会凝聚在一起的考古学家和人类学家也是上述观点的支持者。相比之下，德勒兹与加塔利（Deleuze and Guattari 2004）等学者则关注流、游牧科学（nomad science）和根茎潜流（rhizomatic undercurrents）如何作为解放力量而发挥作用。对这些学者而言，稳定的自在之物是不存在的。

结论 b：人与万物合而为一吗？

最近，有很多打着新物质主义和本体论转向的研究文献将关注点放在人的日常经验是如何在世界中存在和生成的。这些研究很重要，因为它影响着纠缠的产生方式。本体论对人与物发生联系的方式产生重要影响。但通常来看，这类研究没有关注硬币的另一面，即纠缠关系影响着人在世界上的存在方式。毫无疑问，新技术会影响我们同世界及他人之间的关系，正如柴尔德（Childe）在很早之前就注意到的人同轮子的关系，我们也清楚地看到了自身同新型数字媒体之间的关系。我将在本书第十章对此进行更详细的讨论，但此时此刻已经足以说明本体论及人与物的存在方式是纠缠关系中不可或缺的一部分。

最近有关物质性和本体论的研究探讨了人与物是如何发挥能动作用的。英戈尔德（Ingold 2007a，2007b，2010）从互通（co-respondence）的角度（即人与篮子共同发挥作用的双重过程的角度）论述了人同自己正在制作的篮子等物体之间的相互关系。马拉福瑞斯（Malafouris 2008a）和克纳佩特

（Knappett 2005，Knappett and Malafouris 2008）论述了当陶罐在陶轮上被陶工用手拉起时，陶工对黏土的反应。在物质参与理论（Material Engagement Theory）中（进一步的讨论见本书第十章），学者们对作为盲人手臂与存在延伸的白色拐杖进行讨论。一直以来，民族学和考古学中也在讨论延展心智、分散或分布式自我（见第十章的讨论）。

鉴于上述研究能够帮助我们理解人与物的定义及相互关系（至少从依赖关系的角度），它们对于我们探讨纠缠理论非常重要，但这类研究并没有很好地关注到依附关系、约束和限制。在我看来，一直以来，人（不论如何对其进行定义）总是和物相分离。我将在本书第二章中更详细地讨论人与物之间的矛盾关系，但此刻我想强调的是包括疏离（alienation，又译作"异化"）在内的纠缠内部具有矛盾性质的混杂状态。虽然那些塑造了人与物并赋予其生命力的流动通常是相互促进的，但它们往往也相互矛盾。最近，我的腰部再次受伤迫使我不得不借助拐杖来行走，这让我认识到了人与物之间纠缠关系的矛盾性与混杂性。诚然，手里的拐杖是我手臂的延伸，而且我的身体也依赖于它，但我从未感觉到我同这根拐杖融为一体。这根拐杖总是会被卡在椅子腿或门里，当我将它靠在墙上时，它往往也会倒下来，不仅如此，它的出现一直在提醒我自己正在遭受病痛的折磨。拐杖成为了我无法正常行走的象征，这根拐杖在我心里已经彻底疏远。

我并不是说盲人都有着有关拐杖的相似经历，但我的确不赞成将拐杖看作是人自身能力延伸的看法。即便我想到的是那些已经与之建立了更长久、更有成效的关系的物体（如我划船多年一直在使用的船桨和小划艇，我一直以来都用来写作的钢笔或笔记本电脑，在我醒着时完全依赖着的眼镜），我同这些物体的依赖关系中总是带有疏远感和挫败感。虽然我的眼镜同我自己的生命历程高度纠缠在一起，但两者并没有在一种互通关系中融为一体。人与物的依赖关系中总是伴随着疏离和约束。我可以说我的眼镜是我自身的一部分。同样，我的腰部也是如此。我的腰部当然是我存在的一部分，也是处在动态生成过程中的自身的一部分,但我依然感觉到我的腰部是同我相疏离的,我受到了它的约束,并为之动怒。物质实物是否可以是人自身的一部分并与人合而为一的争论,以及有关疏远和纠缠的争论在本质上并不相同。

因为我们自身早已经同物疏离,所以我并不赞同海德格尔所作的"上手"与"现成在手"的概念区分(在海德格尔之前,皮特-里弗斯也作过同样的区分)。"上手"指的是人在非话语的身体层面同物相接触,比如,我们会自然而然地拿起锤子使用,而不会过多思考。"现成在手"指的是当锤子无法使用时,我们会在头脑中对其进行反思。很多新物质主义和本体论的相关研究文献似乎也充斥着相同的思想,即我们可以对人与物的"上手"与"现成在手"的关系进行区分。对我而言,这些观念似乎是人们对手工工艺、对工厂制造产品大规模生产出现之前人与物的直接关系的浪漫怀旧情结。在我看来,我们总是同锤子相疏离。锤子从不以我们想要的方式工作,而且当我需要它时,它从不会如我所愿。我刚好买到的这把锤子并没有在背部装设用来起钉子的叉状起子,我无法用它拔钉子,因此,我不得不用钳子去拔钉子,但我家里的钳子已经生锈了,没有办法使用,我不得不去五金商店购买工具。我使用锤子的这个行为总是充满了约束、限制和消耗,我对锤子本身的依赖同我使用锤子所引发的后果之间总是充满了各种混杂的矛盾。

正如上文所指出的,本书中所定义的纠缠理论试图梳理事物之间带有矛盾特征的混杂性。它关注的是产生人与物之间积极的依赖关系的正向与逆向流动,但同样研究常伴随有产生路径依赖的约束和羁绊的依附关系。这些思想将在后面的章节中进行详细阐述。需要指出的是,我将在本书第六至第十一章对纠缠理论进行综合阐述,并对纠缠理论同其他理论之间的异同进行探讨。但在本书的第二至第五章,我首先想对人(不论被如何定义)与物(不论被如何定义)、物与物、物与人及人与人之间的依赖与依附关系分别进行论述。

第二章
人对物的依赖

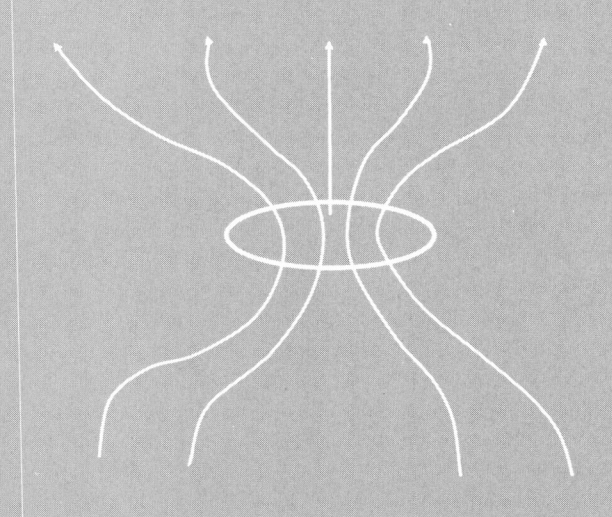

我曾在讲授一门有关物质性的课时遇到了一位大龄学生，我想将发生在他身上的一件事作为本章开篇的背景故事。他告诉我他有一台年久失修、破旧不堪的哈雷·戴维森（Harley Davidson）摩托车。有段时间他一度非常沮丧，无法安心工作。于是，他打算将这台摩托车重新组装好。随着摩托车愈发光彩夺目、焕然一新，他也找回了原来的神采。他发现重新回来的不仅仅是摩托车，还有曾经失去的自我。虽然这可能是一种抵抗抑郁的宜家（IKEA）疗法①，但他认为，这种方法对他来说很奏效。

此时此刻，我想以如下的方式定义人和物。正如我们在第一章中所见，虽然我们在谈论物时，倾向于侧重固态的物质实物，但我们可以将任何实体都定义为物。人也是一种具有意志、意识和欲望的物。从这一角度看，人既是动物世界的一部分，某种程度上也构成了生物生命的整体。上述定义打破了主体与客体的二元对立，因为从中我们可以看到，在某些特定的本体论思想中，非生物的物质实物和抽象事物也是具有意志、意识或欲望的人或类人生命体。在本书后文尤其是第十章的论述中，我将试图表明，人与物是类似的存在，二者都因各种形式的力量和流动的作用而充满活力。但在本书前面的章节中，我仍主张，不论如何定义，人与物都是存在差别的。

正如我在第一章中指出并将在第五章中深入讨论的那样，区分人与物至关重要，尽管人们通常很难将二者分开；而且我们也必须对将现代社会的二元对立思想强加到古代社会与当代某些社会中的做法保持警惕。诚然，在许多社会中，人们有时会将物看作是有活力的存在；而且在许多社会中，的确有时会将人当作物来对待。在许多现代社会中，人们会在道德和伦理层面尤其在论及生死时讨论将人与物相区分的意义。在许多社会中都存在分布式自我的观念。纠缠具有异质性和多样性。人与物的建构与感知方式复杂多样，

---

① 即宜家效应，指的是消费者对自己投入感情、参与制作的物品会倍感珍视——译者。

在不同的社会中，人与物的依赖与依附关系整合在一起的方式也各不相同。对活力的感知也是纠缠的一部分。在本书后面的几章（第二至第五章）中，我将人与物视作彼此相区别的事物进行论述，会注意到在不同的社会中，人与物以不同的方式被感知，同时，也会认识到并不存在"自在之物"。

在本章中，我将首先关注人依赖物的各种形式，同时，也将指出，"人""依赖"和"物"在不同背景下有着不同的含义。在整个社会科学界，"重新回到物"（我所推崇的主张）或者"后人类主义"（我对这种思想并不推崇，原因如本书第一章和第五章所述）的思想已经被学者们所认识。人们普遍认为，考古学中的"重新回到物"是沿着相互关联却彼此各异的途径进行的。例如，考古学家托马斯（Thomas 1999）和奥尔森（Olsen 2010）受到了海德格尔的影响；在考古学研究中颇具影响力的伦敦大学学院物质文化研究学派的指导思想可以追溯到黑格尔（Hegel）与马克思（Marx）（Miller 1987）；布鲁诺·拉图尔（Bruno Latour）有关人与物对称的概念及行动者网络理论（Actor Network Theory）也影响到了考古学（Webmoor and Witmore 2008）；认知考古学受到神经科学及进化心理学的影响（DeMarrais et al. 2004），认为"思想和实践行动同时发生"，并讨论了"延展心智"（另见 Boivin 2008，Knappett 2005）。行为考古学关注人与物在行为链下的联系（Skibo and Schiffer 2008），演化考古学则越来越受到主张生物与文化共同进化的双重遗传理论的影响（Richerson and Boyd 2005）。

所以，我们可以自信地说，考古学及其相关学科都普遍认为，人及人的社会生活都依赖物。我们可以说，人类依赖技术之物，人的衣食住行依赖工具之物，同时，人们通过工具在物质交换中建立社会关系、进行宗教崇拜。很多人会认为，因为人依赖物，所以人的某些体质特征和认知能力会发生进化（有关人依赖火的讨论，见 Hodder 2018a 和 Wrangham 2009）。人们还普遍认为，从某种程度上讲，我们对欲望、愤怒和爱的感知和观念总是与包括他人在内的物相关。同样，至少从相互关联的角度来看（Jordan 2009），如果没有思考的对象,人们便不会产生思想,确切地说,记忆总是与物质的记忆密切相关。

我在本章中尝试概括各式各样有关人依赖物的研究,我发现我做的已经够多了。我的目的是关注与人依赖物有关的研究,以及可以深入细致地阐述这种依赖关系的研究方法。本章并不对相关研究进行细致探讨,我想先大致勾勒出可以阐明人对物的依赖关系的各种方法。在后面的章节中,我将以这种依赖关系为前提,去讨论其给我们带来的启示。这是本书中更具挑战,也是我希望花费更大篇幅去阐述的部分。

依赖关系:一些基本概念

在深入探讨近年来有关人依赖物这一问题的主要研究方法之前,我想先对第一章介绍的一些概念进行概述。

依赖关系的形式

正如本书第一章所述,我将区分两种形式的依赖关系。第一种也是更普遍的依赖关系指的是人如何通过对物的使用去实现某种目的。此处的依赖关系与后面章节中的"依托"含义相同。但依赖关系还有另外一层意思,即"视情况而定"(it depends)。由此,我想要探讨的依赖关系包含了两层意思,分别为依托(reliance)和偶然性(contingency)。人对物的依赖不仅仅表现在人依托物而存在,同时,还表现在人在不同的情况下可能依托不同的物而存在。在本书后文的论述中,这种历史性的依赖关系将发挥更大的作用。但此刻,我主要关注的是人对物的依赖关系如何帮助人实现自身目的。依赖关系常常会引申出另一种关系,即依附关系。正如从世界体系理论(Wallerstein 1976)到心理学(Rice 1998)中形形色色的依附关系及共同依附关系理论所呈现的那样,依附关系涉及某种约束。人往往会身陷各种依附关系中，这限制了人们作为社会人或个体人自身能力的发展。

试想，桌子上摆放着一些物品——一个烟灰缸、一瓶威士忌酒、一个酒杯，还有一枚十字架；桌子下面放着一双高跟鞋。我会从这张桌子旁径直走过，不会对它多看一眼。我对这些物品没有什么兴趣，它们都是这张桌子所处的厅堂或房间的背景。对我而言，它们只不过是日常用品。但对其他人来说，每一件物品都可能被视若珍宝。对一个想要戒酒的瘾君子来说，威士忌酒瓶和酒杯的意义就可能完全不同，他将面临身体对酒的依附性的考验。除了威士忌酒瓶和酒杯之外，屋子里的其他东西在他眼里都恍若无物，他的眼里只有酒瓶和酒杯。仅就美国而言，人对酒精的依附就会让人在损失工作时间、医疗护理及康复训练上花费数百亿美元。

对烟民来说，情况也是如此。烟民们关注的是烟蒂，而烟蒂背后则是身体对香烟和尼古丁的需求。对伊梅尔达·马科斯（Imelda Marcos）① 这样有恋鞋癖的人来说，他们最先看到的可能是桌子底下的那双鞋。而一位皈依天主教的牧师关注的可能是那枚十字架。对我来说，或许桌子上的古物，如一些罗马钱币，会诱发我内心探索过去的冲动。

从上述例子中，我们发现了人在生理、经济、社会及心理等诸多方面同物之间产生依附关系，这些依附关系常常伴随着约束与限制。依附关系并不是物与生俱来的属性，而是存在于人与物的相互关系中。人对物的依赖或偶然的依托，会转化为对物不由自主，甚至欲罢不能的依附。此外，通常还存在权力上的不平等关系，这些关系往往起到了约束与限制的作用。由此，统治集团或许还依赖（在依托的意义上）被统治集团，反之亦然。但在生计问题上，两个集团相互依附（奴隶主与奴隶的关系），这是一种相互制约的依附关系。在第六章中，我会把不同形式的依附关系作为纠缠的一部分加以深入探讨。我将用"依赖"一词（dependence 或 dependences）来指代依赖关

---

① 菲律宾政治人物，曾为菲律宾第一夫人，以收藏大量鞋子而闻名——译者。

系和依附关系，但我在必要时还是会对这两种关系加以区分。

人与物之间反思的与非反思的关系

我们已经发现，人对物存在依赖关系，而依赖关系又包含了依托、偶然性，同时人又常受到依附关系的制约。有时候人们会反思自己对物的依赖，却又时常意识不到这种依赖关系，对其视而不见。有时我们会对物进行反思，反思我们是如何与物联系在一起的。但当我们骑自行车时，又很难用语言去解释我们是如何在骑车的同时保持身体平衡的。

在第一章中，我对人与物之间不经反思的上手关系涉及人与物之间的某种封闭性或"一体性"（oneness）的观点进行了批判。相比之下，我认为人与物之间的所有关系，不论是上手还是现成在手，都涉及某种程度的异化。虽然，认识到这种无处不在的异化很重要，但理解人与物之间的各种依赖方式也很重要。我们每天的日常生活、衣食住行、喜怒哀乐都离不开物。但同时，我们也反思自己的日常需求，并进行抽象分类。一方面，我们知道如何与物相处。当我的手指碰到火苗时，会本能地缩回来。即便我无法解释原因，但我已经会骑自行车了。可见，在感官与实践层面，我的感觉与行为都依赖物。当没有火苗或其他疼痛来源时，我是感觉不到疼痛的。没有自行车，我会骑车这件事更是无从谈起。所以，我的身体和神经系统与诸如火苗和自行车这样的物体之间是相互联系的。

另一方面，或许我可以感觉到记忆中的疼痛，在思维中骑车。所以此时此刻，我在思考我的感觉和行为。在这里再强调一下，人对物有依赖关系——从人类思维的过程来看，头脑中相互关联的互动联系是对身体上其他神经之间联系的反思。我们可以对感觉、经验和记忆进行思考。

正如我在第一章中指出，思考本身也是物。所以我们可以对骑自行车这一举动的思想进行思考。可见，人对物的依赖关系似乎存在等级之分。在更为抽象的层面上，人对思考本身进行思考，而这些思想变成了人们可以进一步思考的物（在这里，我对思考的对象进行思考）。人的思考依赖物，如前人的思想、语言和意识。但在另一层面，人的思想是通过对经验的思考产生的。那些经验本身也包含感觉。但感觉也依赖物。如果人们之前没有欲望的经验，不论如何描述和类比，我们也不会产生欲望。

因此，人对物的依赖是有等级的，如下所示：

（人）对（物）思想进行思考

I

（人）对（物）感觉进行思考

I

（人）对（物）物质实物/人进行感觉

这种人对物的依赖的等级模型存在很多危险。它假定人的思想、感知与经验有不同的等级，这些等级是可以彼此分开的，同时，这一模型也没有解决不同文化对人与物有着不同认同方式的问题。尽管如此，我还是认为，这一模型能够很好地阐述反思的思想和非反思的思想在对物的依赖上存在差别。

正如我在第一章中指出的，在考古学和人类学中很早就存在将日常的、实用的经验知识与抽象的反思思想相分离的传统。1874 年，皮特-里弗斯将军（Pitt-Rivers［1874 and 1875］1906：5）根据自己对军用火器的研究、收集的民族学与考古学资料，以及对儿童模仿成人或自主绘制物体方式的实验结果，作出如下论述：

> 我们能够有意识地进行理性思考，对不熟悉的事物进行推理；同时，我们还有无意识的思维，在某些情况下能够凭直觉行事，而无需意愿或意识的指引。同时，我们知道通过有意识的推理活动及不断发生的

习惯性行为，习惯终成自然，成为了无意识的行为，它不再像最初那样需要人们有意识的推理活动来引导行动。

皮特-里弗斯将军探讨了孩童初期是如何花费大量气力学走路，但久而久之，走路对孩子来说也毫不费力。同样，起初阅读和写作也需要我们有意而为之，但经过不断训练，这些对我们来说都不是难事。

法国考古学、人类学和技术研究的传统中，莫斯（Mauss 1950）、勒鲁瓦-古朗（Leroi-Gourhan 1964—1965）及布迪厄（Bourdieu 1977）都对理论知识（法语 connaissance；英语：话语性知识 discursive knowledge）和实践技能（法语 savoir faire；英语：实践性知识［practical knowledge］，技术知识［know-how］；惯习［habitus］）作出了类似的区分。近些年，考古学家对此作了更为细致的区分。怀恩（Wynn 1993）和佩莱格林（Pelegrin 1990）也将知识区分为三种类型。佩莱格林的分类包括知识（即心理表征［mental representations］）、观念技术知识（ideational know-how，即有关生产程序和物质对比）及实用技术知识（motor know-how，即直觉操作［intuitive operations］）[①]。贝卡尔特（Bekaert 1998）在其逝后发表的一篇文章中详细表述了人与物发生联系及对物思考方式的等级。他问到，人们何时才能够断言自己已经认识了某项技术，如冶铁技术。在我们看来，难道只有当铁匠已经理解了熔炉和喷嘴背后暗指的是性别结构，或者已经知道如何冶铁时，才算认识到冶铁的意义吗？贝卡尔特认为，这两种极端情况的差别是逐渐产生的，并不是简单的截然对立，中间存在逐渐变化的过程。他从这一过程更为

[①] 译者就该句同作者进行了交流，作者对此作出了如下解释：They refer to degrees of abstraction of thought. Mental representations are the most abstraction and symbolic. Know-how is less abstract and practical. But know-how involves both ideational ideas (conscious ideas about where to get raw material from, etc) and unconscious knowledge about how to hold a hammer or how to hit a nail with a hammer. 这三种类型指的是思想的抽象程度。心理表征最为抽象、最具象征意义，技术知识的抽象程度更弱、更具实践性。但技术知识既包括思想观念（如有关原料产地等事物的有意识的想法），也包括有关如何拿住锤子或如何用锤子钉钉子这样的无意识知识——译者。

实用的结果出发，发现了典型经验（typified experience，被认为是理所当然的实践知识）的等级，之后还发现了一系列更为抽象的知识形式：实际动机的等级，（超）自然干预的等级，经验式格式塔疗法（experiential gestalt）的等级，明确隐喻的等级，以及编码化对立的等级（正如结构主义思想那样）。

　　在本章的后半部分，我将重新回到认知考古学是如何探讨人与物之间反思性与实践性的关系之间的差别这个问题上。此时此刻，我只想让大家知道，我们对物的依赖本身取决于我们同物进行相互作用的方式。我正用手敲击键盘所产生的肢体活动，同我正试图在本书中表达的有关物的抽象思想（包括诸如键盘一类的物）之间是有区别的。我打字及活动的动作正被一些更为抽象、更加普遍的思想和动机所支配——虽然你也可以反驳我，说我正在表述的东西（至少到目前为止）只不过是平淡无奇、可以预知的日常琐事嘛！

人与物关系的亲疏：隔岸观火与身临其境

　　如果我们认真审视自己的运动习惯同有关物的抽象、普遍的思想之间的区别与联系，就会发现，我们可以将人与物的亲疏关系大致分为身临其境（如清理汽车上的油渍与污垢，以及清理牛棚）和隔岸观火（对物进行思考的同时又与物保持一定距离）。但愿我已经和大家详细阐明了即便我们隔岸观火般地认识物，将物看作"客体"，我们也同样会参与其中，将其当作"物"来对待。当我们身临其境地去发现在物的身上发生了什么时，我们也难免将物看作"客体"。这又让我们回到了异化的问题上。我们对物的依赖总是若即若离，我们同物保持一定距离的同时，又会对物产生认同感。

　　或许，我可以从发生在自己身上的一件轶事来展开这一话题。在我考古生涯的早期，我受邀去介绍我对物的理解（有关物的抽象思想），诚然，我对物的理解受到了他人影响，但我提出了自己的理论。因此，别人会问我有关情境考古（contextual archaeology）、后过程主义考古或反身（reflexive）考古的问题。如今，别人问我的问题，更多的不是我的思想，而是恰塔霍裕克这个我在土耳其发掘的遗址。恰塔霍裕克是一个有着无穷魅力的遗址，它的魅力要比我"大"得多。人们想要了解的是恰塔霍裕克，而不是我。当我在作演讲时，常常苦于如何才能向听众讲一点我自己的思想。但在恰塔霍裕克面前，我总是黯然失色，这实在让我心生妒忌。对别人而言，恰塔霍裕克比我重要，知名度也比我高。所以我希望，有朝一日我能摆脱恰塔霍裕克，但现实情况是，我需要它。所以，我和恰塔霍裕克关系暧昧，我既想与它保持密切联系（否则，别人不会邀请我去演讲），同时也想摆脱它（我想要成为我自己，而不是活在恰塔霍裕克的光环之下）。

　　正如我们将在本章中所看到的那样，考古学和社会科学中的很多理论都认为我们需要物。事实的确如此。但同时，我们也需要同物分开，尽管在不同的社会类型及不同的本体论中，我们同物相分离或相疏远的方式存在差异。从最普遍的层面来看，至少在由欧洲派生出的社会中，我们在认同物的同时还要彰显自身的与众不同。弗洛伊德（Freud）发现了人与物之间的这种若即若离的暧昧关系，在著作《超越快乐的原则》（*Beyond the Pleasure Principle*, 1920, Standard Edition 18：1—64）中，弗洛伊德记录了自己的（外）孙子厄恩斯特（Ernst）的行为：他把东西扔掉时会说"走开"（德语 fort，英语 gone），而把东西捡回来时会说"在这呢"（德语 da，英语 there）；同时，这孩子会将一个缠满线绳的木轴扔掉，让它从自己的视线中消失，然后再把它捡回来。弗洛伊德认为孩子的这种行为与他母亲弃他而去又再次回来有关。孩子不断重复着这一行为，是在表达内心由母亲带来的痛苦与喜悦，而随后，父亲也离开他前往西线战场①打仗，孩子痛苦的根源变成了父亲。梅勒妮·克莱恩（Melanie Klein）、唐纳德·温尼科特（Donald Winnicott）和雅克·拉康（Jacques Lacan）都对孩子的行为与物体的关系进行了解释。

---

①　二战中的欧洲西线战场——译者。

在我看来，这足以说明孩子在不断变换同物体亲疏关系的过程中，逐渐产生了自我意识。

在心理学中，大量文献都在谈论物体在自我意识形成过程中的重要意义（Bermudez et al. 1995, Cole 1998, Elliott 1994, Minsky 1994, Shore 1996）。自我认同的形成过程与人对物的近距离接触有关，物是主体化的核心。人或许可以在对周围物的掌控中获得对自我的掌控，但主体是在人与物相区别、相分离，将自身外化（externalize）、转让（transfer）和取代（displace）的过程中形成。人同他人及他物产生认同关系时，形成了主体；但人也想同自己周围的物相区别，"想成为自己的主宰"。温尼科特（Winnicott 1971）记录了实物让孩子摆脱母亲所造成的心理阴影的过程。从中我们可以发现，人们总是想同物疏远，不再与物纠缠不清；但人与物的关系总是模棱两可，既亲密，又疏远。

交换过程为我们提供了人与物之间既亲密又疏远的例子。表面上看，人与人之间发生的是物质赠予交换。但赠予者在将物让渡出去后，获得的可能是自我意识，也可能会因慷慨大方而赢得社会尊重。接受者也可能因物本身或赠品建立的同盟关系而获得威望。但从另一方面看，赠予者与被赠予的物又很难分开。当某人将与自己关系密切的物品赠给他人时，物品赠予者的一部分自我可能也随着物品被赠予了他人。莫斯（Mauss 1950）记录了美拉尼西亚的馈赠社会（gift society）体系中，将物赠予他人的同时，赠出的还包括赠予者的一部分自我——人们回礼的原因是礼物中蕴含着赠予者的精神品质。物品之前的所有者会继续宣称自己拥有该物（Carrier 1998）。对此，莫斯列举了巴布亚新几内亚库拉（kula）交换的实例。安妮特·维纳（Annette Weiner）论述到，得到别人的珍贵之物，如汤加（taonga），也就意味着得到了他的地位、名号和历史。在美拉尼西亚，物往往是不可让渡的——物自身还蕴含着以往人们对它的认同。所以，一旦有人将自己的东西赠予他人，他便与这件东西相分离，但仍保持着对这件东西的认同感。

人与物之间的亲密与疏远关系还是价值属性的核心。钻石耀眼的光泽吸引着人们的眼球，但为了让钻石不贬值，需要市场调节，确保钻石一直都是稀缺之物。齐美尔（Simmel 1978：66）认为，物品的价值与其相对于其他物品获得的难易程度有关：

> 正如康德（Kant）所说，经验的可能性就是经验对象的可能性，因为有经验就意味着我们的意识从感觉印象里创造了对象。同样，需要的可能性就是需要对象的可能性。对象因而形成，它的特性是通过与主体相分离而被赋予的，而主体在建立对象的同时也以自己的需求征服它，对我们而言，这就是价值。

盖尔（Gell 1992）将对交换价值的探讨扩展到艺术品价值。即便绘画的交换价值超级昂贵，贵到让人望而却步，它也能成为人需求的对象。在艺术品的案例中，拥有的欲望存在于智识层面，而非物质层面。对盖尔来说，物品的生产技术是一个引人入胜、令人心驰神往的过程，正是这一过程让我们得以亲近物品，即便物品总是妨碍我们对它进行理解。艺术作品产生了复杂的意向性（intentionality），正是这种意向性让我们心驰神往走近它，甚至深陷其中、无法自拔（Gell 1996）。

但在另一种意义上，人们在亲近物的同时也在远离它。到目前为止，我所讨论的人-物关系是一种双向关系，所以，人既会亲近物也会远离物。但物与人都散布在时空之中，所以某物（或某人）同另一件物（或另一个人）建立亲密关系必须远离第三件物（或第三个人）。当我认同某物时，我摒弃了其他物，所以在我认同与不认同的物周围，产生了文化与社会边界。这产生了种族、阶级与性别的偏见与歧视。我们在"亲近"熟悉的物的同时，也在远离不熟悉的物，这便产生了分歧。因为人对某些物有着很深的认同，所以会与其他物慢慢疏远。鉴于此，我们下面将关注财产，这种人对物特殊的认同与依赖形式。

认同与所有权

人总是想把自己同物分开。在西方社会中，这种通过将人与物相区分来彰显人的与众不同，在儿童成长的很早阶段就开始了（Meltzoff and Moore 1995）。同时，物与人本身都是世界的一部分。所以，人们认同某物及宣称拥有了某物的方式似乎总是让人难以捉摸。我们一定要在物身上赋予些其他的东西才能拥有它，才能说"这件东西是我的"。这种认同与所有权是如何发生的，所有权与财产的特质又是什么呢？

或许我们可以在头脑中再进行一个思想实验，让物乍一看上去没有被人所占有。让我们从沙滩上的鹅卵石开始。我们需要在鹅卵石身上赋予什么东西才能让人说"它是我的"？从没有被人拥有的鹅卵石到财产这一概念的产生是一个怎样的过程？我们将会看到，虽然不同社会中的财产形式有很大差别，但这一思想实验有助于我们区别这些不同的财产形式。

首先，试想我们站在一片长长的海滩上，将目光聚焦在一颗与众不同的鹅卵石上。有人专注于鹅卵石的形状，发现形状是自己所欣赏和喜欢的类型；还有人看到了鹅卵石绚烂夺目的颜色。对有的人来说，各式各样的形状对他们是有特殊意义的。可见，人们常常从欣赏、观察和留意开始去发现物的意义，这已经是一种拥有和占有的形式了。用第一章的话来说，这颗鹅卵石已经成为了物，经过人的注视、观察、欣赏与比较，鹅卵石已经与人建立了联系，拉近了距离。正是人将自己强加到了鹅卵石身上，才对鹅卵石建立了拥有权。

随后，我们会将这颗鹅卵石拿在手中把玩、端详、触摸。此时，我们与鹅卵石的关系又更进一步——正持有（holding）鹅卵石。此时，人与物之间已经彼此融入，彼此接纳。拥有关系已经成为了一种特殊的感觉，一种"占有感"（mine）。除了注视之外，更多的感觉加入其中。通过各种各样的感觉，我们与物之间的关系进一步深入。

人与鹅卵石之间的感官联系是建立在对海滩更为丰富的体验之上的——或许是一缕和煦的阳光。可见，鹅卵石是伴随着更多对我们有重要意义的实践而成为物的。顷刻间，正是这颗鹅卵石同我们的海滩体验之间的密切关系，让它成为了我们对海滩记忆的象征。我们可以通过如下的方式将这颗鹅卵石命名："这是我伴着和煦的阳光，在海滩上散步时捡到的鹅卵石。"这种冠名和记忆方式让鹅卵石与人之间形成了某种特殊的关系，冠名和标识让人更彻底地拥有了这颗鹅卵石。

由于我们想要将在海滩上散步这段美好的经历留在记忆深处，我们会将这颗鹅卵石揣进兜里带回家，把它放到盒子里。我们很可能时不时地拿出它来看一看，也可能把它拿给别人看，并把在海滩上散步的这段经历和记忆讲给别人听。这颗鹅卵石已经成为了我们非常私密的个人物品，它是我们用心找到的东西。经过关联、记忆、冠名、保存和收藏，这颗鹅卵石进一步成为我们的私有物。

我们可能还会时不时地重回海滩看看，我们的子孙后代可能也会这样做，由此我们便可以说，经过这种习惯性的实践及长期的关联与兴趣，海滩上所有的鹅卵石都被我们所拥有。我们便可宣称自己对这些鹅卵石拥有使用权，而这种使用权是被历史惯例所认可的。

之后，我们甚至可以决定买下这片海滩。这样，海滩上的鹅卵石便成为了我们的私有财产，别人无法享有它们。这是一种独家占有的所有权，受到社会规范和法律的保护，如有必要，还可用强制手段来保证。在20世纪80年代南非的反种族隔离运动中，黑人们进驻海滩，将海滩变成了一个集结点。占有某物意味着将其他人排除在外。

这些只是人认同物、拥有物这一过程的一部分。斯特拉森（Strathern 1999）已经注意到，财产有很多种形式，它们并不以固定的形式存在。物被人占有的同时，也占有了人，物的颜色、美感、记忆、关联等都将人占有。

这一过程涉及人对物的留意，人与物的关联，以及二者在历史与记忆方面的关系，人们不断寻找、拥有、使用物，并动用强制和法律手段来控制同物之间的联系途径。诸如投射、让渡、外化和取代等许多过程都拉近了人与物的距离，让我们感觉到我们需要或拥有物。除此之外，动用社会强制力和规则让人产生了更为强烈的拥有感。

然而，人们认同物、对物宣示主权的方式还有很多。赠予、交换和继承都是让物成为人的财产的方式。如果我从盒子中取出了那颗鹅卵石，将它传给我的孩子们，他们就会感到自己对这颗鹅卵石拥有所有权。由此，我们常常认为，如果一件物品被交换、赠予或继承，它就被人所拥有。当然，这里面还有很多细微的差别，如存在可让渡（alienable）与不可让渡之物，礼物与金钱的转让，赠予的同时还保留着所有权（keeping-while-giving）等（Mauss 1950，Weiner 1992，Munn 1986，Strathern 1988）。在不同的情境下，物品被赠予的程度也不同——物品原来的主人可能没有完全失去对赠予他人之物的所有权。但这种交换关系的基础是，正式的赠予（不同于偷盗等方式）能够转让甚至产生所有权。

物的所有权还有其他来源。有一种说法认为，在物身上付出的劳动产生了所有权（17世纪洛克［Locke］就持这种观点）。那么，如果我们承认人们在清理、种植庄稼、除草和收割上付出的辛勤汗水让人和土地之间产生了所有关系是合理的，那至少可以部分认定美国原本属于当地原住民的土地是被欧洲殖民者夺走的。同样，很多手工工艺也是如此。劳动过程可以在一定程度上产生所有权，尽管很多时候，这种所有权被提供生产资料的统治集团让渡和否认。巴纳德和伍德伯恩认为，所有的社会都存在这样一个准则，即只要没有其他准则的干预，"作为个体，我从自然界得到的和通过自己的劳动创造的一切，在某种程度上都可以看作是我的财产"（Barnard and Woodburn 1988：23），"劳动……将实物转化为财产"是一项基本的社会准则（Barnard and Woodburn 1988：24）。当然，财产所有权等权利会被很多其他权力所取代，这些权力让劳动产品与工人相疏远，但巴纳德和伍德伯恩把劳动创造财产看作是财产的"基本"形式。

总之，人与实物之间相互接近（contiguity）和关联的各种形式让人以排他的方式拥有物，从认同、关联到所有权的转变是逐渐发生的。我可以对很多不曾拥有的物产生认同感——我父亲、我的名字（有很多人都叫伊恩），我的大学，我穿衣服的方式，等等。另一方面，所有权是"人与物之间关联的一种特殊类型。这种关联囊括了衡量社会公认的掌控'物'的方式，同时表明了限制他人对该'物'的掌控是很有必要的"（Barnard and Woodburn 1988：13）。

我们有必要对财产的其他形式加以区分。例如，尽管我们很难区分集体财产和私有财产，但财产可以被集体和个人同时拥有（Barnard and Woodburn 1988）。另外，在对鹅卵石海滩的论述中，我曾想象一个这样的社会，对这里的人们来说，拥有财产是再正常不过的事。在追求即时回报（immediate return）的狩猎采集社会，生产产量的目标很低，人们不太费力就能满足自己对营养摄入的需求，而且强大的社会压力迫使人们要即刻吃掉食物并用掉人造物品，所以很长时间以来，人们都没有拥有很多物质实物，甚至几乎没有什么物质积累（Barnard and Woodburn 1988：12，Woodburn 1998）。在很多社会中，专属某人的所有权是不存在的。卡里尔认为，美拉尼西亚的很多社会中，并不存在排他的财产观念，不同的人可以同时拥有某些财产，"物品能够反映出与该物品过去有关的人与人之间的持久关系，而且物品是在持久的历史关系中存在的"（Carrier 1998：86）。这与现代西方社会中的财产观念不同，在现代西方社会中，财产是被人独占的——在任何时候，财产都是被拥有者完全支配的。卡里尔（Carrier 1998）还注意到，在某些美拉尼西亚社会，人们对土地的某些权利可以追溯到久远的祖先，与此同时，土地的使用权可以不断赠予他人，这样就使得拥有权问题变得相当复杂、凌乱无序且充满争议。

那么，什么东西这样有魔力、如此有魅力，能让物质实体成为人们的囊中之物？人与物之间的相互接近与关联是如何将认同感与存在感从人转移到物的？莫斯（Mauss 1950）认为，物和人是融为一体的，物拥有人格特性。显然，人在物的身上倾注了某种东西，这种东西可能是关联、认可、共同经历的历史，或者是精心的照管与劳动的投入，这让物质实体变成了人们有兴趣且想要保护的物。人对物的依赖让物在我们的生活中发挥重要作用是财产产生的基本条件。由此，我们还可以说，物也在人身上倾注了某种东西。正是人与物之间相互付出、相互倾注的双重过程让物质实体成为了物。

对财产的讨论为何如此重要？部分原因在于，对财产的讨论表明了对物的认同方式让社会和社会中的个人产生了结构和秩序。所有社会都建立在对物的所有权基础之上，只是方式和程度有所不同。支配、权力及社会地位都依赖物及对物的掌控（食物、土地、礼仪空间、祖先、金钱）。所有的社会都涉及以义务为基础的不平等的冲突关系。正是人参与到对物的生产、消费、分配与支配之中，社会才得以存在和维系。若没有了物，社会便不复存在。我们正是在共同生产、拥有、交换、转让、保管与支配物的过程中成为社会的一员。正是人与人之间和物有关的相互的责任和义务才让整个社会充满活力。社会的存在形式与我们对待物品的方式密切相关，也与我们将物品转化为对我们有意义的必需之物的方式紧密相关。

长期以来，考古学家及其他人文、社会科学家们一直关注各种物、艺术作品、权力符号及技术手段的表征方式（Alberti et al. 2013）。此外，他们还关注物是如何让社会和个人得以发挥作用，如何让人适应整个社会和周围其他人的。然而，学界对认同和所有权的关注还不够，而恰恰是这二者构成了表征和适应过程的基础。在上文论述鹅卵石海滩时，我通过思想实验这种形式，指出人最开始是如何同物建立起联系这一重要问题。

前人对人对物的依赖关系的论述

上文已经厘清了一些依赖关系的线索，也发现了一些关键的主题，接下来，我将着重从三个视角论述人对物的依赖关系：海德格尔与梅洛-庞蒂（Merleau-Ponty）的现象学，物质文化与物质性研究，以及认知的方法。在对每个方法的讨论中，我都会阐明该方法如何为我们详细研究人对物的依赖关系提供证据。

与物此在

认为人对事物具有认同感是一回事，但进而认为人只有在同物的关系中才能存在则是另一回事。同样，所有的生命体都依赖阳光、空气或水，以及土壤和矿物质，由此，所有有知觉的生命体都依赖物来产生知觉能力。由于人的具身神经系统需由文化和环境信号进行激发，因此在众多生命体中，人尤其依赖物。严重缺少外部刺激的儿童在身体机能的发展上会遭遇困难，他们只能开发出有限的几种机能（Joseph 1999）。我们可以进行另外一个思想实验。试想一个人在完全没有外部刺激的环境中成长。试想一个还在发育的孩子被悬置在黑暗中（但并没有被绳索挂住），周围没有声音、没有食物、没有水、没有物也没有人，这个孩子甚至无法摸到和探索自己的身体。在我看来，即便这个孩子能够存活，他也是没有思想、没有感觉的——他不会成为人。同样，我已经指出（Hodder 2018a），如果没有物，人也无法演化。

海德格尔与梅洛-庞蒂的现象学对我们理解人对物的依赖及人同物的融合贡献颇多，该方法被克里斯·戈斯登（Gosden 1994）、朱利安·托马斯（Julian Thomas）（Thomas 1999）、克里斯·蒂利（Tilley 1994）、卡尔森（Karlsson 1998）和比约纳·奥尔森（Olsen 2010）成功引入考古学。我们在第一章中已经对海德格尔的一些著作进行了讨论。在这里，我想更进一步论述海德格尔对人类存在的物性（thingly nature）的探讨。

海德格尔20世纪上半叶的作品的主要目的，是同长久以来的哲学传统和西方思想划清界限。长期以来，西方哲学都认为实在性（reality）是某种可以通过客观的理论反思而得到的实质（substance）（Guignon 1993），人们都将物看作是外在于人的存在。但海德格尔并不这样认为，他开始关注日常生活中的实践活动，如钉钉子、从壶中倒水等。受到胡塞尔（Husserl）后期有关"生活世界"（life-world），或称"Lebenswelt"[①] 哲学思想的影响，海德格尔（Heidegger 1973）用"此在"（德语 dasein，英语 being there）而不是"人类主体"（human subject）来强调人类存在的实践日常性（practical everyday-ness）。他还使用了一个中间带连字符的短语"存在于世"（being-in-the-world）来表明人是如何被周围的世界所塑造并与周围的世界紧密相连的，同时，也旨在说明人是如何身处于世、栖居于世的。"此在"是一种存在的能力，它通过人生命历程中的各种角色得以实现。因此，我的存在、我是谁是通过我在整个生命历程中与世界相互作用的过程体现的。

海德格尔并不将物看作是外在于人的存在，相反，物总是通过我们正在处理的事情与我们建立联系。我们总是被各种物包围着，这些物彼此相互关联，也与我们正在处理的事情相关。在生产地板的过程中所使用的所有工具、钉子、木材等形成了一种"用具整体"（equipmental totality）。当我们拿起锤子钉钉子时，我们只是理所当然地这样做。当我们日复一日地用锤子去做事情时，我们并不需要对锤子进行理论思考。海德格尔将这类人-物关系称为"上手"（这与皮特-里弗斯、勒鲁瓦-古朗等学者有关自动机［automaton］、技术知识、实践性的、非话语性［non-discursive］的知识类似）。正如奥尔森（Olsen 2010）所指出的，我们的身体活动要有工具的配合才能完成实际的工作——在使用工具所从事的实践活动中，存在统一的、非理论化

[①] 德语，意同——译者。

的整体。作为一个人，我是谁这一问题的答案取决于我所处的用具环境（equipmental contexts）。

然而，当物出现故障时，我们会更有意识地、更从理论上去观察物及物的功能联系。我们关注出现故障的物，研究它，并开始意识到我们需要利用物身上的功能做事情。如果没有了锤子，我如何才能钉钉子？海德格尔将这样的意识，这种人与物之间带有反思性质的关系称为"现成在手"。用具整体在我们的头脑中渐渐明晰，同时人与物之间的相互关系也浮现在我们眼前。

在海德格尔"存在于世"的概念中，人和物都不是出发点。这一概念的出发点是在相互依赖关系中，特定类别的用具环境是如何产生的（Guignon 1993）。因此，只有在特定的历史文化中，物和人才能够显现出来。自我和世界都存在于作为单一存在者的此在之中。

海德格尔的研究也饱受批判，人们认为他的研究仍然是以人为中心的。我们可以通过一个具体的例子来思考——当物出现故障时，它是如何呈现"现成在手"的状态的。在此，我们关注的是人，以及人是如何受到物的影响（不论物是否出现故障）。但在前文中我列举的桌子上的实物的例子中，特定的物体之所以会进入特定的人的视野，并不是因为物体本身出现了故障，而是因为离开了这些物，人就会崩溃。在上述案例中，人与物之间的关系中常常夹杂着冲动、不受控制的成瘾及依附关系。

人们进一步批判海德格尔，认为他在论述处在前现代化阶段的沃尔克（Volk）乡村社会的存在特征时，采用的是一种想当然的浪漫主义观点。他对"此在"和"用具整体"的论述让一切都各得其所。海德格尔认为，人获得商品、技术、物质和让人同自己的劳动相疏远的权力关系之间并不存在冲突与矛盾。他仅仅关注了用具整体，却没有关注获取用于锻造钢锤头的铁，也没有注意到在获取木板和木质锤柄时，已经破坏了森林和森林的生长环境与生态系统。海德格尔几乎没有关注自然物所处的遥远的、充满活力的外部自然世界，正是在这样的世界中，万物经历了生长、成熟、衰败、枯萎、凋零，最终完全消失、化为陈迹的过程。海德格尔并不持有物质主义或环境决定论的立场，物质科学和生态系统科学并不是他的兴趣所在。

但海德格尔的研究对我们全方位了解人如何存在于世意义重大。他的研究为我们完整再现了人与物已经完全交织在一起，难分彼此。在大多数物质文化研究中，物仅仅是人们表达社会意义的方式。但正如奥尔森（Olsen 2010）所注意到的，对海德格尔而言，我们常常将自己置身于被赋予意义的物质世界中。这一观点被考古学家成功应用到研究岩画所用岩石对岩画创作的影响之中（Olsen 2010）。在研究中，考古学家并不将岩石表面看作是可供作画的空白石板，相反，关注的是岩画艺术是如何在凹凸不平、破损开裂、坑坑洼洼的岩石上创作出来的，是如何将岩石表面形态融入艺术创作之中的（Tilley 1994）。

在近年来对景观的研究中，尤其在蒂利的"景观的现象学"研究中（Tilley 1994），海德格尔的思想被再次唤起。然而，巴雷特和高（Barrett and Ko 2009）已经表明，蒂利将现象学定义为"主体在体验物的同时对物的理解和描述"（Tilley 1994：12）。蒂利论述到，我们当下对景观和名胜古迹的亲身体验必定反映了过去当地人的某种体验。这并不是海德格尔的观点。海德格尔认为，主体往往是通过特定的、具体的、历史的用具整体产生的。而蒂利对景观的定义似乎与海德格尔背道而驰。对海德格尔而言，人与物是完全纠缠在一起的。因此，我们无法仅仅通过造访与观看史前景观来研究新石器时代的人们对该景观的体验。我们当下对史前景观遗迹的体验是在我们自身的存在于世中发生的，同时，弗莱明（Fleming 2006）也证明了我们对古代景观的体验中包含着自身的主观性。在我看来，海德格尔式景观现象学更为贴切的方法并不是带着现代视角去亲身体验景观，而是去研究名胜古迹的建造材质、方法，建造时所使用的工具，以及将石头竖立起时所使用的工具和升降装置。同时，我们还应该研究一些实际问题，如墓葬中腐败衰变的尸体，以及骨骼、皮肤和体液的循环流通。我们应该去重建聚落居址与墓地之间的道路，计算修路所需劳动力的数量，研究田地与墓地之间的关系。过去几十年的考古学研究也确实试图重建这种用具整体（如 Bradley 1998）。

同样，梅洛-庞蒂也强调人对物的绝对依赖。人从一开始就生活在物的世界，已经适应了周围的物，并与物关系密切（Merleau-Ponty 1963［1942］）。然而，正如梅洛-庞蒂在其重要作品《感知现象学》（*Phenomenology of Perception*）中所阐明的那样（Merleau-Ponty 1962），他的主要兴趣在于研究人是如何通过身体来体验世界的。他的作品大多以身体为中心，然而在名为"人与自然界"的章节中，他探讨了本书第一章所列出的问题，即物的恒定性（constancy）——物是作为有界的物体存在，并能抵御岁月的侵袭（梅洛-庞蒂后期作品中的转变见 Olsen 2010：133）。物的尺寸会随着同人身体距离的变化而变化；人们观察物的视角不同，物的形状也不同；在不同的光线下，物的颜色会发生变化。因此，我们是如何通过这些差异去发现物的恒定性的呢？梅洛-庞蒂认为，是身体的整体性（unity）让物有了整体性。当我们去触摸物，去与物进行互动，去用耳朵听、用鼻子闻的时候，物的外观、质地和味道都可能因此而发生改变，但我们知道在整个过程中，身体是恒定不变的。正是由于我们自身身体的恒定性，我们与物的联系也是保持稳定的（Merleau-Ponty 1962：317）。但同样来说，"只有在物的整体性中，人的身体才有整体性，通过将物当作我们的出发点，我们的双手、双眼及感觉器官都表现为可以相互更换的成套工具（interchangeable instruments）"（Merleau-Ponty 1962：322）。当我们拿起物来把玩它、感受它、观察它时，我们也理解了自己的身体是如何运转的，身体的各部分是如何相互协调的，以及我们是如何合作的。因此，人的身体和物是相互依赖的。

物质文化与物质性

在物质文化和物质性的研究中，人们很少关注人自身，更多关注的是物所具有的与人类似的特性，以及物如何行动，如何具有能动性、人格特性、灵性和权力。虽然人们依旧强调自我和身份的形成，但关注点已经转移到物在世间如何行动。丹尼·米勒（Danny Miller）（Miller 1987, 2010）将物质文化研究（尤其是伦敦大学学院学派）和物质性研究所继承的学术遗产追溯到黑格尔和马克思，尽管当下人们研究的更多是消费，而不是生产关系。

黑格尔（Hegel 1807）的《精神现象学》（*Phenomenology of Spirit*）一书很重要，"它为学界从非还原论的角度研究主-客体的动态关系奠定了基础"（Miller 1987: 28）。黑格尔认为，对象化（objectification）的过程包括了如下几个阶段。首先，因为主体没有意识、平庸无奇，所以很难对其进行描述（Miller 1987）。尽管主体费尽周折想要获得意识，想要认识某物或自身，但实际上，这是通过认识某物或自身不是什么来实现的①。自我意识是通过创造"他者"或"客体"来获得的，这可以让自我界定自身，意识到自身的存在。所以我们可以通过与客体的关系（与主体相对立的关系）来定义主体。黑格尔继续讲到，外部意识对此深感不满，并试图将他者纳入主体之中，以达到与自我交流的目的。由此，社会、法律、宗教或理性等新的巨大的集体力量随之形成。这产生了一种整体的（totalizing）或普遍的现象。这种将外在事物重新融入自我的过程被称为"扬弃"（sublation）（Miller 1987）②。人们通过黑格尔所说的对象化过程创造了世界，进而创造了自身（Miller 2005a）。这并不是静态的主、客体对立，而是动态的辩证关系。

---

① 该句原文为：The subject struggles toward an awareness that it actually is — by becoming aware that there is something it is not. 译者就该句的意思同作者进行了沟通，作者给出了如下解释：This is the idea that we understand what something it is not. So if you ask me what is a chair, I might say it is for sitting but it is not a stool or cushion. A cow is not a horse. And 'I' know what I am because I am not 'you', or not an object. So I come to understand myself because I am different from objects. 即该句表达的是我们通过理解某物不是什么来理解它是什么。如果你问我椅子是什么，我可以说它是用来给人坐的，但它不是高脚凳也不是垫子。牛不是马。我知道"我"是谁，因为我不是"你"，也不是某件物体。因此我开始理解我自己是因为我同物体是不一样的——译者。

② "扬弃"是黑格尔解释发展过程的基本概念之一，指的是新事物对旧事物既抛弃又保留、既克服又继承的关系——译者。

同样，对马克思而言，人类主体创造了与自身发展相关的外部世界，即产生了对象化。但与黑格尔的对象化不同，马克思对象化概念的学究气与形而上学色彩更淡，更侧重物质世界中的生产关系。外部世界的生产活动不是自由地发生，而是在支配关系的条件下发生。工人与自己生产的产品相疏远、相分离，"在这种疏远的情况下，对象化的过程本身就是断裂的，因此人们无法通过对象化来获得自身的发展"（Miller 1987：36）。发生疏远的原因有三：

1. 在工厂-市场分配体系中，生产者与劳动产品相分离。
2. 工厂的环境让人同生产过程相疏远，而疏远本身是消极无益的。
3. 法律与政治上对私有财产的界定让工人同自己的劳动产品相疏远。

所以，在马克思看来，对象化是消极的现象，对象化与自我确证（self-affirmation）相冲突。在前文中，我已经讲到了人是如何对物产生认同感并最后拥有它的。但某种对物认同的形式（如私有财产）常常与其他形式（如通过劳动建立起的关系）格格不入。马克思将这一过程表述为，物体/产品同生产它的工人相疏远、相分离。事实上，马克思本人和后来的马克思主义者的相关论著中，将人与物的疏远分为三个过程，这也是对象化的三个消极方面：

1. 异化（alienation）——即上文讨论过的疏远的过程。它指的是在资本主义进程中，"人们失去了可靠的或合适的身份"（Miller 1987：44）。
2. 拜物主义（fetishism）——工人与劳动产品相分离的同时，劳动产品变成了商品与工人相对立，但商品并不是工人的劳动产品，而是用来消费的物品。所以，物品变成了"虚假的"表征。
3. 物化（reification）——即由人创造的物品反过来与人相分离，由此，人们认为在物品自身之外存在同其相分离的外部现实（external reality）和外部起源（如宗教圣像是由外部力量产生的）。所以物体有独立的自主权，能够不受社会批判的影响。被称作"上帝"的这一事物也是如此，由此，宗教总是会愚弄人心①。

上述这些有关对象化的马克思主义思想为我们提供了一种对人与物的关系进行批判和分析的方法。对象化的思想从生产关系的角度分析和批判人-物关系。实际上，很多物质文化研究主要关注消费，以及人们是如何改变和颠覆大批量生产的产品及其意义的。人们已经从整体上摆脱了对象化的消极影响——虽然消极影响依然存在且不可忽视，但对象化在形成人类主体上同样发挥着重要作用。"米勒认为，消费理论主要从异化的生产过程中再现物品，由此，消费是人们面对异化时的一种自我创造策略"（Meskell 2004：32）。

受盖尔（Gell 1998）的影响，很多学者在研究物是如何具有能动性的：物的能动性并非原生能动性（primary agency），即有意识的人所具有的意向性，而是由人所赋予的次生能动性（secondary agency）（Robb 2005，Dobres and Robb 2000）。几乎可以确定的是，精神及其他形式的存在需要物才能够持续和流动（Miller 2010）。但产生流动的不仅仅是物。或许我们总是被物的存在所吸引，即便只是世俗之物和琐碎之物，也能让我们如痴如醉。让我们为之着迷的还可能是物的物性，即物在将人联系在一起的维度上所具有的持久性，但因为物有其自身的时间性，这使得物的持久性同人的时间性有所

---

① 译者就 reification 这一概念的含义同作者进行了沟通，作者给出了如下解释：Reification is when an object becomes so separated from its production process that it takes on a life of its own that is separate from that process. So the object gets seen as something that was not made but just is. So for an example, people might worship an icon, and kiss it, and touch it because it has become identified with a saint or god. That is why I say that icons ARE made — they are made by a craftsman but the icon becomes so reified that it is seen as having religious significance — it becomes a godly thing even though it was made by human hands. 物化指的是物品同其生产过程相分离，这使得物品的生命同生产过程相分离，有了自己的生命。由此，物品不会被当作是由人生产的，而是以自己的方式存在。举例来说，人们会把圣像当作圣人或上帝，因此或许会崇拜它、亲吻它、抚摸它。这也是为何我会认为，这些宗教圣像虽然是由手工匠人生产的，但圣像本身是被物化的，人们将宗教意义赋予了圣像——即便它是由人之双手生产的，但却成为了神圣之物——译者。

区别。但流动还依赖于我们对物体联系的了解，即联系不仅只依赖物体本身，不论物体表面多么美丽动人、多么魅力四射，流动或许还存在于物的复杂工艺与工匠的精湛技艺之中。我常常在课堂上让同学们观察陶片，但并不告诉大家陶片的年代。当我告诉他们手中陶片的年代是距今3 500年的米诺斯文明时，大家对这些陶片感兴趣的程度油然而增，心中更是充满好奇，陶片顿时变得与众不同。可见，物的能动性与流动不仅仅取决于物自身，还取决于我们对它的了解，以及我们对物的感知与想象。

最近，很多学者都在研究物质材料是如何在不同的社会环境中（如 Meskell 2005a，2005b）和历史背景下（Joyce 1998，2000，2005；Pauketat 2001，2007；Pels 2008）被人所理解的。物、物质、液体、生命、死亡——所有这些事物在不同的历史背景下存在不同的理解方式。物质性研究就是要探索人与物在文化上的关系，并关注不同社会背景中物的生命史（Keane 2003a）。梅斯克尔（Meskell 2004：7）以格奥尔格·齐美尔（Georg Simmel）（Simmel 1978：65）等学者所主张的"主体和客体同时产生"的思想为基础，指出了过去与现代的埃及人是如何"存在于物质世界中，并由物质世界所塑造。可以说，主体和客体彼此相互塑造、相互依赖"。正如约翰逊（Johnson 2010：264）所说，物质性包括了这样的一个命题，即"物创造人的同时，人也创造了物"。

所有有关物质文化和物质性的研究，对证明人和社会的存在完全依赖物至关重要。物质材料和物总是被看作是关系性的存在，它们总是存在于具体的网络和社会背景中。物质材料和物还主动参与社会进程，并经历了整个社会发展阶段。最终，人们不再认为人和社会可以脱离物而存在，也不再认为人们可以独立研究材料和物质世界。黑格尔和马克思是对的。人和物相对于彼此而言，都存在于特定的背景之中。由于人们对人和物的解释方式往往是辩证式和关系式的，所以不同的背景塑造了不同种类的物质、物，以及人。何以为物、何以为人取决于人与物所处的背景。

但在不同社会背景如何界定和理解人和物的物质性研究中，物的物理、化学、工程属性很少发挥作用，物总是被意义和话语所包围。英戈尔德在批判物质性的研究现状时，就指出了这个问题（Ingold 2007a，b），而米勒（Miller 2007）则同英戈尔德展开了激烈的交锋。在对莎丽①的研究中（Banerjee and Miller 2003），研究者讨论了莎丽使用的纺织原料的物理特征。班纳吉（Banerjee）和米勒还分别就丝绸、棉花和聚酯纤维的透明度和光泽进行了探讨。尽管班纳吉和米勒赞成物质文化研究需要考虑实物，但他们真正感兴趣的是应用民族学的方法研究莎丽的各种物质属性是如何在"我们所遇见的人身上表现出来的"（Banerjee and Miller 2003：24）。对物实用意义的研究可以追溯到黑格尔和马克思，这两位学者的思想是物质文化研究的重要理论来源。在解释主体和客体的辩证关系时，黑格尔提到了酸和碱在现实世界中的相互作用，它们起初彼此独立、毫不相干，但随后会一起溶解并丧失各自原有的属性，最终产生一种全新的盐（Harris 1995）。但黑格尔的论述大多还停留在精神观念的抽象层面，脱离了物质的属性与过程。在《资本论》（*Kapital*）中，马克思以毛衣为例来解释使用价值、交换价值和拜物主义的区别（McLellan 2000）。毛衣和生产毛衣的亚麻是缝制和纺织而成的，即是通过某种形式的劳动生产而成。但当把亚麻以毛衣的形式作为商品进行价值评估时会发现，1件毛衣值10码亚麻，这样，劳动转化为抽象劳动及抽象的等量关系。在资本主义体系下，人们让渡出使用价值获得了交换价值，而抽象的交换价值则被拜物化（见上文）。马克思有关生命及意识的物质条件的论述常常被人引用，但他同样强调异化，即社会中人与物相疏远的方式。在《资本论》中，相比物的物理性质，即毛衣本身，马克思对商品更感兴趣（Stallybrass 1998）。

克里斯·蒂利是伦敦大学学院学派的成员之一，提到他的《石头的物质

---

① 印度女子穿在身上的棉布或绸布，用作外衣——译者。

性》(*The Materiality of Stone*) 一书（Tilley 2004），人们会认为这本书的内容更多是在讨论物质实物自身。在探讨布列塔尼（Brittany）新石器时代的巨石石碑时，蒂利注意到了石碑的石料来源和质地及石头中间夹杂的包含物。但蒂利主要想阐释石头中夹杂的包含物（一些嵌入石头中的包含物看上去很像石斧）的形态特征，以及物质的差异是如何反映社会认同的。虽然蒂利还探讨了石头其他方面的事情，如石头表面在遭受风吹日晒雨淋后的侵蚀、风化程度，但主要还是要阐释差异性与认同问题。总而言之，蒂利的关注点很快从物质材料本身转到了社会与符号阐释、二元对立和社会变化上。蒂利的研究并不想涉及分析科学。我将在第三章中讨论考古科学的相关方法以试图弥合物质材料与阐释之间的鸿沟，但此时此刻，我想先来探讨认知考古学，以及认知考古学如何帮助我们研究人对物的依赖。

认知与延展心智

> 只有当供我们认识的对象存在时，我们认识世界的举动才具有合法性。所以，一旦没有了与实物有关的知识（或已被知晓的物）……人自身的主体性也便不复存在：因为从逻辑上讲，只有通过实物的帮助才能形成人类主体，而实物也是人生存的目的和手段。
>
> ——比尔·布朗（Bill Brown）（Brown 2003）引自亨利·詹姆斯（Henry James 1879）《社会，人性中人的救赎方式及上帝万能的见证：在与友人通信中证实》（*Society, the Redeemed Form of Man and the Earnest of God's Omnipotence in Human Nature: Affirmed in Letters to a Friend*）

物质文化与物质性研究所推崇的辩证与联系的视角给我们的一个基本启示是，从文化上看，人对物的解释方式多种多样。人文科学中的认知方法常常喜欢假定心智发挥作用的方式存在某种程度的普遍性，由此，我们或许可以期待出现一种截然不同的理解人对物的依赖的方法。除了部分受到人类学

(如阿帕杜莱［Appadurai 1986］的著作《物的社会生命》［*The Social Life of Things*］）和实用主义哲学（Searle 2000，Preucel 2006）的影响外，认知考古学还受到了认知研究与神经科学、进化心理学、通过计算再现思维，甚至机器人技术的影响（Donald 1991，Clark 1997）。

伦福儒（Renfrew 2001，2004）在概括认知考古的观点时，采用了与本章其他学者相似的视角，以试图摆脱物质和精神谁是第一性的观念。伦福儒使用"参与"（engagement）的概念将物与人结合在一起，主张物具有社会职能和社会历史，同时还坚称物先于概念而存在。这种将物和人相结合的观点（Renfrew 2004：23）认为"符号无法脱离物质而独立存在，而且物质现实先于符号而存在"（Renfrew 2004：25）。物质世界是由社会事实构成的，因此，度量和价值的概念也依赖物（物可以被称重，也可以相互比较）。

因此，有关认知的内在论（internalist）观点和互动论（interactionist）观点形成鲜明对比（Jordan 2009）。内在论的观点认为，认知是一种内在的集中化决策函数，该函数以感知输入为自变量来产生行为输出。根据这一观点，考古材料和所有的物质文化都是认知的产物或结果。那么，作为旁观者或考古学家，我们可以通过观察人们对物的处理方式来阐释或解读其认知意义——我们可以对物所表达的意义进行阐释。但激进的互动论观点却认为，认知是沿着大脑、身体和外部世界层层展开的。外部世界提供了认知对象，物质文化和考古材料则参与到分布式认知（distributed cognition）的过程中①。

---

① 译者就 distributed 一词的含义同作者进行了沟通，作者给出了如下解释：The word 'distributed' refers to the idea that the mind is dependent on the world around it to function. For example, if I say to you multiply one thousand, six hundred and forty two times eight thousand, seven hundred and ninety nine you cannot do that in your head so you have to get out some paper and pencil and work it out; or you use a calculator. So your mind is dependent on the pencil, paper, calculator — in that sense your mind is distributed into things. We all depend on dictionaries, encyclopedias, books, etc to remember things. And so on. "分布"指的是思维只有依赖于其周围的世界才能发挥作用。举例来说，如果我让你计算 1 642 乘以 8 799 得多少，你是不可能通过大脑来计算出结果的，你不得不找来纸笔进行演算，或者通过计算器得出结果，由此，你的思维依赖于笔、纸和计算器。从这种意义上讲，你的思维分散到物中。我们都依赖词典、百科全书、书籍等去记住事情——译者。

互动论的观点与海德格尔此在和存在于世的概念有很多相似之处，而且，安迪·克拉克（Andy Clark）（Clark 1997）论述认知模型的著作也名为《此在》（*Being there*）。互动论观点还在很多方面与物质性研究的观点不谋而合，比如认为人与物之间存在情境和辩证的联系；同时，互动论观点还同人参与到景观中的现象学思想存在相似之处。但克拉克（Clark 1997）很担心，害怕学界竭力摆脱认知中的集中计算式与逻辑式推理（schema）的这一全新做法走得太远。虽然克拉克并不认为表征（representation）是公正客观的行为，但他认为，头脑确实能够反映真实独立的外部世界中的某些东西——"我认为，最近学界对计算和表征在认知科学中作用的怀疑有些夸大其词"（Clark 1997：174）。

请诸位记住，梅洛-庞蒂、伦福儒和克拉克都一致认为，人们通过物质文化进行思考。很多学者对上文亨利·詹姆斯的那段带有感情色彩的引文进行了认真思考并加以利用，卡尔·克纳佩特（Carl Knappett）（Knappett 2005）的著作《通过物质文化来思考》（*Thinking through Material Culture*）就是其中的代表。科尔（Cole 1998：136）将文化心理学中俄国文化历史学派（如维果茨基［Vygotsky］）的思想表述为"心智通过器物才能运转"（另见 Shore 1996：34 及 Geertz 1973：76）。我们可以用记忆是如何产生的例子来说明人在认知上是如何依赖物的。人们通常认为，记忆依赖文字或物质文化等外部存储系统（Donald 1991, Knappett and Malafouris 2008, Renfrew 2004）。在梅林·唐纳德（Merlin Donald）看来，自旧石器时代晚期以来，技术和传播媒介已经成为人类认知结构的一部分。外部符号系统的变化已经改变了人类的记忆能力。

我们可以进一步认为，很多认知活动都依赖外部刺激。"我们常常'搭'可靠环境属性的便车（piggy-backing）来解决问题。我将这种利用外部环境的做法称为搭支架（scaffolding）"（Clark 1997：45）。克拉克（Clark 1997：61）还列举了别人要我们计算 7 222×9 422 的例子。我们大多数人会借助纸笔或计算器。若用笔和纸来计算，我们会将复杂的问题简化成多个像 2×2 这样更为简单的小问题。所以，外部环境成为我们心智的重要延伸。即便我们在头脑中进行计算，我们也运用了某种思维模型，这与我们运用现实世界模型的方式一样。

我们常常会对外部世界进行排列组合来协助我们进行认知活动。例如，我们在修理交流发电机时，会将它拆下来，将零件一字排开，或分成几组，这样组装的时候会更容易些；在玩拼图游戏时，我们会将有直边的拼图归为一类，或按照颜色将拼图归类；在玩拼字游戏（scrabble）时，我们会将字母砖一次又一次地按照规律排列，目的就是要不断地唤起头脑中的神经资源。我们发现这样做很有用，这也说明了我们头脑中的计算资源无法独立工作，需要借助外部刺激。所以，我们的思想是在大脑与外部世界的相互作用下产生的（Clark 1997：65）。"人类作为推理大师真的是一部分布式的认知引擎"（Clark 1997：68）。

由此，神经科学与机器人技术的研究都表明，人是以一种具身的（embodied）、实践的方式解决问题的。尽管上文中提到了克拉克担心学界竭力摆脱集中计算式推理的做法可能走得太远，但很多人的现实生活都缺少细致的规划，更多的是在解决各种情境中遇到的问题。这与约翰·巴雷特（John Barrett）（Barrett 1994）的观点如出一辙。巴雷特认为，新石器时代的纪念性建筑绝不仅仅是人们头脑中抽象规划的产物，它还是人们实地活动的产物（Barrett 1994）。英戈尔德（Ingold 2000）在论述编筐和建教堂时，对人与物质材料共同产生物的这个观点进行了讨论。博伊文（Boivin 2008）提供了一些更具说服力的例子。她在印度南部进行民族考古研究时发现，用泥抹房子并非只是一种象征行为，还是实践的和具身的行为。

通过上述这些例子，我们不仅可以说认知是分布式的，甚至可以认为周围的物质世界中到处都有人的影子。诚然，不同文化中自我与他者的界限存在相当大的差异。正如斯特拉森（Strathern 1988）所指出，民族学证据表明，自我及人格（personhood）与外在世界中的物之间并不存在隔阂，这一观点已经在考古学中有所应用（Fowler 2004，Knappett 2005）。马拉福瑞斯（Malafouris 2009：91）认为，在《荷马史诗》中，"由于缺少统一的自我意识，没有人可以称得上是完整的、独立的、具有自主性的行动者"。由此，荷马笔下的自我意识与我们头脑中的自我意识完全不同，前者完全是分布式的（distributed）。然而，即便在当下的西方世界，人通常也同周围的世界融为一体。梅洛-庞蒂描述了一位盲人手里拿着一根白色的盲杖用来探路，在这一情境中，这位盲人的自我在哪——是在他的手中，还是在拐杖的末端（Malafouris 2008b，2009）？我在第一章中指出，我们应对上述论断多加小心——很可能盲人也能感受到自己同盲杖相疏离，因此在某种程度上同盲杖相分离。

由此，当前对认知的研究都在强化人完全依赖物这个观点。在这里，也请允许我回到前文中将人悬置在空中的思想实验。实验中的这个人只有凭借头脑中思考的物才能得以存在。还有一些认知考古学研究探究了不同时间段内人对物的依赖方式。我在前文中已经提到了梅林·唐纳德（Donald 1991）对人类文化发展阶段的划分方案，他认为，人类的文化最早是模仿式的，后来变成了神话式的，最终需要依赖外部的符号媒介如书写文字才得以存在。伦福儒（Renfrew 2001）对这一方案进行了修正。奥斯维斯和加登福斯（Osvath and Gärdenfors 2005）认为，奥杜威文化的石器制作、石器及食物的长距离运输，连同集结地（accumulation spots）的使用，创造了预见性认知（anticipatory cognition）可以选择的生态位，其中预见性认知指的是头脑中对未来需求的再现能力及对未来目标的规划能力。虽然这方面的相关证据很难搜集，但斯托特等人（Stout et al. 2009）已经成功通过实验来验证有关早期人类认知的假说。他们想要探索工具制造和语言之间的联系。他们对正在进行工具制作实验的人进行正电子放射扫描（Positron Emission Tomography，简称PET），扫描图像显示，负责工具制作的神经回路与负责语言的神经回路有重合。此后，学者们用二者之间的联系作为证据来支持语言和工具制作协同进化的观点。这一结论仍然难以让人信服，因为在实验中，制作工具的人都是专业的考古学家，他们已经从语言方面对石器的制作过程有所了解，因此，这些人头脑中负责语言的神经回路和负责石器制作的神经回路之间有联系也就不足为奇。即便如此，这种正电子放射扫描研究在解释认知过程同人与物的实际互动之间的联系方面依然很有潜力。

在《人类起源》（*The Descent of Man*）一书中，达尔文（Darwin 1883：50）论述了工具的使用是如何让手的结构得以进化的。乳糖耐受性的传播与家养牛和牛奶的传播之间是有联系的，这说明在后更新世时期，基因与文化是协同进化的（Richerson and Boyd 2005：193）。在这些例子中（还有很多其他的例子见 Boivin 2008），正是人与物的相互作用，才让人的身体得以进化成现在的样子。人的认知也是如此。泰伦斯·迪肯（Terrence Deacon）（Deacon 1997）讲述了一个很有说服力的案例，他认为，符号化的交流尤其是语言的发展，创造了一种环境，在这种环境中，大脑的前额叶皮质大量增加。理查德·伯恩（Richard Byrne）（Byrne 1997）认为，在某些人类进化的研究中，社会复杂化程度影响了人类大脑的进化；但在另一些研究中，人类大脑的进化受到了技术的影响。弗鲁斯和霍曼（Fruth and Hohmann 1996）认为，猿类筑巢和使用工具的行为会产生新的认知技能（Boivin 2008）。

总之，考古学中的认知方法已经同哲学、人类学和社会科学的相关方法同时发挥作用。虽然，当前人们都在探寻普遍存在的关系和演化过程，但相关研究已经在试图重申心智、身体和物之间的必要联系。人们普遍认为，认知是在人们每天同物相接触的实践活动中产生的。即便我们承认，对定义人们思维过程得以发生的抽象认知能力避而不谈依然存在风险，但很多甚至可以称得上是最抽象的思维过程都是建立在同现实世界相互作用的基础之上。在本书中，我已经多次使用"思想实验"将抽象的思想形象化。我们大多数时候都在这样做。

结论：物即是人

  本章中讨论的所有方法都可以表述为，人对物的依赖如此彻底，这让我们很难想象如果没有了物，人将如何存在（Webmoor and Witmore 2008）。正如第一章的那个思想实验所说，人们的各种感官，如感觉、触觉、视觉、听觉及思考，都需要感官对象的介入。如果没有让物为人所用的环境，我们将无法进化成拥有灵活手指和复杂头脑的人。

  因此，人的存在与物关系密切，我们无法将这种复杂的关系简化、分解。物会流经人的身体。食物的营养被我们的身体吸收后排泄。用火加热后，毛毯的热度透过我们的身体，让我们倍感温暖。太阳光射入我们的眼球，照亮我们的视野。动物散发的气味、发出的叫声让我们害怕，会让我们下意识地进行自我防御。我们将实物拿在手里把玩，从而认识了立体透视。神性力量会透过宗教圣像与圣物燃起我们内心对宗教的虔诚崇拜。我们会对熟悉的物产生认同感，我们会在心里认可它们，最后拥有它们。在我们经历悲痛与失意后，物可以抚慰我们的心灵。物还会激发我们的认知能力，会进入我们的神经系统让大脑不断产生反应，并产生能够同人相联系的路径。总之，人的存在依赖物。

  我们走近物，并在心底里接纳它们。但同时，我们也会拒绝物。我们会远离危险之物，我们只吃特定的食物，我们建起防御工事并修筑城墙。拥有某些物意味着失去其他物，因此我们同物之间存在距离感和疏离感。从个人层面来看，我们表达身份认同的形式是拒绝某些物，拒绝以某种方式做事情，并反对某些观察、感知、行动和处事方式。有些人通过禁止物欲的方式寻求身份认同、提升灵性修为。仪式领袖和哲学家们同抽象化过程打交道，他们对思考行为的反思进行思考，对物敬而远之，并将物看作客体对象。但即便我们远离尘世，也仍然依赖那些被我们拒绝在外的物。

在第十章中，我将仔细讨论与人依赖物有关的其他方法。本章中所论述的相关研究有力地证明了人的存在需要同物发生联系；但本章的研究很少从依赖的角度讨论人与物的关系，更多是在强调关系性、共同构成（co-constitution）、互通和认同（Fowler 2013, Harris and Cipolla 2017, Harrison-Buck and Hendon 2018）。马克思主义对异化的强调通常会被学者们忽略。在本书后面的章节中，我们需要了解更多将人束缚在特定路径中的依附关系和羁绊（McGuire 2021）。本章中所讨论的内容似乎都在探索人同简单的固态实物之间的互动，由此，我需要在本书后面的章节中论述当我们将物的范围扩展到包括复杂事物在内的其他种类的物时，人与物之间的相互作用会如何发生。在下一章中，我将从探索物与物之间的依赖关系开始展开论述。

第三章
物与物之间的相互依赖

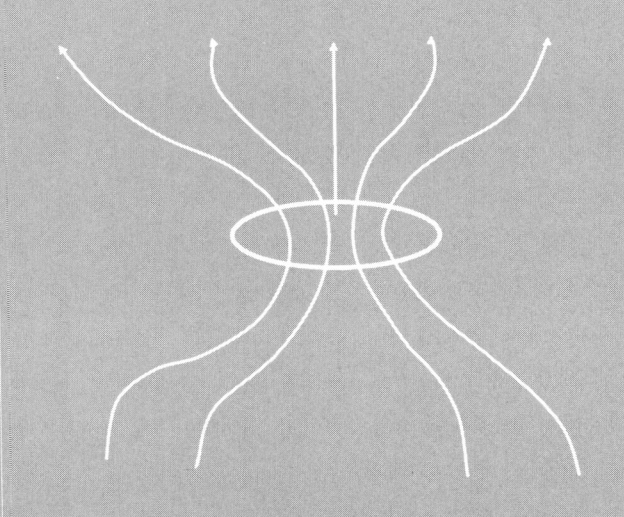

本章开始，请大家先试想一下，当我马上就要组装好一件宜家家具，比如一张桌子时，我发现螺丝不够用了，而没有螺丝，桌子腿和桌子面没有办法连接，桌子也就没法组装好，我此时得有多沮丧啊！

写到这里，我心里有些洋洋自得。我们每天的生活都依赖物。作为人文与社会科学家，我们已经越来越清楚地意识到这一点。作为社会理论家，我们对物的理论探讨越来越多，认为物具有能动性，可以象征权力、传达意义。作为社会学家，我们已经颠覆了"物质性"一词的含义，"物质性"指的已经不再是物质材料本身，而是用来说明人对物质材料的理解方式。我们已经让物同自身相疏远。为了支配和利用物，我们已经"重新回到物"。我们以被人支配之物的不同等级为原则，建立了自己的国度，我们小心翼翼地呵护这片国土，让它远离自然科学。作为社会理论家和考古学家，我们已经在自己所研究的被社会所建构的领域中，融入了物和有关物的科学（化学、物理学、生物学、地质学、工程学和材料科学）。

然而，我们发现，考古学很难在人文与社会科学中独善其身。毫无疑问，考古学家依赖化学知识来发现陶器中的食物残留物，依赖生物学知识来追溯古代DNA，依赖地质学知识来研究原料产地，依赖工程学知识来了解大型纪念性建筑的修建过程，依赖物理学知识进行放射性碳素测年。考古学是一门横跨人文、社会和自然科学的学科。然而在第二章中，几乎没有哪一种方法可以将有关物自然属性的知识同各种社会理论完美结合。本书余下的章节要尝试提出一种新方法，这种方法不仅会对物本身进行细致研究，还将摆脱考古学理论及物质文化理论的纷争。我们能够提出一种理论去探索过去，以及我们重建出过去的异质过程的纠缠吗？我们能够理解物质与社会过程的牵绊吗？物质与社会过程如何相互协作又相互制约？

我们可以不借助决定人类行为的唯物主义和自然主义理论就解决上述问题吗？我并不是在推翻第二章所讨论的人-物互动关系丰富的特殊背景信息

的做法，从而将社会还原为受物质和生物因素所支配的行为。我希望可以避免这种还原论，所以还会继续坚持在讨论人对物的依赖关系时所得出的观点。然而，我希望可以充分考虑物质和社会过程的纠缠关系。本书余下章节的目的是弥合以人为中心的方法和以物为中心的方法之间的鸿沟。

我将在第四章中讨论物对人的依赖，而且仍然会像第二章那样，分别对依赖关系和依附关系进行探讨。但为了能更充分地讨论物对人的依赖关系，我想先来思考物与物之间的相互依赖关系。我们通常习惯讨论人与人之间的相互依赖，可能还不太习惯去思考物与物之间的相互依赖关系。在探讨物对人的依赖关系之前，我们需要先理解物与物之间的相互依赖。

所以在本章中，我将回到第一章中列出的某些主题——物并不是孤立存在的，也不是一成不变的。物不断流动，物与物之间不断发生关系，不断改变自身，也不断被改变。但如前所说，我并不是想回到不涉及人的唯物主义和客观主义，对人的关注会一直贯穿本章的始终。提到人，在海德格尔的"用具整体性"中就存在物与物之间的联系（见第二章），在我们每天与物打交道的日常生活中，散布着一张功能关系网，在这张网中，不同的物会在相互依存的功能及对人类行为的重要意义上邂逅（Guignon 1993: 10）。实践活动包括不同工具之间的内部联系（参照［reference］），以及同工具使用者动机之间的外部联系（任务［assignment］）（Hall 1993）。由此，物的重要价值与可贵之处在于它如何同指向未来的人类事务相契合。假设此时我正在厨房做饭，此刻对我来说很重要的是锅铲和锅，而不是油毡和壁板，后者与我做饭的事情毫不相干。我们在第二章中已经发现，在人类事务中，物与物之间会形成各式各样的关系。所以，我在本章中并不想将人从物与物之间的相互作用中抹去，相反，我想要探讨物与物之间的相互作用是如何让物同人相联系的。

当然，物与物之间在物理、地质、化学系统及生态系统中存在"天然的"依赖关系。重力让物立于地面，酸和碱会发生化学反应，河流会流经不同材质建造的堤岸，食肉动物会捕食食草动物，而食草动物会吃植物。由于人的扩张，很多地方的生态系统都受到人的影响，而且人类活动如狩猎、毁林开荒及高强度采集捕捞等都影响了物与物之间"天然的"依赖关系（Roberts 1998）。所以，我并没有区分自然之物的相互作用和文化之物的相互作用，而是要对物与物之间产生依赖关系的过程进行探讨。

物与物之间关系的表现形式

我在第二章中论述的以人为中心的方法的结果或许是，物以有界限的独立实体的形式呈现在我们面前。但正如我在第一章中论述的那样，我所使用的"物"（thing）一词的含义源自古英语和古高地德语，意为"集合"（assembly，据韦氏词典）。"物"有聚集在一起的意思（Heidegger 1971；Olsen 2003，2010）。事实上，考古学家们已经发掘出斯堪的纳维亚的早期古"物"集合（Sanmark 2009）。瑞典的那些维京中世纪遗址在国家起源问题上发挥着特殊的作用。晚期维京时代的古"物"主要是 11 世纪的基督教遗址，当地精英建造了这些古"物"，将其作为统一的中央政权的一部分。这些遗址是全体自由人的公共集会场所，它们的职能是议会和法院，它们在解决冲突、婚姻结盟、权力展示、荣誉及财产继承上发挥着重要作用（Sanmark 2009：205）。古"物"还包括更早的坟丘，这些坟丘建在了道路与河流交汇处，而且里面埋葬着带有古日耳曼字符的石质遗物。因此，这些早期古"物"让人与空间场所之间建立了密切的联系，并同过去建立了联系，不仅如此，这些古"物"还将人们的日常生活同政治及宗教联系在一起。在不断强化的中央集权的政治背景下，这些古"物"将人、不同的空间场所和所处的时代联系了起来。

我们已经在这些维京时代古"物"中看到了各式各样的联系，包括交通、婚姻、宗教和政治。但这些古"物"中还存在很多物理方面的联系，这些联系是由自然景观产生的，如在遗址中发现的石头表面刻划有古日耳曼符号。更普遍地说，我们可以对物与物之间的各种联系（希弗［Schiffer］将之表述为相互作用，详见本章后文内容）加以概述。

生产与再生产

物与物之间在（人、动物和植物的）再生产过程中彼此联系，如人们平整土地为种庄稼做准备，而有了粮食后，人们才有食物去保护动物、生育人口。生产过程将工具与原料的获取与生产，原料产地，以及同原料获取和将原料转化为可供人使用的产品有关的知识，这三者联系在了一起。冶铁所需要的设备包括熔炉、燃料、火、风箱、铁矿石、钳子、锤子、冷却水，等等。

交换

正如礼物的赠予与接受一样，物与物之间是有联系的，这种联系通常是可以量化的（正如第二章所述，马克思在讨论交换价值时，列举了亚麻相对于毛衣的价值的例子）。伦福儒（Renfrew 2001）也论述了交换活动中，价值等量关系的早期发展。除此之外，特定的物往往关系到历史和记忆，也包括了物用来交换的目的（Weiner 1992）。即便礼物赠出后回礼的行为总是很久后才发生，但交换的确让物与物之间建立了联系。

使用

因为物总是被人使用、消耗、利用，所以物总是与其他物产生联系。钢锤头需要木柄才能使用，同时，只有当我们在锤柄和钢锤头之间放金属楔或木楔后，锤柄和钢锤头才会紧紧固定在一起。我们手边还有钉子、需要用钉子固定的木板，以及钉了木板的房屋横梁。在生态系统中，生命系统的各个部分相互关联。在工程学中，为了使桥梁坚固耐用，桥梁各个部分的载荷是根据与其他部分的关系进行计算的。

消耗

物被社会行动者们消耗是一种特殊的使用形式，这一形式常常需要借助其他物的参与，人们会对参与其中的物进行复制、模仿（mimesis）和仿制。模仿总是在文化和社会环境中发生，我们在社会中获得模仿对象、对模仿对象进行仿制或剔除。消耗发生在特定的场合与特定的时机，此时，对某物的消耗会产生联动效应，其他的物也会牵涉其中。一顿普通的餐食往往几个菜足矣，而夸富宴或者竞争性的炫耀往往需要很多东西。

废弃

不同的物因经历共同的生命史而彼此相互关联，因此经常会同时废弃。一顿饭中的所有东西、火塘边的所有残留物，以及房间或房屋中的所有陈设会同时废弃，废弃物往往会在垃圾堆及垃圾处理厂混杂在一起。

后堆积过程

当鲜肉腐败、建筑颓败、屋顶坍塌，以及各种堆积物沿着斜坡滑落时，它们会进一步混杂在一起。

在上述每一种关联中，物与物之间都会形成具有异质性的聚合体，聚合体中不仅有工具、熔炉等实物，还有制度（铁匠指南）、场所、人、社会群体、规则、隐喻、礼仪和抽象概念。这些带有异质性的聚合体中的各个部分是通过能量流、物质流、信息流和欲望流组合在一起的。其中，能量由植物传给了动物，再通过人对食物的摄取传递给了人；火释放出的能量经陶罐传递给陶罐中的食物，食物再将能量传递给食用它的人；物质在原产地经加工场所加工处理后，通过交换而被人所使用，最终废弃堆积；信息会通过效仿、模仿的行为进行流动，还会在亲属及家庭关系网中传播；当人们效仿成功人士或试图主导物品的流通时，会产生欲望的流动。

72 / 纠缠：人与物之间关系的考古学

不仅如此，我们在第二章中所讨论的所有人对物的依赖也沿着这些具有异质性的聚合体流动。这些网络中的物主要是债务、义务和权利，由于人也卷入其中，所以在关系网中，还包括了认同和所有权。混杂在一起的物还聚合着人与人之间的结盟关系、臣属关系、义务关系和附庸关系。人与物之间的复杂动态关系将物纠缠在一起。物与物之间的关系中绝不仅仅只涉及物，还包括了义务关系和依赖关系。冶铁活动涉及的不仅仅是锤子和钳子，牵涉其中的还有债务、权利、义务、认同、性别、隐喻，以及与宗教神灵的关系。交换（Weiner 1992）与物质文化（Miller 2005b）作为一种社会技术（Lemonnier 1993b）已经表明，人们用物做事情是以人自身的社会性为基础。

即便最早的文化行为，如生火（如图 3.1），也涉及很多实物组合，包括产生火的工具，供火苗燃烧的坑穴，用来做燃料的木材，以及切割木材的工具或收集木材的容器，等等。火的产生还牵扯到享用火的热量、保护火种及用火煮饭的社会成员。当人们用火取暖，享用火的能量，用火照明、煮饭，在火旁边结盟，以及从事其他活动时，火的能量将人聚拢在物的周围。若想让火持续存在，必须让它置身于各种责任与义务中。

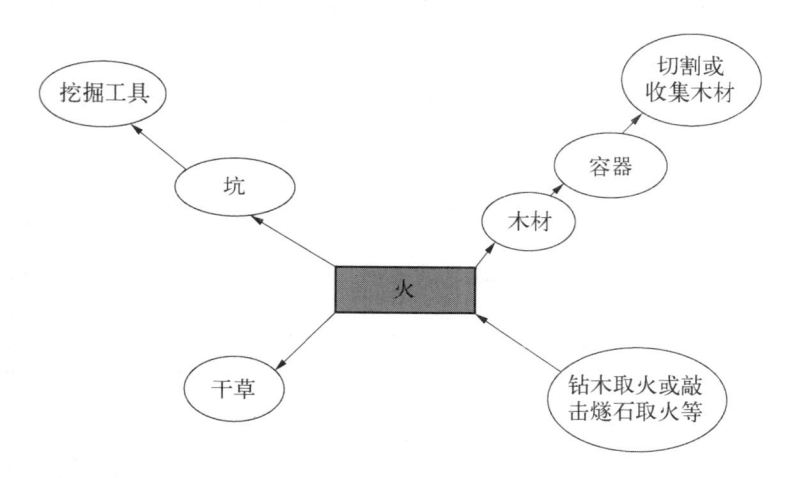

图 3.1　生火所需要的部分工具和经历的部分过程
（来源：作者）

在恰塔霍裕克遗址中，黏土的成功获得依赖掘土工具（如图3.2；见Hodder 2006b，另见原书第61页专栏）。在用黏土灰泥抹墙的过程中，牛肩胛骨用来将黏土摊开，河卵石用来装饰墙的表面。黏土灰泥的使用还需要在遗址附近的科帕尔地区挖取土坑，需要将泥灰岩黏土运到遗址中的容器（如篮子）内，而且灰泥还需要同砌有灰泥的泥砖墙发生相互作用，因为灰泥需要被抹在泥砖上。这类特殊的灰泥可以让动物的角和头骨同灰泥固定在一起，在墙上形成灰泥浮雕。灰泥对颜料的吸收效果很好，人们很容易在上面作画。房屋地面也抹了灰泥，使灰泥同地下腐朽的尸骨有了联系，也吸收了尸臭味，因此灰泥将生者和逝者聚合在了一起。灰泥的使用，让房屋更适于人居住，改善了卫生条件，让房屋可以反射太阳光，也让墙面更光滑。在房屋墙壁上抹灰泥还牵涉社会团体（生活在房屋中的社会群体）、生产、交换和废弃。它会让传输的能量如光，在房屋中白色的灰泥表面产生反射，同

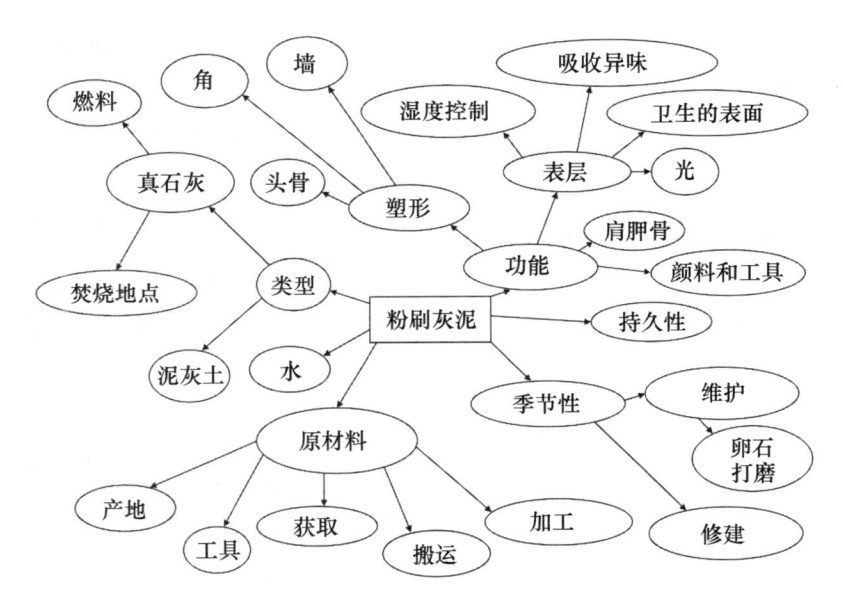

图3.2　土耳其中部距今9 000年的恰塔霍裕克遗址中
灰泥所牵涉的部分工具和行为过程

（来源：作者及克里斯·多尔蒂）

时，尸体腐败后产生的液体也会被吸收，并经由化学反应转化为其他物质。社会性完全融入物质性之中，因为墓葬和房屋的社会功能依赖于相关的物理-化学反应：房屋内的湿度决定了灰泥能否有效减少尸体的气味并让室内保持卫生。除此之外，抹灰泥还牵涉黏土资源的使用权、义务（为了让墙壁保持洁白，需要一次次抹灰泥翻修）及社会责任（一些房屋墙壁上的灰泥层多达450层，这些房屋或许每个月都会翻修一次）。

早期人们使用轮子涉及了更复杂的联系与相互作用（如图3.3）。公元前4千纪，装配有轮子的车在欧洲和中国差不多同时出现（Bakker et al. 1999）。最初，木质车轮装配在由牛拉动的两轮或四轮车上。那时候，车不仅仅用作战车，还用作交通运输工具，同时还陪葬在墓葬中，具有重要的象征意义（Piggott 1983）。

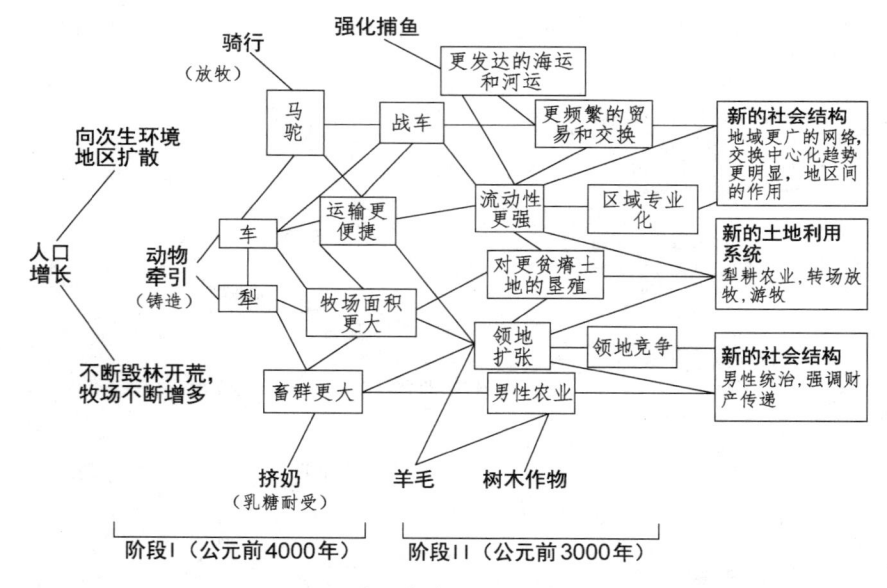

图 3.3 欧洲史前社会中车轮的出现

（来源：谢拉特［Sherratt 1981］／剑桥大学出版社［Cambridge University Press］）

早期人们对轮子的使用是在由货物运输、埋葬礼仪和湖沼沉积构成的网络中发生的。车轮的使用与安德鲁·谢拉特（Andrew Sherratt）（Sherratt 1981）

所说的次生产品革命密切相关。次生产品革命指的是人们越来越多地利用驯化动物，目的是利用役使动物（draught animals）、皮毛和奶等次生产品，而役使动物与耕犁的出现关系密切。轮子的使用还同制陶转轮的出现存在时间上的联系。所以，役使动物、陶罐、耕犁构成了一个物与能量的聚合体，这些物同时出现，并让轮子的出现成为可能。但距今 3 000 年至 2 000 年以来，在安纳托利亚高原、中东地区、中国及埃及，轮子的出现是在不同的关系网络中发生的。因为车轮上有了辐条，所以车轮逐渐成为了由骏马拉动的战车的一部分，这对战争、英雄主义及勇士威望至关重要。但车轮的外缘接触硬物表面时容易被磨损，为了让车轮经久耐用，需要在轮子外缘覆上一层皮革保护层，再套上一圈金属轮圈。所以木质车轮需要依赖如金属轮圈等其他物而存在。此外，车轮的存在还依赖新的技术、新的能量流动、新的社会策略及概念体系。但同当代汽车有 10 000—20 000 件零部件相比（如图 3.4），上述有关物与物之间的相互联系和关联简直太简单了。当代汽车的零部件产自全球各个地方，同时，汽车零部件还牵涉贸易协定、税收系统、行政手续及运输系统。在此，车轮已经同国际政治（对石油资源的追逐）、新技术及所有依赖汽车运输的生活方式密切相关。

　　任何物的制作、使用、维修和废弃都依赖其他物，物的身上已经刻上了其他相关之物的烙印。很长时间以来，考古学家已经对研究物的使用及制作过程驾轻就熟。我已经让大家注意这些用具关系网络的复杂性和异质性特征。然而，与图 3.4 不同，图 3.1 至图 3.3 的关系网络过于简单。我们作为社会行动者或许对这些简图已有所了解（见下文），但简图终归还是简图。实际上，物远比这些简图复杂得多。我们可以举一个最简单的例子——生火。在图 3.1 中，所有东西看上去都受控于一个封闭的系统。但在具体的情况下，木材可能太潮湿了没办法用作燃料，风向可能会改变，人的双手可能已经冻僵了。更不用说还有很多社会问题，比如人是否能从朋友那得到生火木棍。所以，上述简图无法包括所有可能发生的情况。系统是开放的，随时

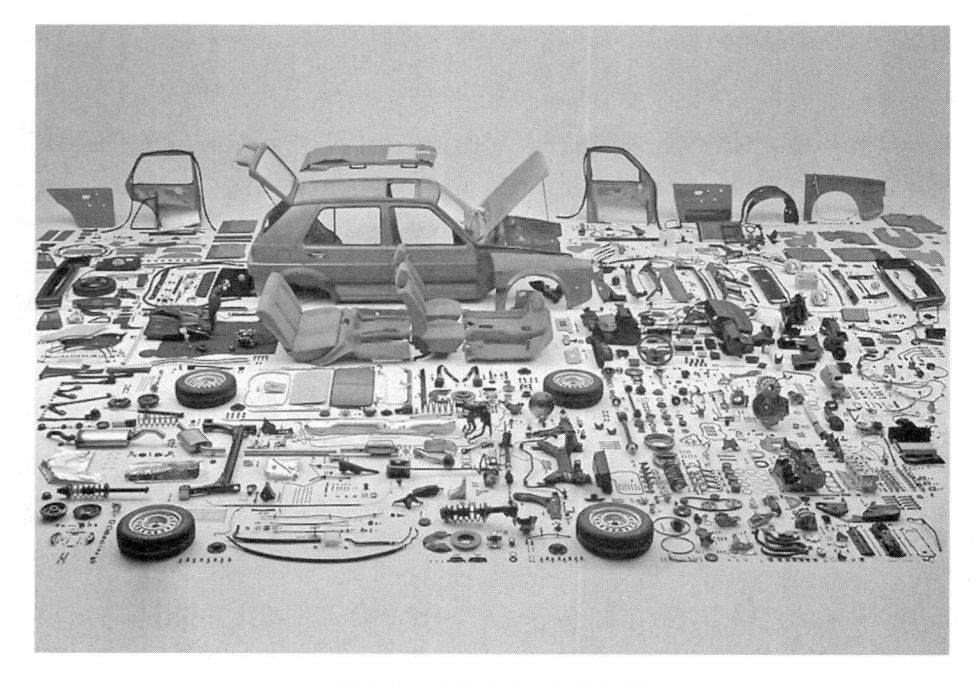

图 3.4　当代汽车零部件汇总

（来源：rpmGo.com/http：//www.rpmgo.com/tag/car-parts，2022 年 1 月 11 日访问）

都可能有其他的变量参与其中。实际上，人们需要想办法把所有的因素都拼凑在一起，在当下创造性地利用或扩展网络关系。

从这些例子中，我们可以得出四点认识，其中一些大家已经耳熟能详。第一，各种关系具有高度的异质性特征，人与物、主体与客体、文化与自然是完全交织在一起的。物并不是孤立存在的。相反，在由物质、能量、信息所组成的相互关联的流动关系网中，物是其中的一个个节点。第二，关系网中的线索和关系链条范围广大，绵延甚远。与人格一样，物性也是向外扩展的。第三，鉴于第二点认识，物与物之间的很多关联，作为社会行动者的我们是无法察觉的。试想有人在 B 地点进行黑曜石交换，尽管在实物交换中通常都伴随着历史、声望和债务的流动，但他头脑中可能丝毫没有想过黑曜石的产地问题，其来源在哪里，是如何从 A 地点运到 B

地点的（Weiner 1992）。在当今社会，我们通常都不会注意物是在哪里生产的，物身上的成分都有什么，工厂里是否存在剥削劳动力的情况，工人的待遇怎样。这就是物的被人遗忘性，尤其当物退化为背景般的存在，处在无意识的"上手"状态，而不是"现成在手"的状态时。第四，因为系统是开放的，所以里面充满了不确定性。我们不可能完整地勾勒出关系网络或物的集合形态，因为物的出现或发生总是充满着不确定性。当物和人在实践中发生联系时，物的集合总在不断变化。这常常取决于具体的情况。在第六章和第九章讨论关系网络的变化时，我还会对这一观点继续进行讨论。

可 供 性

考古学家发现，物与物之间的关系受到物质材料的制约或影响。由此，物的形式至少部分受制于物质材料。正如皮特-里弗斯（Pitt-Rivers［1874 and 1875］1906：34—35）对燧石石斧的论述：

> 长条形的燧石石料可以制成长条形石斧，厚重的燧石石料可以制成厚重的石斧，以此类推。的确，生产者完全受制于自身所擅长技术的客观规律，即在追溯那些前后相继的性质特征的来源时，几乎每个人都会去质疑，究竟燧石或燧石加工者是否完全受到因果关系原则的制约。

受詹姆斯·吉布森（Gibson 1986［1979］）的影响，考古学家们（如 Knappett 2005）也认为物质材料或物的某些性质会令其承担特定的后果。吉布森将实物定义为"具有封闭或接近封闭表面的稳定物质"（Gibson 1986［1979］：39），他还发现了不同种类的实物（Gibson 1986［1979］：34），如方便携带的实物（detached）①、可供抓握的实物（attached）②、可供盛装的实物（hollow）③和可供栖居的实物（partial）④。他将实物的可供性定义为可以让特定活动发生的潜在能力。"环境的可供性在于它可以供养动物，可以提供食物、原料等物质，可以提供好的事物，也可以提供不好的事物"（Gibson 1986［1979］：127）。环境媒介（如空气）可供生物呼吸，可以产生动力，也可以带来光明。火可以带来温暖和光明，可以炊煮食物，可以烧水，可以给陶瓷上釉，也可以冶炼金属；但同时，火还可以烧伤皮肤（Gibson 1986［1979］：36—38）。吉布森还以同样的方式讨论了人造实物或工具，如尖状实物（如矛、箭头、锥子或针）可以用来戳刺（Gibson 1986［1979］：40）。

所以，人们不用将椅子贴上"椅子"的标签或在贴标签之前，就能够感知到椅子可供人坐。实际上，所有的物都建立在特定形式的知识之上。正如克纳佩特（Knappett 2005：45）所说，有些邮筒从外表上看很像垃圾桶，所以人们需要某种文化知识来了解其用途。吉布森认为，环境的可供性既是真实客观的，也是心理的。"可供性既指向环境，也指向观察者"（Gibson 1986［1979］：129）。吉布森的可供性概念打破了主、客体的二元对立。克纳佩特对咖啡杯的分析假设文化知识不存在，主要关注杯子的物理可供性。杯子是平底的，重心很低，因此他推断出杯子可以立在桌子上。杯子质地坚硬且易碎，所以可以用来盛装热的液体。杯子不太重且配有柄，所以可以送到嘴边。杯子的尺寸刚好可供一个人用一只手握住。试想一个情境，有人想喝一杯热饮，此时他可以选择不同的容器，"而对他来说，手边的咖啡杯'直接'映入眼帘，是再合适不过的容器"（Knappett 2005：112）。

---

① 如果密度适宜，人们可以将其抛投——译者。
② 如可供猴子、鸟抓握的树枝——译者。
③ 如可盛装液体的容器——译者。
④ 如居所——译者。

平底壶的底部需要桌子来支撑这一观念相当重要。桌子面同样也得是平坦、水平的,这样容器才能在上面立得住。所以,不同的物需要一起协作才能发挥作用的这个事实将各种不同的物联系在一起。壶的柄部需要适合人用手端握,或者壶的把手能系上线绳,这样壶就可以挂在横杆上;壶嘴让液体可以倒进杯子里,或者壶嘴的尺寸要适合人嘴的大小。物的这些功能设计让物质世界同人的身体、同其他物、同复杂关系网络里的其他部分产生联系。物质材料本身提供了特定的可能性:塑料会产生新的形状,钢筋混凝土可以修建更大的建筑,埃菲尔铁塔不可能用木头建成。尽管这些可能发生的结果常常在特定的网络关系中、以特定的方式发生,但这些可能性具有某种普遍性。当克纳佩特用这种方法来分析克里特岛米诺斯文明中期原始宫殿期(Proto-Palatial Middle Minoan)饮水杯的可供性时,可供性这种普遍性研究方法的局限性就突显出来。虽然米诺斯茶杯的重心很低、黏土火候很高,但并不具备盛装热饮的器皿所该有的隔水性。水杯装配有竖柄,杯子的尺寸也适中,刚好适合人用手端握。所以在饮水这一行为背景下,"米诺斯饮水杯看上去无疑是适合饮水的物件"(Knappett 2005:142)。虽然考古学家们通常不得不用这种脱离实际背景的言论作为自己研究分析的立论基础,但很明显这种做法是危险的。在实践中,立论通常需要证据的支持,例如,需要残留物的证据来证明杯中的液体究竟为何物,或者需要现代艺术中饮水杯的表征。这样,我们就有可能重建实物所依托的具体知识形式。

考古学家们总是想尽可能多地了解物的理化性质,以及物可能产生的潜在后果(Pollard et al. 2007, Tite 1972)。仅仅通过物的形制和材质来判断其用途常常是很危险的,通常还需要其他的证据链条来帮助我们对物的功能进行阐释,如使用痕迹分析、残留物分析、破损方式分析、出土背景分析等。根据物的物理和机械性质,用尽可能多的实验结果来研究物的功能是非常重要的(Coles 1979, Mathieu 2002)。但我们需要将这些性质放在特定的网络关系中,去研究某件物品同其他特定物品之间是如何联系在一起的。吉布森论述了物与物之间的相互可供性（mutual affordances）。"在建筑中，壁龛（niche）是适合放置雕像的场所，是物所适合存放的场所"（Gibson 1986 [1979]：129）。在生态学中，生态位（niche）是适合动物生存的一系列环境特征。"生态位暗示了某种动物的存在，动物也暗示了某种生态位的存在"（Gibson 1986 [1979]：128）。

因此，可供性研究是物与物之间相互关系研究的重要组成部分，而这种研究建立在物质材料形制和可能产生的潜在后果基础之上。在对编筐过程的记述中，英戈尔德（Ingold 2000）阐述了物质材料和编筐者意图之间的微妙关系是如何在给筐定形的过程中体现出来的。同样，马拉福瑞斯（Malafouris 2008a）也阐述了制陶者如何在第一时间将陶轮上成坨的黏土放在陶轮的正中央的。虽然陶工在制陶时有自己的一套方案，但她不可能仅仅按照自己预先设计好的方案按部就班地进行。实际情况是，当陶工在制陶时，她的手指需要同黏土与转动陶轮产生的力不断相互作用。陶工通过独特的抓握方式将黏土塑造成形，在这一过程中，相当大一部分都是陶工根据黏土的湿度和性质（黏土的质地和物理性质）所作出的反应。陶工会同黏土、黏土的湿度、陶轮、自己的双手与思维，以及技术和文化知识这些事物可能产生的结果之间进行相互作用，在这一过程中，陶工需要用手时而对黏土进行揉捏，时而托着黏土定形，时而控制黏土的走向，时而随着陶轮的转动而移动。最终，所有上述这些因素和网络关系中的许多其他因素之间的相互可供性融为一体。

从可供性到依赖性

在上面的几个段落中，我使用的术语是"网络"（network）而不是"纠缠"，这是因为考古学中很多有关可供性的探讨是在描述网络内部的相互关系与相互作用而非纠缠。在第四章中我们将会看到，大部分所谓的网络关系中遍布着依赖关系和依附关系。在物与物的关系中，实际发生的并不都是物的可供性与依赖关系之间的相互关系，通常还存在起限制和阻碍作用的依附关系。物质材料可能会产生的后果还会对其他变量产生消极反馈。因此，对农田进行深耕可能会增加土壤的生产力，因为深耕将更多的营养物质带到了土壤表层，这有利于作物的生长。但长期的深耕会让土壤中的营养物质消耗殆尽（因为田地和斜坡上的有机土壤会遭到侵蚀），最终降低土壤的生产力。

整个物的聚合体可能依赖微小但关键的物，但也会受其制约。远洋帆船就是一件精心设计之物。帆船需要在危急时刻和突发情况下保持性能高效。在26英尺长的哥伦比亚号船上，所有的东西都经过精心设计，人们将这些物品组装在一起以确保帆船正常航行。船上的所有东西都紧凑且有序地组装在一起，同帆船的使用空间相契合。所有的支柱、升帆索、控帆索、缆绳、桅帆、系缆拴、绳结的设置都经过缜密的考量，它们要完美协作以确保帆船每一天都会正常行驶。但需要指出的是，帆船上数以千计的零部件都要依赖一件仅仅1英寸的小金属杆。这件小金属杆横截面呈圆形，人们在一端将其加固，在另一端安上拧紧的螺丝线，将帆船连接在一起。这件小金属杆插在用于连接主桅帆顶端和升帆索（用来升起主帆、让主帆保持直立的绳索）的卸扣中。若没有这件小小的、安有螺丝线的金属杆，卸扣将无法闭合，升帆索也无法将主帆升起，船也就无法扬帆起航，帆船的其他部件也无法正常运转。帆船几乎不存在冗余设计，存在的是很多的依附关系。船的各种零部件都依赖于一个小小的金属杆，并被其所束缚。

物与物之间不平等的依赖关系还表现在，物的正面或可见部分常常依赖其背面或不可见的部分。考虑到房子表现的是人的地位、等级和财富等，所以房子的正面看上去总是齐整如一、光洁如新，并且自给自足，不依赖他物。我们只能在房子的背面看到所有的电缆线、各种管道、排水沟、排气阀、空调，以及卫星电视接收器。排水沟、下水道及各种输送管道往往都设在墙体后面或地下。深究下去，我们就会发现物的依附关系。在房屋光洁的外表背后，是各种事物源源不断的流动维持着房屋的外表。看不见的后台之物服务于前台之物。后台之物与前台之物相互关联，但这种关联是不平等的、单向的。前台之物肉眼可见，而后台之物藏于幕后；前台之物看上去自给自足，不受他物影响，但实际上却依赖于后台之物；前台之物的发展受制于后台之物。

接下来，我们将会讨论相互关联之物所构成的具有异质性特征的聚合体或网络实际上牵涉让物与物之间形成特定关系的制约和依附关系。物与物之间的相互依赖不仅仅发生在依赖偶然出现的他物层面，还表现在更为复杂的依附感上。物与物之间的依附关系建立于可以接触到的物（可供性的具体表现）、对有限数量的物的非冗余性依赖（non-redundant reliance）、与物相关的责任和义务，以及相互关联的关系网络的规模和程度。物与物之间的依赖都是以一种特定的、受限制的方式发生的。因此，很多研究物与物之间相互关系的学者，用捆绑打包（bindings）或关系链条（chains）来比喻物与物之间的相互联系，我们对这样的比喻并不会感到惊讶。基恩（Keane 2003b：414）将"捆绑"（bundling）形容为将物的各种属性绑定在一起的过程，这一过程使得物的各种属性在同一物品上同时出现。苹果的红润色泽同其球形的形状、较轻的重量、甘甜的味道等同时出现。"如果没有那些可以将苹果的红润与苹果的其他属性必然联系在一起的特征，苹果的红润将得不到显现，虽然这些特征具有或然性，但也是苹果社会生命的真正因素。"因此，苹果的红润并不是可以自由流动的能指（signifier），它是同特定的物质关联结合在一起的，并在不同条件下随着关联的变化而变化。虽然研究关系链条的方法有很多（如 Chapman 2000, Strathern 1988），但在这里，我想主要关注两大类方法——操作链（operational chains）和行为链（behavioral chains）。这两种方法的共同特点在于它们都不大关注关系网络，更关注的是物与物之间在时间序列上的联系，这样，在时间序列的某一点发生的情况就非常依赖在同一时间序列下，已经发生的或将要发生的情况。

法国学派——操作链

技术研究的法国学派很早就发现了人的身体和物都参与了特定活动中的技术系统（Mauss 1935）。近些年的研究中，皮埃尔·勒莫尼耶（Pierre Lemonnier）（Lemonnier 1993a，2012）发现，技术系统存在三层等级。第一等级是技术的所有组成部分，如盘筑陶罐、系鞋带、驾驶汽车等。技术中相互关联的组成部分包括被加工的物质、工具、人身体的姿势或运动方式、能量来源、人，以及人所掌握的知识。第二等级指的是，在不同的社会中，各种各样的技术以多种不同的方式联系在一起。举例来说，不同的技术会通过时间的先后顺序联系在一起。在盘筑陶罐之前，需要先得到黏土、将黏土从产地运到制陶作坊、在作坊中将黏土捣碎并加入羼和料。不同的技术也可以通过相同的工具、相同的专业技术人员或相同的物质材料联系在一起（例如一位制陶专家既可以做陶罐，也可以做陶塑）。第三等级指的是，技术存在于广泛的社会与文化背景，如性别关系、有关物质和宇宙的观念、劳工组织。

法国学派中最独特的一个分支主要关注操作工序，即前后相继并将处在行动中的人与物绑定在一起的操作流程。对操作链的关注可以追溯到马塞尔·莫斯（Marcel Mauss）（Mauss 1935）的《身体技术》（*Techniques du Corps*），以及安德烈·勒鲁瓦-古朗（André Leroi-Gourhan）（Leroi-Gourhan 1943，1945）的《人与物》（*L'Homme et la Matière*）和《环境与技术》（*Milieu et Techniques*）。

操作链（chaîne opératoire）由包括理论知识（connaissance）和实践技能知识（savoir faire）在内的身体活动组成。操作链还包括了物质转化过程中，物质材料、工具和能量来源的次序。操作链这一方法已经得到了应用，尤其在石器工具制作技术的研究中应用得最多（如 Pelegrin 1990），除此之外，还在各种技术研究中得到广泛而有效的应用（Lemonnier 1993a）。通常，人们无法指明操作次序的起点或终点。我们可以说，砍树这一活动开始于制作石锛，因为制作石锛使砍树这一活动的发生成为可能（Lemonnier 2012）。正如我们已经注意到的那样，物与物之间的关联系统往往是开放的。

尽管法国学派侧重社会技术，但还是受到了批判（如 Sillar 2000，Skibo and Schiffer 2008），这是因为在实践中，法国学派通常只关注从原材料获取到成品完成的一连串操作，这将实物同其他的技术与社会领域相分离。我们需要研究完整的相互关联。希拉（Sillar）的一项出色的民族学研究论述了安第斯山区的陶器生产是在特定的社会、仪式和经济生活中发生的。黏土的开采，对黏土的处理如捣碎、研磨、筛滤等行为，陶罐的成型，将陶器晾干，在烘干后的陶罐表面进行擦磨、装饰纹样、涂抹颜料、擦拭和磨光，用粪便作为燃料对陶器进行烧制，这些操作背后都有技术的、社会的及礼仪的知识与惯例支撑。勒莫尼耶（Lemonnier 1993a，b；2012）列举了很多有关技术存在于特定的社会文化背景（即上文所述的技术系统的第三等级）的例子，由此作者在不同文化背景下技术系统的差异性上着墨颇多。"所有的技术一方面存在于非技术因素之中，另一方面，从某一侧面来说，也是这些因素的结果"（Lemonnier 1993a：4）。克雷斯韦尔（Creswell 1993）对水磨作过一项研究。水磨的很多零部件很大程度上由水和轮子产生的工程推力所决定。克雷斯韦尔对不同水磨的构造进行比较，其中，一些机器的刃部以一定的倾斜角装在垂直的柄部上，而另一些机器的刃部则以水平的方式装配。克雷斯韦尔研究了以不同角度装配的刃部所能产生的水流推力，以及由此产生的磨石转动效率，结果表明，"若转数增加9%，孔径增加50%，流量截面会增加224%"（Creswell 1993：195）。但决定人们使用不同刃部角度水磨的不仅仅是上述已经发现的这些因素，水磨的使用还受到诸如产品是家用还是商用等社会因素的影响。

法国学派对关系链条的关注，对第二章中论述的物质文化和物质性研究中有关人对物的依赖关系来说，是一剂灵丹妙药。物在时序上依赖他物。任务需要按部就班来完成。对此，我们需要做好统筹规划，而且物与物之间的关系也不是平等的。任何事情都需要他物才能完成，但某些事情需要先完成，另一些事情需要等它们完成之后才能进行。物与物之间存在时间上的先后次序。物自身具有时间性。黏土需要时间变干，食物一定要在变质之前炊煮，庄稼必须在下雨之前收割。上述情况都表明，物与物之间相互联系、相互制约，并产生依附关系。

勒鲁瓦-古朗（Leroi-Gourhan 1943，1945，1964—1965）认为，技术系统中相互关联的物存在一种沿着特定方向运动的"倾向"（法语 tendance）。因此，有学者可能会认为，由于燧石工具有着锋利的边缘，不论不同文化之间存在怎样的差异，燧石工具的使用方式使得人们在工具上面装柄。"倾向让手中的燧石有了柄"①（Leroi-Gourhan 1943：27）。虽然这种普遍主义的、目的论式的观点在当下已经不再流行，但我依然会在第六章中对其进行讨论。在我看来，在人与物构成的既定关系网中，物及处理物的方式的确只有在一定的情境下才能构成合适的解决方案（另见 Baudrillard 1996）。我们可以通过摒弃"倾向"这一概念中的普遍主义成分来对其进行改造。的确，勒鲁瓦-古朗还有一个与"倾向"截然相反的概念，即"事实"（法语 fait）。"事实"是"倾向"在特定的时间地点以不可预料的方式产生的结果。正如我在讨论技术过程的开放性时所说，特定事实是"倾向"与"环境"（milieu）之间的不稳定折衷。"倾向"这一概念的吸引力在于它关注了不同技术活动的互动和契合。物与物之间的互动存在紧密度（tightness），其大部分是由人们对物的处理方式需要在时间序列上相协调所决定的，同时还是由物所具有的反对、阻碍及限制自身功能的特质所决定的。

行 为 链

另一类研究物在时序上的关系链条的方法是迈克尔·希弗（Michael Schiffer）和他的学生建立的行为考古学。行为考古学研究与法国学派有

---

① 原文为法语：La tendance ... pousse le silex tenu à la main à acquérir un manche——译者。

着相似之处，主要表现为行为考古学中的行为链与操作链类似（Skibo and Schiffer 2008）。在行为链中，人类活动是由一系列相互作用或性能（performance）组成的。"性能特征"是物质文化和人必须去发挥其功能的"资质、技术或能力"（Skibo and Schiffer 2008：29）。因此，上述的那些相互作用和性能同勒莫尼耶所说的技术系统的第一等级是一致的（见上文）。人类活动中成组的相互作用可以看作是有组织或有顺序的，包括原材料的获取、制作、分配、使用、维护、维修、废弃等阶段的行为链（Skibo and Schiffer 2008）。这些序列是上文勒莫尼耶技术系统的第二等级。与勒莫尼耶的第三等级相对应的是，希弗竭力将社会、礼仪、意识形态等因素纳入行为链和相互作用中。这样，行为考古学更广泛地吸收了技术研究中的社会因素。

虽然希弗强调包括人与物的各种能力在内的"性能特征"，但很明显，这已经让学者们对诸如陶罐的物质材料特征如何能够完成特定任务这样的具体问题进行细致研究，这同上文所述的吉布森的可供性概念很类似。在讨论性能特征时，希弗举例认为，"炊器需要有较高的抗热震性，要经受住在火上反复加热而不破裂"（Skibo and Schiffer 2008：12），为此，陶工不得不加入更多的或不同种类的羼和料，或者想办法让器壁变薄，以确保炊器不会在受热的时候破裂。为了研究人们对炊器表面的处理方式同炊器在炊煮食物过程中的性能之间的关系，希弗等人（Schiffer et al. 1994，另见 Schiffer 1990）开展了一系列的实验。他们发现，炊器表面的处理特征，如施纹、涂有机涂层、烟熏，对炊器的破裂与破损方式造成了显著的影响。虽然加入有机羼和料的炊器在导热性上有时不及加入矿物羼和料的炊器，但实验表明，加入了有机羼和料的陶器在制作过程中的性能表现优异（Skibo et al. 1989）。因此，加了有机羼和料的陶器更适合权宜性生产，而且适合在那些对炊煮速率和效率没有很高要求的境况中使用。我们随后就会发现，为了理解黏土、羼和料、火、火塘、食物等物体之间的相互作用，即希拉和泰特（Sillar and Tite 2000）所说的"嵌入性技术"（embedded technologies），考古学家会开展实验研究，去复制过去的炊煮和用火行为。

因此，性能特征的研究关注不同物在完成既定任务或目标时所产生的相互作用和可供性。这些包括实验考古在内的研究对我们了解物的存在方式及对人存在方式的贡献非常重要。希弗的研究表明，实物材料会受到大尺度社会过程的影响。居住在房屋内的社会群体通过分配炊煮好的食物形成社会联盟，由此，人们这样做的能力建立在物、有机屦和料对火的反应，以及表面磨光的陶器在既定时间内如何能够炊煮更多食物这三者之间关系的基础之上。可见，不同的目标将不同的物通过功能的方式结合在了一起。

像这种探究物与物之间功能联系的研究还有很多。莱昂斯和丹德里亚（Lyons and d'Andrea 2003）对埃塞俄比亚高原烤盘烹饪技术的使用进行民族考古学研究。他们研究了烤炉及烤盘的使用同面包配料中是否含有面筋（gluten）之间的功能关系。面筋仅在近东地区的谷物中发现。在诸如小麦等谷物富含淀粉的胚乳中，包含了麸质蛋白（glutenin）和胶质蛋白（gliadin）这两种储存蛋白质。小麦体内的这两种蛋白质非常活跃，当它们同水混合并经过揉搓时，麸质蛋白和胶质蛋白就会发生水合作用，形成面筋。面团发酵时会产生二氧化碳，而面筋会将二氧化碳吸收，这样面团就会膨松变大。面团既有黏性又有弹性，非常适合在烤炉上烤。当面团在炉壁上烤制一段时间后，就会成型并附着在烤炉壁上。发酵的面包相较没有发酵的面包会更厚，需要持续用更高的温度烘烤更长的时间。在整个非洲、美洲和澳洲，火源上面的烤盘或平面是用来烤制用不含面筋的淀粉配料制成的面包的。没有发酵的糕点或面包是由玉米、木薯、甘薯、橡子及其他坚果制成的。由此，我们会发现，植物有机化学，以及面粉、水、细菌之间的相互作用，同不同地区烤炉和烤盘的使用是有关系的。不同的物通过用植物做面包的这一目标，彼此之间在功能上产生了联系。同时，虽然莱昂斯和丹德里亚证明，是否选择烤炉或烤盘这种技术，涉及诸如性别关系在内的其他社会因素，但物与物之间的亲密关系、可供性及依附关系同样起到重要作用。在人际关系网络中，物的化学性质会进入其中，并同时产生关联和依附关系。

但正如法国学派，行为考古学家的研究中还有另一种物与物之间的依附关系具有重要意义。这种依附关系指的是不同物在关系链条中的时间次序。我们刚刚讨论了在相互作用的关系网络中的各种活动，这些活动本身是按照时间顺序发生的。行为链就是由一系列相互作用组成的进程序列（如图3.5）。由此，肯尼亚人用泥条盘筑法制作陶器涉及如下具有先后次序的活动：人们先从蚁丘处采集黏土，随后将采集到的黏土放在容器中，并把盛着黏土的容器带到作坊区，之后将黏土摊倒在兽皮上，并用石头将黏土打碎，随后晃动兽皮从而将优质的黏土分开，再用水搅拌黏土后开始制作器形，先用手做好陶器底部，之后用手盘筑泥条，将泥条连接在一起并令其表面光滑，随后用一片葫芦作用于陶器器壁，令器壁变得滑而薄（Schiffer and Skibo 1997：29，另见 Hodder 1982）。

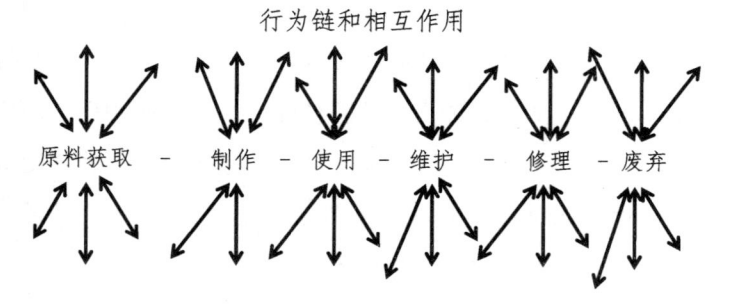

图 3.5　在行为链内所有阶段中发生的相互作用
（来源：作者）

在行为链中某一时刻的物和人类行为都会对其他时刻产生影响。"通常情况下，技术选择会对器物的形制特征带来肉眼可见的影响，这些影响会（"顺流而下"）在接下来的行为过程中持续发生"（Schiffer and Skibo 1997：31）。举例来说，选择在黏土中加入有机羼和料还是矿物羼和料将会影响陶器制作过程中黏土的性能表现。同时，这种选择也会影响陶器在炊煮食物过程中的效率，还会影响陶器可能出现的损坏与破损状况，最终将会影响陶器废弃在泥土中可能出现的磨损状况。由此，陶工制作陶器时会受到所有这些日后会发生的情况的制约。陶工对所有日后发生的情况中有关不同物质材料性能特征的知识储备，都将影响她在制定目标时的决策。陶工会对不同情况下的需求、政治、社会、宗教等因素进行折衷处理。这些需求也包括了物质材料及其化学性质。

行为链中有关依附关系的常见考古学案例是原料的获取，其中，对（用来制作石器的）特定种类石材的获取直接关系到可以制成的石器种类及可以完成的任务种类。举例来说，安德列夫斯基（Andrefsky 1994）用澳大利亚民族学的例子及美国考古学的例子表明，石器原料的可利用性（availability）对石器生产会产生重要影响。我们可以预想到，在优质原料稀少的情况下，质地差的石料会被制成形制不规整的石器，而质地好的石料则会被制成形制规整的石器。石器原料的质量和丰富程度还会影响石器的实际功用和社会功用，即石器在多大程度上可以用来交换（用质地差的石料所制成的石器就不大可能用作大范围的交换），以及石器的丢失率和堆积率。韦布和多曼斯基（Webb and Domanski 2008）也得出了相似的观点，他们发现，在澳大利亚史前史中，硅结砾岩的机械属性对原料的选择和可制成的工具种类有着非常大的影响。肯林等人（Kienlin et al. 2006）也就原料对金属斧生产行为链的影响作过类似的探讨。

斯基博和希弗对人类活动与物之间的"依附关系"（dependency relationships）进行了探讨，他们将这种关系定义为"两种行为通过物质流动（输入和输出）联系在了一起"（Skibo and Schiffer 2008：111）。而在本书中，该术语指的是依赖关系。我们已经发现，同从事社会技术研究的法国学派一样，行为考古学中也存在两种形式的依赖关系。第一种依赖关系是相互作用的网络关系，即物、人、知识和能量是交织在一起的。第二种依赖关系是在行为链中，物、人和活动的时间序列。在这两种关系里面，物与物之间的关系都很复杂且都涉及人。物与物之间的关系不仅仅是相互作用，也不是只包含了依赖关系。诚然，还有依托和偶然性，即勒鲁瓦-古朗的"事实"概念。但同时，还存在纠缠的附着性（tangled stickiness）——在不平等的约束力意义上的依附性。不同的物及其相互作用可能产生的行为种类是固定的。在目标确定的情况下，有些物要比其他物更为重要。不同的物拥有不同的性能特征，可能产生的后果也不同。因此，物与物之间的依附关系和依赖关系会推动人实现其目标，会为此提供途径，也会对此起到约束作用。同时，需要特别指出的是，物和活动的时间顺序会让物形成一定的序列，会规划人们的生活，形成视角，也会规定事物变化的次序。

　　从不同尺度的分析中都可以得出上述观点。举例来说，我们可以将图3.5所表述的这组关系看作是实践与技术长期发展过程中的某一时刻。特定用具整体中有许多需要定位的时刻。试想在图3.5中"维护"这个类别下有一件工具，这件工具可能是某一操作序列（矿石原料的获取—金属冶炼—将斧头锻造成型等）中的一件小斧头。同时存在的还有其他操作序列，如训练人们使用斧子、教育与学徒培养，以及技术熟练的手工匠人的生命史。然而，随着时间尺度的增加，会有更多、更长的操作序列进入我们的视野。这件斧子可能是一条有关斧子的长达数年、数百年乃至数千年演化序列的最终风格设计。图9.6试图为我们展现这种更长时段的序列，其中任何具体的操作序列都需要在里面找到自身的位置。

物依赖过去之物和未来之物

　　在本章中，我们一直在讨论物是如何依赖过去之物的例子，尤其是在赠予的东西往往同之前收到的东西密切相关的交换领域。之前发生的事情、历史、名誉和债务都随着物品的交换而流动。在操作序列中，之前发生的事情会影响现在发生的事情。物质材料的获取地点会影响其可以制作的人工制品种类，通常也会影响该人工制品被赋予的威望、地位和价值。之前发生的事情会影响以后将要发生的事情。但从物质材料未来的预期用途可能决定物质材料获取的种类和生产的组织形式上来讲，以后的事情也会影响之前发生的事情。从更普遍的角度来说，物对我们的重要程度取决于它如何同我们的未来预期方向（future-directedness），即同我们人类的事务和目标相契合。举例来说，对某些维京人来说，被称为"物"的围墙建筑（enclosure）同日趋集中的中央权力这一社会政治背景密不可分。

但依然存在物依赖过去与未来之物的其他重要形式。人是具有高度模仿能力的生物，其程度不亚于发现差异的能力。当我们制作、使用或购买某件物品时，我们总是将它同以往的物品比较，以发现其相似性与差异性。我们作为灵长类动物，不仅会模仿还会区分。模仿和差异的产生总是同文化和社会领域相关，在该领域中，我们追溯物品的原型，并对其进行模仿或摒弃。从目标和策略来讲，模仿或区分是指向未来的。

由此看来，亚里士多德（Aristotle）的格言"无中不能生有"是正确的。我们总是能够立刻将某物同我们已经知晓的其他物联系在一起，总是会根据我们以往的经验去行事、从事制作或生产活动。我们将在第十章继续探讨"无中不能生有"及"万事万物都是环环相扣"的理念。此时此刻，已经足以说明，这些由不同的物所构成的序列将物与物的依赖关系整合在了一起。没有比这更能说明我在第一章所提出的"自在之物是不存在的"这个论点。万物都无时无刻不处在关系序列中，成为时空中某个物质流动的一部分。

纠缠的观念

我在第一章中提出，我们需要摆脱所有的物都是固定可靠、稳定不变、毫无生气的观点。如果我们将思想和观念纳入物与物的关系探讨中会发生什么（对该问题更详细的讨论见第七章）？我们当然可以描述产生观念的操作序列。举例来说，在学术界就存在包括教育学习、获得学位、从事博士后研究、获得实习职位、获得初级职位和获得高级职位在内的职业生涯序列，而且还存在支持研究者从事实验研究和学术写作的资助机构。不仅如此，在学术界还存在每一个观点都要在前人观点中找到出处的引文规范，这样，我们就能够对某一观念向前回溯，去研究其发展演变，去探究某一时期流行的观点是如何依赖之前的观点的。在本书中，我曾使用了忒休斯木船之谜这一思想，该思想最初是由赫拉克利特和柏拉图（Plato）等古希腊哲学家提出的悖论，但也是经由数百年之后的思想家如普鲁塔克（Plutarch）、霍布斯（Hobbes）、洛克和乔姆斯基（Chomsky）发展而成的观念。同样我们也可以说，"自在之物"的观念家世显赫，最初由康德提出，并由叔本华（Schopenhauer）等德国传统哲学家发展。

因此，某一时刻的观念同过去和未来的观念密切相关，不同观念在时间上存在依赖关系。正是这样的观念史，使得不同观念之间存在纠缠关系。举例来说，我们很难不引用康德的先验观念论或与之相关的忒休斯木船悖论来谈论自在之物。不同观念之所以会纠缠在一起，还因为这些观念之间存在的关系（tie）或抽象化过程。即便我们将目光从哲学和形而上学上移开，依然能够看到上述现象。在 21 世纪 20 年代早期，我正在撰写《纠缠》一书的增订版，此时，观念和政治与道德领域之间的关联已经非常明显。大量调查研究表明，美国支持民主党和支持共和党的选民，在诸如堕胎、死刑、气候变化、疫苗接种、持枪权利、宗教的作用及选举是否胜出等表面看似毫无关系的各种议题上存在尖锐的分歧。这些观点之所以会出现关联，部分是出自历史原因，还有一部分来自诸如"政府不可信"或"生命是神圣的"等抽象化理念。但共同的经历和不满情绪也将这些议题联系在一起。不论原因是什么，在我看来，不同观念通常都是纠缠在一起的，因此，人们对某种观念的坚信也会陷入其他的观念之中。这样一来，观念就和物质一样，相互纠缠，并在空间与时间中不断延续。

结　论

我希望本章的内容已经让大家清楚知晓，本书第二章所述的那些方法对物与物之间关系的关注是不够的。的确，探讨如何赋予物意义和能动性是一件令人着迷的事情。我们有必要认识到，人之所以能够行动、能够思考，都是源自人对物的依赖。而在物与物之间的相互作用中，物自身起到了积极的作用。

为了得出上述观点，很多学者一直使用社会理论，但也有越来越多的学者参考物质材料的科学分析、实验研究及民族考古的研究结果，人们通常认为这些领域不属于理论争论的范畴。虽然用放射性碳素测年，用X射线衍射方法来研究陶器和石器的产地，用稳定同位素化学分析方法来研究食谱，这些通通都充满了争议，但这些争论通常被看作是游离在人类学和人文与社会科学知识流之外的。在《考古测量学》（Archaeometry）杂志上发表了很多考古科学分析的文章，但引起人们关注的通常都不是其中涉及的理论论争。然而，近些年，人们尝试着弥合科学分析、物质能动性及物质性理论之间的鸿沟。安德鲁·琼斯（Andrew Jones）2002年出版了一部著作，随后于2004年在《考古测量学》杂志上发表了一篇文章，主要目的就是对物质性理论与物质材料分析之间的关系进行讨论。他论述了让社会理论家同考古科学家和睦相处的可能性。

这篇文章在接下来的2005年第47期《考古测量学》（Archaeometry 47：175—207）杂志中引发了很多争论，有很多评论者认为，考古科学应该在物质性理论上发挥重要作用，也应当在物质性理论中有一席之地。与早些年强调表达的研究不同，物质性研究当然要积极地引用对物所进行的科学分析。举例来说，考古学上新兴起的对颜色的研究兴趣是源自现象学理论，但对颜料的分析要依赖科学分析方法（Jones 2001）。然而，正如朱利安·托马斯在《考古测量学》杂志上发表的争论性文章中所指出的那样，大部分物质性研究要解决的都是社会过程，正是通过社会过程，物质世界得到了揭示。"因此，考古学理论家们所谈到的物质性，同物质材料科学家们所谈到的物质特征，并不是一回事"（Thomas 2005：200）。

我在本章中已经指出，我们需要超越物质性本身去研究物与物之间的依赖关系及依附关系，所有的这些都会让人身处一种纠缠的、棘手的或盘根错节的关系之中。我们已经讨论了（正如我们在第二章中所论述的）人对物产生依赖，人赋予物意义，人使用物，人从物的身上获得认同感并拥有物，但这还不够，因为物与物之间关系密切，这也将人牵涉其中。物被限制在绵延甚远的纠缠关系之中，在这里，某些物要比其他物更为重要，而且网络中还存在依附性和不平等。不同的物按照时间先后顺序组织在一起，而且人也进入这些关系链条之中。在这样的关系链条下，人在进行下一步活动前，需要等待前一步的事情被处理完。纠缠关系具有异质性特征，对纠缠关系的研究需要材料科学的介入。

我这样说并不是要回到唯物主义，因为我们已经看到了，物可以包括观念和道德立场。但即便我们将讨论的范围限制在物质实物，我们也已经发现，不同的物只有在与某个目标相关的用具整体与技术系统中是彼此相互关联的。正如我在本章开头所述，我的目标向来都不是谈论脱离了人的物。自始至终，人与物都是联系在一起的。物不是孤立存在的，也不是一成不变的。物涉及物质、能量、信息与欲望的复杂流动。物与物之间彼此需要，依赖彼此的存在和时间次序。它们聚集在一起，形成了关系链条。从一开始，人就卷入这些关系链条之中，而且人们仍然在不断地被推到物与物之间的关联和间隙之中。因为人的存在依赖物，所以人会卷入物与物之间的依赖关系和依附关系之中。关系链条或许以一种开放的、漫无边际的、不确定的方式展开，但与此同时，关系链条又是封闭的，将人和物紧紧地绑定在一起。因此，我们可以说，缺少材料科学的物质性研究是不充分的。第二章中讨论过的各种方法，需要同研究物的相互依赖关系的科学分析和实验研究相结合。

| 专栏 | 中东地区新石器时代的恰塔霍裕克遗址 |

恰塔霍裕克遗址位于土耳其中部，是一座高达 21 米的土丘，土丘上面分布有很多房屋遗迹，其年代为公元前 7400 年至公元前 6000 年，与其相连的另一座土丘（恰塔霍裕克西区）的年代为公元前 6500 年左右。该遗址最初由

詹姆斯·梅拉特进行发掘（Mellaart 1964, 1967），近年来负责发掘的是一支由多个国家组成的联合考古队（Hodder 1996; 2000; 2005a, b; 2006a, b; 2007a, b; 2022a, b）。这个聚落遗址或"城镇"的最大面积可达 13 公顷之多，或可容纳 3 500—8 000 人居住（Cessford 2005）。遗址主要地层的放射性碳素年代如图 3.6 所示（Cessford et al. 2006）。遗址内所有的房屋都拥挤地建在一起，中间没有街道相分隔，人们通常在房顶上走动。死者通常都被埋在房屋居住面下面，房屋内部装饰有壁画、浮雕，以及牛角、熊的牙齿和猪的颌骨。虽然有些房屋较其他的房屋更为复杂精致，居室葬数量很多，修缮的次数也更多（这些房屋被称为历史性房屋），但整个遗址内没有明显的仪式性或主要的中心，也不存在公共性的、管理公共事务的建筑，这些迹象到目前为止还都没有发现（尽管我们进行了全覆盖拉网式调查和采样）。恰塔霍裕克遗址仅仅由房屋及房屋中间的废弃区域或垃圾堆组成。

虽然恰塔霍裕克遗址在时间上有很强的稳定性与延续性，主要表现在新房屋直接建在旧房屋之上，而且房屋内部布局也有很强的连续性（Hodder 2006b, Düring 2006），但依然存在一些时间上的缓慢变化。在早期的地层中，几乎没有发现陶器，陶器出现在第Ⅻ至第Ⅹ层中。炊器出现在第Ⅶ层，与此同时，人们越来越多地使用多砂的泥砖。第Ⅶ至第ⅥA、ⅥB 层的房屋密度和拥挤程度最高。此时，房屋内部的壁画和动物陈设（installations）发现得最多。第ⅥA 层以后，随着新房屋同旧房屋的一致性逐渐减弱，这种延续性似乎被打破，此时出现了面积更大、装饰更精致的房屋，其内部的储备与生产活动更多，还发现更多的印章，而且陶器的种类也更多。从第Ⅵ/Ⅴ层开始，石器技术由之前的石片技术转变为石叶技术，房屋内部的动物骨骼陈设也有所减少，壁画的内容更多为叙事场景。虽然整体而言，以谷物栽培、驯化绵羊和山羊及大量野生动物狩猎（包括野牛）为基础的生业经济持续了很长时间，但在遗址最上层（尤其在第Ⅴ层之后），出现了驯化牛的证据（确切的时间是从西丘阶段开始），以及对绵羊与山羊副产品的强化利用。

从中东黎凡特地区的文化序列来看，恰塔霍裕克遗址的年代处于前陶新石器时代 B 阶段（PPNB）末期至前陶新石器时代 C 阶段（PPNC），并一直延续到陶器新石器时代（Pottery Neolithic）（如图 3.7）。

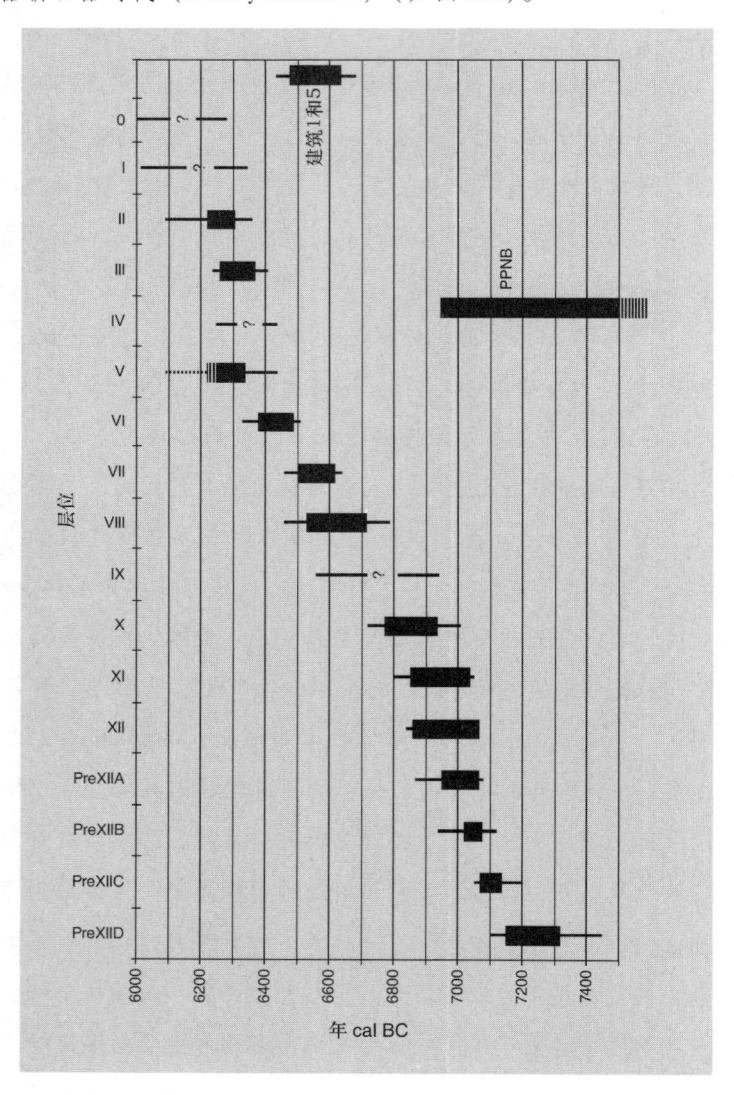

图 3.6　恰塔霍裕克遗址地层的放射性碳素年代

（来源：Cessford et al. 2006/麦克唐纳考古研究所［McDonald Institute for Archaeological Research］）

第三章 物与物之间的相互依赖 / 97

图 3.7 恰塔霍裕克遗址同土耳其及中东地区其他遗址的年代比较
（来源：Cessford et al. 2006/麦克唐纳考古研究所）

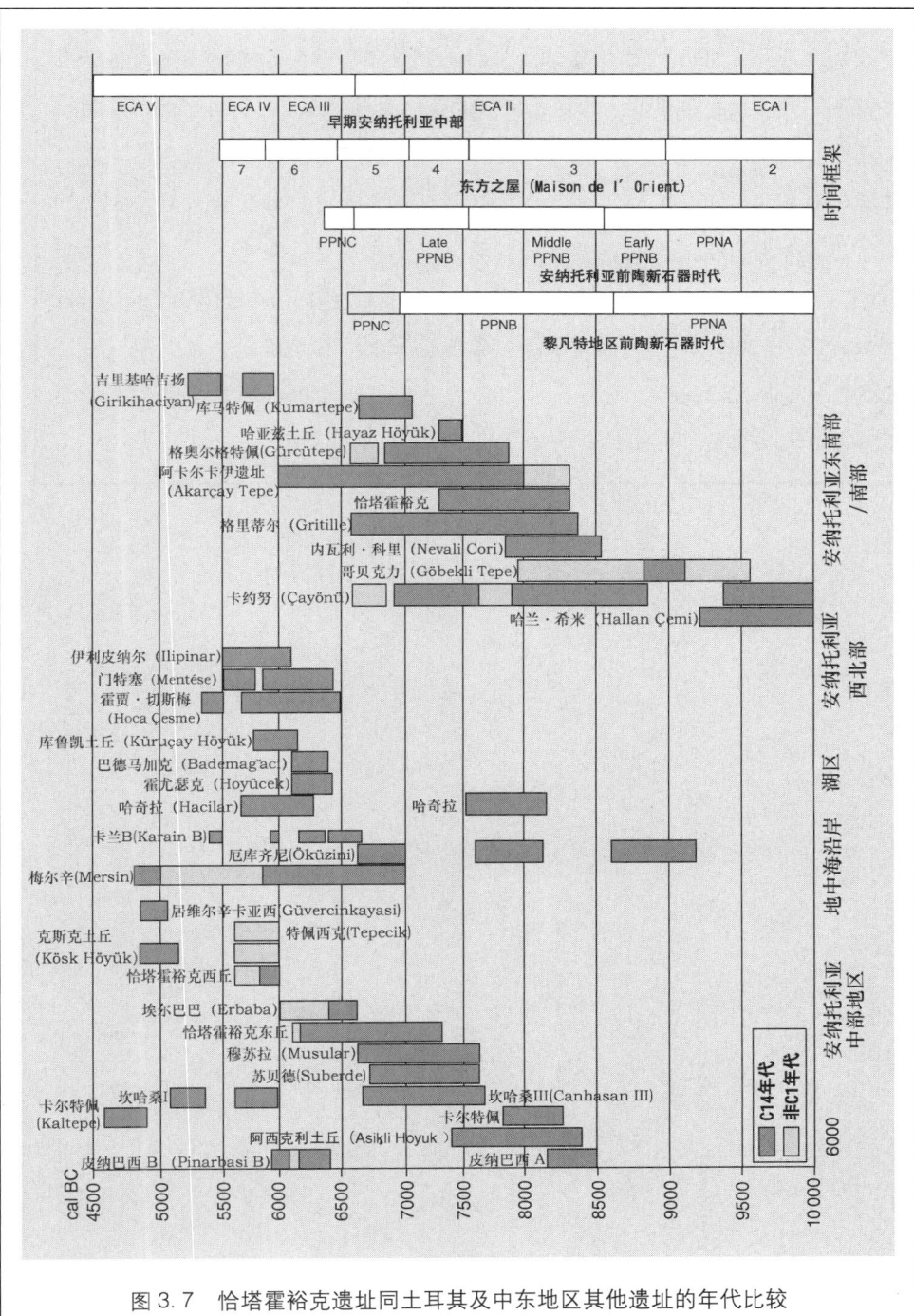

从纳吐夫（Natuf）文化开始，人们就开始强化利用形态学上的野生动植物资源，同时在某种程度上开始了定居生活（见第八章）。从前陶新石器时代 A 阶段（PPNA）起就出现了由泥砖和石头建造的定居村落，但直到前陶新石器时代 B 阶段，大规模的驯化行为才得到证实。此时，伴随着大规模驯化出现的还有大量的双层房屋建筑、居室葬，以及在房屋及与宗教仪式、宗教崇拜相关的建筑内出现的大量的象征符号和艺术品（Bar-Yosef 2001，Kuijt and Goring-Morris 2002）。土耳其南部、美索不达米亚北部的遗址，如哥贝克力土丘遗址（Göbekli Tepe），同黎凡特南部的遗址有很大差异，这表明中东地区新石器时代文化的发展必然是多中心的（Özdoğan 2002）。

第四章
物对人的依赖

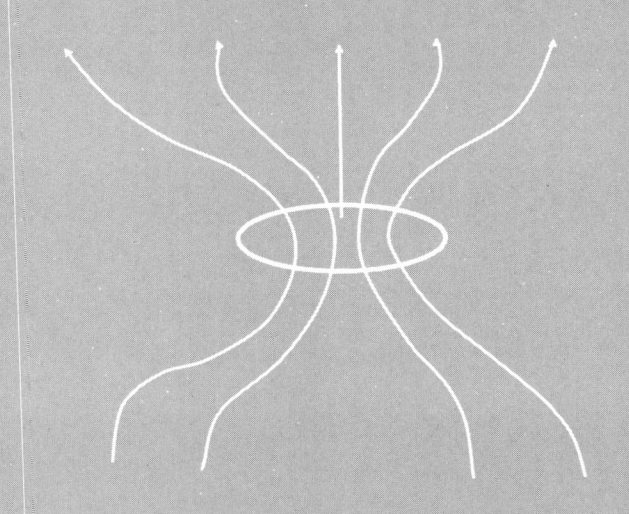

本章开始，请大家试想，此时此刻我正在登机，刚坐在座位上，就得到通知，由于金属老化或电路故障，航班被迫推迟起飞。身着黄色外套的维修人员、电工、工程师开始在过道上出出进进，最后消失在飞机隐蔽的角落里。维修人员无法处理这一故障，最终，我们被迫走下飞机，随后人们陷入混乱。飞机故障产生了一张巨大的、复杂的人-物关系网，用于处理飞机故障并竭力避免意外和伤亡事故的发生。关系网络中的人包括了飞机制造者和经销者；此外，还有很多机构，如保险公司及航空公司股票的投资者——上述所有人都卷入了可能发生的坠机危机中。最终，航班平安脱险，上述的这张关系网自然而然也就消失了，而我也没能准时出现在讲座地点。当我在家等另一班飞机时，我陷入了沉思，我在想，为了维持物和人身体的正常运转，究竟要有多少人牵涉其中——汽车修理工、水暖工、电工、有线电视及宽带网络供应商、软件代码编写员、园艺师、医生还有兽医。

从某种程度上讲，再说物依赖于人已经显得很多余。如果我们关注的是那些由人制作的固体实物，那么很显然，物依赖那些生产、使用、修理、废弃它们的人。在整个行为链的各个阶段及整个使用阶段，物都依赖于人。在本章中，我会将由人驯化的动植物纳入讨论的范畴，同时，再次强调一下，动植物的驯化依赖于人是不言自明的。

我们在第一章中已经看到，人类学与社会科学有一个常被提及的假设，即物和物体是稳定不变、确定无疑的。举例来说，米歇尔·塞尔（Michel Serres）（Serres 1995: 87）写道："如果只有人类主体之间才会有契约，那么人与人之间的联系、社会契约都将会像天上的云朵一样变化无常。事实上，正是物体……让人与人之间的关系趋于固定。"奥尔森（Olsen 2010: 140）承袭了塞尔的观点继续说到，物可以产生"稳定性、具象性和安全性"（另见 Latour 2005）。"物产生了时间结构，这让社会秩序得以稳定和延续"（Preda 1999: 347）。有人会认为，虽然我们赋予物的意义是在不断变化的，

65 但物本身是稳定不变的,我在第一章中对上述观点进行了批判。实际上,我们很难将物同其特性、作用和意义分开。物并不是一成不变的。物总是处在瓦解、转化、生长、变化、消逝、凋零的过程之中。但举例来说,我们对某物是否用尽或用烂的判断既依赖该物体的物理损耗,也依赖于我们同物的关系及对物的感知。当然,我们愿意认为物是稳定不变的,而且上文提到的几位学者也陷入了这个幻觉,或许这也是必要的。但为了理解物对人的依赖,我们需要对物的变化无常展开论述。

一座已经矗立了300年的教堂看上去非常稳固。然而,艾登瑟(Edensor 2011:238)在研究一座位于曼彻斯特的教堂时写到,情况总是会"不断涌现"(continuously emergent)。他顺着德兰达(DeLanda 2006)的思路,研究像教堂这样具有异质性的聚合体,这些聚合体往往流动多变、从不固定,还充满了关系性(relationalities)和可能性(potentialities)。物质、劳动力和知识通过建筑进行循环流通。即便那些看上去一成不变的实物也是由很多微观粒子组成的,这些粒子最终将会分裂、衰败和转化。有一些媒介,如天气、空气污染、地下水位上升、金属载体的作用、微生物的侵蚀等,会同教堂那些看上去坚硬无比、坚不可摧的石头发生相互作用,将石头转化成他物。这些媒介同石头发生相互作用的结果是,需要新的关联和网络关系来提供石料以替换掉教堂中那些遭到侵蚀的石头,同时,还需要维修工人和包括激光超声波、热喷枪等新的保护技术在内的技术发挥作用。任何人都无法断定问题什么时候会出现——尽管人们会定期检查、定期规划,但石块会突然从高处落下。复杂而多样的相互作用会产生意想不到的问题。

恰塔霍裕克遗址用未经烧制的泥砖制成的墙壁为我们提供了另一个例子。我们已经向大家展示了房屋的墙壁,它们看起来坚不可摧、永不坍塌。毕竟过了9 000多年,它们依然挺立不倒。但它们坚不可摧的外表,实际上是文保工作者通过大量化学物质、愈合剂及水泥浆将墙壁加固后产生的假象。我们的考古队员们每天都要在墙壁保护上花费大量精力(如图4.1)。

我们发现，墙壁倾斜的角度令人惊叹。梅拉特也发现了这一点。在讨论第Ⅵ B 层及更早的房屋墙壁时，梅拉特（Mellaart 1964：39）写道："墙壁倾斜的角度令人费解，墙壁干燥后产生了很大的裂缝，这成为了墙壁的一大威胁。"当时生活在恰塔霍裕克遗址的人们也面临着同样的问题。

图 4.1　恰塔霍裕克遗址的墙壁并不总是保持直立
（来源：恰塔霍裕克研究项目组及杰森·昆兰［Jason Quinlan］）

未经烧制的晒干黏土本身就是不稳定的，恰塔霍裕克遗址房屋所使用的含蒙脱石（smectite）黏土尤其如此。克里斯·多尔蒂等对恰塔霍裕克遗址的物质材料与环境进行的考古测量学研究，已经让我们开始对当时黏土是如何被人利用的有所了解。富含蒙脱石的土壤是具有火山地质特征的半干旱环境中的常见土壤。恰塔霍裕克遗址位于半干旱地区，其土壤类型为来自西南部火山地区的冲积土壤。我们知道这些冲积土壤是用来建造房屋的——遗址旁边的取土坑已经证明了这一点。蒙脱石遇水很容易膨胀，干燥后又会严重缩水，而且蒙脱石用作建筑材料时，这一特征依然会持续存在。当恰塔霍裕克遗址的先民们去解决墙壁坍塌的问题时，黏土中不同颗粒之间的相互关系产生了整个社会中人与人之间的关系。

恰塔霍裕克遗址的新石器时代先民解决墙壁坍塌问题的方式有很多。举例来说，他们会用木柱支撑墙壁；还会祈求逝去的祖先保佑房屋不会坍塌——在第六号建筑一根柱子的底部就放着一枚人头骨。他们还有其他方式解决这一问题，比如他们会不断用灰泥粉刷墙壁（我们在一面墙上共发现了450层薄灰泥），以及使用双层墙壁（相邻的房屋不共用墙壁，而是彼此相互支撑）。在遗址的使用阶段，周边很多可以用作房屋柱子的大树消失了（可能是因为过度砍伐，或者是人为造成的生态变化）。面对这样的情况，人们开始用更大的砖块、用含砂量更高的黏土修建更厚的墙壁。砂子使用量的增加让蒙脱石更加稳固。最终，在新石器时代的土丘顶部（第Ⅰ—Ⅲ层）及接下来铜石并用时代的西丘（在河对岸，年代为公元前6000年至公元前5500年），人们为了加固墙壁，在房屋内部修建了扶壁（Biehl and Ravenstock 2009，Erdoğu 2009，Marciniak and Czerniak 2008）。

使用含砂量更高的砖需要挖更深的坑来取土（作者与多尔蒂的私人通信），而更深的取土坑改变了遗址周边的环境，加剧了塌积物的形成。使用含砂量更高的黏土改变了人们的制砖技术，人们之前会将湿的黏土直接垒在墙上，而在用了含砂量更高的黏土后，会用模具来生产更厚的砖。模具的使用让技术更加复杂，将砖排列整齐地晒干意味着砖是在建房子之前生产的，而且很可能是在遗址外生产的。因此，砖的生产必须根据其他活动进行安排。生产更加坚固的砖，需要安排更多的劳动力、付出更大的劳动量。所以，恰塔霍裕克遗址的人们越来越受到砖的束缚（如图4.2）。应对蒙脱石会给人们带来各种后果，会让人不断卷入与物的深层关系之中。

```
更多的人力投入/程度更深的纠缠 →
```

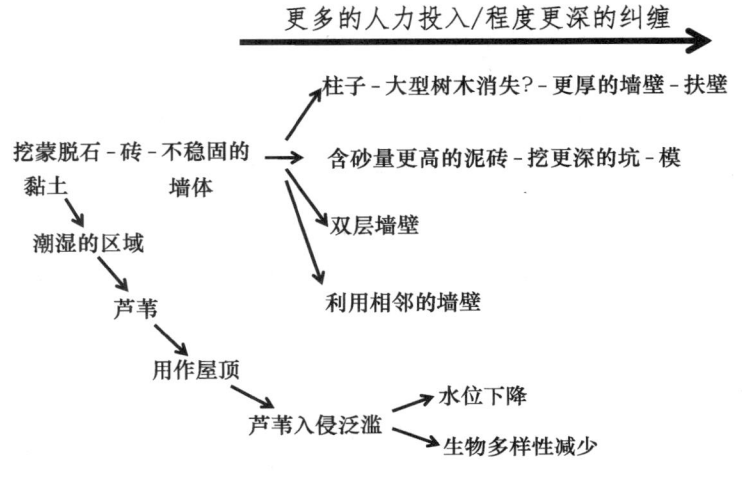

```
                              ↗ 柱子-大型树木消失？-更厚的墙壁-扶壁
挖蒙脱石-砖-不稳固的 → 含砂量更高的泥砖-挖更深的坑-模
黏土         墙体      ↓
  ↓                    双层墙壁
潮湿的区域              ↓
  ↓                    利用相邻的墙壁
 芦苇
  ↓
用作屋顶
  ↓
芦苇入侵泛滥 → 水位下降
            → 生物多样性减少
```

图 4.2　恰塔霍裕克遗址泥砖生产的纠缠序列
（来源：作者、克里斯·多尔蒂及菲利帕·瑞恩 [Philippa Ryan]）

砖及其他人工制品因需要人们长期对物质材料进行投入、照管和维护而将人束缚。菲利帕·瑞恩（与作者的私人通信）在对恰塔霍裕克遗址的植硅体进行研究时，就发现了一个与此相关的例子。人们对恰塔霍裕克遗址周围芦苇（*Phragmites australis*）的利用，让湿地地区该种芦苇的数量猛增。遗址周围芦苇数量的激增，最初或许是人们挖坑获取黏土后，坑被水填满的缘故（如图4.2）。将这种芦苇用作屋顶的材料或其他功能，造成了该种植物的入侵，这降低了地下潜水面的水位，同时让其他植物物种数量减少（或许包括了树）。因此，从坑中成功获取黏土给人们带来了意想不到的后果，让这种繁殖能力很强的芦苇在遗址附近大量繁殖。对此，人们为了继续依赖作为饮食重要组成部分的湿地资源，不得不无休无止地同芦苇进行抗争，以减少芦苇的数量。人们要想在恰塔霍裕克继续生活，不得不付出更多的精力。

物 的 解 体

物的解体迫使人们对其进行照管。考虑到物与物之间相互作用的分散性特征，我们可以预料到，物需要人进行维护的这种依赖性会在大范围内产生广泛的联系（正如第三章所述）。我想以另一种类型的墙壁为例，来说明维护墙壁所产生的关联的程度。在英格兰北部的约克郡河谷（Yorkshire Dales），人们沿着河谷、洼地及山顶干砌（dry-built）而成的石墙将大片牧场分隔开。用裸露的石头干砌而不借助灰泥或填充物需要人们具备相当多的技术。墙体表面稍微有些倾斜，因此需要用更长的石头将墙体的两端连接在一起。但主要的技术还是对石头的选择，只有石材选择得当，才可以将其固定在一起，形成坚固持久的墙体。

虽然偶然路过的行人会认为那些墙很坚固，但实际上它们是个大麻烦，因为经过风吹雨打、羊群与行人的攀爬，墙体会不断崩塌。对墙体的维护依赖着那些技艺精湛且经验丰富的工匠，还需要人们同新的石头产地建立联系。但对约克郡河谷墙体的维护不仅仅依赖于娴熟的工匠及可以利用的合适石料，我们发现，现如今在约克郡河谷，干砌石墙的手艺几乎快要绝迹。现如今，很多墙体已经年久失修，或者被装有倒刺或电线的栅栏所取代。所有这一切都表明，让这些石墙挺立不倒仅靠一些工匠是不够的，需要一套完整的维护系统。

从传统上讲，约克郡河谷的这些干砌石墙是混合农业系统的一部分，而该系统自铁器时代和罗马时代就已得到发展。这些石墙成为了牧场与耕地、私人牧场与公共牧场、道路与农田之间的分界线。如今，当地的土地利用方式主要是严重依赖政府补贴的牧羊业，该行业主要靠欧洲的法规和政府拨款维持。现如今，像泰斯克（Tesco）这种大规模的超市连锁店压低价格并提高产品质量的预期，以适应农业的生产方法。河谷的很多地方都被看作是具有自身价值、值得人们去维护的景观遗产。如今，国家信托（National Trust）照看着河谷的大片土地，他们推出了乡村怀旧风格的生活方式，提倡有机食物，还恢复了传统的、不使用农药的花丛。因此，现如今，对石墙的维护依赖于欧洲法规、大型零售业及国家保护这三者的脆弱结合。倒塌的干砌石墙需要有专门技能的人进行维修，这迫使人们参与其中，对石墙进行精心维护。而且不同利益之间复杂且广布的纠缠关系也需要人们这样做。

在启蒙运动时期，新仪器和新设备的使用让人们看到了很多新事物。显微镜、望远镜及空气泵的发明，让人们得以观察到新的事物、新的现象，这些新的事物——微生物、星体和真空状态都十分依赖人。这些事物被人发现后，又很快卷入新的关联和可能性之中。波义耳（Boyle）使用空气泵观察到了新东西（Shapin and Schaffer 1985：26）。空气泵将玻璃罩内的空气抽空，这样人们就可以在真空状态下做实验。但如果空气泵想要正常运转，需要特定种类的人-物背景。"因此，科学仪器需要人们纠正和训练自己的感官。在这方面，人们通过显微镜、空气泵等设备训练自己的感官，这同通过推理训练自己的感官类似"（Shapin and Schaffer 1985：37）。让空气泵得以运转需要很多人力和组织。"事实的确立确实需要付出大量的劳动"（Shapin and Schaffer 1985：225）。尤其需要指出的是，空气泵总是出现故障。17世纪制造的空气泵"始终都有问题，要么直接因为漏气，要么间接因为竞争对手的攻击"（Shapin and Schaffer 1985：229）。结果，很少有空气泵可以持续正常运转。空气泵不仅依赖人来生产和使用，还依赖人来持续运转。

所以，在更为普遍的、有关物对人的依赖概念下，我主要关注的是实物、植物和动物的行为会让人陷入各种形式的照管、管控（regulation）与规训之中。物没有办法自我繁殖，因此离开了人，物也就不复存在。当然，已经倒塌的房屋依旧是存在的。而已经驯化了的生物，如果没有了人的照看，就又会回归野性。所以更重要的是，如果没有了人的干预，物便不会为了人而存在，也不会以人想要的方式存在。物依赖人，而人也卷入了这种依赖，有时还会身陷其中，使自身的某些行为不由自主地受物支配——人的行为会去主动适应物，有时甚至还会被物的行为所管控与规训。不论野生资源还是驯化资源，不论动物资源还是非动物资源，如果人们想要它们以人所期望的方式生存，就需要人的照管、呵护与保护。

物会破损、变脏、腐败、分解，这些正是物自身的特性。即便一件很小的东西的解体都会产生很大的后果（正如齐诺瓦·阿切比［Chinua Achebe］［Achebe 1994］所说）。所以，物需要人以人想要的方式对其进行维护，物需要得到保护、清洁、修缮、照看。物需要被维护，需要能量输入，由此，物自身依赖其他物，也依赖人。考古学家擅长探索这类知识。他们已经得出了大量相关知识，让人们知道了维护物所需要付出的努力、劳动、距离、途径和技术。考古学家很擅长评估技术所需要的劳动，以及技术在不同环境下的相对效率。他们还懂得很多有关物的腐败、维护、破损、丢失、修复、堆积、序列等知识，即便这些专业知识有时并没有对考古学理论作出多少贡献。

行为考古学与物质材料的行为

到目前为止，我主要关注的是物质材料行为的一个方面——物的瓦解与转化，将需要这些物的人们卷入对物的照管之中。但有关物质材料的行为还有很多，它们都会将人卷入其中。我在第三章的行为考古学部分曾讲到，人对物质材料的利用，包括原材料的获取、制造、交换、使用和废弃几个阶段。在物的整个生命过程中，它们需要人的劳动和参与。尤其需要指出的是，物既不是一成不变的，也不是脱离人而孤立存在的。这样的例子有很多。如果没有人的保护，有的物种就会灭亡；如果湖泊周围的树木被砍光，湖泊就会干涸。陶罐只有被烧制了才能存在，而且还要人精心照管才不会损坏。使用电脑前需要开机。在这里，我们不需要、也不应该假定存在某种"目的"（telos）。我并不是说陶罐想要依赖人去复制自身，那太荒谬了。但以特定形式存在的物，将人卷入了对自身的照管及自身的生命之中。

我们可以回到第三章中以物与物之间的相互作用为视角的例子。火带给人的东西有很多——温暖、能量、光明、煮熟的食物，而且我们知道，人类在很早以前就会点起火塘，在周围进行社交和石器工具的修整活动。人类对火的利用可以追溯到旧石器时代早、中期（Goren-Inbar et al. 2004）。中东地区凯巴拉（Kebara）洞穴遗址的堆积，从旧石器时代中期一直延续到纳吐夫文化，年代大约从公元前60000年到公元前10000年。旧石器时代中期的堆积物表明，洞穴的一部分被重复用作火塘，还有一部分用作垃圾倾倒区域（Goldberg 2001）。火塘区域中重复叠压的火塘堆积很厚，每一座火塘都经历了多个燃烧阶段（Meignen et al. 2000：14）。这些经历了多个燃烧阶段的火塘表明，洞穴在长时间内被反复利用（Meignen et al. 2000：15）。上述这些证据都表明，人需要对火塘投入精力与劳动，因为火依赖火塘，而且需要燃料，同时还需要有人看护，以确保火可以一直燃烧。人不得不去照管火，这样，火就将人的劳动和规划卷入其中。发现于阿尔卑斯山史前时代的奥茨冰人（Ötzi Ice Man）随身携带着一个火种篮子为我们展示了一个最为生动的场景——篮子里面的苔藓是用来保存火种的（Fowler 2001）。火的不稳定性及容易熄灭的特征，使得它需要人类劳动的照管、需要社会规则的管控，也需要自身的约束。普罗米修斯（Prometheus）与人都被火所束缚。

　　在恰塔霍裕克遗址，人们不断（每个月或每个季节）粉刷房屋内壁，这给居住在此的人们带来了很多益处，如让房屋更加明亮、卫生条件更好、让人减少蚊虫叮咬，以及减少屋内的难闻气味等。正如上文所说，对泥砖墙进行粉刷（通常是在内墙，有时也在外墙）可以保护墙体，让墙体一直挺立不倒。但当房屋内的烤炉或炉灶塘冒烟时，吸水性很强的蒙脱石黏土也会很快变黑。所以，火和黏土会带来问题，人们必须对此进行解决。考虑到房屋墙壁都是洁白如新（房屋主室北部和东部的墓葬二层台非常洁白［Matthews 2005］），变黑的灰泥会在反光度及社会象征意义上减弱墙体的功效。灰泥同样容易破损、剥落，所以它们需要被不断翻新。每次主室的墙壁及墓葬二层台被重新抹白时，都需要人从河流冲积后形成的裸露平原或取土坑内获取泥灰土（marl）。泥灰土需要同植物和水相混合生成基底层（basal layer）。

在基底层变干后，还需要在上面形成一层白灰层，这一层的有机物含量很少，待白灰层变干后，人们会用河卵石将其表面磨光。正如第三章所说，上述过程还涉及其他的工具和处理过程。将这些泥灰土和水等材料频繁（在冬季或需要每个月一次）运到土丘上需要大量的劳动。重新粉刷墙壁似乎有着重要的社会与象征意义，房屋装饰越华丽，墙壁的粉刷质量越高，而且居室葬上部及周围生活面上的粉刷质量也很高——相比之下，侧室和储藏间的墙体基本没有被重新粉刷过。所以，当时的人们或许将重新粉刷墙壁看作是一种重生（renewal）。重新粉刷墙壁很可能同死者头骨的重新粉刷或重生（refleshing）有关（Hodder and Meskell 2011）。毫无疑问，粉刷这种维护方式需要大量的人力和劳动。这对房屋内的人来说是一种规训，因为相关的规则、习俗与传统规定了谁应该去从事重新粉刷这项活动，以及什么时候去做，需要的技术水平如何。

轮子或许是最能够直接节省劳动的工具，它可以让载着更多货物的车行驶更长的距离。的确，轮子已被广泛使用，而且时至今日，轮子依旧是人们日常生活与经济活动中的重要组成部分。但在美洲，轮子直到欧洲殖民者到来时才被当地人使用。在前哥伦布时代的中美洲，轮子确实被用作玩具或者模型，但还没有出现车轮。几乎可以确定的是，这是由于美洲缺少合适的可以被驯化的役使动物。举例来说，虽然中美洲地区很早就有了道路，在印加帝国时期便已出现了小路，但没有可以用来拉车的牛或马。的确，欧洲及中东地区公元前4千纪时对轮子的使用，同人们对畜力及皮毛等大型牲畜次生产品的利用不断增加密切相关（Sherratt 1981）。因此，虽然对轮子的利用可以节省劳力，但同时也需要人们在牲畜管理、备食与喂食及畜群结构组织等方面投入更多劳动。

在所有的这些例子中，我们会发现物依赖人，同时，人为了让物以自己想要的方式存在，需要付出更多的劳动，需要应对更多的状况。火容易熄灭，所以人们为了让火持续燃烧，不得不在社会的及物质的方面投入更多精力。墙壁的灰泥被烟熏黑了，人们不得不重新抹泥。为了让轮子为人所用，人们不得不去修路，给牲畜寻找草料，以确保牲畜可以拉车。福柯（Foucault 1973）对知识与权力的关系作过探讨，认为物通常是与各种权力话语沆瀣一气。福柯（Foucault 1995）笔下最为知名的例子是边沁的圆形全景敞视监狱（Bentham's panopticon）。这是一座环形建筑，狱警可以从中心的塔楼里监视到外墙所有牢房内囚犯的一举一动。牢房在内墙和外墙都设有窗户，这样，光线就可以照进牢房中，监视者就可以在中心的塔楼里看到牢房内的囚犯。对福柯来说，这座全景敞视监狱是一种理念、一种范式，可以应用在监狱、精神病院、学校、医院等不同的情境下。阿甘本（Agamben 2009）认为，福柯的话语结构（discursive formation）或知识型（epistemes）论及的是与权力有关的知识的总体构成。全景敞视监狱是建构权力规训模式运作普遍模型的典型范例。边沁的目的就是要设计一个监狱，使它能够以最小的成本有效地监管最多的囚犯。监狱的设计至少部分出自对功能的考虑，如光线、背光，以及用墙将不同的犯人分开以此将囚犯的活动空间降至最低。但边沁笔下的这座监狱从未建成。他对监狱的设计倒是启发了很多监狱（如建于1829年的费城东部州立监狱［Eastern State Penitentiary］），而且正是通过监狱的修建与使用，我们得以发现规训权力是如何发挥作用的。所有的建筑既有典型的理想化用途，还具有日常生活中的实际功用。为了实现其典型用途，全景敞视监狱的设计考虑了视线与墙壁等功能层面的问题。但实际上，这一建筑是人-物依赖关系网络的一部分。这种关系网络本身也是一种规训，因为犯人们不得不去打理自己的牢房，定期打扫房间、更换床单、倾倒粪便污水，监狱看守者们也需要保证监狱的光线、温度并为犯人们提供衣物及娱乐设施。食物、水、电、热量在监狱内不断循环流动。狱警和囚犯要对这些物质与能量的流动进行管理和操控。这种个人化监管的规训制度是被建构的、是经过商定的，在此过程中，人卷入了一个特殊的物质世界。

考古学家在人造物及同人发生相互作用的物是如何迫使人卷入各种形式

的劳动与组织方面已经发展出了相关理论，废弃过程理论就是其中之一。埋藏学研究（Lyman 1994）已经让人们对骨骼在不同条件下（如在被人类踩踏或清扫的情况下）的破损与堆积过程有了更深刻的了解。所以，作为考古学家，我们已经对物是如何被转化成残留物和堆积物的复杂机制了解得越来越全面。希弗（Schiffer 1976）在其著作《行为考古学》（*Behavioral Archaeology*）一书（另见 Schiffer 1987）中，成功界定了废弃堆积物的不同形式。原生废弃（primary refuse）指的是人类有意识地将达到或接近使用寿命的物品在其使用地点进行废弃。次生废弃（secondary refuse）用来描述物品在使用地点之外的废弃。弃置（de facto refuse）指的是依然可以继续使用的工具和物品在人类活动区域内的废弃。在很多复杂的聚落土丘和城址，有必要再加一种废弃类型，即第三种废弃（tertiary refuse），这种废弃类型可以定义为所有的废弃物融入堆积物中，成为堆积基质（deposit matrix）的组成部分。有关废弃方式的研究已经用来解释诸如定居的程度、居住密度等问题，其理论预设是，随着社会人口越来越多、定居程度越来越高，人们（考虑到垃圾带来臭味、疾病以及其他的不便之处）不得不将废弃物从家庭居住区（domestic habitation）转移到诸如垃圾坑等专门用来废弃垃圾的固定区域；而进入现代大型城市社会，垃圾最终会在垃圾废弃场（rubbish tip）或垃圾掩埋场（land fill）废弃。其他一些有关废弃物组织的方法关注社会及象征符号的作用（Hodder 1982, Deetz 1977）。我在本书中试图跨越物质过程与符号过程的对立，思考物是如何将人拉进物（如废弃物）与人之间的纠缠之中，这可以作为跨越上述二元对立的一个例子。

很长时间以来，学者们一直对有关物的行为的观点争论不休。学者们发现，这些观点同物的废弃研究结果相矛盾（Rathje 1975, Rathje and Murphy 1992）。因此，当人们对垃圾箱进行研究时，得出的有关酒精或肉类的消费情况往往是错误的或不够准确的。我们并不清楚这是一种理论知识、一种实践技能，还是一种意识欺骗（conscious duplicity）。但我们可以假定，在某种意识层面上，人们已经在面对废弃堆积，这迫使人们作出反应或回应。实际上，拉杰和墨菲（Rathje and Murphy 1992）认为，随着人类走向定居生活，垃圾危机已经开始。哈代-史密斯和爱德华兹（Hardy-Smith and Edwards 2004）已经对中东地区早期农民如何处理垃圾进行了探讨。在约旦的瓦迪·哈姆梅 27 号（Wadi Hammeh 27）这个纳吐夫文化早期（约公元前 10000 年）的半定居遗址，废弃物几乎没有得到有组织、有计划的处理。当时的人们将制作人工制品时产生的副产品、碎骨片、被储藏起来的物品堆积在距离它们使用地点很近的地方，人骨遗骸也在距离生活区很近的地方埋葬。实际上，考古学家在房屋居住面内累计发现近 50 万件遗物，很少发现次生废弃物。再把研究范围扩大至黎凡特地区，哈代-史密斯和爱德华兹发现，在前陶新石器时代 A 阶段（公元前 8500 年至公元前 7400 年），已经出现了对废弃物有组织的处理，到了前陶新石器时代 B 阶段（公元前 7400 年至公元前 6000 年），垃圾处理的组织程度有所增强。此时，房屋居住面内往往被清理得很干净，而且在房屋外出现了规整的垃圾堆。

自前陶新石器时代 B 阶段开始，"人们再也不可能对地上的堆积物或废弃物及人工制品，尤其是刃口锋利的石片工具熟视无睹，而若真将屋内堆满垃圾会让人感到明显不适"（Hardy-Smith and Edwards 2004：283）。在某些地方，抹有硬泥的房屋地面还会加剧这一问题，尽管在恰塔霍裕克遗址，房屋地面还是软的。但随着房屋使用频率和持续时间增加，对死亡与历史的观念转变，连同房屋的废弃——所有这些物质材料和观念上的因素——都会让解决房屋内垃圾成堆的问题变得越来越重要。在前陶新石器时代 B 阶段，废弃房屋周围通常会堆满垃圾，而且随着时间的推移，这些成堆的废弃物也会带来管理和搬运的难题。在恰塔霍裕克遗址，人们时不时地会挖一些垃圾坑用来处理废弃物，随后，这成为史前时期欧洲及中东地区很多地方人们的常见做法。随着早期定居村落中人们对物的依赖性逐渐增强，人们逐渐发现，自己需要去处理废弃垃圾，而这会消耗人们大量的劳动和能量。在处理垃圾的过程中，人们的思想观念和实践经验不断进步，这些观念和实践既让人们同物亲密接触，也让人们远离物。

行为生态学

有关物、植物及动物的行为是如何让人以各种方式去照顾物并深陷其中的另一个思想来源是行为生态学（Behavioral Ecology）。行为生态学的很多思想来自丁伯根（Tinbergen 1963），而丁伯根自身则受到康拉德·洛伦兹（Konrad Lorenz）的启发，他提出了以下四点有关动物行为的假设（Tinbergen 1963：430）：

> 关于动物行为的短期成因，可以用与研究其他生命过程一样的方式进行研究；关于动物行为生存价值，可以用与研究动物行为成因一样的方式进行系统研究；关于动物行为的个体发生，可以用与研究结构的个体发生类似的方式进行研究；关于动物行为进化，可以遵循与研究形态进化同样的线索进行研究。

因此，行为可以看作动物适应环境的策略的一部分。根据第一点假设，很多行为受到生物学的影响，而且每一个动物自身都具有特殊的行为机制。这些是近似因或机械论的解释（Bird and O'Connell 2006）。第二点假设探索了这些具体的行为机制是如何让动物在随着时间推移而出现历史性发展的特殊环境下生存。第三点假设在个体发生学层面解释了行为机制在个体成长和发展过程中的变化，以及后天习得的行为模式与先天存在的行为模式之间的关系。第四点假设是对行为、共同祖先或趋同的演化论研究。它试图寻求一般的或普遍的解释，并解决同适合度（fitness）有关的成本收益问题。

这些不同形式的行为成因，不论是近似因或根本因、短期因或长期因，还是历史因或普遍因，都可以用来在适应、生存与演化方面研究植物、动物与人。本书认为，动物行为学或行为生态学在界定生命史以及动物与植物相互作用的方面意义重大。通过对行为及其不同成因的理解，我们可以解释依赖植物和动物的人是如何陷入具体的行为之中的。

有很多生态学和实验研究对植物的行为如何让人投入精力、作出反应进行探究。沃拉斯通克拉夫特等人（Wollstonecroft et al. 2008）就研究了中东地区后旧石器时代（Epipalaeolithic，经过校正后的年代为距今 24000—12000 年）的人们对荆三棱草（*Bolboschoenus maritimus*）的利用。"研究结果展现了这种具有生物继承功能性特征的物种，是如何同特定的食物加工技术发生相互作用，从而促进或阻碍该物种的可食用性及其营养的可吸收性（nutrient bioaccessibility）"（Wollstonecroft et al. 2008：1）。考古学家在这一时期的考古遗址中共鉴定出了 250 多种野生植物。其中，有很多种野生植物需要人们先对其进行加工处理后才可食用。有证据表明，在后旧石器时代，人们开始使用火和磨盘、磨棒对植物进行加工处理。狩猎采集者们在植物性食物的采集上投入了更多的精力，他们需要对植物进行研磨、碾磨，还需要进行烹煮、烘烤等热处理，以及清洗、去皮、烘焙、坑煮（pit cooking）、防腐和储藏等更深层的加工。植物释放营养的潜力，同植物细胞破裂与分离的概率等生物学特征密切相关。沃拉斯通克拉夫特等人对荆三棱草进行的实验研究，目的是要发现这些生物因素是如何同食物加工处理相互作用的。他们发现，仅凭热处理不会让块根类作物的组织变软。为了让细胞破裂、分离，需要一些研磨或碾磨的行为。这样，不同植物的功能性特征就同各种必要的加工技术和劳动投入产生了相互作用。利用这些植物的狩猎采集者们不得不去从事某种劳动，去生产器物，其中包括了获取制作研磨器的原料，参与到石器的交换关系中等。我们在本章中已经看到了恰塔霍裕克人利用芦苇的相关个案研究。人们对芦苇的利用让这种芦苇在湿地地区大量繁殖，这降低了地下潜水面高度，并让其他种类的植物无法生存。因此，人们不得不付出更多的劳动去减少芦苇的数量。

或许，有关依赖人而存在的植物如何让人陷入特定形式的劳动投入与照料的最好例证是谷物的驯化。傅稻镰（Fuller 2007：903）指出："在经过了野生植物生产的早期阶段及系统的培育后，驯化才得以发生，这不仅让作物的生长更依赖人，而且还提高了作物的产量。"虽然人们"在单位面积的土地上投入的劳动力更多"（Fuller 2007：903），但单位面积土地的收益也更高。傅稻镰研究了文化行为与植物遗传机制之间的相互影响，"苹果树、葡萄藤及块茎类植物的'驯化'方式不同于谷物和豆类等粮食作物，因为它们是无性繁殖，并代表了人类对有利突变体的选择"（Fuller 2007：904）。通常情况下，消除或减少种子的自然传播是驯化最重要的特征，其中，谷物类作物产生了不落粒的穗轴，豆类出现了不开裂的豆荚。这些特征"让植物要依赖农民的照看才能生存"（Fuller 2007：904），但这意味着农民需要付出额外的劳动去打谷脱粒、扬谷和播种（Fuller et al. 2010）。一旦强韧穗轴（tough rachis）被选择，植物的繁殖就会依赖人。小麦和人要互相依附而存在。小麦的繁殖开始依赖人的不断干预，虽然人们获得了更高的单位面积土地产量，但不得不去从事清理、种植、除草、收获、扬谷、舂捣、烘烤、碾磨等活动，这些活动都需要额外的工具。

虽然驯化植物开始依赖人，但仍然保留着植物自身的繁殖机制。植物的生物学及生态学特征以特定的方式将人卷入其中。傅稻镰（Fuller 2007：911）对中东地区的驯化证据进行讨论，发现小麦的驯化需要更长时间，或许需要2000年；相比之下，大麦的驯化需要1500年。起作用的一个因素是生态因素，例如，研究表明，大麦异花授粉的平均速率要略高一些；另一个因素是大麦"更容易成为田间杂草（a weed of cultivation），因此仍然保持着渐渗现象（introgression），相比之下，小麦的培育则需要更多的水，对地点也更挑剔，而且应该已经同其野生祖本分离"（Fuller 2007：911）。

因此，很多植物的繁殖与生长开始依赖人。但由于植物的繁殖与加工给人带来了双重压力，植物与人之间存在的不仅仅是互利共生与协同进化的关系。人既依赖植物，又陷入了维持植物繁殖与可食用性的繁琐劳动之中。为了理解人是如何身陷其中的，我们有必要对植物的行为及生物学特征进行研究。动物生物学和行为生态学也得出了相同的观点。很明显，狩猎采集者对野生动物的利用，以及农民对驯化动物的利用，同动物行为的发生概率与可能性密切相关。

行为生态学的基本预设是"动物的繁殖周期、群体数量、密度与构成，以及移动，是对可利用的食物资源与水资源的适应，也是对捕食者与共生者以及动物自身的需求与忍受力的适应"（Martin 2000：15）。通过这种方法来研究动物的行为，考古学家能够理解人类对动物的利用是如何让人身陷其中的。举例来说，路易丝·马丁（Martin 2000）搜集了18种现代瞪羚的种群材料，对影响动物行为的因素进行研究。这些材料让她能够发现在过去特定环境及特定条件限制下的瞪羚是如何活动的。她将上述成果应用到公元前20000年至公元前7500年的黎凡特南部地区，此时，该地区的遗址上常常发现大量瞪羚骨骼遗存。事实上，在黎凡特地区人类早期定居阶段（经过校正后的年代为公元前12500年至公元前8500年，包括纳吐夫文化、前陶新石器时代A阶段和前陶新石器时代B阶段早期），瞪羚是人类主要利用的动物（Clutton-Brock 1981，Horwitz et al. 1999）。然而，人类从没有完全驯化瞪羚，人类既没有控制瞪羚的繁殖，也没有引起瞪羚基因的改变。加勒德（Garrard 1984：125）注意到，每年都有一段时间，共同分布在该区域的瞪羚及鹿的成年雄性个体会各自占领一片土地，居统治地位的雄性动物会将正处在发情期的雌性动物同其他的雄性竞争者分开。让上述动物在发情期待在密集的动物群中，会产生社会压力，会让动物的身体状况变差。而且，因为鹿和瞪羚都是相当灵敏的动物，所以人们需要用非常高的围栏将它们围起来。它们已经适应了从奔跑速度很快的捕食者口中逃离（Clutton-Brock 1981），它们会变得紧张，会快速奔跑；而当它们被很高的围栏围住时，会变得惶恐不安。

同鹿或者瞪羚的驯化相比，对绵羊、山羊、牛和猪的驯化就容易得多，因为鹿和瞪羚"不容易受人管控，它们在行为上有领地意识，而且在饮食习性上也不如山羊和绵羊灵活，不仅如此，在封闭的空间内，它们往往不易繁殖"（Clutton-Brock 1981：50）。

霍维茨等人（Horwitz et al. 1999）对山羊也持类似的观点。他们注意到，黎凡特南部地区前陶新石器时代B阶段中期遗址中的野生山羊数量有所增加。他们认为，山羊很有可能是黎凡特南部地区前陶新石器时代B阶段晚期最早驯化的动物，而且很可能是从北边引进的（Vigne 2008）。霍维茨等人认为，在黎凡特南部地区前陶新石器时代B阶段中期，由于动物行为学，人们尝试驯化山羊的行动宣告失败。对绵羊来说，"人们仅仅用了非常简单的技术，就可以将一群绵羊同某一人群的个体联系在一起。动物行为学的数据表明，野山羊（*Capra*）被驯化的时间要更晚，这种动物更独立"（Horwitz et al. 1999：67）。

随着人们的定居程度越来越高，绵羊的行为，从某种程度上还包括山羊的行为，都越来越适应和人的密切关系。欧洲盘羊（*Ovis orientalis*）很可能是所有驯化绵羊的祖先，而且与其他欧亚野生绵羊一样，欧洲盘羊天生带有一种"温顺的体态"，这让人和羊之间可以相互亲近，进而建立亲密的关系（Clutton-Brock 1981：55）。鹿和瞪羚是陆地上的群居动物，但它们并不存在一个以统治阶级为基础的社会结构（Kaya et al. 2004，Schaller 1977）。"相比之下，人、绵羊和山羊都存在一个以居支配地位的领导者为基础的社会系统"（Clutton-Brock 1981：55），而且他们都具有一定的活动范围，并且都不对领地进行防卫。当他们过着群居的生活时，都能繁衍得很好。母羊同其后代之间保持着亲密的关系，这让年长且独立性更强的羊成为头羊。群体规模更小的雄性羊群同雌性羊群分开，但它们有一部分的领地是重合的。绵羊不像鹿及瞪羚那样容易紧张，跑得也不是很快，而且由于绵羊的居住范围相对固定，经过驯化，绵羊可以在距离人类聚落很近的地方生活。

随着动物逐渐过上定居生活，动物的很多特征，如可口的味道、丰厚的产量、每年繁殖合理数量的后代、适中的灵活度，以及生存环境与饮食结构的多样性，会让它们同人的关系更加密切（Garrard 1984）。同样重要的特征是，动物过着群居的生活，并通过一定的等级关系和性别规则组织在一起。人类最理想的驯化物种是那些性格温顺的动物，因为当它们的活动空间受限时，几乎不会产生任何社交压力。同鹿和瞪羚相比，绵羊、山羊、猪和牛都不同程度地满足了这些需求。除此之外，这四种动物可以在同一生态环境中和谐共生。因为牛吃草尖，而绵羊吃草根，牛和绵羊可以在同一草场生存。山羊吃嫩叶，而猪是杂食动物（Garrard 1984）。但随着它们同人类的关系越来越密切，这些动物都会改变习性。举例来说，随着绵羊的圈养程度越来越高，生活环境不断经过改造，它们的体型开始减小。母羊吃到的草质量越来越差，它们的后代体型也就越来越小；成年的母羊在压力之下没有办法排卵。所以，羊群体型的减小或许是人对羊更为严密的管控所带来的意外后果。在野生状态下，绵羊和山羊生性活泼好动，经常横冲直撞，但一旦被人驯养、管控，它们都会变得更加温顺，这或许是因为人们选择性地杀掉一些年轻的雄性个体后，雄性羊之间的竞争程度有所降低。雄性羊之间的竞争程度降低同样会让雄性羊的体型变小。这些都会让绵羊和山羊（以及牛和猪）的生存与繁殖更依赖人。

绵羊（及其他能够被人驯化的动物）对人的依赖，让人不得不在对羊的照顾、管控和驯服上投入更多的劳动和精力。齐德与海塞（Zeder and Hesse 2000）认为，伊朗西部高地公元前 8000 年的甘吉·达雷（Ganj Dareh）及阿里·科什（Ali Kosh）遗址前驯化阶段（pre-domestication）早期的人类行为包括了选择性地屠宰更年轻的雄性山羊，这可能是一种对雌性山羊及其繁殖能力的保护性措施。但人类对年轻雄性绵羊和山羊的屠宰，正在改变羊群的基因结构。同时，对雄性种羊的选择与管理变得更为重要，这迫使人与人之间相互合作，有效组织人力。一旦人们开始在绵羊和山羊身上花费精力，就需要保护自己的劳动投入——照顾雌羊，精心选择和照看雄性种羊；人们还会投入大量劳动保护绵羊不受狼群攻击。但为了维持基因的多样性，绵羊羊群的个体数量需要保持在一定规模（或许是 50 只——作者与路易丝·马丁的私人通信）。但人类的家庭规模很小，这就迫使人与人之间相互协作。野生绵羊的领地范围同资源的关系逐渐增强，但当这些绵羊被人赶入围栏、圈养起来，人们就不得不给它们喂食，同时，人及家里的狗也可能一起充当放牧人的角色，去越来越远的地方放羊。

从刚开始的喂养野生动物到后来对野生动物进行驯化，人类在动物身上花费的心思越来越多。瓦因（Vigne 2008, Tresset and Vigne 2007）发现的证据表明，人类最开始驯化动物的主要目的并不是获得更多的肉。人类最初驯化动物可能是为了奶；驯化的动物还可以提供粪便，而粪便可以在农业生产中用作粪肥，还可以用作建筑材料及燃料；同时，驯化的动物（主要是牛）还能用来承装、拖拉重物。在这种情况下，人们会在挤奶、加工及制作奶制品上投入大量的劳动。在每年的不同阶段，人们都会有组织地投入劳动，在肥沃的草场上放牧、收集动物粪便并将收集来的粪便晒干留在日后用作燃料。为了能让动物承装、拖拉重物，人们会全身心地训练它们，并制作与动物负重相关的装备。

这些劳动的投入会随着时间的推移而增加。霍尔斯特德（Halstead 1996）认为，混合农业是希腊史前社会大部分时期的主要特征，但随着更为专门化的牧业经济的出现，牧群的规模变大，人们为了提高家畜的营养吸收和产量不得不有计划地安排放牧，而且在用作交换的特殊商品上也已经出现了专门化。接下来，人们不得不使用更为复杂的策略，如为绵羊提供特殊的草场或草料，以确保绵羊，尤其是已经怀孕的母羊及未成年的幼崽可以摄取到充足的营养。照看动物越来越需要人付出更多的劳动。

随着人对动物饲养、驯化及喂养的程度越来越高，人会变得越来越依赖动物。但还可以反过来说，动物为了成功繁殖后代也更依赖人。在某些观点中，驯化被看作是动物对人所进行的操控，目的是保证自身的进化优势——

动物利用人来确保自身物种的广泛分布（Rindos 1984）。的确，我们或许可以说，关系中的所有成员都是互利共赢的（Zeder 2006）。通过人对动植物的驯化，植物和动物的繁殖适合度（reproductive fitness）与分布范围已经有所增加。在每单位面积的土地上，人们获得了更高产量的资源，可利用资源的安全性和可预测性也更高。因此，齐德等人（Zeder et al. 2006：139）说道："驯化是人类群体与某种被驯化的动植物群体之间互利共生的一种特殊形式，对双方都有很强的选择优势（selective advantages）……驯化是一个累积过程，其特点是互利共生的双方都发生了变化，而且随着时间的推移，双方的相互依赖程度越来越高。"

齐德（Zeder 2006）认为，驯化同动植物间其他的互利共生形式均有所区别，因为人具有意向性，所以一切事物会发生得更快，而且受到的干预也更多。在本书的概念体系下，人、植物和动物之间依赖关系的形式既包括了人对物的依赖关系，也包括了人对物的依附关系。人与物之间存在的不仅仅是相互依赖关系，同时，还存在着诱使（ensnaring）和牵绊（依附关系），因为人总是对植物和动物的生长进行干预，人总是想把它们改造成自己想要的样子。我们可以说，在动物、植物与人因驯化而形成的关系中，植物和动物付出了很多，它们改变了基因，并和同一物种中没有进入驯化关系的其他生物相分离。当然，人也付出了很多，人们不得不在照看动植物上付出更多劳动，还被同动植物之间的依附关系所束缚。人们发现，自己已经陷入了无休止的耕种、浇水、烧荒、清理田地、播种、移栽植物，或者驯养动物、保护动物、放牧、宰杀病弱的动物、选择性地繁殖动物这类琐碎的劳动之中（Zeder 2006）。此外，人在土地及动植物上的投入，也带来了财产的问题。所有的工具、社会关系、房屋、建筑及墙壁可以让人对植物和动物进行饲养、储藏、保护、交换与供养。此时，人们已经受到各种事物的多重束缚，如从植物和动物中摄取的营养，对植物和动物进行驯养，对所有相关的联系及相互关系进行管控。

人类行为生态学

当然，行为生态学及进化生态学中有关动植物行为的海量文献，可以帮助我们理解人类眼中采集、培育植物以及狩猎、驯化动物的理想方式会让人陷入特定的行为之中。在上文中，我们已经了解到，有关动植物的行为生态学可以帮助考古学家理解随着动植物越来越依赖人，人类是如何陷入对植物和动物的照管之中。而人类行为生态学（Human Behavioral Ecology，下文简称HBE）让我们看到了问题的另一方面，即让我们去关注人类行为（尤其是狩猎采集者的行为）本身，以及人类在不同环境下利用资源的不同方式。人类行为生态学主要探讨人与物之间的互动过程与相互作用。在宏观上，人类行为生态学与行为生态学类似，都是以最优化（optimization）理论及更宏大的演化生态学（Evolutionary Ecology）框架为前提预设。

HBE在考古学中的影响力已经越来越大（Winterhalder and Smith 2000，Winterhalder and Kennett 2006）。温特哈尔德（Winterhalder）与史密斯（Smith）认为，HBE主要关注具体生态环境中的人类行为。HBE的假说涉及"人类个体在特定的社会-生态环境下可能会遇到的与适合度有关的利益权衡（trade-offs）"（Bird and O'Connell 2006：146）。人们将行为多样性看作是环境可变性的主要结果。与演化论模型不同，HBE几乎不关注历史决定因素。人们是从普遍性的维度对行为的成本与收益进行评估，但也会根据具体的环境背景进行调整。

一些最流行的模型（Bettinger 2009）通常都是量化的，而且有些模型已经在HBE中得到应用，其中就包括了受到最佳觅食理论（Optimal Foraging Theory）影响的食谱宽度模型（diet breadth model）或捕食-选择模型（prey-choice model），该理论认为，最大化的营养摄取率可以提高适合度（Bird and O'Connell 2006：146）。适合度不仅仅根据后代的数量来确定，还会考虑到多种因素，包括自身和后代的生存。在食谱宽度研究中，主要是对人如何平衡复杂决策的不同部分进行建模分析，如评估寻找大型动物的成本与收益；以及在遇到并宰杀大型动物后，加工、处理的成本与收益等。换而言之，我应该将遇见的大型动物宰杀并加工，还是应该等待更好的机会出现？这一问题的答案取决于最高等级猎物的丰富程度，以及人们遇到它们的概率，因此，猎物的等级是由相对回报率决定的。人们遇到最高等级猎物的概率还同猎物的分布"斑块"（patchiness）有关。

食谱宽度模型通常假定，人类会利用那些回报率最高的资源；当资源压力增大时，人们会退而求其次，去利用那些回报率更低的资源（Bird and O'Connell 2006）。根据这一模型，资源回报率包括收集、加工及制作工具所付出的成本，同时，考虑到资源利用的可持续性，资源回报率还包括资源的保护措施。HBE 研究包括研究人们获取资源时的保护主义（conservationist）决策，它指的是"人们为了从更高的资源稳定性或产量中获得长期利益，往往会牺牲短期的资源产量和适合度的资源利用策略"（Winterhalder and Smith 2000：56）。因此，食谱宽度模型就是有关资源的行为（即资源的枯竭与保护）是如何依赖人进一步行动的记录。伯德等人（Bird et al. 2005，Bliege Bird et al. 2008）曾对澳洲原住民（Australian Aboriginal）的烧荒行为与不同种类大型动物的可利用性之间的复杂关系进行了记录，记录表明，虽然人们用火烧荒的主要目的是在狩猎中获得立竿见影的收益，但烧荒所产生的斑块也可以让其他的动植物获益。烧荒的后果可能还受到诸如性别等其他因素的影响：在研究托雷斯海峡岛民（Torres Strait Islanders）的捕鱼行为时，丽贝卡·布莱格·伯德（Rebecca Bliege Bird）（Bliege Bird 2007）就曾记录了当人们在获取资源，以及将可能遇到的不同风险考虑进自己的策略时，不同鱼类的行为同男性与女性行为之间复杂的相互作用。

我们可以从食谱宽度模型中得出的历时性预测是，如果人们对最高等级资源产生负面影响，那么，人们会逐渐从获取高等级的资源转变为获取更低等级的资源。举例来说，在美国加利福尼亚州北部及中东地区，"相对于低等级的资源（如贝类、橡子、小型哺乳类动物），人们能够利用到的高等级资源（如鲟鱼、赤鹿、白尾鹿）的数量逐渐减少"（Winterhalder and Smith 2000：58）。中东地区向广谱经济的转变，预示着当地人已经产生了让他们走向农业之路的强化利用植物资源的行为。概而言之，HBE 研究表明，人类转向广谱的资源利用方式表现为，人们会逐渐利用那些加工成本高于能量产出、距离更远导致成本更高的资源斑块。然而，科丁等人（Codding et al. 2010）认为，当发生随机的环境事件（如干旱），以及狩猎的社会性成本与收益（不仅仅是食物收益）之间出现差异时，高等级资源的丰富程度同样也会降低。

下面可以通过恰塔霍裕克遗址的例子来帮助大家了解食谱宽度模型的价值，这个例子将我们的思维从营养摄取的相对回报向外扩展。在该遗址公元前 7 千纪的文化序列中，动物骨骼遗存显示野牛的数量呈现出减少的趋势，由此，从公元前 7 千纪末期开始，驯化的绵羊和山羊的数量越来越多。这或许可以解释为什么人们开始转向利用那些加工成本更高（对驯化的羊进行放牧和喂养所需的成本）而营养等级更低的资源。但遗址的背景材料表明，是社会因素让人们转向利用等级更低的资源。从房屋内的壁画、大量牛角雕像及牛角和头骨的陈设中我们可以发现，野牛在遗址中具有很高的社会价值。从社会层面来看，驯化的绵羊和山羊的等级更低一些，因为它们没有在艺术品和象征符号上出现。在这样的背景下，HEB 研究的价值在于，它可以让人们注意到加工这些动物所需的成本及可以得到的能量回报。从人们对绵羊和山羊进行精细加工的证据来看，加工绵羊和山羊所需的成本在增加，而能量回报在降低。这些动物骨骼破碎成很小的骨片，而且经过精细加工，人们很可能为了得到骨骼中的脂肪和骨髓，在陶罐中对其进行炊煮。野牛的骨骼就很少被彻底加工，它们通常是在宴会的场合被人享用。我们或许可以说，随着野牛被捕猎殆尽，人们有必要开始利用等级更低的资源（绵羊），而且对这些资源进行更为精细的加工使得人们对这些资源的利用变得物有所值。或许真实的情况就是这样，人们用野牛来当作食物宴请宾客，显示狩猎者的英勇与社会竞争力，致使周围的野牛数量急剧减少，所以人们不得不开始利用等级更低的资源。但人们在作出这样复杂的决策时当然不会只考虑营养和加工成本，还会考虑动物的社会威望。失去用屠宰的野牛设宴请宾客所获取的社会声望也一定会被人们考虑，人们一定会对野牛宴的后果进行利益权衡。在恰塔霍裕克遗址，随着丧葬习俗发生变化，房屋重建的次数越来越多，晚期房屋对早期房屋格局的复制也越来越不精确，人们将面积更大的房屋用作家庭生产和储备的现象也时有发生。在此情况下，在动物骨骼遗存和房屋内部陈设中，野牛的数量均越来越少（Düring 2006，Hodder 2006b）。考虑到所有的这些变化仍在持续发生，人们应该已经越来越多地利用"性价比"（cost-effective，包括社会成本）更高的驯化的绵羊与山羊。HBE 所提出的问题，可以让人们对某些关系链条的关联进行探讨；但我们可以继续拓宽思路，将所有的利益权衡都考虑进来。

我们还可以从技术的角度来思考决策的成本与收益。人们已经对生产、维护和维修石器的各种方法进行了利益权衡（Bird and O'Connell 2006：152）。埃尔斯顿和布兰丁汉姆（Elston and Brantingham 2002）对使用细石叶而不是一般的石镞或木镞制作投掷石矛头的成本与收益进行了研究。细石叶会嵌入骨柄或木柄中。他们研究发现，用细石叶制成的复杂的投掷石矛头，虽然制作成本更高，但失效的可能性更低，而且坏掉之后更容易修理，所以，这种复杂的投掷石矛头更适合在特殊的气候及人口环境中使用。像这样的研究很有价值，它探究了人们在理解导致新技术产生的决策时，是如何将物的解体考虑其中的。投掷石矛头需要人对其进行维护。HBE 可以帮助我们来界定人们就某件东西是否需要维护作出决定时的影响因素，但需要重申的是，这样的决定不会仅考虑生态和人口。在投掷石矛头自身牵涉的所有物与物、人与物之间的关系中，除了生态与人口因素外，还包括很多其他因素，如距离石器原料产地的远近（Beck et al. 2002）、石料的脆性（friability）与可加工性（workability）、交换关系、是否有可以利用的专业技术知识，以及制作精美的石矛头的社会影响力（Belfer-Cohen and Goring-Morris 2002）等。

　　HBE"将制作与维护的成本、最终回报，以及技术得以全部应用（deploy）所需的时间全都考虑了进去"（Bird and O'Connell 2006：153，另见 Bettinger 2009），它为我们研究技术选择背后的利益权衡及复杂的决策提供了系统的方法。伯德和奥康奈尔（Bird and O'Connell 2006）认为，我们可以将人们在处理或加工技术上投入的更多劳动理解为人类拓展食谱宽度的证据。如果人们正在制作和使用陶罐等耗时耗力的食物加工活动上投入更多劳动，则意味着人们正在利用等级低、难处理的资源。在食物加工上投入很多的劳动意味着营养回报率很低。我们可再以恰塔霍裕克遗址为例来探讨这个观点。恰塔霍裕克遗址第Ⅶ层出现了用于炊煮的陶器，这些陶罐当时可能主要用来对绵羊和山羊的肉、骨头和脂肪进行精细加工。由此可见，考古证据与HBE模型相符合，即人们在精细加工技术上投入的劳动（用陶罐加工食物和脂肪）同人们对低等级资源的利用相关。但需要再次说明的是，当时在恰塔霍裕克遗址还有很多其他的事情正在发生。在第Ⅶ层，炊煮陶器的出现还涉及有机羼和料陶器向矿物羼和料陶器的转变。陶器变化的发生在经济上可能是由当时人们正转向利用含砂量更高的新型泥砖建造房屋促成的。这两点变化同时发生也表明，当人们为了制作泥砖而去挖更深的坑来获取含砂量更高的黏土的同时，也会收集含砂量更高的黏土来制作陶器。正如我们已经阐明的那样，人们转向使用含砂量更高的砖很可能涉及更复杂的规划及劳动组织。泥砖结构变化本身或许同薄壁炊器的专业化生产之间存在联系。考古学家还发现了很多其他联系，比如人们在烧制陶器时越来越多地用粪便当燃料。所有这些相互关联的因素都是决策过程中利益权衡的一部分（可以同HBE中的"机会成本"这一概念进行比较［Winterhalder 1996：47］）。只强调人们在加工绵羊和山羊的肉、骨头和脂肪中所付出劳动的即时营养回报是不够的。依赖关系链条中还有很多其他因素。

还原论思想是 HBE 理论的优点，因为将某一问题还原为一些关键要素是良好科学实践的表现（Bird and O'Connell 2006）。相比之下，我们已经看到，在复杂的网络中，所有人与物之间都会相互依赖。HBE 在探讨人与物在现实情况下，是如何沿着这些复杂的关系链条彼此联系的这一问题上很有价值。HBE 对营养获取成本与维护成本等现实问题的探讨，是人与物之间依赖关系研究的重要组成部分。这让我们清楚地注意到，即便人与物之间不断增加的依赖关系让综合生产力和单位面积土地生产力有所提高，但依赖关系的不断增加通常还涉及每单位能量消耗的回报在数量上减少了多少。仅仅考虑依赖关系网络链条中某些节点上的因素、选择与利益权衡是不够的。我们需要认真对待第二章中提到的所有研究，人对物的依赖不仅仅表现在营养上，这些复杂的依赖关系在决策过程中发挥着作用。

通常情况下，行为适应（behavioral adaptation）复杂性研究以最优化模型（optimization models）为指导思想，该模型以能量摄取最大化及工具生产与资源加工成本最小化为基础。但我们应该从最优化模型的束缚中走出来。随着关系链条中各部分的完整复杂性被纳入行为模型之中，我们可以明确界定一些更为普遍的度量方法。成本最小化可以不从时间消耗与能量消耗的普遍标准去衡量，我们可以从如何将行为干扰降至最低来界定它。同样，收益最大化可以不通过营养摄入的通用度量方式来界定，我们可以从系统、网络或纠缠关系中相互关联的各个部分的收益对其进行衡量。这样，我们就可以从"适合度"不断提高的研究转向"契合度"（fittingness）的不断增加。

物的时间性

伍德伯恩（如 Woodburn 1980, 1998）对延迟回报（delayed return）生计系统的研究是促成本书写作的一个动机。他区分出了不同类型的狩猎采集社会。那些有着即时回报系统的社会在将动物宰杀之后，就会立即将肉分配出去。他们在工具装备上的投入微乎其微，因此，对长期存在的社会结构与社会体制也几乎没起到任何作用。而在延迟回报系统中，人们在集体劳动，如造船、织网、清理土地等这些在很长时间之后才会有回报的劳动中投入更多。农民同样有延迟回报机制，因为他们会开垦土地、收获庄稼。他们需要通过存续时间更长的社会体制在人们付出劳动投入与获得回报期间，将人们团结在一起。

即时回报系统与延迟回报系统最主要的区别是人与物的时间性（temporalities）。在规模较小的狩猎采集社会中，人们投入了劳动与能量，希望很快得到回报。但如果他们种植谷物庄稼，或者照管野生作物，他们不得不等到作物收获时才能得到回报。如果人们建造一艘船，会消耗很多时间、能量和技术。因为造船的成本太高，所以人们不可能在每次捕鱼之前都重新造一艘船。人们会在这艘船上投入很多劳动，而这艘船本身具有时间性——船会在很长时间内一直存在，人们可以重复使用。由此，人们会被物不同的时间性所左右。

人们会陷入植物的节律、生长和成熟季节以及动物的生命周期之中，被这些时间所左右；人们还会身陷黏土变干、泥灰岩灰泥开始出现劣化、金属受热及被锤打等物所需要的时间中。我们不得不"等待"庄稼生长、成熟，不得不"等待"冬去春来；我们还会尽力将修房子的时间"推迟"，安排好自己的生活，这样我们就可以去生产泥砖、去制作陶器。在复杂的工业社会中，"当机器去加工材料、生产物质产品时，作为行动者的人不得不'撤出'（retreat）生产"（Preda 1999：353）。由机器产生的信息需要被人阐释和解读，这样人就陷入了一种部分由机器产生的时间结构之中。莫斯在论述礼物交换时曾讲到，机器产生了时间延迟与间隔。在延迟的过程中，人也被卷入其中。人们需要建立一种让自己的生活节奏与物的节奏协调一致的社会。

同人的生命周期相比，物的生命周期更加不确定、更加不可预测。物的生命周期在某些时刻会同人的生命周期重合。墙壁虽然可以十年甚至成百上千年直立不倒，但在这个过程中，墙壁也会逐渐遭受侵蚀。墙体遭受侵蚀的速率可能在人的有生之年不会有什么影响，但到了某个时间点后，墙体所遭受的侵蚀会严重影响墙壁的功能。在多雨的气候条件下，墙壁底部往往最先受到侵蚀，因为雨滴会溅到墙壁底部的泥和石头。将房屋围住的墙壁可能会数百年直立不倒，但一旦墙壁基础部分的泥砖或砂岩消失，墙壁就会突然摇晃。我们很难预料这样的状况何时会发生，但大部分墙壁终将会在某个时刻坍塌，人们需要对此多加留意。在某个始料未及的时刻，人的生命周期与物的生命周期交错在一起。对此，人们不得不在物上投入更多的劳动。

　　我在第三章中讨论操作链与行为链时，曾论述了物是如何按照时间顺序发生的。生产工序先后经历了原料获取、生产、交换、使用和废弃，在这一过程中，某一步骤的发生，必须等工序中的其他步骤先发生，而且还要在合适的时机发生，所以工序安排中存在着限制和依附关系。在生产过程中，人们在某一时间点所作的决策将会产生下游效应（down-stream effects），会影响到后边的决策以及物的使用。理解植物、动物和实物的时间周期是理解人如何陷入物的生命史的关键。尽管植物和动物的生长周期会遭受不可预见的更大规模气候事件的不良影响，但我们仍可以对动植物的生长周期进行可靠的预测。相比之下，对物体耐用性的预测则并不十分可靠。我们知道，物体可能会持续存在一段时间，但物与物之间的相互关系存在着一种人们无法驾驭的"野性"（unruliness），所以我们很难预测墙壁何时会坍塌，何时需要人对其进行维修与重建。

结论：物的野性

　　本章的目的是，通过论述实物、植物和动物的行为让人陷入各种形式对物的照管之中的思想来拓展物依赖人的观点。在人们获取原料、从事生产活动、进行交换、使用和废弃的过程中，物对人有所依赖。尤其重要的是，如果物需要保持人们想要的样子，就需要依赖人对物的维护；而且物还依赖人对物所处的环境进行维护。人工制品既不是稳定不变的，也不是孤立存在的。物与物之间的联系及对物的维护都依赖人。所以，本章的主要结论是，物对人的依赖让人越来越深陷物的行动轨迹之中。当物损坏或解体时，当物生长繁殖时，人对物的照管让人不得不从事更为繁重的劳动，背负更多的社会债务与责任，并去应对发生变化的规划与时间性。对那些自身的生命被人所改变的植物与动物，以及所有需要人投入精力的物来说，上述观点都是正确的。

我们或许可以说，人类自从晚更新世转向广谱经济以来，就踏上了扩大食谱的漫长之路，人们开始采用新的方式去获取能量与营养，而这些新形式的营养与能量则需要人对其进行更为精心的加工、保存与管理。随着人们对黏土、金属、油脂、核粒子和水等物质的"驯化"程度越来越高，这些形形色色的物已经越来越依赖人的照管与维护。人们已经在对物进行管理与维护上投入了越来越多的劳动与新技术，而且还发现自己反而被物所掌控。正如当下人们对全球气候变化所发表的言论所言，物给人带来了前所未有的挑战，而且这些挑战越来越让人难以应对。

我们的确可以进一步认为，人们已经受到了人与物之间相互关系的复杂性与关系解体的不确定性的管控与规训。交通运输部（Department of Transport）以及与交通有关的各种规章制度都是用来确保人们在开车的过程中不会被迎面驶来的车辆撞死；我们需要银行来保证我们不会丢钱或错用金钱；需要医院来治愈我们糟糕的身体；需要联合国教科文组织来保护那些正在遭受破坏的古代遗址；需要律师与法庭去解决财产纠纷；需要监狱来防止人们偷窃或用物行凶。我们仿佛没有办法完全管束物，物总是会让我们陷入困境，所以我们会发现自己反而被物所管控和规训。我们离不开物，我们需要物来维持基本生活，也需要物来满足人的欲望，但我们也不得不同物保持距离。物与人对彼此来说都是变化无常、不易约束的。人与物不同的时间性产生了不确定性，需要引起人们的警惕并进行约束。人类社会并不以物的稳定性为基础，实际情况是，人与物之间的关系造就了一种需要加以稳定的不稳定性。

在上一段中，我们已经说得很明显，让物具有野性并需要人管控的原因并不仅仅是物的解体。正如我们在第二章中所见，物会给人们带来各种可能性，这一观点也会贯穿本书的始终。这种可能性包括了人与人之间会在物的所有权与控制权上产生冲突。然而从更普遍的角度来说，人们总是有能力以不同的方式去思考物，如是否应该将物转让，物是否可以被某个群体或个人生产或拥有，物应该被交换还是被囤积，是应该被保护还是被毁坏。有关物的争议与冲突以及我们给物贴的标签往往又会带来多种可能性。因为人与物之间的关系有无限种可能，所以物的野性与被管控的需要也会带来多种可能性。

物之所以会有野性是因为物不是稳定不变的，也不是孤立存在的，相反，是人与物不同的时间性进一步加剧了物的野性。物的野性还来自人与物之间相互依赖关系的复杂性，这种复杂性使得人很难掌控所有可能存在的相互关系与连接。人与物之间关系的多样性大大增加了可能会发生的结果，而且人们对此也很难预测。不仅如此，人们也难以掌控人与物之间的关系及不断受到争议与挑战的权利与义务。鉴于上述原因，物及人与物之间的相互作用往往还伴随着管控及管理和照管的体系。

本章主要论述的是研究物质材料、植物及动物行为的方法。当这些不同种类的物开始依赖人，并通过人去保证它们以人想要的状态持续存在时，人同样也陷入了物的具体行为与时间性之中。人不得不对小麦进行照管，如果没有人的照管，小麦便无法繁殖；人还陷入了对墙壁的维护中，如果没有人的维护，墙壁便无法直立；人还陷入了绵羊的生活中。在下一章中，我将着重对人与人之间纠缠关系中的类似主题进行探讨。

第五章
人与人的纠缠

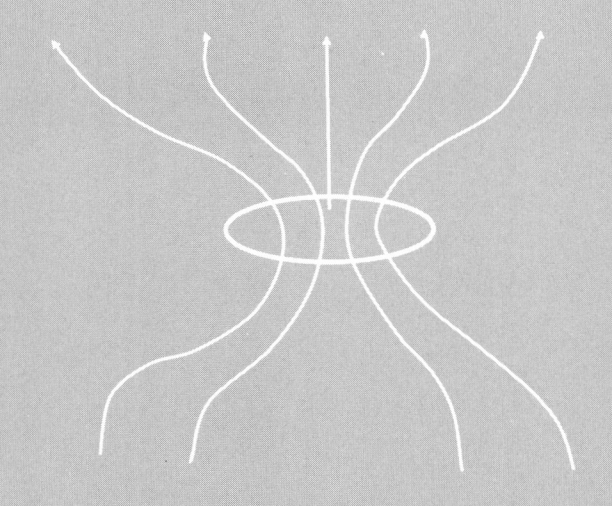

有这样一幅画面一直在我脑海中萦绕：一个年幼的幼童一边哭泣着被父母殴打或虐待，一边却伸手想被虐待他的父母拥抱。这幅具有破坏性的共同依附关系图景让我想到了有权势的人和无权无势的人之间存在多种形式的关系。

在第三章中，我们发现，我们很难在讨论物与物之间的关系时完全不涉及人的关系。同样，我们也很难在讨论人与人之间的关系时完全不涉及物的关系。由此，我们的所作所为、交易活动、衣食住行、旅行与工作都会涉及物，我们很难勾勒出人与人之间单纯的、不涉及物的关系。但在多大程度上我们可以认为，人与人之间存在纠缠关系呢？

纠缠理论能够为我们研究人与人之间的关系提供一个独特的视角吗？当然，现在已经有许多有关社会的理论都涉及人与人之间的关系，如霍布斯的社会契约论，马克思和涂尔干（Durkheim）的理论，以及当代的网络理论与根茎理论。在此，我不想再创造一个新理论，而是想指出社会生活的一个特殊面向——纠缠理论研究能够为我们思考人与人之间的权力关系以及群体内部的情感纽带提供一个视角。

当然，在所有的社会中，人与人之间在集体劳动、生产与再生产方面彼此依赖。而且在所有社会中，这些依赖关系都涉及各种债务、责任和义务。因此，在所有的社会中，人们都会陷入彼此之间的纠缠关系之中，而且，随着时间的推移，纠缠关系会逐渐向外扩展。人们在某一时刻给予他人的恩惠会期望在之后的某个时刻得到回报。纠缠理论将这些权利和义务看作是将社会凝聚起来的主要力量，而非有关文化或身份的总体观念。但在一些社会中，人们更有能力"走出"并逃离纠缠。在第四章中，我们讨论了伍德伯恩（Woodburn 1980）对即时回报与延迟回报的社会与经济系统的区分，从中我们可以看出不同群体摆脱纠缠的能力存在差异。在简单的狩猎采集社会中，人们会即刻分享食物，而且人们几乎不会对整个群体肩负长期的义务。在更复杂的狩猎采集社会与农耕社会中，存在劳动付出的延迟回报机制，个体会更加深陷于同他人的债务与义务的纠缠之中。然而，此时此刻，我想关注的是人与人之间那些涉及权力与不平等的社会关系的诸多面向。

不平等、权力和纠缠

纠缠和权力之间有何关系？诚然，纠缠和权力都表述了事物受到限制和约束的情形，都表述了人受到羁绊的情形（Baehr 2001）。如此看来，纠缠是否就是权力的一种形式呢？或者说，纠缠是否就等同于权力呢？我在本章中所要探讨的就是这个问题。但或许有读者已经注意到，在某些方面，汽车等事物带给人的羁绊同权力带给人的束缚是不同的。当然，一些人想从汽车及控制燃油供给中大量获利。然而，从表面意义上看，需要阐明的是，统治阶层带给人的束缚同我们深陷轮子与汽车的纠缠是不同的，不论精英阶层是否介入其中，我们都会受到汽车的束缚。在本章中，我想阐明的是，即便羁绊和约束可能产生权力也可能由权力产生，但纠缠和权力带给人的羁绊与约束是不一样的。

我们总是认为权力是自下而上产生的，是统治阶层对平民阶层的支配权（power over）。我们通常将权力同不平等、复杂社会的兴起，以及控制着生产方式、交换关系、专业化知识、威望物品等事物且身处统治地位的精英集团联系在一起。但考古学家发现，权力还有另一种形式，即达成某种目的的权力（power to），它指的是人们按照自身的利益或为了达成自身的目的而去调配资源的能力（Miller and Tilley 1984）。

我们能够从考古学有关权力的讨论中得到的另外一点认识是，不同的权力形式是在不同的历史背景下产生的（Miller and Tilley 1984）。从马克思到福柯再到诸如斯皮瓦克（Spivak）这样的女权主义学者身上，我们了解到，在不同的社会条件下可能存在着不同的权力和知识形式。19世纪的欧洲出现了新的权力与知识形式，使得身体在监狱、医院和学校中被监视和管控。这种新的权力与知识形式在全景敞视监狱的理念与实践中得到体现。这种监控社会让每个个体都被话语及权力/知识的体制所羁绊。

纠缠同权力/知识的体制很相似,因为它假定了一个产生某种羁绊的特殊历史背景。但相比于对话语和权力/知识的关注,纠缠更关注实践中发生的混杂现象以及人们在日常生活中所受到的约束和限制。对福柯而言,权力无处不在。相比之下,纠缠理论关注的是人们(不论是精英还是普通人)所受羁绊的方式。纠缠理论让我们可以探讨统治阶层和平民是如何深陷纠缠的羁绊。它让我们可以研究精英阶层是如何受到羁绊,即便这一群体所受的羁绊要比普通人更少,也会异于普通人。纠缠理论让我们去论述不平等不仅限于支配和权力。

在下文中,我将借用考古学中一些玛雅遗址被精英阶层废弃后依然继续被人使用的例子向读者阐明我的观点(McAnany et al. 2015;另见 McAnany and Yoffee 2009)。在许多案例中,当精英阶层离开或者废弃一个遗址或一片区域后,平民依然在此生活,而且不得不去想办法应对这种状况。看来精英阶层并不会过于受到某个地方的纠缠,他们可以离开这个地方,他们拥有离开某个地方所需要的资源、知识和关系等。但平民则很难离开某个地方,他们同当地的作物庄稼、技术和知识紧紧联系在了一起。他们已经对生活过的各个地方赋予了意义并为它们注入了记忆,他们已经在这个地方扎了根,很难将自己的根斩断,去放弃自己同这个地方早已建立的千丝万缕的联系。

在伯利兹的米南哈(Minanha)遗址,我们就看到了这样的情形(Lamoureux St-Hilaire and Iannone 2011)。米南哈的王宫院落于公元810年左右遭到废弃(McAnany et al. 2015),在之后的4个世纪里,周边地区的人口逐渐减少。王室庭院内被后人填满了其他遗物,并被用作墓地埋葬死者。人们对该地方虔诚的敬畏活动表明"当地人怀有浓重的恋地情结,十分珍视这个象征着尊贵与权威的地方"(McAnany et al. 2015: 269)。周围从事农业活动的家庭持续保持自己的生活方式,平民死后的墓葬会埋在已经遭到废弃的古代王室建筑的核心区内。即便精英阶层已经将遗址废弃，但这些平民墓葬让后人维系着同祖先的联系，并将整个群体凝聚在一起。一方面来说，当地平民在一个遭到昔日统治者废弃的遗址上投入了如此多的心血，这看上去的确是个悲剧；但从另一方面来看，在精英阶层将遗址废弃后，平民对遗址的投入将整个社会群体团结在一起，并让整个群体得以维系。

另外一个例子来自奥利维亚·C. 纳瓦罗-法尔（Olivia C. Navarro-Farr）对秘鲁瓦卡（El Perú-Waka'）玛雅遗址的研究。纳瓦罗-法尔对遗址上平民举行仪式活动的神庙进行了研究。这座神庙出土了许多晚古典期至末古典期（the Late-Terminal Classic）王室庭院衰落后的平民遗物，考古学家还发现了许多以全新的形式重新排列的石头和石碑。在王宫院落衰落许久之后，人们用这些物品的目的是提高农业生产力，并恢复平民所在社区及土地的神圣平衡（sacred balance）①。这种礼仪一直流传至今。正如麦卡纳尼等学者所述（McAnany et al. 2015：267）：

> 当瓦卡遗址的王室院落被废弃后，留下来的平民继续在此生活。那些明显不是王室成员的仪式活动专职人员在建筑的不同方位留下了器物碎片，以及修建权益性建筑设施的痕迹（NavarroFarr et al. 2008）。我们可以说，在瓦卡遗址，我们看到了当时的平民们努力"让中心居住地存续"的物质化表达，并在没有王室成员作为媒介的情况下去同神沟通。

在上述案例中，我们看到了，精英阶层或许对某个地方享有"拥有权"与"掌控权"，但对这个地方投入最多心血的是那些被拥有、被掌控的平民，而且他们也最需要这个地方——他们已经习惯了在此生活并同这个地方产生了千丝万缕的纠缠，相比之下，那些作为"拥有者"的精英阶层却可以轻易

---

① 指的是人、自然及宇宙万物之间相互关联——译者。

离开。"那些依然在遗址上生活的农民和手工业者对他们脚下的土地产生了极强的恋地情结，这同那些不断游走于不同联盟城市的贵族同一片区域所建立的联系形成鲜明对比。后者见证了各种周年纪念活动和加冕仪式，并通过让不同群体中达到适婚年龄的子嗣后代联姻的方式商讨建立联盟"（McAnany et al. 2015：271）。随着作为节点的精英阶层的离开，依然生活在原地的平民们无法通过加入行之有效的联盟关系网络来获得利益，他们无法在需要时获得联盟给予的各种形式的保护、支持和帮助。

我们当然可以将平民阶层安土重迁的现象看作是一种惯例或惯习。布迪厄（Bourdieu 1984）在探讨阶级区分时论述了人们身上所具有的能够对更大社会场域进行再造和改变的思行准则（disposition）。我们可以认为，上文中有关玛雅时期的案例就表明了人们对某种思行准则的坚守。但我的论述并不是以惯例为基础。在我看来，平民阶层受到纠缠的束缚，陷入了某些资源投入和关系网络的羁绊，这使得平民几乎没有选择来作出改变。人们往往会作出切合实际的、务实的选择，平民阶层可能只是没有选择余地，他们既没有资源和关系网络，也没有技术和知识让他们摆脱对某个地方的纠缠。继续待在原地或许是一种切合实际的做法。在上述玛雅时期的案例中，即便精英阶层已经离开，但平民阶层依然受到故土的羁绊。平民阶层身受羁绊与别无选择并不是源于自身受到的统治阶层的支配。即便精英阶层已经将一个地方废弃了数百年，非精英阶层依然同这个地方保持着密切联系，深陷纠缠的羁绊。所有这些现象都表明，权力和纠缠可能截然不同，它们产生了不同形式的羁绊。

我不想否认，一些专制君主会让人们遭受极为严重的羁绊。但我想说的是，还存在另一种维度的羁绊，这种羁绊不需要通过统治阶层的支配就能让人深陷其中。我想表明的是，人们会发现自己还身处实际生活中的纠缠关系，而且维持这种纠缠关系会让人们的利益最大化。人们并不是因为依某种特定的思行准则行事而受到社会群体或阶级的羁绊。相反，人们之所以会受到羁绊，是因为他们在物质资源和知识资源上几乎没有选择。

如果权力的羁绊可以同纠缠的羁绊相区分，那么我们可以去探究精英和平民阶层究竟谁更受到纠缠的束缚。虽然在大多数情况下，我们更习惯认为平民受到了羁绊，而且他们手里也没有任何权力，但纠缠理论的视角让我们可以注意到精英阶层同样也会受到各种形式的羁绊。虽然他们可能拥有更多可支配的资源，但这些资源会对精英阶层产生纠缠和羁绊。举例来说，精英阶层可能对获得威望或稀有物品的方式产生依赖，他们既会放债给别人也会欠下债务，还可能会依赖自己对敌军的掌控。在所有上述情况下，精英阶层可以失去的东西有很多，他们可能会因此而遭受苦难或丧失权力。从另一方面来看，精英阶层更有可能拥有足够的资源去摆脱困境，他们可以搬去别的地方，或者将手中的资源用作筹码再次同他人谈判协商。

平民阶层似乎受到更多的束缚。的确，在我看来，他们通常会受到双重的羁绊。第一种类型的羁绊是本书一直在讨论的，即人们在实践活动与日常生活中所受到的人与物之间依附关系的束缚。威利斯（Willis 2017）所研究的英国西米德兰兹郡地区（West Midlands）身处工薪阶层的学生与居民的战略性决策，以及玛雅当地的平民在精英阶层离开后在实践活动中形成的人-物关系正是这种类型羁绊的表现。我们一旦置身特定的社会位置与情境，就会拥有与之相称的物质条件与资源配置，并会竭尽所能地在自己所拥有的社会经济关系与物质条件中生活。

然而，平民阶层除了受到依附关系的束缚外，还受到精英阶层支配的羁绊。在不同的社会与情境下，精英阶层会在不同程度上操控纠缠的羁绊，增加羁绊的数量，利用羁绊为自己谋利，或者加剧羁绊的程度。精英阶层会强行操控奴隶制，让平民处在赤贫之中，采用愚民政策并让平民的权力无法得到保障，这一系列的行为链条会在范围和程度上产生新的羁绊。这种人与人之间的羁绊通常建立在对物、资源及劳动力的控制基础上。但通常情况下，人与人之间的羁绊是可能存在的，因为这两种类型的羁绊会强化彼此。精英阶层很可能会对平民阶层进行精准剥削，这是因为平民阶层会受到纠缠的羁绊，而纠缠给平民阶层带来的好处非常有限，并让他们几乎没有回旋余地。

这也是为何将纠缠同权力分开对我来说非常重要的原因。人们仅仅去应对支配权是不够的，还需要解决自身所遭受的剥削，并应对自身缺少教育和资源的境况。认识到并解决被支配的群体和阶层所受到的双重约束是很重要的。同样，我们也需要认识到精英阶层之所以能够掌权，至少部分原因在于他们发现了自身所处的纠缠关系——他们有太多可以失去的东西。在我看来，认为"人们何时何地都拥有并显露基本的'权力意志'（will to power）"的观点可能是错误的，即便没有错，也是毫无裨益的。相比之下，一些人对另一些人的支配权是在特定的纠缠关系中产生的，对这种纠缠关系的研究能够让我们更深刻地理解权力很难被驾驭的特点。

贫 困 陷 阱

到目前为止，本章一直都在讨论被支配群体所遭受的双重约束。这类群体一方面会受到他人剥削的羁绊（人与人之间的支配权），另一方面还会受到日常生活中社会物质条件的羁绊。至少在历史时期，被支配阶层所受到的这种双重羁绊通常同贫困相联系。在最近和当下的经济条件下，"贫困陷阱"这个概念得到了广泛的讨论。学者们认为，低收入群体遭受的不仅仅是贫穷。如果他们"仅仅是贫穷"，那么他们应该可以让自己摆脱贫困。事实上，贫困的状态会世代相传，摆脱贫困是很困难的，许多人都陷入了贫困陷阱。那么，通过对纠缠的讨论能够帮助我们理解贫困陷阱吗？

虽然贫困陷阱的形式有很多，但这个术语通常用来表述一种人们因缺少足够的资源而无法摆脱贫困的反馈或循环机制。如果人们缺少资本，那很可能以后也很难获得，由此会陷入一种不断自我强化的恶性循环之中。除此之外，纳税法和非商业的社会保障收益通常会呈现出结构性特征，在这种情况下,如果人们的收入更多,就需要缴纳更多的税让收益更少,由此,人们的可支配收入会下降并无法摆脱对福利的依附。

戈尔(Gore 2003:2)将贫困陷阱定义为"一种贫困的后果是造成贫困的境况。由此可见,贫困陷阱是一种恶性循环,是一种循环与累积的因果关系的过程,在这一过程中,贫困所带来的后果转而加剧贫困"。他认为,小到家庭、社群,大到国家和世界,不同的空间尺度上都会存在贫困陷阱。在国际层面,存在债务陷阱,以及贸易协定引发的陷阱。在戈尔看来,之所以会产生贫困陷阱,是因为虽然经济增长会让人们摆脱贫困,但经济增长同样受制于贫困。如果一个国家中的大多数人都是极低收入者,那么这个国家GDP中的很大一部分都会用来满足人们的基本生活。由此,这个国家几乎不会有资源投入到公民的教育、医疗、行政管理、法律和社会秩序之中。低收入导致低存款,低存款产生低投资,低投资的后果是生产力低下。贫困同样会让环境恶化,产生这种境况的原因有很多,其中就包括处在贫困中的人们会通过砍伐森林来维持生计。全球贸易和金融协定会让上述境况更加恶化。在某些情况下,一些国家会用所获得的发展援助来偿还国际债务。

在通常情况下,即便这些国家得到了大量的援助,但这些国家的国民已经对援助产生了依赖,这使得他们没有持续摆脱贫困的方法。贫困陷阱给人的束缚会越来越深、越来越严重(Moyo 2009)。在全球的尺度下,纠缠将这些类型的贫困陷阱同环境恶化、健康状况欠佳、战争与动乱、腐败、基础设施不完善、教育落后、技术与培训缺乏等其他过程混杂在一起。解决某一部分纠缠(如由提供贷款引发的纠缠)可能会引发其他领域的问题,我们需要从整体上应对纠缠。邦兹及其团队(Bonds 2010)的研究展现了贫困和疾病是如何交织在一起的,这为我们提供了一个与复杂纠缠关系有关的案例。更高的收入让人们可以摄取更多营养、享受更好的卫生条件,从而能让自己在某种程度上免受传染病的侵袭。因此,疾病的流行率随着收入的提高而下降。然而,健康是维持经济生产力的必要条件,随着疾病流行率的提高,生产力随之降低。由此可见，只要人们的健康条件和收入水平没有得到显著改善，人们就会一直处在贫困陷阱之中，摆脱贫困将会变得异常困难。

贫困陷阱的观念再次印证了被统治阶层身陷双重约束，一方面，他们被各种支配权所约束和剥削；另一方面，他们也受到由日常生活中的各种问题、债务和不利因素组成的纠缠网络的羁绊。纠缠的视角让我们注意到了各种交织在一起的过程，这些过程混杂在一起共同构成了贫困陷阱，并让人陷入贫困陷阱无法抽身。然而，很多有关贫困和不平等的考古学研究似乎都在关注个体能动者的行动。西蒙兹（Symonds 2011）论述了历史考古学家们是如何记录生活在贫民窟以及处在贫困状态下的人们的日常生活的，同时，他还论述了这类研究通常是如何不考虑穷人的自身处境而去展现穷人的能动性的。他表达了对这类研究的担忧，认为这类研究会让人觉得艰苦奋斗、坚韧不拔的精神可以战胜逆境，以及平民可以通过努力改善自身处境。西蒙兹担心，这些研究似乎赞成新自由主义民主国家应该消除不平等。随着富人的财富在整个社会中蔓延，会带来涓滴效应。市场应该允许企业家们发挥首创精神，并能够促进经济的全面增长。然而，从本书所表达的观点来看，对某些人来说，事情并不是以上述的方式发展。全球的财富存在巨大差异，而且在很多西方国家内部，超级富豪和极度贫困者之间的差异也在逐渐增大。西蒙兹指出，贫困存在多种面向，包括饥饿、居无定所、疾病且无法获得医疗服务、无法接受教育，以及缺乏就业机会和表达途径。本章的观点是，由相互纠缠、相互交织的各种因素所构成的整体让人们极难摆脱贫困陷阱，因此，在很多发达国家，人口的向上流动变得极为困难。

"依附文化"（dependency culture）一词通常被用来形容那些身陷贫困陷阱的人们选择依赖福利而不是努力摆脱陷阱，也用来表明政府资助的福利会让人失去就业动机。上述论断没有认识到贫困陷阱中起作用的因素的复杂性。纠缠理论让人们注意到，当我们去寻求全面的解决方案时，需要考虑个人、心理、政府乃至全球层面的各种过程。

情 感 纽 带

让人们将自身同特定群体联系在一起的一个因素是情感纽带。在过去的几十年中，有越来越多的学者开始关注情感考古学（如 Tarlow 2012）。保罗·威利斯（Paul Willis）（Willis 2017）的专著《学做工：工人阶级子弟为何子承父业》（*Learning to Labor: How Working Class Kids Get Working Class Jobs*）是一部重要著作。这本书研究的是 20 世纪 70 年代（当时的失业率还不是很高）英格兰西米德兰兹郡的 12 个男孩在其求学期间最后两年的经历。该书试图了解这些男孩在作出可能让他们走上某种人生道路的决定时的思维过程。这些男孩富有创造力，他们桀骜不驯、思维缜密、叛逆好动、侃侃而谈、幽默风趣，而且对自己所作的决定非常清楚。毫无疑问，他们是强大且出色的行动者，能够发挥自身的能动性；他们年轻有为，年富力强。然而，他们依然会作出让自己继续待在工人阶级的决定。他们亲手缔造了自己的从属地位。在反对现有的体制时，这些孩子作了很多选择，例如不好好学习、在酒吧中消磨时光，这些选择虽然在他们看来合情合理，但同时也让他们重复自己父辈的生活，无法摆脱工人阶级的境况。保罗·威利斯的著作并不是在怪罪这些孩子，也不是在指责广大工人阶级；相反，这本书指出，这些男孩几乎没有其他选择。该书让人们感觉到这些孩子身陷泥沼或身受羁绊，并让人们感觉到他们彼此之间以及他们同整个社会阶层之间有着紧密的联系。

我曾度过的最忧伤的一天是造访北加州的一个美洲印第安人保留地。数百年来，这里的人们饱受虐待，几乎被赶尽杀绝；现如今，他们都过着赤贫凄惨的生活，自身的文化被全部抹杀。然而，每一处移动房屋外面都自豪地挂着美国国旗，而且有许多保留地社区的成员都曾在伊拉克和阿富汗为美军作战。这个案例表明了我们是如何被迫依附于那些虐待我们的人，以及我们在情感上和历史上的纠缠关系是如何产生矛盾并让不公正持续存在。

人与人之间的情感依恋既是纠缠关系的产物（因为境遇相似的人们喜欢在一起相互扶持），也创造了纠缠关系。本章开头的那幅画面就有力地证明了这一点。人与人之间的依恋能够产生危险的依附关系。出于各种情感、社会或经济原因，我们生活在某一个家庭里，我们与家人相依为命，即便遭受困难甚至被虐待，我们可能也会和家人们生活在一起。不论是由于历史原因还是带着怀旧的恋地情结，出于各种各样的目的，我们选择在某一个国家生活。和伴我们一起长大的人待在一起，我们会感觉到家庭般的和睦，即便我们知道这会给我们带来负面的影响，我们依然会留在这个国家，同其产生路径依赖。尤其是那些受教育程度低的人和低收入者更会身陷难以摆脱的社会群体中无法抽身。

死亡是考古学家们最常讨论的情感依赖类型（参考 Tarlow 2010）。举例来说，恰塔霍裕克这个新石器时代遗址既是墓地也是聚落，在该遗址中，死者被埋葬在房屋居住面的下面（Hodder 2006b）。有证据表明，长者在恰塔霍裕克社会中扮演着特殊的角色（Pearson and Meskell 2015），人们会通过仔细摆放和处理祖先的遗体来表达对祖先的崇敬之情。或许我们可以说，同祖先的联系构成了恰塔霍裕克核心社会关系的基础。已有的证据或许也可以表明，人们同死去的祖先之间保持着强烈的情感联系，不仅如此，在人们心里或许会认为，死去的祖先依然会存活一段时间。这些情感联系让生者继续在死者身上投入更多的心血。人骨遗骸的证据表明，死者的遗体要经过复杂的干燥或烟熏、肢解和捆绑等流程之后才会被下葬。因为墓葬通常被安置在房屋的奠基和废弃堆积中，所以上述这些流程在时间安排上必须要同房屋建造活动紧密相关。对死者遗体的处理过程同何时重建房屋、何时重新粉刷地面等活动的决定纠缠在一起。

荣耀与耻辱、爱与恨等观念无疑能够让不同的人之间产生千丝万缕的纠缠，这种纠缠是本书第一章所论述的程度更弱的纠缠，它产生了能够让我们身陷其中的关联及复杂关系网络。但这种纠缠是否也包含了双重约束这种程度更强的纠缠形式呢？它能否让我们陷入依赖关系与依附关系之中呢？诚然，在上文有关生者对死者的情感依恋的案例中，人陷入对尸体和纪念性建筑的照管之中，因此，人依赖那些依赖人照管的物。荣耀与耻辱无疑能够给人带来约束、限制，或者让人投入更多。维系爱或者助长恨同样可能涉及表达的双重约束，并减少人们对生活中其他领域的选择。正如本章开篇所指出，总有一些人会让我们爱恨交加，身陷爱与恨的双重约束。

结　　论

人与人之间的关系涉及关联与牵连（involvement）这两种广义上的纠缠，但同时还涉及我们依赖着同样依赖我们的人这种程度更强的纠缠。当我们从依赖父母照顾的孩子成长为依赖孩子照顾的老人时，上述观点无疑是正确的。对社会契约而言，上述观点则更加正确——人们的个体自由同"人与人之间的团结友爱"（fraternité）、同人们对彼此的责任联系在一起。正如我在本章中所述，这些社会依赖关系通常涉及工作与劳动，与此同时，往往还包括给人带来约束的依附关系。

我们很难将人与人之间的关系从与物有关的关系中分离出来，尤其当我们将观念、思想和语言也看作物时（我的确是这样认为的）。然而，我们似乎有必要认识到，在某种程度上，我们会把彼此看作是物而不是人。我们通常所构建的是一个将他人物化、将他人看作毫无人性的物的世界。这也是我反对对称性理论的原因——将人与物区别对待并指出那些将人与物之间的界限变模糊的境况至关重要。即便我们时不时将"物"看作是有生命的生物，上述观点依然正确。不论我们如何定义人与物，我们都有必要认识到，我们可以让"人"和"物"陷入负面的依附关系中，在这样的关系里，如果我们无法应对与之相伴随的整个纠缠关系，则很难甚至无法摆脱它的束缚。

最后，我们再回到成人与孩子之间的负面依附关系这个主题。据媒体报道，2021 年 5 月，有人在加拿大一所专为本土原住民开设的寄宿制学校内发现了 215 具埋于地下的孩童尸体。以同化本土原住民为目的的坎卢普斯原住民寄宿学校（Kamloops Indian Residential School）开设于 1890 年，关闭于 1978 年。这所原住民寄宿学校是在罗马天主教会管辖的德甘柳舒斯瓦普原住民保留地（Tk'emlups te Secwepemc First Nation）上修建的。这所学校是当时加拿大长期对本土原住民实行强制同化政策的缩影。该政策同样在美国和澳大利亚推行，但加拿大的这所寄宿制学校尤其让我感到恐怖，因为长期以来，我的家族一直都同救世军（Salvation Army）这个慈善组织保持密切联系，而且还有人一直在加拿大传教。那些我了解到的人都认为自己是有信仰的虔诚信徒，想要拯救年轻人的灵魂。他们被自己解读为博爱和关怀的各种观念所纠缠。而那些原住民儿童完全依赖他们，陷入了爱与迫害的恶性循环，这是一种能够产生严重恶果的共同依附关系。对此，我们所有人，尤其是我，皆需致歉。

第六章
探索纠缠

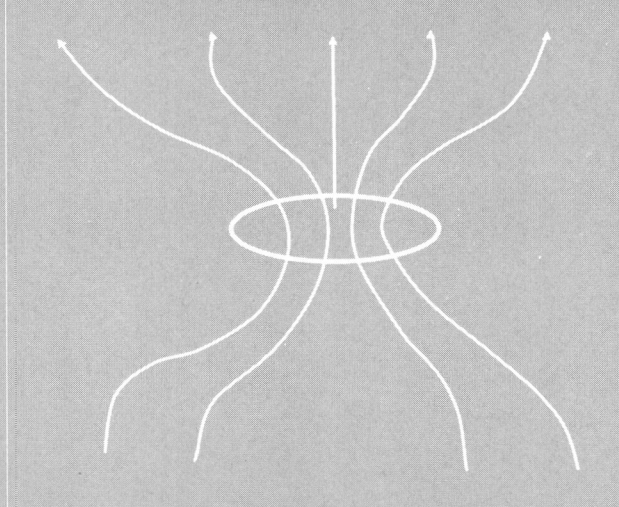

在第二次世界大战期间，1941年纳粹德国入侵苏联的第一阶段被称作"巴巴罗萨计划"（Operation Barbarossa）。德军最开始掌握着主动权，但10月突降大雨让道路变得泥泞不堪，而且11月的天气十分寒冷，气温低至零下20℃。德军没有越冬的棉服，甚至没有手套，因为他们根本没有预料到战争会拖入冬季。由于没有好用的润滑油，德军士兵手里的枪都拉不开栓。苏军装备更为精良，因此在1942年1月将德军击退（虽然德军日后在战场上又重新向前推进）。1941年的"巴巴罗萨计划"让我们看到了人们完全陷入物的纠缠之中，并由此引发了致命后果。

在本书中，我就人与物之间的相互纠缠、相互牵涉、相互依赖、相互联系展开了论述。我讨论的对象是有关人可以施加影响的物，尤其与人工制品密切相关。我已经努力向大家阐明人与物的异同之处，以及人与物之间让人意想不到的相互影响是发生在人与物之间的缝隙（interstice）中的。虽然我将要在本书中论述的很多有关纠缠理论的内容是同人文及社会科学中的方法高度一致的（如 Brown 2001，2003；Nuttall 2009），但我会专门从考古学的视角出发，着重关注两点特征。

物的物理过程

纠缠理论的许多方法都没有专门涉及作为万物整体存在的物的物质属性（Ingold 2007a）。我所关注的问题是人与人之间涉及物的纠缠在实践中如何产生具体的羁绊。在第二至第四章中我们已经看到，物的物质生命让人陷入特定形式的相互依附关系（co-dependency）之中。在日常生活的实践中，物会经历解体、腐蚀、凋零、故障的过程，它们在时间序列上彼此需要。因此，人们陷入了这种物理性（physicality）之中——不论人们在社会中是如何行动的。虽然科学的社会学研究已经包括了物的这些维度，但考古学研究可以更直接关注物的物理过程本身及其同人之间的相互联系。

"纠缠"一词融合了很多其他的理论，这些理论试图在唯物主义与社会建构主义之间建立起沟通的桥梁。我并不想再介绍一种唯物主义，或者一种环境决定论，抑或是一种生态决定论。人文及社会科学中的许多学者已经做了很多工作，试图在社会建构的领域内关注环境及生态的因素。但这些学者的成功并没有掩盖这样的事实，即现实世界的各种问题让我们身陷羁绊，以及同生活必需品的纠缠之中。虽然我们通过社会构建的世界同这些生活必需品建立了关系，但它们却把我们拉进不同必需品之间相互关联的关系网之中。纠缠理论承认物质主义的存在，但这种物质主义是嵌在社会、历史及偶然性之中的。

我们已经看到，在距今 9 000 年的恰塔霍裕克遗址，含蒙脱石黏土的物质属性是如何让人陷入照管房屋的行为中的。当然，房屋在当今社会可以产生相同的影响。试想在美国，有一个人拥有一栋修建于 1790 年的房屋，而且这座房屋已经被列入历史建筑名单之中。这座房子的屋顶需要更换，更换屋顶需要一位专业的屋顶修理工和很多专门的物质材料。（在 2022 年）更换屋顶可能需要花费 65 000 美元，为此，房屋拥有者需要有一份收入不菲的工作，在工作中踏实肯干，并维护好自己的社交圈与经济关系圈。让人们陷入纠缠的并不只是屋顶房梁的损坏，还包括在美国人们对老房子的重视方式，以及已损坏的屋顶同我们的历史敏感性之间的相互作用。正是这些相互作用才产生了编撰历史建筑名单的规章制度并强迫我们去服从这一制度。所以，让我们陷入纠缠的并不只是建筑本身，还包括我们对古建筑的理解方式和价值判断。

我们还可以进一步试想上述实例中的那栋房子价值 80 万美元，但房屋所有者为这栋房子支付了共计 90 万美元的贷款。这种"负资产"的情况能够极好地说明人是如何陷入物的网络关系之中。房产的实际价值要低于房屋拥有者支付的贷款数额，对房屋拥有者来说，他几乎不可能或者很难卖掉房产，因为将房产出售后所得到的资金将无法还清房屋贷款。因此，由于房屋是物质存在，尤其是如果房顶还损坏了的话，房屋拥有者会陷入同一系列债务关系和所有权的纠缠之中，被这些纠缠所拖累，无法脱身。虽然房主需要对房顶进行修缮，但 65 000 美元该如何筹得？在上述案例中，让房主陷入纠缠的不仅仅是房屋，贷款制度、所有权行使及更广阔的价值与意义系统奠定了纠缠关系的基础。

纠缠是存在于实践之中的，它牵涉了债务、责任与义务，它还牵涉了债务、责任与义务所嵌入的一般价值体系。举例来说，在诸如美国等社会中，即便房契由贷款公司或银行保管，人们也是有可能"拥有"一栋房产的。因此，人们对某一件物的所有权取决于特定时空的历史条件下，人们对所有权所持有的更为普遍的观念。正如我们在第二章中所见，每一个社会都规定了谁能拥有。举例来说，在某些社会中，女人可能不能拥有自己的房屋，这种观念接下来或许会蔓延到其他物的领域，例如，这种观念可能会影响到女人是否可以拥有属于自己的牛，或者男人是否可以拥有女人。我们同物的关系与话语和价值的一般体系之间存在持续不断的相互影响。因此，人们在某一领域中所拥有的权利与义务会扩展到其他领域，让人们对其他领域也拥有同样的权利与义务。

或许，再列举一个纠缠如何同时将物质、观念和社会紧密联系在一起的例子，能够帮助大家理解纠缠理论是如何牵涉观念与价值的。这里有一个令人费解的难题。一个塑料的透明信箱或邮筒是如何与美国国防部（五角大楼）产生纠缠的？当我在希斯罗（Heathrow）机场候机时，由于飞机金属疲劳，最终我不得不走下飞机，我注意到了机场里面的一个透明的邮筒。英国的信箱和邮筒往往是红色的铁制品，在我看来，其目的是保护里边的信件免遭他人窥视与偷窃，并让信件免受风吹雨淋。在我眼前的这个邮筒是塑料的，正面是红色的，但背面是透明的，这样我可以看到我的信件落入邮筒中，也能看到里边没有炸弹。在美国"9·11"事件，即恐怖分子劫持飞机撞击了美国世贸大厦（双子塔）和国防部（五角大楼）之后，恐怖主义的威胁日益加剧，由于机场通常是恐怖分子袭击的目标，希斯罗机场装配了这种透明的邮筒。所以，将邮筒和美国国防部（五角大楼）联系在一起的物质纠缠，牵涉了炸弹与恐怖分子，而且纠缠关系中弥漫着恐惧的氛围。所以，我要再次强调，情感与价值体系构成了将飞机、炸弹与邮筒联系在一起的人-物纠缠的一部分。

人是生活在充满任意性、符号化和表象化的意义之网中的。人们抽象和归纳的思维过程依赖意义之网、语言及表象系统。然而通常情况下，这些相同的符号表达通过融入一系列的时间与经验之中来显现自身。大部分物质象征符号尤其倾向于以图像的（iconic）和指示的（indexical）形式呈现（Preucel 2006），符号与其所指的事物（referent）之间似乎存在某种关系。到处都充斥着临近（contiguity）与关联的概念。因此，我并不主张一个独立的符号表征的世界。即便是语言的意义也是完全嵌入实践之中的（Preucel 2006，Peirce 1932，Searle 2000）。我在这里想要表达的是，人们生活在一个充满象征性、意义性、精神性、宗教性和概念性的无形网络中，也生活在一个充满实践性、技术性、经济性和社会性的有形网络之中。托马斯（Thomas 1991：9）发现，象征世界"与其他任何事物一样，实际上都是混乱无序的"。基恩（Keane 2003b）认为，符号与其所指的事物通过具有外在形态的实物捆绑在一起。网络是由物质因素和非物质因素严密组合在一起而形成的。同邮筒和飞机关联在一起的恐惧是在非常特殊的具有异质性维度的历史情境下产生的。

所以，纠缠理论同诸如物质主义、环境决定论、生物还原论等这类理论是有区别的。我认为，人类社会中的改造与约束并不是源自存在的物质事实，而是源自人与物之间的依赖关系。在这里我们需要当心：很显然，物质实物和生态环境自身，以及具有意向性的人都会干涉或影响纠缠。这些影响纠缠的因素（不论这些因素本身的异质性源自何处）是否会改变或改造纠缠，并不取决于物质材料（或人的意图）本身，而是取决于纠缠的形式与约束力。纠缠网络由物质、生态、经济、社会、观念、情感和认知过程交织而成。在过去，人与物之间不同亲疏程度的关系，可能是被众多物质与非物质因素之间的相互作用与依赖关系集合所限制或连接的。这些集合构成了关系的线索与束缚的枷锁，而人与物既受益于此，也被这些线索约束。正是这些各种各样、相互依赖的关系线索产生了令社会的形成、发展与衰亡得以发生的纠缠网络。起决定作用的既不是观念主义也不是物质主义，而是纠缠网络中各种线索纠缠在一起的偶然方式。

羁绊并不是由物、工具和环境本身产生的，而是由所有形式的依赖关系产生的。在第二至第五章中我们看到，人融入物中；我们同样发现，物与物之间也相互融合；同时，物也融入了人中。所以，人与物之间的相互锁定让彼此盘根错节地纠缠在了一起。正是由人对物的依赖、物对人的依赖、人与人之间的依赖及物与物之间的依赖所构成的整体，产生了将人与物纠缠在一起的羁绊。物对人的依赖及物与物之间的依赖，同人与人之间的依赖及人对物的依赖发挥着同样的作用。人所受的羁绊来自网络中将各个节点高度关联起来的方式，这样，纠缠的整体结构将所有的节点都保持在适当的位置上。节点之间的关联不仅是多层次的，而且是在实践中建立的；不仅如此，这些关联还牵涉了价值与成本、所有权与认同，以及馈赠与债务这些概念；与此同时，这些关联还包含着物与物之间实际存在的依赖关系。在每天的日常生活实践中，人与物之间的依赖关系链条在给我们带来各种机会的同时，也对我们产生了束缚。我们试图以一种实用主义的方式让物得以发挥作用。

时 间 性

纠缠中存在重要的时间维度。物对人的依赖意味着人会陷在纠缠的关系链条与束缚的绳索中无法抽身，会一直忙于对物的修理——将手指伸到排水沟中清理污物以确保排水沟的畅通，或修补水桶的漏洞，等等。因为物和人存在不同的时间性，所以我们无法预测物何时需要人进行维护和革新。根据阿奇勒·姆班贝（Achille Mbembe）（Mbembe 2001：14）的观点，后殖民社会"包含着多种多样的时间（durées），这些时间由断裂（discontinuities）、倒转（reversal）、惰性（inertia）及摆动（swing）组成，它们相互重叠、相互渗透，最终纠缠在一起"。姆班贝用诸多由相互关联的过去、现在和未来组成的动态时间概念取代了静态的时间概念。过去的"失败"还会再次发生，而且人们会经常回顾过去发生的事情，所以时间并不是直线性的，而是杂乱无序的（另见 Nuttall 2009）。

物质实物在揭示线性时间方面发挥着重要作用。每当我驾驶汽车时，我都直接受惠于公元前 4 千纪的人们所发明的车轮。每当我早晨吃着麦片早餐时，我都应该对 1.1 万年前中东地区的先民心存感激，是他们在驯化植物时第一次选择了小麦的遗传物质，才让我可以吃到麦片早餐。在第四章中我注意到，虽然物的工作原理是行为考古学研究方法的重要组成部分，但行为考古学的研究方法没有考虑到历史因素，因此会限制我们对纠缠关系的理解。我们可以用我手上的腕表作为案例对此进行说明。我依赖这块手表，它让我准时上班，准时结束课程，可以让我成为一个守时的人（不迟到，也不早退），而且守时也是我自己想要做到的。这种类型的依赖关系是我们在第二章中所讨论的。但为了可以让这块手表戴在我的手腕上，还依赖皮革材质的表带和金属锁扣（见第三章）。当手表指针停止转动的时候，需要去给它更换电池；当表带破损或变脏时，需要去更换表带（见第四章）。就如我们在第四章开始时所见，这块手表同样还依赖着有关时空联系的庞大知识体系。

作为我手表上显示日期的历法基础的年历相继被尤利乌斯·恺撒（JuLius Caesar）和格里高利历固定下来。12 小时、60 分钟的历法系统是建立在苏美尔人的数学知识及巴比伦人与古埃及人的时间系统基础之上的（Dohrn-van Rossum 1996）。托勒密（Ptolemy）将同为 360°的地球经纬度的每一度进行细分，产生了我们现在所熟知的分（partes minutae primae）和秒（partes minutae secundae）。但直到机械钟表发明之后，尤其是 16 世纪初出现发条钟之后，分和秒才被用作日常的计时单位。直到 16 世纪末，钟表上才能够显示分。

但我如何才能知道自己应该给这块手表所显示的时间设定为几点呢？时间是根据全球计时系统所设定的，而这一计时系统是数百年来，随着帝国的扩张、机械化旅行及全球资本而逐步发展的。随着英国全球贸易的发展，为了帮助那些出海的商人判断自己所处的经度，人们在 1675 年确立了格林尼治标准时间（简称 GMT）。而确定船只所处的经度依赖一种精密计时仪的发明，这种精密计时仪可以经受住船只航行所产生的摇摆与振动（约翰·哈里森 [John Harrison] 于 18 世纪 60 年代至 70 年代发明了这种精密计时仪）。GMT 是根据天文学家在格林尼治皇家天文台使用望远镜对太阳时的测量所确定的。通过贸易的和帝国主义的网络体系，格林尼治标准时间逐渐被全世界用作参考时间（Howse 1980）。但世界上第一个时区并不是为了航海而制定的，而是英国铁路公司于 1847 年为了统一英国各个城镇千差万别的时间而制定的；美国为了铁路系统的正常运行于 1883 年确立了 4 个时区；全球主要国家都在 1880 年至 1930 年采用了建立在 GMT 基础上的小时制的时区计时方式。随着旅行、交流及贸易需求的增加，以及电子、原子钟的使用提高了计时的精确度，人们制定了更加精确的全球计时标准。1976 年，人们根据铯原子的能量振动频率为每秒 9 192 631 770 次而将秒重新定义；1972 年，由世界各地的原子钟进行维护的协调世界时（Coordinated Universal Time）取代了格林尼治标准时间成为国际时间的参考标准。

时间有着自身的社会、政治、经济和宗教背景。勒高夫（Le Goff 1960）论述了中世纪欧洲的教会时间与市场时间或商人时间的差异；马克思注意到在资本主义社会中，时钟的技术理性在管控和异化劳动力上所起到的作用（Thompson 1967）。现如今，当我们上网冲浪、从事国际股票交易、赶飞机时，我们的生活节奏是以微秒来计算的。人们越来越受到时间的管控。我的手表产生了某种特定类型的人与生活。数量庞大的人、历史、物及其相互关系在时间上会绵延数年、数百年乃至上千年，在空间上会从格林尼治扩散到世界的每一个角落。这些具有时间深度和空间广度的人、物及人-物关系羁绊着我，让我以特定的方式存在。正是带有电路与指针的钟表、制度与全球协定羁绊着我。但人与物之间的关系看上去是那样的高深莫测。人-物关系没有尽头，这其中包括了轮子、船只、火车、望远镜、弹簧、原子、卫星、数不清的引擎、制定国际协定的政治家、制图者、天文学家和数学家——所有的这些人与物在时间上都跨越千年，在我的手表上呈现，并同我产生联系。所以，当此时身在加州正低头看手表的我准备联系远在土耳其的同事时，已经卷入了一个有着自身时间性并需要人对其进行维护的时间系统，这一时间系统将我同尤利乌斯·恺撒和约翰·哈里森、第一只轮子及原子的发现直接联系在一起。我能成为一个什么样的人取决于此时此刻的我同物、制度及实践之间以何种方式结合在一起。

历史不仅仅是对各种事件序列的线性记述，物的历史、过去行动的遗产及过去数千年的遗留物都是历史的表现形式，它们都以非线性的形式同我们相遇（Lucas 2005）。正是这种物质的历史一直持续至今，在当代社会中依然发挥着作用。我们已经看到了废弃垃圾是如何堆积成山，是如何给后代人带来环境问题的。过去某一时间点的人-物纠缠为将来的行动在何地发生指明了方向。在英国，当代城市中及横穿不同地貌景观的道路起源于古罗马时代。一旦一条建好的道路同其他道路相连，这条道路就会同其他道路沿线的建筑与设施联系在一起。因为道路联系着诸多事物，所以人们很难将其改变。在20世纪六七十年代，英国曾讨论改变驾驶方式，这样，英国人就能够像欧洲大陆其他国家的人一样在马路右侧驾驶。靠右侧驾驶的习惯是由拿破仑（Napoleon）传遍整个欧洲大陆的，但改变驾驶习惯的成本实在太高了，需要改变的不仅仅是汽车生产，还有路标、十字路口、通向建筑与机场的道路，等等。所以说，拿破仑的遗产，以及他入侵英国失败对欧洲的影响还在持续。关于拿破仑对欧洲的影响，尽管他个人最初起到了作用，但这并不能完全归功于拿破仑的个人事迹，真正的原因在于，拿破仑留下的物质遗产已经融入欧洲社会的经济与社会结构之中。

物在这样一个系统中以自己的时间性存在着，并以人们意想不到的方式影响着我们。人们在系统发展过程中作出的某些决定会遗留至今，会突然给我们带来巨大打击，让人措手不及、损失惨重，对此，人们可能会付出巨大的代价来应对。我们可以再次通过计时的例子对此进行说明。随着2000年的到来，人们突然意识到自己即将面临一场巨大的灾难，即千年虫问题。千年虫问题之所以会发生，是因为很多计算机系统只设置了两位数字符来储存年份信息。于是，1910年通常储存为10，这使得计算机无法将其同2010区分开。据说在其他的计算机系统中，或许可以尝试用19100表示2000。银行与数据存储系统身处险境，而且为了修正年份储存，众多公司在全球范围内付出了巨大的人力、物力与财力。在这一事件中，虽然信息系统的危险或许被夸大了，但不容否认的是，它带来了巨大的破坏，而且人们为应对它也付出了高额的成本。为了应对千年虫问题，政府要设立委员会、雇佣专家、撰写书籍（Murray and Murray 1984）。美国联邦政府通过了《千年信息与预案公开法案》（*Year 2000 Information and Readiness Disclosure Act*）。据估计，全球应对千年虫问题的成本共计高达3 000亿美元（BBC新闻网2000年1月6日报道）。将表示年份的数字由四位减少到两位是源于20世纪60年代，当时是为了节约计算机记忆的成本及80列打孔卡的空间。打孔卡的两位数字系统在日后的数字系统上也持续使用。直到这一系统同2000年结合在一起，人们才意识到可能会发生巨大的危机。

人与物有着各自不同的时间性。在所有的纠缠、复杂的物质流动与依赖关系中，物能够突然发生变化。水坝可能顷刻间被冲垮，火山可能突然间爆发，泥石流可能出人意料地从山上冲下并将村庄掩埋，地轴的偏转可能会迫使全球原子钟网络重置。人们早期选择燃油车而非电车的决定反过来会影响人们日后对石油供给、国际贸易与战争及全球气候变暖的决策。人们在对打孔卡进行打孔时所作的理智的决定，会对三四十年后的计算机与信息系统产生重大影响。人们永远都是遵循着人与物之间错综复杂的关系行事，修理损坏的物品，让一切回到正轨。过去几代人，甚至几千年之前的先人们所作的决定都会反过来对我们产生巨大影响。

物常被人遗忘

纠缠中的有些组成部分有着悠久的历史。我们在第四章中已经看到，土耳其恰塔霍裕克遗址9 000年前的先民在社会地位、信仰、宴享及社会展示上依赖野牛。对野牛的大量利用或许已经让当地野牛数量锐减，也让当地人从东方引入体型更小的驯化牛。但戴蒙德（Diamond 1997）认为，人在定居村落同牛的密切接触，使得麻疹和肺结核病由牛向人传播。他进一步指出，欧亚大陆的人们已经从某种程度上对上述两种疾病及其他同家畜有关的疾病具有了抵抗力。然而，新大陆的人们由于没有牛、山羊、绵羊及猪这些家畜，对与家畜伴生的疾病没有任何抵抗力。当欧洲人到达新大陆时，他们也带来了疾病，这些疾病让本土美洲人的人口数量锐减。在新石器革命过了10 500年后，已经变成欧亚大陆人生活中习以为常的一部分的新石器时代纠缠关系再次给人带来巨大的冲击（更复杂的论述见Wilcox 2009）。

相关的例子不胜枚举。自从中东地区进入新石器时代以来，人们已经越来越同牛纠缠在一起，这使得现如今，饲养大批牛群的需要让亚马孙丛林的面积萎缩，而且数量众多的牛成为导致全球气候变暖的一个主要因素。人们当时并没有意识到，公元前4千纪轮子的发明连同19世纪内燃机的发展会引发中东地区有关石油开采的冲突，并进一步造成全球气候变暖。

我们总是忘记物的历史。人们很容易将物看作是理所当然的东西。对于物，我们总是拿过即用，日复一日地用物来做事情，但却无视那些有着深厚历史渊源的复杂纠缠。虽然千年虫问题早有预警，但直到爆发前，人们才意识到它。我对自己的腕表很着迷，因为我每天都同腕表生活在一起，每天都用到它，却忘记了腕表背后还有一张巨大的时空纠缠关系网。

我们之所以会受到物的羁绊，其中一个重要的原因是，即便物依旧清晰可见且发挥着强有力的积极作用，我们仍然对它们视而不见，将它们置之脑后。我在第二章中讨论了人对物不同层次的意识，即人对物的反思性及非反思性意识，而皮特-里弗斯、海德格尔、勒鲁瓦-古朗及贝卡尔特等学者也对此展开过讨论。我们同物的很多关系都是在非反思的层面上发生的。物就摆放在那里，放在大厅的桌子上，但人们对它们视而不见，物成为了背景的一部分，成为了我们生活的构架。我在第一章中还讲到，物通常在暗处、在人们的视野之外发挥作用。历史考古学家詹姆斯·迪兹（Deetz 1967）曾说过，"细小之物总是被人遗忘"，他还写了一本关于当代人工制品全球依赖关系的书，这本书的副标题为"日常之物的神秘生活"（Ryan and Durning 1997）。

行动者网络理论使用"点化"（punctualisation）这个术语来形容为了让事物呈现统一的外观，行动者、关系、机构及物体如何隐匿在人们的视线之外（Law 1992）。约翰·劳（John Law）论述了电视机的存在方式。电视机大多数时候都是"一个单一且简洁的物体，从外观上看，它只由很少的几部分组成"。另一方面，"对电视机的使用者甚至修理者来说，当电视机出故障时，它迅速变成了一个由电器元件和人类干预组成的网络"（Law 1992：4）。对那些只知道操控踏板和方向盘的一般驾驶员来说，汽车发动机及很多零部件是不可见的，但当零部件发生故障及人们意识到引擎的存在时，会发生去点化（depunctualization）。

那么，为什么人总是会忘记物呢？

- 因为只要物没有损坏，我们只需要物去帮助我们做事情，并不需要知道物的工作原理就能使用物。我们无须知晓物的原理与历史就能让物在日常生活中为人所用。

- 因为我们每天同物发生的都是不需要经过反思的、惯例化的联系。
- 因为物发挥作用的方式通常都是人们无法通过肉眼观察到的，它往往隐藏在日常生活的暗处。
- 因为纠缠关系链条非常长、高度复杂且"极度混乱"，所以人们很难对其进行管控、理解和预测。根据行动者网络理论，某些物体体型巨大、高度复杂，还有一些物体生命短暂、极易流逝，人们无法完全理解这些物体（Preda 1999：350）。
- 因为人和物拥有不同的时间性。一堵墙受侵蚀或倾斜的速度特别缓慢，这对大部分人都不会造成困扰。直到墙体快要坍塌或倒塌时，它才会影响到人。
- 因为随着纠缠关系的变化，物会失去效用。回到我第二章中提到的在海滩上收集鹅卵石的例子，这块鹅卵石会逐渐同某一个个人或家庭联系在一起并被他们所拥有，但它还很可能被放置在家中的盒子、抽屉里或浴室的架子上很长时间，屋内生活的人们忘记了这块石头及石头所唤起的记忆。当房屋主人将房子卖掉时，这块石头同其他"垃圾"一起被丢进了垃圾填埋场。
- 因为物在空间和时间上经历了很长的跨度。我虽然制作了一件物品且它是为我所用的，但这件物品却远离了我，并且同它的制作与使用情境相分离、相疏远。随着时间的推移，由于交换或腐败，物存在同人疏远、沦为客体的风险。虽然客体可能会留下历史的痕迹，但客体的历史只是部分的历史。客体太容易脱离情境而存在，或者在不同的情境中存在（re-contextualize）。

以上所列举的物被人遗忘的原因都让人不知不觉地陷入物的纠缠。物，以及物与物之间的联系与依赖关系会带来很多人们没有意识到且意想不到的后果和结果（Giddens 1979）。但物会突然回到人们的视线或发生变化，对此，人们不得不去应对。垃圾会突然堆积成山，人们不得不将其移走或对其进行回收。全球气候变暖的现象会突然间变得显而易见，人们不得不对此采取措施。我们会突然间注意到千年虫问题，并花费巨量的资源去解决这一问题。

纠缠的约束力与路径依赖

本书中使用的"纠缠"一词，同用来表明生态共生与协同进化或共同进化（正如达尔文［Darwin］在《物种起源》［Origin of Species］一书的结尾所描述的纠缠的堤岸）的"纠缠"之间有何区别？二者的主要区别在于，本书所使用的纠缠一词包含了依附关系。生活在达尔文笔下树木交错的堤岸中的生物之间存在共生关系。花朵和蜜蜂相互依赖。不同生物物种之间是协同进化的，它们正是以这种方式联系在一起。但是蜜蜂并不会为了让花朵生长而去照管它。正如我在本书中定义的那样，它们之间存在的是依赖关系。但当人们去驯化植物时，不仅仅是去收获或采集植物，人们会去进行培育、播种和除草。花朵与蜜蜂之间存在的是单向关系，但人陷入了同已驯化小麦之间的双向关系中，因为人还需要付出劳动让小麦生长。随着人们越来越生活在自己创造的世界中，人们必须不断努力对自己赖以生存的世界进行再造，令其繁衍壮大。这就是依附关系。在第一章中，我区分出不同强度的纠缠形式，这一区分非常接近生态共生和依附关系之间的区别。

正如我们已经注意到的那样，纠缠的约束力是由人与物、物与物、物与人及人与人之间的依赖关系和依附关系的总和产生的。更为具体地说，程度更强的纠缠形式中之所以会发生羁绊或约束，其原因有很多，具体包括如下几个：

- 人们所影响的及赖以生存的物需要人们持续不断地对其进行再造和照管；依附关系包括了约束。

- 正如第三章所述，任何复杂的行动在执行时都存在瓶颈和延迟。在陶罐被烧制之前，我们必须等着它被晾干。物和人所拥有的不同的时间性阻碍着彼此。不同的物以彼此关联的方式聚集在一起，在操作链上约束彼此。

- 正如第四章所说，人们应对物不受人支配的野性会产生管控与规训。

- 我们已经在物的身上投入劳力、资源和时间，因此希望去保护这些投入。

- 我们已经开始依赖更庞大的资源与信息的网络流动所带来的益处。

- 各种形式的所有权或许会让人与人之间产生权利与义务的关系。不平等通常包括了统治集团对资源的控制，以及对他人利用资源的限制。

- 在礼物交换中存在回礼的义务。

- 纠缠中的多种关系会产生羁绊。某一地方所发生的变化会对其他许多地方产生影响。

奠定纠缠中上述所有羁绊的基础的是这样一个简单明了的事实，即我们此时此刻的所作所为受到了之前所做事情的影响。我已经在其他著作中对纠缠轨迹的作用进行了更加完整的论述（Hodder 2018a），此刻我想要指出的是，物的历史作用不仅仅只有诸如 a 影响 b、b 影响 c、c 影响 d 的线性模式。虽然这种历史序列能够表述为事件，但物有自己的时间性，使得 a 可能直接影响 d。我在上文中已经给出了很多例子。当我驾驶汽车时，我同 6 000 年前发明的轮子直接建立了联系。我在英国驾驶汽车时，通常会直接行驶在罗马时期的公路上。在 2000 年爆发的千年虫是由人们在 20 世纪 60 年代所作的决定导致的。物以及物带来的影响这二者所经历的时间性，同人以及将人占据的事件这二者所经历的时间性截然不同。

我们通常将上述过程称为"让自己陷入困境"（或自讨苦吃），这一点我们考古学家要比其他人体会得更加深刻。当我在恰塔霍裕克发掘时，我在地面上发掘了一条灰沟或一座灰坑，从长期劳苦的经历中我了解到，我所发掘的那条灰沟会限制我以后的行动。当我在发掘时，我需要决定将沟中挖出的土放在哪里。如果我将土堆放在沟的一侧，那么我将很难在堆土的那个方向对灰沟进行发掘，我需要投入更多的人力和财力将土堆移开，这样我才能在堆土的地方进行发掘。不管怎样，随着灰沟不断向下发掘，即便将沟底的宽度增加很小的距离都需要人们移走大量堆在灰沟顶部的土。这样我们就需要花费很多心思去应对物的野性。在恰塔霍裕克，我们在发掘时要遵守《英国健康及安全条例》，所以我们不能垂直向下发掘，而是要斜着向下挖至沟底。随着发掘的深入，灰沟会变得越来越小以防止已经发掘出的堆积物发生位移和坍塌，将发掘者砸伤。所以，将灰沟底部的宽度增加很小的距离都会让灰沟顶部的距离增加很多。考古学家就是这样让自己陷入困境，即之前发掘考古遗存时所作的决定会限制后面的行动。这对大多数有物质参与其中的活动来说都是正确的。改变道路系统、阻止全球变暖、避免千年虫问题都会花费颇多，因为让我们被物所困的正是我们自己，所以，我们需要投入很大精力解决困境。约束力部分是历史的产物。

上述很多有关人陷入纠缠网络之中的思想是路径依赖理论的重要组成部分。该理论已经在经济学（David 1985）、政治学（Pierson 2000）、社会学（Mahoney 2000）中被广泛讨论，不严格地讲，在考古学中也受到关注（如Lucas 2008，Hegmon et al. 2008）。在一项有关键盘字母柯蒂式（QWERTY）布局延续性的著名研究中，戴维（David 1985：32）指出，经济变化的路径依赖序列是对最终结果产生影响的重要因素之一，而这一影响能够通过在时间上相距久远的事件（如由偶然因素而不是由系统的作用力引发的事件等）

产生。从经济学家的视角来看，时间上相距久远的事件之所以会引发锁定效应（lock-in effect），主要是因为由一种策略转向另一种策略所消耗的成本会随着时间的推移而增加，而且放弃某种策略的成本也会随着时间的推移而不断增加。社会学中的路径依赖还会同其他抑制路径改变的因素产生联系。这些因素包括了本身就难以变化的、具有内在联系的基础设施的出现，例如，人们如果想改变汽车设计和使用的路径，就需要应对汽车、道路系统及加油站网络之间的纠缠（Pierson 2000）。产生路径依赖的其他因素还包括法律和公约、权力制度及权力差异。阿查里亚等学者（Acharya et al. 2016）区分了制度的路径依赖和行为的路径依赖。前者关注的是制度的持续性，后者关注的是态度和文化习俗的延续性。这几位学者的研究表明，美国南方的奴隶制被废除很久之后，剥夺黑人选举权的行为依然持续存在。在一个有关长时间路径依赖的典型案例中，1860年美国南方奴隶的数量与如今在这些州内发生的选民压制现象存在相关性。

　　由此可见，路径依赖和纠缠中的羁绊有很多相似性。最为相似的是，二者都认为，事情被路径锁定后很难改变，即便可以改变，也需要付出很大的成本，所以人们之前所作的选择会对日后的行动产生重大影响。但纠缠理论试图更加完整地定义依赖性，尤其侧重人与物在实践中的物质关联。物的可供性同物的可供性与人的关联史之间的联系会产生路径依赖。现如今，人们认识到了动物驯化会沿着不同的路径发生。齐德根据物种首次与人互动的方式将动物驯化路径定义为共生路径（commensal route）、捕食路径（prey route）和定向路径（directed route）（Bogaard et al. 2021，Zeder 2012）。这种路径的思想已经被应用到植物考古研究中。傅稻镰和德纳姆（Fuller and Denham 2022）的研究表明，植物和人会通过几种不同的路径形成亲密关系。谷物就是其中的一种路径，此外，还包括块茎、树果或大麻（hemp）、亚麻等各类纤维作物等其他路径。在第四章中我们也讨论了类似的过程，此外，我们还将在第十章中详细讨论路径、线索或流动的概念。

纠缠的类型与程度

除了前文所述的纠缠的强弱程度外,我们目前能就纠缠的类型与程度作一点其他的讨论吗?首先要说明的是,纠缠没有必要一定是完整的整体。纠缠不同于文化和系统。纠缠可以是地域性的,可以是局部的,也可以存在于边缘地带。我们可以通过经验观察将纠缠界定为由力量和欲望所激发的物质、能量与信息的特定流动。某些纠缠内的节点高度关联且分布广泛;另一些纠缠则是地方性的,而且时间跨度短,节点间的关联程度弱。排放二氧化碳的行为对我们当代的所有人都能产生影响,但我在伦敦一端的家里修理阀门同一位学生在伦敦另一端生疏地弹奏月光奏鸣曲之间可能就不存在联系。在恰塔霍裕克,陶器生产和丧葬习俗之间的联系还有待证实,我们要寻找共存关系或对立关系的证据来证明墓葬的纠缠和陶器的纠缠之间存在联系(本书第九章"方法"探讨了研究上述问题的方法)。

纠缠往往是具体的、地方性的,但同样也是开放的。在上文的案例中,位于伦敦两端的两个人分别在修理阀门和弹奏钢琴,两项活动可能同时被一条电视新闻所打断,或者阀门和钢琴都有一些源自同一个地方的金属构件。如图 3.1 和 3.2 所示,纠缠往往可能继续向外扩展。在图 3.1 中,纠缠从火扩展到燃料、盛装燃料的篮子、制作篮子的芦苇、切割芦苇的工具、制作工具的黑曜石,以及获取黑曜石的山川,等等。人们为了对物品进行维护和修理会不断地陷入上述这些带有异质性特征的纠缠关系链条之中。

人与物之间的纠缠程度部分与关联的长度有关,但其中通常包含着不可见的隐性联系。在恰塔霍裕克,尽管与用火有关的联系具有开放性,但相比之下,与黏土使用相关的联系数量更多,长度也更长(如图 3.2)。然而,相比于当代汽车背后的纠缠,恰塔霍裕克的纠缠显得微不足道。对当代汽车而言,会有 20 000 个零部件组装在一起,这些零部件来自全球各地,其中还涉及贸易协定、税收制度、繁琐的行政手续及交通运输系统。而在我们所生活的当代社会中，同轮船或飞机的所有零部件之间的纠缠相比，汽车只是一件很小的物品。

比较而言，某些事物之间的纠缠程度要更大一些。我已经不止一次地指出，人们对植物的培育和驯化让人陷入了数量繁多且结构复杂的纠缠。谷物的驯化会让人在每单位面积的土地上投入更多的劳动，因为土地需要清理、平整和翻土，种子在播种之后需要除草、预防动物入侵、收割、脱粒、扬谷、烘烤、捣碎和碾磨。而所有的这些投入需要在很长时间后才能看到回报，这会产生义务、债务关系和所有权。从另一方面来看，人们早期对驯化绵羊的利用似乎只涉及很少的羁绊。正如第四章所述，人们可以对野生绵羊的行为加以利用，因为人们可以利用羊群中已经存在的领导阶层，领头羊会带领羊群在居址周围有限的范围内活动。诚然，人们对动物繁殖的控制程度越来越高，会去修建栅栏、让动物远离庄稼，这些行为都会给人带来羁绊。若动物是因为能够产奶、提供皮毛与运力而被驯化，那么纠缠的程度将会更高。但一般来讲，非常明显的是，一些事物需要人投入更多，同时也和其他事物之间存在更多的联系。

或许有人坚持认为，纠缠存在某种一般性通则，即我们可以用物品的技术复杂性来表示纠缠的复杂程度。由此，人们可能会认为，相比于结构复杂且稀缺的物品，制作工艺简单且方便得到的物品同其他物质、实践及人之间存在更少的纠缠。因此，在恰塔霍裕克，一颗用来让灰泥墙面变光滑的河床鹅卵石，要比一枚从远距离贸易交换到的、经过多种重要工艺技术钻孔和磨光的（蛇纹石）石珠涉及更少的纠缠。在当代社会中，汽车要比飞机涉及更少的纠缠。然而，如果我们将视野从物质纠缠扩展到包括社会的、宗教的、意识形态的、符号的，以及现象学的在内的更多纠缠形式，那么我们很快就会发现，上述通则是很难成立的。一批相同大小的白色鹅卵石被收集并储藏在恰塔霍裕克遗址的房屋居住面上。虽然我们不清楚它们的重要意义，但从某种形式上说，这些物品是经过精心挑选而且是被特殊对待的。一些汽车由于在电影中出现过（如邦德的汽车），或者在国际汽车大奖赛（Grand Prix）中夺得桂冠，或是被某一位知名赛车手在其职业生涯的谢幕战中驾驶而具有特殊的重要意义，因此它和一架普通的飞机拥有相同的纠缠，甚至其背后的纠缠要多于这架普通飞机。纠缠既包括物质纠缠也包括非物质纠缠，涉及债务、价值、所有权和信仰，因此，尽管物质确实能够成为我们评价纠缠的一个出发点，但我们无法归纳出涵盖一个物体背后所有纠缠关系的先验通则。

尽管纠缠具有开放性、异质性和历史特殊性，但我们依然能够用一般性的语言来描述纠缠的特征。纠缠的程度可强可弱，可以是整合的或冗余的，也可以是集中的或分散的，等等。我曾用"克分子"（molar）和"分子"（molecular）（主要借用了 Deleuze and Guattari 2004 中的概念）来形容中东地区新石器时代社会中纠缠的不同形式（Hodder 2022b）①。在第三章中，我曾列举了帆船的例子，在这个例子中，帆船的所有零部件都依赖一件一英寸长的小金属杆，即卸扣上的一个用于连接主帆顶部和升帆索的小金属杆。如果没有这个小物件，帆船将无法正常行驶。如果没有这个小物件，即便其他所有的零件都正常运转，人们也无法驾驶帆船。

我们都遇到过类似的情形，即手中有一套除了一个小零件以外都运转良好的发动机或机械系统。我们将这样的系统称为高度整合的系统。在其他的系统中，系统缺少了一部分或许也能正常运转（即便在帆船中，也有一些零部件不是那么重要）。例如，在八人制赛艇中，如果某一艘赛艇中的一位选手带着桨离开，这艘赛艇即便效率不如从前也依然能够划行。该纠缠整合程度差而分散程度高。有些系统中存在大量功能一致的组成部分，这些组成部分可能技术含量很低，我们将这类系统称为冗余系统或简单系统。我们可以借用复杂系统论的语言（Bentley and Maschner 2003）来描述上述差别。我们

---

① 原书参考文献错误标注为 Hodder 2022a——译者。

或许可以进一步认为，某些类型的复杂系统在执行某些任务的时候更加高效，或者认为，不同类型系统或多或少都容易发生变化，等等。

让·鲍德里亚（Jean Baudrillard）（Baudrillard 1996）的"物体系"（system of objects）为我们提供了另一个词语。鲍德里亚描述了诸如汽车引擎这样的在内部有着独立实体或单位的系统是如何启动的，但随着时间的推移，汽车引擎的设计发生了变化，这使得系统的各个部分对整个系统的运行产生更大的影响，即发动机同其零部件更加紧密地整合在一起，在功能上形成一个整体。鲍德里亚以语言学作类比，将这些系统中的部分称为"技术元"（technemes）。鲍德里亚还注意到，日常物品的技术功能系统可以同文化需求的更大系统之间存在不一致。因此，不论是在汽车引擎内部还是在与汽车引擎相关联的更大范围的纠缠中，都存在整合程度的问题，而且整合程度因时而变。

意识到上述差异是很重要的，但我的目的不是对纠缠进行分类。我个人认为，更有益的做法是将关注点集中在纠缠的差异性和历史特殊性上。我坚持认为，纠缠和系统二者在理念上存在区别（不论这些理念是有关复杂性、开放性还是混沌性的）。正如上文所说，纠缠包括了依附关系和羁绊的理念。因此，在纠缠关系中存在着需要人阐释的历史，需要人理解的债务与义务，以及包括不平等在内的劳动组织形式。纠缠具有异质性特征，它涉及信仰和价值。仅仅去建立有关能量、物质和信息之间偶发性流动的系统模型是不够的，因为它忽略了陷入纠缠的还包括权力、历史、信仰、价值和物质实践。就像我们将要在第八章中看到的，对复杂系统的研究需要在更广泛的社会历史理论中进行，这些理论是对人的技能、感知和物质参与的阐释，而且尤为关注人类让自己陷入困境的行为。

纠缠的核心与外围

卸扣上用来让桅杆顶部的船帆保持直立状态的小金属杆特别重要，它是帆船得以正常行驶的核心。对很多船员来说，舵位指示器（用于指示风向）

是什么材质的并不重要，火炉、洗漱间、盥洗池是否能用也不重要。就我自己的船而言，我偶尔也对船上物件的重要性作出过错误的判断。在一次出海时，我认为电瓶没有电是无关紧要的，但糟糕的是，我的船当天就陷入了沙洲中。回声探测器是靠电瓶运行的，没有了它，我无法知道在船只行驶的航线上有一座沙洲。但对那些乘坐这艘船的人来说，卸扣上的小金属杆及电池的重要性就很小了。对一些人来说，火炉、盥洗池更加重要，因为对他们来说，帆船的主要功能并不是航行，而是休闲、宴饮和娱乐。这再次表明，纠缠同视角、目的和信念有关。纠缠的各个部分不论处在核心还是外围，其相对重要性取决于该部分起作用的目的。

到目前为止，我已经从航行和娱乐的角度描述了帆船的运行。但在每个角度中，我们还需要考虑其他的纠缠。帆船在海湾航行和停靠，而海湾作为一个生态系统，其内部还包括了其他船只、植物、动物、鱼类和昆虫，等等。海湾中帆船的存在会增加人们对帆船及帆船拥有者的行为监控，包括船体涂料的成分、允许多少艘船停靠及如何管理船上的污水。在上述这个海岸警卫队和公园管理处最感兴趣的更大范围的纠缠中，船体的涂料成分及厕所系统是核心部分。

当然，我可以对那些乘坐我的船的人行使权力，当人们在娱乐物品上花费时间和金钱时，我可以坚持认为这些物品并不是最重要的。但公园管理处的工作人员同样可以无视我的利益并向我的船行使自己的权力，如果我的船不遵守防污染条例，他们会将我的船拖走。纠缠中的核心与外围通常都是由处于权力中心的统治阶层定义的，由此，外围的发展受到中心的约束和牵制。这当然是世界体系理论中有关国家和帝国的核心与外围之争的主要议题之一（Stein 1999）。从我经常引用的学者如托马斯（Thomas 1999）和纳托尔（Nuttall 2009）可以清楚地看出，我所使用的"纠缠"一词受到对世界经济体系中核心-外围依附关系的后殖民主义研究的影响。这些争论的很多内容都可以迁移到其他形式的纠缠，其中，大部分的纠缠都有自己的核心和边缘。

在纠缠中，核心与边缘的关系因时而变。在 1 400 年内持续有人居住的恰塔霍裕克遗址的早中期，社会的主要利益关注点是同墓葬、历史的创造、宴会和野生动物有关的纠缠（Hodder 2006b）。野生动物在艺术品中得到呈现，野兽角被用作房屋陈设。房屋中的艺术品和装饰通常与对待埋葬在居室葬中的祖先的方式有关。在这一时期，驯化的动植物似乎处在纠缠的边缘。它们都没有在艺术品中出现，用来加工绵羊和山羊脂肪的陶罐上没有装饰，用来存储谷物的储藏箱也没有装饰。主流的社会观念似乎丝毫没有重视对驯化动植物的加工。但是随着时间的推移，人们对驯化动植物的依赖与强化利用程度增加，变化正是从这些边缘地带开始发生。考古学家在遗址的晚期地层中发现了更多人们对动植物进行强化利用的证据，野牛的经济与社会意义很小。在恰塔霍裕克西丘，从铜石并用时代开始，成人墓葬已经不再出现在房屋中；灶已经不再安置在房屋的边缘，而是位于房屋主室的中心；房屋中的陶器有了繁缛的装饰。从遗址早期地层的边缘区域开始的变化，已经成为了遗址晚期地层的核心。纠缠有自己的核心与边缘，而核心与边缘会随着视角、权力和历史情境的不同而变化。

偶然性

  不稳定性、历史性及缺乏历史限制或许可以作为人与物之间纠缠的缩影。

（Thomas 1991：208）

我们在谈论社会时，通常会将其看作是时不时需要人们应对变化并适应变化的连贯整体。我们通常认为，社会正在经历井然有序的演化和适应。其他一些源自混沌论和复杂性理论的新模型则描述了一种存在很大不确定性与偶然性的无序过程。正如"视情况而定"这句话所说，在第一章中我注意到了偶然性是依附关系的主要特征之一。此刻，我想指出的是，纠缠的开放性、事物之间发生纠缠的长期性、物的野性、人与物所具有的不同时间性之间的意外冲突，以及我们在实践中让自己陷入困境的历史特殊性意味着纠缠是短暂易变的，是在实践中产生的，具有时间性和不完整性。事物的发生总是需要我们在持续不断的自我启动（boot-strapping）过程中去应对。在某一领域发生的简单物质事件或许会带来各种意想不到的影响。在畅销小说《漫漫长路》（*A Long Way Down*）中，尼克·霍恩比（Nick Hornby）（Hornby 2005）讲述了一位后来成为牧师的人走进了一栋厂房后，门被锁住使得他无法出去的故事。在无尽的黑暗中，他看到了上帝。我们不能认为门被锁住是他看见上帝的原因，但物对人奇特且不可预知的羁绊的确是我们社会生活中的很多内容。

　　从系统和结构角度研究社会、经济和文化的理论，同研究纠缠的混杂无序与偶然性的理论之间存在区别。由于纠缠不受遏制，人们很难理解和控制它；同时，由于纠缠无休无尽、无处不在，人们很难对其进行预测。纠缠存在于人们的实践与日常琐事中，既包括真实存在的力量，也包括想象出的力量。随着事件出人预料地发生，纠缠总是在持续运动，而且纠缠所带来的影响会沿着复杂的、带有异质性的关系线索与路径不断蔓延。

　　在第二章中，我曾将骑自行车作为一个例子和隐喻，来说明人与物之间的纠缠是如何涉及运动的。当自行车停在地上时，很明显它是静止不动的，此时它涉及的纠缠也很有限。虽然自行车会经历被腐蚀的过程，但直到人们将自行车推出来骑走，自行车的功能才得到实现。我记得自己第一次骑自行车从一个缓坡驶下时，我不断尝试着让自己在自行车上保持平衡。我记得自己终于能在自行车加速时保持平衡的内心喜悦；我记得能够将自己放心交给自行车并信任自己的车技时内心的激动。运动中的自行车依赖我的操控；而我成为了自行车驾驶者，能够让自行车加速行驶并驶向我想去的地方。我可以无拘无束地骑上自行车出门，但也被行进中的自行车所束缚。我不得不保持行进，否则就会从车上摔下。我和自行车只有在相互联系时才能发挥作用，让自行车保持运动状态。一旦道路颠簸、遇上急转弯，或者鞋带陷入车链，我内心的喜悦都将戛然而止。

因为人会在物的制作、管理和组织中投入精力，而且物不可预测的野性会让物有脱离人控制的危险，所以人与物之间的纠缠总是涉及上文所述的相互依赖的运动形式。人们在与物的关系中，为了停留在同一个地方，总是不断奔跑、骑行或航行。在骑自行车的例子中，存在大量人们看不到的纠缠让我同自行车的纠缠关系成为可能，其中包括了我父母当时的收入，将橡胶、金属、石油和塑料运到英国的国际贸易，以及让 19 世纪自行车的发明成为可能的社会运动（Bijker 1997），还包括车链、车胎、滚珠轴承技术的发展。骑自行车带给我的身心自由只是一个小小的经历，但考虑到每个人都有这样的经历，这会让人们对生产自行车的原材料产生大量需求，与此同时，还会让人们陷入更高强度的资源开采与工业生产的纠缠之中。全球的市政管理部门不得不推出交通管制措施以确保自行车骑行者的安全。自行车的持续运转需要人们不断地投入精力，以确保自行车能够被生产、维护、使用和废弃。

如果我打算今天一直骑着自行车，需要有很多物品持续运转以保证自行车的正常运行。瑞恩和德宁（Ryan and Durning 1997）曾研究了自行车所涉及的纠缠。在美国，一辆重达 30 磅的自行车大部分是由钢、铝、橡胶和塑料生产的。钢材来自芝加哥的垃圾场。钢材废料在经过分类后被运往冶炼厂，在这里，钢材废料被扔进电弧炉中熔炼。一旦钢材被定型成管状，货车会将定型好的钢管运往威斯康星州的工厂，在这里，钢管会被切割、打磨，并用化学试剂进行清洗后喷漆。一旦钢材被喷完漆，它们就会被送往工厂内的装配线进行组装。齿轮、刹车、辐条是由铝制成的，而铝则是在西伯利亚将来自澳大利亚的铝土矿冶炼之后得到的，冶炼过程中的电力资源来自贝加尔湖附近的水坝。尼龙电缆导管是在特拉华州生产的，聚氨酯车把手柄产自意大利，轮胎是由来自中国台湾的丁二烯橡胶生产的。上述每一个物质纠缠都牵涉交易支付、管理条例、官僚机构、义务、债务、所有权，以及人类社会、经济和意识形态中所有领域的关系。当我骑自行车加速下山时，上述所有的事物都处在运动之中，并且处在巨大的、不断扩张的关系网中，相互依赖、相互限制。

结　　论

所以，社会似乎是由人与人之间的相互关系构成的，不同的人之间会形成团体、协会等多种人与人之间的关系形式，会组成政府并行使权力。长期以来，人们一直认为物质实物也参与到这一过程中，协助物质、能量、信息与欲望间的交换。但物质实物的作用远不止于此。物质实物将人与物之间相互关联的网络关系同依赖关系联系在一起（更为普遍的形式包括了第二章中定义的依赖关系与依附关系）。

在本章中，我尝试着给纠缠下一个明确的定义，并将其同网络、系统、结构、社会和文化等相关概念相区分。纠缠的独特特征源自人们对物与物及人与物之间关系中的"依赖"一词的关注。正如我在第二章中指出的，依赖关系包括了依托和偶然性，以及"依附关系"概念中的约束。人既依赖物（依赖关系），同时又需要对自己制造的物进行再生产（依附关系），所以人陷入了同物的双重约束关系之中。因为人与物都依赖着绵长纠缠关系链条中的其他人和其他物，所以依赖关系会沿着空间与时间向外扩散。而且因为物具有野性与不稳定性，所以人永远都在纠缠关系链条中忙着应对物可能出现的问题，会陷入更多的依赖关系中。

纠缠关系链条具有异质性特征。正是这种剪不断理还乱的纠缠关系在人的社会生活中起着决定性作用。正因如此，我才能够毫不掩饰地接受一定程度的物质主义和一定程度的观念主义。人类行动的决定因素既不是物质也不是观念，起决定作用的是纠缠本身，即维持并产生单个事件、事物和人的所有关系的总和。

人亲手将自己困入了同物的依赖关系中的理念看上去确实对事情的走向起到了决定性的作用。人一旦身陷纠缠的困境，剩下的选择就会寥寥无几。另一方面，我们已经发现，纠缠是开放的，时空范围广且具有偶然性——当具有不同时间性的物产生冲突或当物达到使用寿命、损坏并瓦解时，会不断产生各种状况。正如骑自行车一样，人们为了让事情顺利发生总是会不断作出调整。日渐复杂且越来越有限制作用的依赖关系的历史累加，同纠缠所具有的开放性与偶然性之间存在矛盾。在第一章中，我论述了随着时间的推移，恰塔霍裕克遗址的陶器可供性逐渐向外扩展的例子（见图1.2）。随着与陶器有关的纠缠逐渐增多，这些纠缠关系逐渐向外扩展，将彼此鲜有关联的事物囊括其中。由此产生了异质性，并让纠缠关系中不同部分之间可能存在的矛盾浮出水面。所以，恰塔霍裕克人需要解决这些矛盾，而这通常又让他们陷入越来越深的依附关系之中。

本章中的很多主题尤其是有关运动和变化的问题，将在后文中再次被讨论。但我们首先需要更加仔细地探究纠缠是如何将通常被我们称作非物质的事物（即观念和抽象事物［abstractions］）聚合在一起的？这些事物在纠缠关系中发挥着什么样的作用？

第七章
纠缠着的抽象事物与身体参与

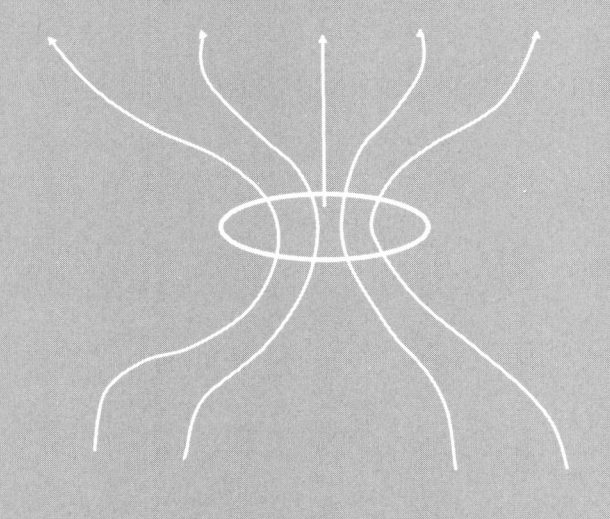

我正坐下来聆听着巴赫的《B 小调弥撒》（*B Minor Mass*），并惊叹于音乐家们可以将如此多的音乐元素（strands）①有条不紊地组织在一起而不会产生混乱。每一个声部或乐器所演奏的每一个旋律都融为一体，但与此同时，它们又都有自己的主题线索和曲调。每个音符都是带动曲调或节奏行进的律动。考古学家听到这番话会感觉很奇怪。我发现自己对音符和陶器之间是否存在相似性很好奇。音符和陶器难道都是推动事物向前流动的动力？

在本书的开头部分我就注意到，观念、声音和词语都是物，这类物在很多方面同物质实物具有相似的性质。人们依赖这类物，在它们身上投入大量精力，去照管它们；人们或许还在法律层面拥有它们。以大脑活动或语音形式存在的观念、思想和语言停留的时间太过短暂，以至于它们无法同人的生命产生纠缠。它们如烟火般转瞬即逝。然而，当它们以故事或神话的形式被人记住、被人用笔记录并纪念后，这些无形的观念就能够持续存在，而且它们同物质实物一样会解体，并需要人修缮。我们的确会同这些观念的物质化形式纠缠在一起。但我们同样会同无形的遗产产生纠缠，不论这些遗产是以口述的形式还是以音乐的形式存在。虽然人们同观念和思想产生纠缠的完整形式超出了本书所讨论的范畴，但我依然想要指出，人会和各种抽象事物纠缠在一起，这些抽象事物会在有意识的思想层面及非话语的身体性实践知识层面同观念产生联系，或者产生对比。正如刘岩的研究表明（Liu 2023），这种纠缠形式是人-物依赖关系中的一个重要维度。

抽象化、隐喻和模仿

抽象化将不同的观念联系在一起，所以不同的观念之间会相互纠缠。在

---

① 指的是声音、旋律、和声、节奏等元素，这些元素交织在一起，构成不同风格的音乐作品——译者。

第一章中，我简要论述了更高层次的观念及共同利益，将秉持着截然相反的视角和道德立场的美国民主党和共和党凝聚在一起的案例。在这一部分中，我将论述更多类似的案例。

西南航空是一家能够主动建立自身"企业文化"的公司（Porter 1996）。在该公司的网站上列出了一则名为西南航空人理想特征的"文化"清单（坚毅、平等、热情），这些特质融入公司的整体性服务理念之中，形成了低廉的运营成本、高效的旅客运送服务，以及热情、友善、充满个人自豪感与团队精神的使命宣言。由此可见，西南航空的例子清楚地展现了抽象化是如何创造一个整体并让不同领域的活动相协调。如果你因为上述某一项特质而选择乘坐西南航空的航班出行，那么，不论你喜欢与否，你都已经陷入了同这项特质之外的其他特质的纠缠之中。在整本书中，我一直试图表明，纠缠既包括物质实物也包括抽象观念。在第二章中，我论述了海滩上的鹅卵石通过人们对其不同的认知、记忆和拥有方式，以不同的形式同其他事物聚合在一起。在该章中，我还论述了物的用具整体是如何依赖有关物的各种理论和视角。在第三章中，我引用吉布森的论述，认为"物既对环境具有可供性也对观察者具有可供性"（Gibson 1986［1979］：129）。在第四章中我注意到，约克郡河谷的人们对墙体的维护依赖有关有机食物的专业思想及最近有关乡村生活方式的集体怀旧思绪。在第六章中，我试图表明，帆船是如何产生不同的纠缠关系，以及帆船不同的可供性是如何依赖航行的视角和对海湾生态系统的开发与保护。这些有关帆船的观念本身也同什么是休闲娱乐，以及人们应该如何保护环境等更广泛的观念联系在一起。

由此可见，纠缠、可供性和功能总是同抽象事物（观念、思想、语言、感觉和感官）联系在一起。抽象事物具有一般性，而且它们通常可以横跨不同的活动领域。抽象事物所具有的可迁移性（transferability）产生了一种新的纠缠形式，这种纠缠建立在观念、逻辑与哲学思想的融贯（coherence）及类比和隐喻的使用上。蒂利（Tilley 1999）曾作过一个详细且具有说服力的论述，表明隐喻是如何影响物质文化并将不同类型的人造物和社会领域联系在一起。据此，墓葬可能是房屋的隐喻，景观可能是社会系统的隐喻。隐喻是"实在的"，它以人们对物质世界的经验为基础（Tilley 1999）。奥特曼（Ortman）表明，在美国西南部大普埃布罗时期（Great Pueblo period，公元1060—1280年），纺织品装饰、陶器和地穴房屋（kivas）也是以隐喻的方式联系在一起的："梅萨沃德遗址（Mesa Verde）的地穴房屋以隐喻的方式表达了大地似碗、天空如篮的宇宙观"（Ortman 2000：638）。

在《世纪末的维也纳》（*fin de siècle Vienna*）这部讲述文化和学术闪光点的引人入胜的著作中，休斯克（Schorske 1961）探讨了不同艺术领域在思想上的联系。虽然19世纪末的城市规划师奥托·瓦格纳（Otto Wagner）的作品以理性主义和效率著称，但他仍然认为，人类在这个高速运转的世界中是不确定的存在（正如瓦格纳在建筑中使用的新艺术风格［Art Nouveau］）。与此同时，弗洛伊德也主张建立心理的科学。"弗洛伊德为他的自由派同僚们奉上了一则有关人与社会的超历史理论（ahistorical theory）。这一理论将脱离轨道、失去控制的政治世界变得可以被人接受"（Schorske 1961：103）。不仅如此，为了探索日趋复杂的世界所具有的内在意义及人们内心压抑的痛苦，艺术家古斯塔夫·克里姆特（Gustav Klimt）反对古典现实主义，而且在他的画作中到处可以看到尼采（Nietzsche）和叔本华的影响。在20世纪早期的维也纳，阿诺德·勋伯格（Arnold Schoenberg）在无调性音乐方面取得了重大突破。勋伯格知晓弗洛伊德和克里姆特，而且意识到在音乐中需要着重表现变动不居的社会及自我内心的压抑。在勋伯格之前，所有的西方音乐都以主音三和弦（tonic triad）为基础，当然也有不和谐的地方，但那只是为了制造紧张气氛，以及回到主调和三和弦。勋伯格试图打破调性的既定秩序和理性主义。他引入了一套每一个音符都同等重要的系统，在该系统中，一些音符比另一些音符更重要的情况是不存在的。勋伯格试图打破既定的边界。在休斯克看来，将所有这些不同的艺术主题贯穿在一起的是这样一个一般性的观点和问题，即有关个人在正在瓦解的社会中的作用及从理性到心理学的转变的问题。这些主题本身就是在政治运动的背景下出现的，尤其是涉及了自由主义在反犹太主义、社会主义和民族主义中的作用。

基于上述这类案例，我们可以认为，人陷入了不同领域的联系之中。人陷入同观念的纠缠之中，或者说陷入对观念的理解及同观念的融贯性的纠缠之中。然而，我们仅仅声称是抽象化产生了思想的融贯性就可以了吗？贡布里希（Gombrich 1979）在《秩序感》(*The Sense of Order*)一书中探讨了阿洛伊斯·李格尔（Alois Riegl）19世纪晚期的作品。李格尔提出了风格知觉理论，认为一般性的主题将不同的媒介整合在一起。他认为（Gombrich 1979：196）[①]：

> 自古埃及到后期古典（late antiquity）艺术的历史是造型意志（*Kunstwollen*）从触觉（李格尔用了haptic一词）的知觉方式向视觉（optic）的知觉方式转变的历史。这一转向不仅表现在具象艺术（figurative arts）中，还表现在建筑和装饰艺术中。特定时期的每一个建筑纹样和每一种饰针必须而且能够遵循风格发展的内在规律，这种规律也无情地把艺术由触觉推向视觉的种种内在规律。

因此，古典雕塑更多是有关触觉的艺术，而相比之下，古典晚期的雕塑并没有使用刻凿，而是钻得更深，人们可以在远处看到最好的视觉效果。李格尔认为，风格的统一源自抽象和深层的准则，这接受了黑格尔的统治精神（governing spirits）的观念。贡布里希对这种观点持批评态度。他质疑道，希腊建筑的原则如何能够用在日用陶罐上？或许所谓的统一只不过是习惯使然？

---

① 译文引自［英］E. H. 贡布里希著，范景中、杨思梁、徐一维译：《秩序感——装饰艺术的心理学研究》，湖南科学技术出版社，1999年，第218页——译者。

相比之下，贡布里希探讨了海因里希·沃尔夫林（Heinrich Wölfflin）的著作。沃尔夫林在19世纪晚期同样对黑格尔的观点持批判态度，而且试图在视觉领域内部从更贴近身体感觉的角度探寻融贯性和统一性。他认为，"我们对形式的反应就像我们通过在内心跳舞来对音乐作出反应一样"（Gombrich 1979：201）①。沃尔夫林在其1888年出版的著作《文艺复兴与巴洛克》（*Renaissance and Baroque*）一书中指出（Gombrich 1979：202）②：

> ……哥特式的举止肌肉紧绷、动作刻板，什么都是尖利的，没有一点松弛，也没有一点柔软性。在这种最明确的形式之中，处处都表现出一种意志。哥特式的鼻梁是瘦削俊美的，一切笨重的形式，一切宽阔和平静的东西都已消失。人物是细长的，好像踮着脚。与此相反，文艺复兴时期则表现得宽松大方了，形式的每一部分都充满了生气……一种举止和运动的最直接的形式表现是服装。我们只要比较一下哥特式的鞋子和文艺复兴式的鞋子就能发现，这两种鞋表现了完全不同的步态。前者又窄又长，前面还带了一个长长的尖顶；后者宽松舒服，踩在地上十分踏实。

沃尔夫林发现，这些建筑风格并不总是反映其所处的时代，建筑有时会同时代氛围脱节，而且对某些主题也可能存在技术性的解释。贡布里希认为，尽管困难重重，但沃尔夫林的研究是沿着正确的轨道进行的。"如果把一件洛可可装饰放在古埃及的神殿中，或者把一件中国风格的装饰放在文艺复兴时期的教堂里，我们一定会觉得它们放得不是地方"（Gombrich

---

① 译文引自［英］E. H. 贡布里希著，杨思梁、徐一维、范景中译：《秩序感——装饰艺术的心理学研究》，广西美术出版社，2015年，第226页——译者。
② 译文引自［英］E. H. 贡布里希著，杨思梁、徐一维、范景中译：《秩序感——装饰艺术的心理学研究》，广西美术出版社，2015年，第226页——译者。

1979：203）①。在新艺术风格中，绘画和装饰在对曲折线条的使用上存在一种亲和力。但并不是所有建于新艺术风格时期的建筑和陈设都使用了相同的规律和主题。实际上，任何时期艺术的不同媒介都可能形成鲜明对比。

在我看来，纠缠和可供性的核心内容似乎是在反对那些约定俗成的、在某种程度上决定着我们行动方式的观念，这些观念涉及文化、传统和不断重复的实践或惯例。我认为，上述核心内容似乎都不赞同过度强调布迪厄（Bourdieu 1977）笔下的惯习概念。我们通常会将这些概念具象化并赋予它们解释力；作为评论者的我们陷入了同这些概念逻辑的纠缠之中并将这些概念具象化。因此，我们认为，人们有一套蕴含在文化之中的做事情的惯常方法，也有一套所有行动者都必须遵守的传统或惯例，因为遵循这些传统或惯例并按照它们行事对人们来说更容易（Gell 1998：215，Gosden 2005：196），抑或是因为这些传统或惯例已经内化在人们的身体之中。或许在某些情况下，人们需要这种类型的论述，但我们并不能认为这些假设是理所当然的。还存在另外一种可能，即人们总是在试图寻找在特定策略和特定情境下"行之有效"的解决方案。我们在第四章中讨论的人类行为生态学所倡导的就是这种理念。如果我们发现了文化传统、惯常实践、传统和风格，我们最初应该认为这些抽象事物为某个特定纠缠关系的产生提供了某些要素。人们对这些抽象事物的依赖及对其进行维护让人们有能力实现某个目标。在探讨风格的逻辑发展时，贡布里希（Gombrich 1979）优先选用的方法以 K. R. 波普尔（K. R. Popper）的"情境逻辑"（logic of situations）为基础，这一方法关注的是人们在追求一个特定目标时可能采取的行动的过程。手艺人或他们的赞助人可能想通过让设计风格更复杂或更简洁来获得威望和地位，或者他们也可能受到某些财力的制约而偏好更简洁的设计风格。西南航空公司的工作人

---

① 译文引自［英］E. H. 贡布里希著，杨思梁、徐一维、范景中译：《秩序感——装饰艺术的心理学研究》，广西美术出版社，2015 年，第 227 页——译者。

员可能会作出决定，在特定的市场环境中，某些观念或抽象事物会增加利润率，实际情况也确实如此。

复制或模仿的过程通常十分复杂，它涉及被复制的事物将自身的部分力量给予复制的事物（Taussig 1993）。考古学家们曾一度就"风格"的问题争执不下（Conkey and Hastorf 1990），我也曾指出，风格通常是高度社会化的而且往往发挥着积极作用（Hodder 1982，1986）。风格的相似性与差异性往往同威望竞争、模仿及群体关系有关。人们从不会盲目复制事物。当我们以惯例化的方式制作、使用及复制事物时，我们也是在为实现跨越不同物质领域的更广泛的目标和目的而努力，同时也是在处理情境逻辑（situational logics）的细节问题。高度活跃的、情境化的模仿和转变过程是在物的集合体中发生的，而且这一集合体有着自身的传统与行事方式。但当我们发现自己在所处的具体境况中使用人造物来进行社会生活时，我们既同那些能够实现我们社会目标的事物纠缠在一起，同时也陷入了跨越不同领域的抽象观念和隐喻的关系网络之中。

从格兰诺拉麦片到贝多芬

最近，我正在和别人谈论美国的一所左翼自由主义小型大学。"他们非常擅长性别政治。所有人都追求健康环保的生活方式并持有左翼的政治思想。人们用'格兰诺拉麦片'（granola-ish）这种食物来形容他们"。一种食物和一种政治哲学之间缘何会有如此奇特的联系？正如我们在前面的章节中所见，虽然人们会被物所纠缠，但人们同样会被自己对物的观念所纠缠。我最近一直待在一所"具有健康环保意识"（granola person）的房子内。房间内的床单不是白色而是棕色，浴室是用原始石板而非瓷砖装修的，房间里摆满了植物，人根本挪不开脚。

当然，我将情况作了高度简化。很多人都在不同的文化类别之间行动，甚至横跨这些类别，将这些类别融合并将它们改造成新的风格与反风格（anti-styles）。但实际上，人们依然会使用跨领域的抽象化过程区分彼此。这种让某个人发现某些事物可以在不同领域内和谐共存，从而让另一个人意识到他们的行为符合健康环保及左翼政治理念的、以具体情境为基础的非话语层面的具身性过程究竟是什么？

人们可能会认为，那些研究实践和具身性的学者们已经给出了上述问题的答案。布迪厄（Bourdieu 1984）有关20世纪巴黎社会的"区隔"（distinction）研究表明，由收入和教育水平所部分界定的不同社会群体在音乐、食物和家具等物品上有着不同的品味。布迪厄的研究表明，社会上层群体在想问题和做事情时考虑的并不是实际的物质资料与生活必需品，也不是日常生活所迫切需要的物质保障，相反，影响他们行动方式与思考方式的是某些抽象观念。社会上层更偏爱那些思想内涵高度复杂且"难以"理解的音乐。这种偏好体现在各个领域，如上层人士偏爱工序复杂、费时费力的精致食物，喜欢阅读那些思想高深、不易理解的学者所撰写的作品。

很明显，社会与文化的差异性存在物质基础，即人们是否能够花费时间去学习并倾听复杂的音乐（或者能够负担得起健康的生活方式）。我在此关注的是让不同领域的事物彼此融贯一致的过程，即让人们做事情产生某些一般风格的过程。布迪厄的研究很重要，它让我们意识到不同领域事物的融贯性在很大程度上取决于可供性，即哪些事情是身处特定社会背景下的人们可以做的，哪些事情是不能做的。这取决于纠缠中依附关系与可供性的约束力。

但我在此提出的问题则全然不同。巴黎的精英们很可能已经被拉威尔（Ravel）的《左手钢琴协奏曲》(*Piano Concerto for the Left Hand*) 这样高难度的音乐所吸引，这体现了精英阶层对这类形式的艺术很痴迷；与之相对的是，在精英们的眼中，像《蓝色多瑙河》(*The Blue Danube*) 这样的音乐则很简单且更加直接，这不符合他们的品位。这种"简单"或"易懂"的音乐通常是同下层社会联系在一起的。所以，正如上文所述，我们在此讨论的是由抽象化产生的融贯性。但我一直搞不清楚的是，为何《蓝色多瑙河》是符合大众口味的简单流行音乐？为何人们认为《蓝色多瑙河》是"容易"理解的呢？

我们已经了解到，勋伯格从19世纪晚期到20世纪早期维也纳的知识精英内部引入了"难懂的"无调性音乐。但在理解这一转向时，休斯克并没有把视角停留在将无调性音乐看作是"难懂的"，并同精英阶层相联系的理念上。他认为，勋伯格正在瓦解既有的结构，探索音调的平等性并创造着不和谐——所有的这些都是当时正在进行的普遍的社会与政治运动的一部分。

然而，我们已经发现，休斯克的方法似乎过于书卷气。或许，音乐的例子能让我们更好地理解人们寻求不同领域在身体上的一致性这一做法。我已经应用了贡布里希的论述，认为"我们对形式的反应就像我们通过在内心跳舞来对音乐作出反应一样"。这句话在表达什么意思呢？

我想表明的是，音乐，或者至少某些类型的音乐，或许可以帮助我们理解在特定情境中不同领域内的事物在身体上的亲密关系或共鸣。我这样做的目的是看音乐的例子是否有助于我们理解让格兰诺拉麦片及棕色床单在特定的社会背景下同其他事物及人和谐共处的身体过程。蒂利（Tilley 1999）的实体隐喻理论（solid metaphors）表明，格兰诺拉麦片和棕色床单是土地的隐喻，而且也是一种对环境和左翼政治非常敏感的特殊社会理论的隐喻。这似乎又是一种将谷物、土地和棕色联系在一起的抽象观念。我使用19世纪的音乐作为身体共鸣的案例是在表明这种类型的音乐力求不使用象征指涉，其意义的表达方式不同于象征和隐喻。

让我来举例说明。19世纪早期，贝多芬（Beethoven）开始对古典音乐进行创新。一些人可能认为，贝多芬是从莫扎特（Mozart）那里得到的灵感，但贝多芬被誉为整个19世纪所有西方作曲家竞相模仿和超越的音乐巨匠。贝多芬在沙龙聚会中开始使用钢琴并在大型音乐厅中使用管弦乐队，这种新产生的音乐形式被称为浪漫主义音乐。这里的"浪漫主义"是当时横跨多个领域的一种抽象化表达。浪漫主义通常同古典理性主义相对立，并且经常同政治上的自由主义相联系。但如果有人认为浪漫主义在这些领域中总的含义是一致的那就大错特错了，因为不论过去还是现在，浪漫主义在许多不同的意义上被使用，而且浪漫主义和政治运动之间并不存在简单的线性对应关系（Dahlhaus 1989）。那么，贝多芬究竟做了什么能够让音乐形式发生变化，产生了在抽象观念层面上被称为浪漫主义的风格？

贝多芬的作品通常被划分为三个阶段，我们一般会认为，贝多芬1815年后第三阶段的作品最具浪漫主义特点。贝多芬这一阶段的音乐特征十分多样，在风格上更加富有感情和表现力。贝多芬后期音乐作品中的主旋律形式复杂多样，并贯穿各个乐章乃至整首交响乐中。贝多芬后期音乐有着一种"让人们不断反思"的元素（Dahlhaus 1989：85），听众们被贝多芬音乐中的"感情"和"情绪"所吸引，并进行自我反思。在大型管弦乐队和铿锵有力的音乐声中插入民间歌曲唤起了听众的民族主义情绪。"不能直击心灵的音乐……就是毫无意义的噪音"（Dahlhaus 1989：89）。

在18世纪，音乐依然同文字紧密相连。在人们的眼中，音乐同文字相比是次要的，而且音乐提升了文字的重要意义（Cook and Dibben 2001）。纯粹的器乐演奏在18世纪末到19世纪占据着主导地位。在这段时期，音乐通常不表达任何事情，这本身就是一件值得深思的事情。在18世纪的古典奏鸣曲音乐中，存在不同风格特色的主旋律的对比、主音和属音的对立，以及对这种对立的调和。札斯洛（Zaslaw 1989）认为，音乐中的古典风格同建筑中的古典风格类似，而且还认为，奏鸣曲在音乐中的作用同新古典主义的外墙在建筑中的作用一样：二者都在构建秩序感和对称性，让紧张（tension）和解决（resolution）之间保持平衡①。在浪漫主义音乐中，存在更多的紧张、

---

① 紧张指的是一种情感上的紧张感或不稳定感。解决指的是解除音乐中的紧张感或不稳定感，通常与和谐、稳定和满足感相关联。在音乐中，紧张和解决是相互联系的概念，用来描述音乐中的情感变化和结构发展。紧张产生了期待和悬念，而解决则带来了满足和完成感——译者。

受挫的解决（frustrated resolution）和未完成的解决（incompleted resolution）①，这种解决往往会产生一波又一波的紧张。音乐中通常还会涉及其他"消失的"主题，并且会给人一种渴望、缺失、破碎和废墟之感（当然，这会带我们来到19世纪诞生的另一领域，即有关废墟的考古学和遗产保护）。

具体而言，贝多芬和浪漫主义对音乐的革新主要体现在对古典主义风格的继承与突破。古典主义音乐主要建立在主音（八音音阶中的首音）和属音（第五音）泛音之间关系的基础上，古典主义音乐是贝多芬和浪漫主义的创作基础，也是其试图突破的禁锢。下属音是主音下方的第五音。当音符完成一个五度圈后，又回到了优美且精准的（mathematical）进行（progression）②的起点（Rosen 1997）。奏鸣曲经历了主音和属音音调中的一个简单主旋律进行（progression of themes）。浪漫主义引入了更长的旋律线和复杂的情绪，进而产生了不同于常规的音调、节奏和渐强音，从而打破了之前奏鸣曲的这种理性结构的整齐的对称性。贝多芬探索了更多有关大调和小调的音调变体，并使用了中音和下中音，而不仅仅只用主音、属音和下属音。实际上，浪漫主义的音乐形式很少循规蹈矩，更多体现的是一种累积效应（Rosen 1997）。随着音乐的进行，音调的变化越来越多，这让人们很难知道音乐目前所处的调性。

这种音乐的新形式有其自身的背景。虽然我并不认为这种新型音乐是某种文化"整体"的一部分，但我确实认为这种音乐被一系列特定的纠缠关系所缠绕。其中的一个新背景是，18世纪的音乐主要在宫廷演奏，而到了19世纪，音乐则主要在演奏厅演奏。的确，自18世纪70年代以来，维也纳也

---

① 受挫的解决指的是一种特定的情感或音乐技巧，这种情况发生在音乐中，当听众期待某种解决或和谐发展时，这种期待却没有得到满足，或者被打断。未完成的解决指的是听众在音乐结构中产生的一种未解决感或不完全解决的情况。未完成的解决在音乐中可以用来创造各种效果，例如增加紧张感、引起兴趣，或者突出音乐的不确定性——译者。

② 进行指的是音乐元素按照一定的顺序或规律发展或变化的过程，可以是和弦、旋律、节奏等方面的变化——译者。

举行公共音乐会,但海顿(Haydn)和莫扎特特别依赖贵族的支持。虽然贝多芬在其音乐生涯的早期也得到了富豪贵族们的支持,但他在晚年并没有获得贵族支持。19 世纪以来,随着贵族对音乐家的资助越来越少,作曲家们主要通过举办公共或私人演奏会、谱曲,以及在剧场和教堂讲学和演奏获得经济来源(Hanson 1985)。在这种情况下,公共音乐会及中产阶级家庭的沙龙音乐会迅速兴起。在毕德麦雅时期的维也纳(Biedermeier Vienna)①,几乎所有的中产阶级家庭都有自己的钢琴。

贝多芬音乐创作的另一个重要背景是一种诞生于法国大革命时期的理想主义(Hanson 1985,Ringer 1990)。早期的浪漫主义音乐同共和党人所唱的革命歌曲有关,如法国大革命后被人传唱的"马赛曲"。对很多人来说(上文已有论述),浪漫主义是"政治自由主义精神的文化表达"(Samson 1991:3)。许多作曲家们试图把握洪亮的进行曲所具有的强大力量,以及民众和国家对共和主义的热情。此时,国歌的出现具有重要意义,而交响乐及家庭室内乐中大量使用民歌。

人们通常也将 19 世纪初的欧洲看作是个人主义兴起的关键时刻(Foucault 1995,Taruskin 2005)。工业革命使适合家庭和私人演奏的廉价音乐版本得以大批量生产。因此,人们家里只要拥有一台大规模生产出来的钢琴,就能在家中演奏,从而达到淡泊宁静、修身养性的境界。贝多芬及后来的舒伯特(Schubert)和肖邦(Chopin)所掀起的沙龙式音乐演奏让人们能够在家中抒发情感、表达亲密关系并展示自己杰出的音乐才能。人们能够关注自己的内心感受与主体性(Tomlinson 1999)。

此时的另一个重要社会背景是中产阶级的兴起及精英财富与特权的衰落。失去精英阶层资助的音乐家们不得不去迎合大众的品味,让自己的音乐

---

① 指的是 1815 年德意志联邦诸国签订《维也纳公约》至 1848 年资产阶级革命开始的时期——译者。

风格趋向流行。由于音乐会有了售票制度，有更多听众可以去已经建好的更大的音乐厅听音乐会。此时还发生了重要的技术变革，新出现了可以更大声演奏那些更复杂乐曲的新型乐器，如小提琴和钢琴（Taruskin 2005）。有关钢琴技术和贝多芬音乐之间的关系，大家可以参考贝金的研究（Beghin 2022）。18 世纪与 19 世纪钢琴技术的变化使得美国人得以在 19 世纪 20 年代发明出带有单独锻造而成的铰接销板（hitch-pin plate）的铸铁金属架构，这构成了后来所有钢琴制造的基础（Grafing et al. 1974）。正如我们所看到的那样，物与物之间相互依赖，这些更坚固的架构让英国人得以用铸钢制作钢琴弦，而新型钢琴弦的出现得益于那些应用在早期电报及带刺铁丝上的特制铁丝等其他特殊钢丝制品的发明。

所以，一方面来说，19 世纪浪漫主义音乐的例子让我们再次认识到，人与物的纠缠总是包含着那些能够对日常生活中的许多领域产生影响的抽象化过程。人们将铸铁同电报与带刺铁丝技术的发展汇集在一起的能力，连同政治与社会变化一起，在一套被称为浪漫主义的新思想中发挥了作用，并影响了生活的诸多领域。

但从另一方面来看，19 世纪浪漫主义音乐的例子让我们能够探索文化表达同其所处的更广阔的社会背景之间的联系。我并不是想将浪漫主义音乐同当时社会发生的一切事情联系在一起。19 世纪初的社会与文化生活有多重面向，许多事物要比我一直在讨论的内容更理性也更古典。但我一直想要理解浪漫主义音乐同特定纠缠网络之间的联系。某些联系确实存在于表征层面。在交响乐和沙龙聚会音乐中使用的民歌曲调确实能够直观表现民俗和民族；采用了新型钢制小提琴琴弦的大型管弦乐队所演奏出的渐强音，或许的确能够再现革命的热情和民族的呼声。

但除了表征和话语抽象概念外，似乎还有更重要的事物。贝多芬斥责钢琴生产商，催促他们生产声音更洪亮、体型更庞大的钢琴。他深受法国大革命的影响，最初将《埃罗卡第三交响曲》（*Eroica Third Symphony*）命名为

《波拿巴》，然后在拿破仑称帝时愤怒地将"波拿巴"这个名字划掉。贝多芬也深受平等和自由理念的影响。贝多芬双耳失聪，只为艺术而生，因此，他在很多方面都过着浪漫主义的生活：他安贫乐道，专注自己的内心世界。贝多芬行事唐突，不拘一格。但一旦坐下演奏时，贝多芬并没有去表达这一切，这些东西并不属于他的音乐世界。相反，贝多芬发现，和弦序列能够直击人心，并产生连绵不绝、悬而未定的紧张氛围；长旋律会让人热泪盈眶；主旋律会带来意想不到的效果，并让人心生渴望。浪漫主义作曲家们通过精准弹奏乐器来表明如何演奏他们的音乐（例如何时使用钢琴踏板）以"加强声音的作用"（Rosen 1995：40）。作曲家们竭尽全力地唤起人们内心强烈的情感，让人们进行自我反思并激发人们的民族归属感。

情感、声音和世界之间似乎在身体上存在关联，这种关联绕过了表征和意识思维，不论观察者和参与者如何将表征和意识思维同情感、声音和世界的身体关联合理地联系在一起。我们似乎能够通过心痛、伤感、哭泣、害怕等方式对"哑"音直接作出反应。至少某些关联部分源自普遍的通感（synaesthetic）联系，例如，柔和安静的声音同悲伤和反思相联系。然而，19世纪早期的西方音乐存在某些特殊之处。在声音和演奏方式上，19世纪的西方音乐既不同于早期的音乐，也不同于同时期的中国音乐。贝多芬的音乐以一种特殊的方式演绎着特定的传统。

为了了解这些身体内部产生的同抽象化有关、却又同其相区别的联系，我们需要了解更多人类神经系统的运作原理。从一般的角度来说，最近有关镜像神经元的研究表明，我们是通过具身模拟（embodied simulation）实现对他人和物的移情（Freedberg and Gallese 2007）。我们所经历的行动与感觉会激活我们的内部表征（internal representations），就犹如我们正在经历类似的情绪或感觉一样。因此，当我们看到一只手抓向一件物体的图片时，抓取的运动表征就会在我们的大脑中被激活。"人们对静态的、可被抓取的物体的观察所激活的不仅仅是大脑中的视觉区域，还激活了大脑中与物体运动相关

（如抓取）的运动区域"（Freedberg and Gallese 2007：200）。抑或"当我们看到两个物体相互接触时，我们的体感皮质也被激活，正如我们的身体在接收触觉刺激一样"（Freedberg and Gallese 2007：201）。因此，神经科学研究支持了梅洛-庞蒂（Merleau-Ponty 1962）关于绘画或雕塑唤起了身体参与感的观点，也为沃尔夫林关于观众对特定建筑形态的观察构成了自身身体反应的一部分的观点（见上文），以及贡布里希对内心跳舞的描述提供了证据。

贝克尔（Becker 2001）试图将文化和生物结合在一起来理解音乐。她使用"结构性耦合"（structural coupling）的观念来论证我们如何将自身对音乐的感悟内化和外化。"'结构性耦合'表述的是在某个人体器官内部所发生的结构性变化是该器官同其他器官及世界相互作用的结果"；"结构性耦合"还表述了某种存在或本体论的变化（Becker 2001：136）。因此，音乐创作人和音乐听众彼此互通，并同世界进行交流，从而让文化和生物在这一过程中彼此融合。人的小脑在音乐（创作和鉴赏）中起到了关键的作用。利维汀（Levitin 2006：178）认为，"小脑、节奏的把握、音乐和情感之间或许存在合理的关联"。虽然大脑的诸多部位都参与了人们对音乐的感知、鉴赏和反应，但小脑在其中发挥了至关重要的作用。小脑的很多功能都是前意识的（preconscious），对奔跑、行走、抓握和伸手等行为进行调节——音乐似乎以某种方式将小脑的这些功能联系在一起。音乐所带来的强烈情感（惊心动魄）同样同腹侧纹状体（ventral striatum）等与奖励、激励和唤起有关的大脑区域相关联（Levitin 2006：179）。神经科学研究表明，运动、大脑和音乐之间存在联系（Levitin 2006：210）。从脑干和小脑到达额叶的路径将所有的感官体验和协调的肌肉运动组织在一起，形成了一个统一的系统。在克拉克等人看来（Clarke et al. 2010：101），当听众听着表演者和作曲家的动作所发出的声音时，"音乐产生了一种直观的虚拟动感"。

因此，当贝多芬坐在钢琴前时，很有可能卷入了探索自己内心深刻情感的过程，这种情感是他发现自己正身处的复杂纠缠关系唤起的。贝多芬所身陷的这些纠缠关系并不是1800年前后盛行的唯一的纠缠关系，相反，它们只是贝多芬所回应并与之相互作用的纠缠，这些纠缠关系包括革命、个人自由和民族主义。当时发挥作用的还有其他纠缠关系，如铸铁和制作琴弦的新技术、大型音乐厅、新兴资产阶级的购买力，等等。贝多芬不仅对自己所接触到的音乐素材进行模仿，而且对这些音乐进行改编并加入新的声音。在探索声音的同时，贝多芬还探索新的情感。随着贝多芬的双手在琴键上飞舞，他表达着自由、抒发着愤怒并流露出忧伤或陷入沉思。上述所有的情感都在贝多芬内心深处产生共鸣。钢琴演奏的动作、抒发的情感及音乐本身，同贝多芬所处的世界及他对世界的热情与失望一起发挥着作用。新型钢琴声音更洪亮、体型更大，让贝多芬得以发现埋藏在自己内心深处的情感。贝多芬并不仅仅是将抽象的观念强加到音乐上。钢琴唤醒了贝多芬身体内同整个世界产生共鸣的新潜能。

那些聆听贝多芬音乐的听众们发现他们自己的体内也有一些东西被唤起。那些同贝多芬一样身陷类似纠缠关系的人发现，贝多芬的音乐不仅能够引起共鸣，还能激荡人心。那些在相似的世界中成长和生活的人们发现自己的心绪被刺痛，内心更加伤感。他们开始以各种新的不同方式认识自身。人们可以说，贝多芬及其他的一些作曲家和艺术家们创造了个人主义和民族主义并对其作出回应。当我们对音乐、对形式、对周遭的世界作出回应时，我们的内心在跳舞——贡布里希的这个观点很可能是正确的。音乐能够以自身的节奏、曲调及和弦序列创造出同特定纠缠关系和抽象化过程相契合的身体。格兰诺拉麦片和棕色床单彼此和谐共存、相互呼应，其意义在于，在非意识层面，它们能够产生一种同特定环境相契合的身体。

音乐创作能够通过身体同周遭的世界产生共鸣。除了这些非话语层面的共鸣之外，人们还创造了话语层面的抽象化表达，来表达同周遭的世界相一致。人们可以根据自身身体所获得的客观证据来判断这些抽象事物"看起来没有问题"，"在感觉上没有问题"。人们能够从身体上感觉、理解并知晓原子化的个体或爱国民族是"真实的"。人们有证据表明，当音乐响起时，人们可以心痛无比，可以心生寒意，可以平静如水，也可以声泪俱下、悲从中来。

人类创造出的所有东西也同样如此。人们的身体同这些人造品进行相互作用，进而使之产生共鸣。在某些情境下，人们感觉到这些物品可以"和谐共处"。而在另一些情境下，由于它们无法从抽象化过程或身体共鸣的层面上让人感觉到它们能够彼此相容，这些人造物品不会被人们所接纳。充满人类主观意识的抽象化过程和身体的融贯性会同事物的可供性一起，产生一种特殊的纠缠方式，在这种纠缠关系中，人的身体和事物都以特殊的形式存在。

恰塔霍裕克遗址的抽象纠缠

在讨论了音乐的案例后，我想回到考古学，以恰塔霍裕克遗址为例，来表明抽象化和融贯性的思想如何在考古学背景中得到应用。我在本书第四章中曾表明，恰塔霍裕克人会求助祖先帮助他们固定难以驾驭的房屋墙壁。为此人们会在房屋立柱的底部放入一枚人头骨。2009 年，我们曾在恰塔霍裕克遗址发现一个有趣的遗迹现象。我们在第 79 号房屋一个柱子顶部凸起的平台（或"柱顶"）上发现了一枚人头骨（Taylor 2022）。虽然这枚头骨的原始位置很可能位于房屋倒塌堆积中的某个地点，但头骨同房屋柱顶的共存关系使得人们认为这枚头骨曾被人放在柱子顶部。或许正如土耳其南部更早的哥贝克力遗址刻有人手臂和条带图案的高大立石一样，恰塔霍裕克房屋立柱可能象征着祖先（Schmidt 2006）。不论上述有关 79 号房屋头骨的解释正确与否，在 6 号房屋立柱底部发现的人头骨都表明，祖先头骨的一个重要作用是帮助支撑房屋的立柱和墙体。

人头骨的另一个作用是构建长时段的关系。在早期农业社会中，人们关注的重要问题是在投入劳动力和获得延期回报（以收获作物或从驯化的动物身上获得肉食为回报形式）期间，通过构建人与人之间的关系让人们凝聚在一起形成一个整体。在黎凡特南部地区，早在纳吐夫文化时期，人们就开始利用人头骨。我曾指出，在中东地区，从后旧石器时代和纳吐夫文化中人类对动植物的强化利用开始，人们为了构建先祖（ancestry）和家系（lineage），会在早期的房屋和墓葬上面修建新的房屋建筑（Hodder 2007a）。所有这些实践活动都让具有长期延迟回报机制的农业系统的出现成为可能。在恰塔霍裕克，死者被安葬在房屋居住面之下，而且人们将这些埋有很多居室葬（多达 62 座）的房屋称作"历史性房屋"（Hodder and Pels 2010）。历史性房屋内仅有少量墓葬被人们再次打开并将其中的头骨取下。

但是，究竟是何原因让恰塔霍裕克遗址的人头骨、墓葬和房屋成为了实现构建时间延续性这种适应能力的合理方式呢？在恰塔霍裕克人生活的数千年里，整个中东地区都存在对使用人头骨进行的抽象化表达。在前陶新石器时代 A 阶段和 B 阶段广泛流行着将死者头骨取下的习俗（Kuijt 2008a, Verhoeven 2002），而且正如恰塔霍裕克遗址所发现的一样，考古学家发现了很多在死者头骨上抹泥后制作而成的面像（Bonogofsky 2005, Kuijt 2008a, Verhoeven 2002）。虽然在不同的时空背景下，这些被取下的人头骨可能具有不同的功能（Testart 2008, Hodder 2009），但其背后的观念却有着某种普遍的相似性。恰塔霍裕克遗址的壁画为我们展示了无头人体同秃鹰共出的场景。哥贝克力遗址的一根石柱上雕刻着无头人体同鸟相结合的元素。杰夫·艾哈迈尔（Jerf el Ahmar）遗址也发现了像恰塔霍裕克遗址那样雕刻着秃鹰图像的石雕（Stordeur et al. 2000）。土耳其南部的内瓦利·乔里（Nevalı Çori）遗址也发现了鸟和人头的共生关系（Hauptmann and Schmidt 2007：67—68）。

因此，取下人头骨、在头骨上抹泥，以及将取下的头骨同鸟相关联的实践和观念在中东地区和土耳其的整个新石器时代流行了数千年。这些观念被恰塔霍裕克人所使用。那么，它们只是重复性的实践活动还是也涉及人类主观意识的抽象化过程？很明显，在某种程度上，这里也牵涉抽象化过程。

壁画和雕刻上对上述实践与抽象化过程的表达表明，叙事或许在某种程度上同神话相关联。在恰塔霍裕克遗址，我们发现当时人们有意识地再现了取下死者头骨的这一行为，这体现为雕像上面通常刻有用来插入或移除头骨的销孔，而且雕像头有时也单独出现（Meskell et al. 2008）。

我们可以发现，在恰塔霍裕克遗址，上述这些抽象化过程已经跨越了日常生活的其他领域，而且在中东地区整个新石器时代都有发生。土耳其公元前11千纪的哈兰·希米（Hallan Çemi）遗址的一座"公共建筑"墙壁上发现有一枚野牛头骨（Rosenberg 2007），到了前陶新石器时代A阶段和B阶段，用牛头等动物头骨和角装饰房屋已经成为了一种普遍现象（Hodder and Meskell 2011）。在恰塔霍裕克遗址，人们通常会在这些动物头骨上抹泥，将之做成面具并放到墙壁或墙基上。图7.1的陶器装饰展现了人们是如何有意识地在隐喻的层面将人头和公牛头联系在一起。陶器的两面有牛头，两端有人头。不仅如此，在恰塔霍裕克遗址，人头和动物头都被涂抹了灰泥。

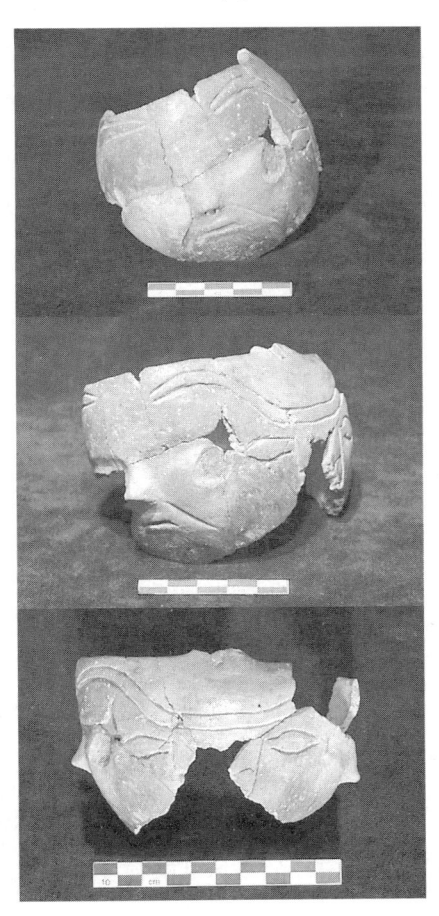

图7.1 恰塔霍裕克遗址带有面部装饰的陶罐

（来源：恰塔霍裕克研究项目组及杰森·昆兰）

由此我们可以发现，近东地区尤其是恰塔霍裕克遗址的新石器时代先民陷入了横贯广阔地域和不同领域的观念及隐喻的纠缠之中。我们同样可以发现，上述纠缠还涉及身体的共鸣。当人们将人头小心翼翼地从人的身体上取下时，切割和移动的动作会让人回忆起人们切割和移动动物头的场景。当人们在人头骨上抹泥时，会回忆起自己在动物头骨上抹泥的相似动作和实践。更有可能发生的是，人们在房屋内壁和居室葬之上的居住面抹泥的活动同人们在人头和动物头上抹泥的活动产生了共鸣（Hodder and Meskell 2011）。上述所有的抹泥行为（Matthews 2005）塑造了一种特殊类型的身体和人——一种可以获得重生，能够被人分割并流传于世的人体。随着时间的推移，人的身体被肢解并流传给后人。我们大部分生活在当下的现代人会发现，恰塔霍裕克人埋葬死者的方式是令人不适的。在我们看来，恰塔霍裕克人每天在埋有腐烂尸体的墓葬上方几厘米、散发着腐烂尸臭味的居住面上生活，这种生活环境会令人深感不悦，而且将死者的身体肢解并流传给后人也是让人极度不适的做法。我们现代人的身体部分是由贝多芬时代浪漫的个人主义（romantic individualism）所塑造，之后被神圣的整体论（sacred holism）思潮所进一步影响，因此，在我们看来，恰塔霍裕克人处理死者的方式是令人难以接受、心生厌恶的。但民族学的案例（如 Firth 1968［1936］）表明，人们可以欣然地在死者所埋葬的地方生活，甚至对逝去祖先所散发出的腐臭味倍加珍视。

　　恰塔霍裕克遗址可能存在以神话方式流传着的抽象化过程。随着人们建立了跨领域的隐喻，上述抽象化过程被彼此之间构成的纠缠关系所羁绊。思想观念的交流让生活的不同领域彼此相融贯。让抽象化过程具有生物学意义上的确定性的身体共鸣使某些跨领域的融贯性得以发生。在劳动的延迟回报机制及超越个体生命的长期关联性背景下，这些新的身体"倍感和谐"，而且为同自身产生共鸣的抽象化过程奠定了基础。人们对死者的处理方式，以及在人头和动物头上抹泥的做法创造了某种特定类型的人，这类人能够被分割并同物相融合；他们能够长久流传于世；而且与贝多芬的富有感性的个人主义不同，这类人将社会和集体放在首位。

结　论

在考古学中，一些学者希望超越表征（Alberti et al. 2013）。我希望本章中所列举的案例可以向大家表明，我们确实有必要对物和观念在表征之外发挥作用的方式进行探索。但我同样希望大家可以认识到，完全放弃表征的主张会严重误导学术界。虽然社会生活的许多面向确实涉及了表征之外的经验，但在所有的纠缠关系中，抽象的表征同样发挥着重要作用。

正如本书第二至第六章所述，人与物之间纠缠网络的约束力是由各种形式的相互依赖与相互依附关系产生的。在本章中，我已经表明，纠缠约束力的另一种形式是由人类的抽象化倾向产生的。我并不是要表明人类已经被所谓"文化"或者"社会整体"所羁绊。我已经试图避免使用这些具体化的晦涩词语。我也并不是在论证文化整体或者文化传统决定了纠缠。但我想表明，纠缠涉及人类有意识的抽象化过程及跨领域的身体参与。

我将用一个大尺度的研究案例为本章的观点提供最后一个例证（另外一个同样具有说服力的案例是有关人与物质材料如同黄油和咖啡相互纠缠、相互依赖的，见 Maxwell and Lucas 2021）。西斯敏（Sidney Mintz）（Mintz 1985）在论述糖与权力的关系时，呈现了与糖有关的纠缠关系。随着 18 世纪尤其是 19 世纪欧洲对糖的需求量日益增多，欧洲和加勒比地区通过船只运输、奴隶贸易和糖的交换紧紧联系在一起（Mintz 1985：16）。事实证明，在加勒比地区，用甘蔗制糖非常困难，因此，加勒比人很有必要在最初就引入包含煮沸室（boiling houses）和制糖厂在内的产业化劳动组织。随着时间的推移，殖民地掠夺、种植园经济、奴隶进口、造船和蔗糖进口的循环周期逐渐增加，欧洲 19 世纪糖的消费总量也随之增长。糖的用途和功能有很多，而且彼此相联系：糖可以用来制药，制作香料、调味品，生产装饰品、甜味剂和防腐剂。不仅如此，糖同茶、咖啡及巧克力也相互纠缠在一起：一杯欧洲的茶将来自加勒比的糖同来自印度大庄园的茶叶混合在一起。蔗糖贸易涉及种植园主、银行家、奴隶、船员、精炼师、杂货商和政府监管人员。英国还制定了对糖的纯度和质量标准进行监管的专门法律。

因此，与糖有关的纠缠关系具有广阔的时空范围且高度复杂。人（奴隶）和物（机器）能够大幅度提高糖的全球消费总量。随着糖的价格越来越便宜且随处可得，糖也同抽象化过程和实践的变化联系在一起。欧洲人白天在外用餐顺序的组织方式发生了变化；在工厂十分钟的休息时间里，工人们食用含糖量高的食物。不仅如此，人们还专门在家里的前厅设置了下午茶时间。在全球范围内，"精制糖……成为了现代化和工业化的象征符号"（Mintz 1985：193）。在家庭中，糖已经同新的用餐方式联系在一起，而新的用餐方式本身也关乎儒雅的绅士风度和社会展示。

糖的共鸣同身体的欲望相关，部分可能同糖的热量很高有关。西斯敏认为，虽然糖满足了人们可能普遍存在的对甜味的渴望，"但糖似乎也重新唤起了人体中的这种渴望"（Mintz 1985：25）。在西斯敏看来（Mintz 1985：136—137），在加勒比的糖大量供应到英国之前，英国人已经热衷于食用甜品。英国人用蜂蜜酿造蜂蜜酒，而且会在红酒中加糖制成蜜饯红酒。随着糖越来越容易获得，英国人会在茶、咖啡和巧克力中加糖，甚至还会在布丁、果酱及糕点中加糖。因此，糖的甜味在英国引起了强烈的共鸣与反响，这刺激了人们对生产和交易更多糖的需求。糖还同特殊的"甜食"、饮料和场合联系在一起。它产生了诸如工厂中的劳动关系，以及在前厅中社交娱乐等新型关系。对共鸣最著名的记述是普鲁斯特（Proust 1981）对斯万（Swann）吃"玛德莲小蛋糕"（petite Madeleine）的叙述。随着斯万将蛋糕浸入茶内并放入口中，他同母亲在一起喝茶的记忆和情感瞬间涌上心头。斯万会在身体上对触发自己内心思绪、记忆和情感的甜点和茶作出回应。糖在法国同在英国一样，塑造了渴求甜蜜的人体。

第八章
个案研究：中国及中东地区驯化及定居村落生活的出现

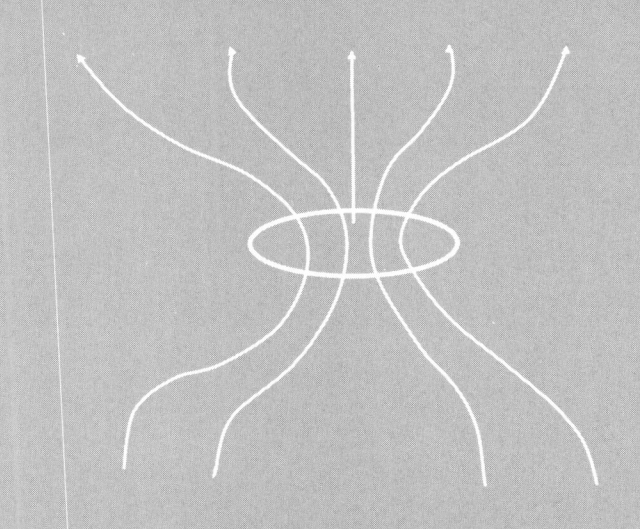

当我正坐在土耳其航空公司的航班上享用午餐时，一个面包卷映入我的眼帘。对机组人员来说，我不想在用餐的时候吃面包倒成了一种罪过。虽然在我所生活的土耳其，面包确实是必不可少的佐餐食物，但我食用的是无麸质食物。我想到的是数千年以来，驯化的五谷让许多人患病，也想到了面包和烘焙被千丝万缕的纠缠关系线索所缠绕。

在本章中，我将对两个案例展开深入讨论，以此表明，对人-物纠缠的探讨可以让我们研究中国及中东地区建立在驯化动植物基础上的定居生活是如何出现的。第一个案例是王佳静（Wang 2023）的研究，第二个案例是我自己对中东地区有关驯化与定居的考古证据的阐释。

中　　国

王佳静"对诸如植物和实物工具等非人事物所散发出的带有活力的能动性是如何让人陷入长久的依赖关系，继而让人过上定居生活，并最终完全进入农业社会的方式进行了研究"（Wang 2023：摘要）。在长江流域，人们从采集野生植物到从事稻作农业的转变持续了数千年。在更新世之末，流动的狩猎采集者收割野生稻谷；而到了公元前8000年左右的上山文化，人们开始驯化水稻；但直到公元前3000年左右的良渚文化时期，水稻才被完全驯化。王佳静指出，以往人们对这一转变过程的解释集中在能够产生人口和资源压力的环境与气候变化等"推动"因素，除此之外，还会从竞争性宴享活动及为了获得社会威望与支配权而食用水稻这样的"拉动"因素角度去解释上述转变过程。王佳静的方法同上述两种视角均不相同，她将水稻的驯化看作是一个长期过程，是人与物之间纠缠关系的意外后果。王佳静指出，同中东地区一样，中国南方地区植物驯化的长期过程同样见证了诸如石器工具、陶器、房屋、储藏设施及墓地等物质实物的增加。思考上述事物是如何在人们的日常生活中纠缠在一起，有助于加深我们对中国南方地区由狩猎采集向定居农业社会转变的理解。

公元前 25000 年左右的末次盛冰期，中国南方地区出现了一些包括陶器和磨制石器在内的新的物质文化要素，这些物质文化在帮助人们适应严酷的环境方面发挥着重要作用。但随着晚更新世的气温出现波动，为何人们没有退回到过去的那种生活方式，选择不依赖那些制作过程费时费力的物过活？在王佳静看来，这是因为人们发现物质实物具有多种功能，而且能够帮助人们加工各种不同的食物和物质材料。随着越来越多的物为人所用，我们很难回到原有的生活状态，去过着没有物的生活。人们开始对物有所依赖。举例来说，正如欧洲和中东地区的考古材料所体现的那样，有证据表明，自晚更新世以来，东亚人群的牙齿尺寸明显减小。陶器和碾磨石器或许已经帮助人们去加工食物，这使得尺寸较大的强健牙齿不再被选择。

起初，这些新技术的价值可能很有限。举例来说，柿子滩遗址最早的碾磨工具是用来加工小型的禾本科和块茎类植物，但后来，人们用这些工具碾磨赤铁矿粉、加工豆类、碾磨橡子。由此，人们逐渐陷入对磨制石器的依赖之中。同样，人们也不得不去制作更耐炊煮、更好搬运的陶器。虽然华南地区最早的陶器质地粗糙且火候很低，但随着时间的推移，质地更精细、火候更高的陶器开始出现，这迫使人们不得不在陶器生产上投入更多的劳动。

由此，到了更新世末期，华南地区的采食者们已经对多种物质材料产生了依赖，并且拓展了器物的使用方式。举例来说，采食者们开始使用陶器炊煮食物，用石锛加工木料，用磨石打磨工具，用重石（stone weights）作为挖掘棒，用梭形器进行纺织。而稻作农业和定居正是在上述背景下出现的。

上山遗址碾磨石器的数量显著增加，但残留物分析表明，这些碾磨石器并不是用来加工水稻，而是主要用来碾磨橡子。而且陶器也主要用来过滤橡子。在全新世早期的中国，由于橡树分布范围的扩大，橡子已经成为一种重要的食物资源。橡子让人深受羁绊。橡子富含淀粉和油脂等多种营养成分，而且它被外壳所包裹，易于储藏。但与此同时，橡子内含有一种味道很苦的单宁酸，人们在食用橡子前需要将酸去除。上山遗址的史前先民有着自己去除单宁酸的方式，他们会使用碾磨石器碾磨橡子，将橡子面和水倒入大型陶盆中，待橡子面沉淀后将水排出。上述过滤方式会重复多次。在陶器和碾磨石器被人们使用之前的晚更新世，这种加工方法便已经出现——它是一种路径依赖的过程。

研究表明，这些用来过滤橡子的陶盆使用了水稻壳作为羼和料。对上山遗址的陶盆所进行的薄片分析结果表明，这些陶盆非常依赖这种有机质羼和料，而且（相比于同样尺寸的矿物质羼和料陶器）有机质羼和料能够生产容积很大、但相对更轻便的陶器。然而，此时的水稻几乎没有被人们当作食物食用。残留物分析表明，食物加工工具主要是用来加工橡子的。

根据上述研究，王佳静认为，从某种程度上说，水稻培育可能是人与物之间各种纠缠关系的意外后果。橡子和陶器让人们对用作陶器羼和料的水稻更加依赖，这样，水稻供人消费的可供性就能够以经济高效的方式实现。如果陶器羼和料的颗粒又大又干，那么人们就能生产出轻便的陶器。因此，上山的陶工们应该了解，当稻谷颗粒变得又大又干时（当非落粒性［non-shattering］这一可变特征在水稻上保留下来时，让水稻变大变干的条件会在成长季节的后期得到满足）就应该去收割了。如果人们将这些籽粒更饱满、成熟后不会落粒的水稻种子储存起来，待到第二年的耕种季节去耕种，那么，驯化水稻的关键特征——颗粒更大且不易脱落就会被选择。

随着驯化水稻开始被人食用，人们也陷入播种和土地管理所需的额外劳动的束缚之中。有考古证据表明，到了公元前 7000 年至公元前 5000 年，人们已经开始进行田间除草，并且可能已经开始进行灌溉。这些技术发明为更进一步的定居提供了条件，并直接导致了后者的发生，而更高程度的定居也让人们更加依赖驯化的食物资源。到了公元前 4 千纪，橡子及其他坚果已经基本从人们的食谱中消失，人们转而高度依赖稻米作为食物来源。

中 东 地 区

正如中国华南地区的研究所述，现如今，人们普遍认为，中东地区新石器化的过程持续了很久——延续了数千年（Maher et al. 2012：69）。长期以来，研究者们一直关注西南亚地区的新石器时代早期文化（约公元前10000年至公元前6500年），但新石器化的复杂过程同样涉及更早的后旧石器时代（Epipaleolithic period，至少从公元前22000年开始），而且这一过程一直持续到新石器时代及之后更晚的阶段（Sterelny and Watkins 2015：673）。齐德（Zeder 2009）和西林吉罗格鲁（Çilingiroğlu 2005）在论述了构成新石器时代革命的柴尔德有关文化变化的"一揽子特征"的各个要素后发现，这些特征在不同的时间段内出现，其中，在农业得到充分发展的前陶新石器时代B阶段之前，距今14 000年至12 000年，磨制石器就已经出现了。

在有关中东地区农业与定居起源的学术争论中，人们普遍认为，研究应该围绕人与环境之间的关系展开。大部分的研究都在讨论资源、环境及食物供给的压力，这些因素在不同时间段内的作用似乎存在很大的差异。但柴尔德的新石器时代"一揽子特征"包含了诸如磨制石器、纺织工具、陶器、聚落、仪式中心、储藏系统及驯化动植物在内的许多事物。现如今，我们或许可以在上述的特征清单中加入镰刀及在聚落内部处理和埋葬死者等其他要素。我将在下文中指出，通过关注物、物的可供性及其纠缠关系，我们将会对人类如何被迫一步步走上更高强度的农业生产道路作出更好的普遍性解释（另见 Fuller et al. 2010，2016）。我将会阐明，尽管存在地方性差异，但对物的关注能够让我们理解中东地区新石器化的一般过程。虽然气候变化会影响中东地区的新石器化（Belfer-Cohen and Bar-Yosef 2000），而且环境因素也毫无疑问地影响了该地区新石器化进程的各个节点，但人与人造物之间内在生成的相互关系也促成了我们所说的"农业起源"。

由人类基因和表现型的变化所构成的证据链表明，中东地区新石器时代的转变过程十分漫长、非常缓慢且形式多样。生物考古的材料表明了包括新石器时代在内的方向性变化，但这种变化要回溯到后旧石器时代甚至更早的时期。举例来说，考古学家根据考古遗址出土的人体骨骼证据已经发现，自旧石器时代晚期以来，中东地区及世界其他地区先民的人体身型、牙齿尺寸及性别二态性就已经在减小，这种趋势一直持续到农耕被人们所采用（Boix and Rosenbluth 2014）。

在人的身型和牙齿变小的漫长过程中，不同的因果关系过程在不同时期都在起作用，这种情况的确很有可能而且有很大概率会发生。然而，大多数学者认为，至少在身型和牙齿变小这一过程的晚期阶段，食物加工技术起到了重要作用。在柴尔德的新石器时代"一揽子特征"的诸多要素中，最早出现的是碾磨石器（Zeder 2009，见下文）。值得注意的是，碾磨石器是在末次盛冰期的严酷条件下出现的，因此，我们或许可以说，从某种程度上来看，新石器时代是从这时开始的。在复杂的生物-社会-物质过程中，物（碾磨石器）、人体的生物学变化及气候与植被彼此之间相互依赖。

如果我们对碾磨石器和人体遗骸进行更加细致的观察，就会发现上述复杂过程背后不同事物之间的复杂联系。黎凡特地区从公元前45000年至公元前18000年的某些旧石器时代晚期遗址中，就已经出现了小型的磨盘、磨棒（Wright 1994）。直到公元前25000年至公元前12900年的卡巴拉文化（Kebaran）和几何形卡巴拉文化（Geometric Kebaran）时期，石臼才出现，其中还有一些体型过大、不易搬运的石臼。怀特认为，石臼很可能同木杵一起用作给谷物脱壳的工具。公元前12000年至公元前10800年的纳吐夫文化早期，磨制石器的数量显著增加，其中大多数为石臼和石杵。到了公元前10800年至公元前9500年的纳吐夫文化晚期，碾磨盘的数量稍有增加。而到了前陶新石器时代A阶段，碾磨盘的数量已经远远超过了石臼和石杵的数量。打制的石臼在后旧石器时代晚期就已经出现。

卡伦·怀特（Karen Wright）对后旧石器时代至新石器时代与磨制石器有关的各种相互作用进行研究。她认为，磨制石器工具很可能被人们用来加工包括坚果、藜科植物、豆科植物和根茎植物在内的各种食物。舂捣能够帮助植物脱壳，而碾磨则能够让食物表面露出更多的面积，从而促进人体吸收更多的营养物质。这样，一定数量的植物就能够给人们提供更多的营养（Wright 1991）。舂捣和碾磨去除了植物中的纤维，减小植物颗粒的尺寸，辅助去除植物中的毒素，而且增加了营养，或者将营养物质分离（Wright 1994：242）。巴尔-奥兹和达扬（Bar-Oz and Dayan 2003）认为，磨制石器可能被人们用来碾磨骨头以提取动物脂肪，而且有很多证据表明，磨制石器还被用来碾磨赭石（如 Dubreuil and Grosman 2013）。因此，实际情况很可能是，随着人们能够食用较软的食物，碾磨石器使用频率的增加同人们牙齿尺寸的减小密切相关。这就好像人们将自己牙齿的碾磨功能转移到了石器上。人们能够从植物身上更高效地获取营养可能还降低了更庞大身型的选择优势，而从新陈代谢的角度来说，维持这种庞大身型将花费高昂的成本。

但在有关身体、碾磨石器和植物（尤其是火塘）之间的纠缠关系中，还涉及很多其他事物。如果经过干燥处理，许多植物将更容易被加工，而且炊煮也是让禾本科植物更容易被人食用的一种重要途径。怀特（Wright 2004）认为，用来炊煮食物的工具和器具很可能在诸如制作工具、取暖和照明等其他活动中使用。随着时间的推移，同身体、碾磨石器和植物有关的纠缠关系中还涉及了储藏。脱壳后的禾本科植物和谷物十分适合储藏，因为这些食物是储存在现成的器物中的。因此，我们可以合理地推断，当时的人们将禾本科植物和谷物存放在房屋附近并在需要时（通过舂捣、炊煮、碾磨等方式）将其加工成食物。考虑到碾磨石器的多种功能，人们将所有的食物都带到碾磨工具（磨制石器工具）旁加工处理而不是将碾磨工具拿到食物旁进行食物加工是合理的做法。由此可知，植物加工的后续阶段再一次同房屋或聚落联系在一起。人们一旦在火塘、房屋、碾磨石器及其他不可移动的物品上投入了劳动，就有理由不断返回同一个地方生活，这样人们最终会在某一个地方完全定居下来。我们开始认识到，定居只是作为加工禾本科植物等实践性活动的意外后果而发生的。

我们发现，考古材料中有关人、碾磨石器、植物、火塘和聚落之间的纠缠关系至少在公元前18000年就已开始出现。正如齐德和史密斯（Zeder and Smith 2009：685）所指出，对中东地区新石器时代的长时段解释性叙事"可以从末次盛冰期开始，此时，人们可能常年生活在周围资源丰富的营地，如奥哈洛Ⅱ号（Ohalo Ⅱ）遗址，在这里人们可以获得种类丰富的动植物资源"。在公元前17000年，奥哈洛Ⅱ号遗址有142种植物供人们食用（Nadel 1990，2004；Maher et al. 2012：78）。基斯里夫等学者（Kislev et al. 1992）在研究中呈现了奥哈洛Ⅱ号遗址所有可供食用的植物种子和水果的图表，并且对这些植物之间纷繁复杂、彼此交织的季节性进行了研究。韦斯等学者（Weiss et al. 2004a，b）对奥哈洛Ⅱ号遗址植物种类的多样性进行了研究，并没有发现谷物类植物或其他最早被驯化的作物占据主导地位的现象。他们认为，上述所有的植物性食物中，小粒禾本科作物是当时人们的主要食物。斯尼尔等学者（Snir et al. 2015）找到了相关证据，认为对野生谷物的小规模栽培会改变环境，从而让早期的田间杂草得以生长。奥哈洛Ⅱ号遗址专门化的食物加工特征同房屋关系密切（Asouti and Fuller 2012）：房屋内发现一大块被小鹅卵石支撑固定的平整的玄武岩岩石，同大量炭化的大麦、禾本科植物种子及民族学中几种药用植物共出（Weiss et al. 2008）；房屋外还发现一座布满灰烬和木炭的石砌炉灶，可能为烤炉。还有迹象表明，当时存在多个季节的狩猎、捕鱼和植物采集活动，还有燧石、骨头、木料及磨制石器大量集中分布的现象，以及纷繁复杂的象征行为的证据（Kislev et al. 1992）。考古学家发现，"一些小型房屋的地面被人重新铺设了至少三次"，说明"这些房屋长期有人维护"，这表明在一个地方长期生活对当时的人们来说十分重要（Maher et al. 2012：73）。奥哈洛Ⅱ号遗址还发现有墓葬，这再次表明了人与地方之间的密切关系。我们还可以认为，奥哈洛Ⅱ号遗址表明了一种复杂的纠缠关系，这种纠缠关系具有让人过上定居生活的实践逻辑。

怀特（Wright 2004）以相似的方式研究了以色列艾因·盖夫Ⅰ号（Ein Gev Ⅰ）卡巴拉文化遗址（年代为公元前14000年）。考古发掘表明，在该遗址房屋居住面中部分布着一座形制简单的炉灶，炉灶旁边放置了两件石杵和一件体型很大的石臼，很明显这些器物构成了遗址的家具。房屋修建在砂质山丘的山坡上。"房屋内有六层连续的地层叠压分布，表明当时的人们在不同的时间周期内在房屋内生活"（Arensburg and Bar-Yosef 1973：201）。在其中一座房屋的居住面下面，还发现了一座女性居室葬，这说明当时的人们在努力营造自身生活空间的"地方感"。"考古学家对吉拉特6号（Jilat 6）遗址（年代为公元前13500年至公元前14700年）A阶段进行发掘和研究，发现了三层相互叠压的人工铺设的台面（其中有一层是被夯打的泥沙层，另两层是铺设的赭石层）。考古学家根据其清晰且翘起的边缘，认为它是建筑的居住面"（Garrard and Byrd 1992：60）。在该遗址中，考古学家还发现了用玄武岩和石灰岩制成的碾磨石器。加勒德和伯德指出，哈拉内Ⅳ号（Kharaneh Ⅳ）遗址墓葬的发现表明，这些地点"或许有着某种社会或边界的意义"（Garrard and Byrd 1992：60）。

希尔曼（Hillman 2000）研究了阿布·胡雷拉后旧石器时代遗址1A期（Abu Hureyra 1A，年代为公元前9500年）的先民对各种植物资源的利用。在诸多炭化植物遗存中，希尔曼识别出了142种植物，而且还分辨出了至少50种不能准确鉴定种属的植物类型（Hillman 2000：369）。希尔曼以考古发现的植物遗存、民族学类比及实验考古研究为依据，对几种主要植物性食物进行讨论，并就当时如何收割和加工这些食物展开研究。我已经将希尔曼对有关植物性食物收割与加工的主要过程的研究加以概括，并在图8.1中呈现了几种食物的加工过程。希尔曼指出，他的研究仅仅为我们呈现了阿布·胡雷拉遗址史前先民植物资源利用方式的概况，这些利用方式包括用作调味品、药物、染料和致幻剂（Hillman 2000：366）。然而，图 8.1 表明，很多植物的加工方式涉及碾磨、舂捣、干燥、加热和分筛，这些活动需要用到石质和木质的臼与磨盘、镰刀、拍子、篮子、火塘、烤炉和筛子等各种类型的工具。在某种程度上，这种"用具整体"（来自 Heidegger 1973 的术语）应当是方便携带的。虽然如上文所说，到了后旧石器时代晚期，很多碾磨石器不再便于携带。如此多的植物加工方式在阿布·胡雷拉遗址共存，表明很多工具存在多种用途。因此，我们可以合理推断出同一种工具存在多种用途。人们会用同样的碾磨石器、火塘和炉灶去做不同的事情，至少在那些不易移动且需要人们投入更多的火塘、烤炉和碾磨石器上，人们会共享在工具上的投入，并且会将植物拿到工具旁加工而不是带着工具去加工植物。这样，工具就变成了焦点，会让人们在同一个地方反复居住。某些器物的多功能性和相对固定性会产生稳定的地点，人们会聚集在该地点周围分享劳动。工具在某个地方固定不动这个现象本身并不会产生定居生活。举例来说，人们可能会认为，后旧石器时代晚期的打制石臼（Nadel and Rosenberg 2013）是工具同

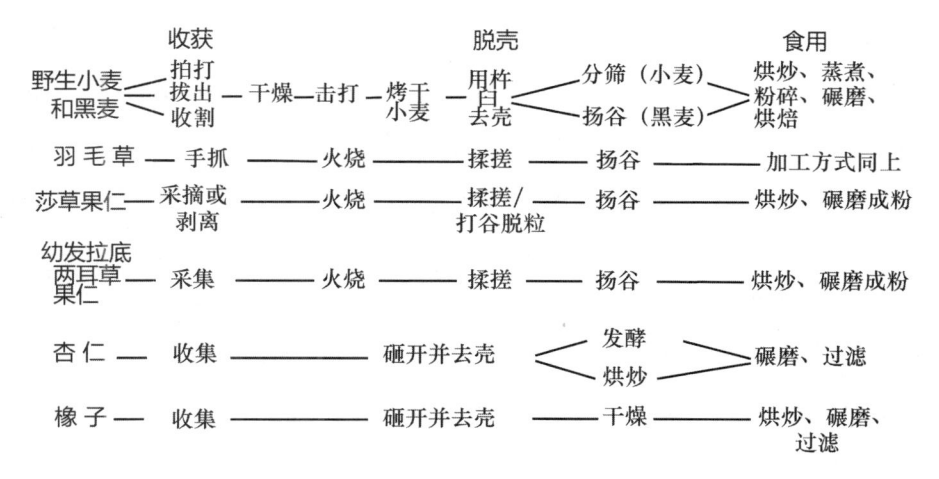

图 8.1 由戈登·希尔曼（Gordon Hillman）重建的阿布·胡雷拉遗址 1A 期人们食用的几种主要植物性食物及其加工方式

（来源：Hodder 2018b/施普林格·自然［Springer Nature］）

固定的地方联系在一起的一个很好的例子。这些石臼似乎也是多功能的（包括具有某些灵性功能，见 Lengyel et al. 2013），而且也将人同某个地方直接联系在一起，但还是会季节性地移动。将人同特定的地方联系在一起的并不只是物，更重要的是，许多可移动性相对较弱的多功能器物让人朝着定居生活迈进。碾磨石器与火塘等事物让植物加工和流动性之间产生矛盾。人与物都朝着定居生活方式的道路不断迈进。

黎凡特南部地区纳吐夫文化（公元前 12000 年至公元前 9500 年）的很多遗址都经历了碾磨石器在数量上显著增长的过程（Wright 1994）。碾磨石器发现于房屋内部和房屋周围，而且有很多证据表明碾磨石器同火塘、房屋、植物、持续有人居住的聚落及墓葬之间都存在纠缠关系。在面积更大的遗址上，人们总是习惯于在年代较老的房屋上面不断修建新房屋，而且这些房屋通常同墓葬关系密切（Hodder 2007a）。萨缪利安（Samuelian）发现，在埃南（Eynan）纳吐夫文化遗址，"当时的人们会遵照惯例在特定的区域内重复活动"（Samuelian 2013：181）。博肯丁等学者（Bocquentin et al. 2013：185）也注意到，纳吐夫文化存在在早期房屋建筑上面修建新房屋的现象，而且房屋和墓葬也相互交错在一起。不仅如此，碾磨石器本身可能也参与到了历史的缔造过程之中。例如，在希拉松·塔赫蒂（Hilazon Tachtit）遗址，"墓葬中出土的大部分大型石器都是残损的"（Dubreuil and Grosman 2013：537）。碾磨石器的"残破"或被有意损坏揭示出了当时的人们对时间上的联系与延续性的关注。最后我们再来看一个例子。阿塔莱和哈斯托夫（Atalay and Hastorf 2006）对恰塔霍裕克遗址公元前 7 千纪先民同食物有关的实践活动进行详细分析，将这些活动分为生产与原料获取、加工、储藏、炊煮、摆放和食用，之后两位学者还对上述所有活动及所涉及的工具进行论述。我已经在表 8.1 中对上述内容进行了总结概括。虽然我并没有在表格中绘制出事物之间的各种关系线，但我们依然可以大致看出这些相互联系、相互牵绊的活动与工具所构成的庞大的关系网络。举例来说，正如篮子与其他容器、切割工具，以及火塘、烤炉与席子所体现出的那样，有非常多的工具在不同种类的活动中重复出现。而且这些活动需要在时间上保持一定的次序，即便这些活动交错发生也存在先后次序。碾磨和舂捣谷物要在对谷物进行打谷脱粒和扬谷之后进行；碾磨石器一次只能被用来从事一种活动；用来盛装动物脂肪的陶器不能同时用来装水或煮粥。因此，每一件事物都同其他事物纠缠在一起。虽然这一案例将我们带回了遥远的过去，但却让我们窥探到了彼此联系的操作序列及其所涉及的工具所具有的高度复杂性。

表 8.1　恰塔霍裕克遗址与食物有关的活动及工具
（改自 Atalay and Hastorf 2006）

食物采办
活动：植物采集、照顾植物、栽培植物、收割及搬运植物、狩猎、捕鱼、动物聚集、照顾动物、诱捕
工具：篮子、切割用的石叶、拍子、船只、鱼钩或渔网、挖掘工具、箭头、围栏、石斧、碾磨石器、芦苇、动物粪便、洞

以储藏为目的的加工
活动：干燥、屠宰、烟熏、腌制、烤干、烤脆、采摘、打谷脱粒、扬谷、分筛、对谷物进行手工清理
工具：架子、切割工具、火、毛皮、灰坑、盐、陶球、盘子、火塘、储物箱、烤炉、皮质筛网、编织物、线、包括陶器在内的容器、扁平石器、碾磨石器

储藏
活动：在毛皮内、袋子内、储物箱内、篮子内，以及在房屋天花板、壁架上、居住面上、屋顶上和灰坑内的陶器中储藏植物、动物、油脂和脂肪
工具：储物箱、袋子、篮子、陶器、灰坑、毛皮、灰泥、缝纫用具（骨制品等）、席子、护身符雕像、挖掘工具

以食用为目的的加工
活动：打谷脱粒、扬谷、分筛、碾磨与舂捣、过滤、骨骼油脂提取、植物油脂提取、屠宰、酿造、发酵、霉变
工具：篮子、石质和木质的臼与杵、碾磨石器、灰坑、毛皮、储物箱、陶器及其他容器、黑曜石与刮削器、皮质筛网

炊煮
活动：蒸煮（直接和间接加热）、烧烤、烤干、烤脆、烘烤、烘焙面食
工具：陶器、陶球、篮子、毛皮、火塘、烤炉、灰坑、木质搅拌工具

盛放
工具：木质盛储容器（梅拉特发现了 15 种不同形态的容器）、骨头、石头、篮子、陶器、席子、藏匿的容器、织布、勺子、骨质或角质的刀叉

由此我们发现，在整个后旧石器时代和新石器时代，人们一直依赖碾磨石器。人们在身体上同碾磨石器相纠缠，这改变了人们的饮食，让食物更软，同时也改变了人们的牙齿尺寸。而且，碾磨石器让人们身陷植物加工、碾磨石器制作及石料获取的辛苦劳作之中。这是一种迫使人们付出更多劳动的共同依附关系。它还迫使人们开始朝着定居程度越来越高的生活方式不断迈进，而正如村落内不断增多的墓葬材料所示，人们对特定地方的依赖程度越来越高。碾磨石器及食物加工与多种任务活动不断将人同特定的地方、房屋和墓葬捆绑在一起。傅稻镰等学者（Fuller et al. 2016）在探讨中东地区与植物利用有关的纠缠关系时，论述了碾磨石器和烤炉是如何创造一个以房屋和村落为中心的文化传统。

这些生物-社会-物质纠缠内部辩证的矛盾关系让变化得以发生。我们已经发现，从旧石器时代晚期至前陶新石器时代的考古遗址中，碾磨石器出现的频率逐渐增加（Wright 1994），而且磨盘的使用频率也越来越高。在植物性食物方面，韦斯等学者（Weiss et al. 2004a）研究发现，随着时间的推移，从奥哈洛Ⅱ号遗址到整个前陶新石器时代 B 阶段，人们的植物性食物结构经历了多样性越来越弱、小籽粒禾本科植物越来越少、谷物类植物越来越多的变化趋势（另见 Willcox et al. 2008）。阿苏蒂和费尔贝恩（Asouti and Fairbairn 2010：167）认为，在旧石器时代晚期、纳吐夫文化和前陶新石器时代 A 阶段，人们主要以小籽粒禾本科和豆类植物为食。单粒小麦、二粒小麦、大麦、扁豆、鹰嘴豆、豌豆和亚麻这些创始作物（founder seed crops）①仅占很小的一部分。不同地区的主要种子植物类型有所差别，一些地区以富含油脂的种子植物为主，另一些地区以富含淀粉的种子植物为主，叙利亚北部地区遗址的史前先民主要利用酸模属/蓼属及各种十字花科植物，而其他地区遗址的史前先民则食用木本植物。阿苏蒂和傅稻镰（Asouti and

---

① 指的是农业起源过程中最早被驯化的作物——译者。

Fuller 2012)认为,后旧石器时代的植物管理活动包括使用各种不同的觅食方式适应当地不断波动的植物资源。谷物并不是当时人们采集的主要植物,同样也不可能被人们培育。这是因为土地开垦和谷物加工的劳动力成本很高,而且要过很久才会获得经济回报。

那么,是什么推动了人们更多食用野生谷物的进程得以发生呢?我们并不需要借用人口增加或其他一些让人们走向强化之路的神秘因素来解释上述进程。我们需要做的是关注人与物之间由依赖关系和依附关系组成的辩证矛盾关系。关于人依赖植物,韦斯等学者(Weiss et al. 2004a)认为,即便还有其他与谷物相关的束缚人的纠缠关系存在(如打谷脱粒和扬谷,见 Fuller et al. 2016),但由于谷物的籽粒更饱满,加工每单位数量的谷物所需的劳动能够产生更多的食物量。此外,依赖关系还涉及依附关系。除了打谷脱粒和扬谷外,以食用为目的的谷物碾磨需要人们进行艰苦的劳作。正如怀特(Wright 1994:257)所指出,"野生谷物加工的艰苦程度一直被低估。对黎凡特采食者们来说,野生谷物可能并不是'诱人'的植物性食物"。由此出现了一个内部的生成过程。野生谷物之所以诱人,是因为它们的能量回报率更高,而且它们天生就被谷壳所包裹,利于储存。但由于加工谷物费时费力,人们加大了对工具和技术的投入,从而让谷物加工过程更加便捷。然而,加工工具和加工过程涉及各种需要人额外投入更多精力以获取更多回报的纠缠关系。因此,人们会更加依赖谷物。人与物之间的依赖关系与依附关系所组成的辩证关系内部产生了一个具有生成作用的过程。

然而,碾磨石器还以其他方式构建着人与物之间依赖关系与依附关系的辩证关系。同碾磨石器有关的其他纠缠关系包括了寻找合适的原料产地。在瓦迪·哈姆梅 27 号纳吐夫文化早期遗址(公元前 12500 年至公元前 12000 年),"人们对遗址附近裸露的玄武岩岩层视而不见,却对距离遗址更远的玄武岩资源钟爱有加。这种资源利用方式耐人寻味,或许是同人们在更复杂的社会关系网络中获取玄武岩资源有关"(Edwards et al. 2013:325)。虽然人们依赖碾磨石器的石料来源，但也因此陷入更复杂且需要维护的交换关系之中。

由碾磨石器产生的纠缠关系还涉及更加抽象的概念。我们在研究财产和所有权的观念时需要多加小心，这是因为这些观念在不同的文化中差别巨大（Strathern 1999）。但正如我们在第二章中所见，在通常情况下，人们同物品打交道的结果是会产生认同和所有权。巴纳德和伍德伯恩（Barnard and Woodburn 1988：24）认为，"劳动……将物质实物转化为财产"。因此，随着后旧石器时代人们在磨制石器和用磨制石器加工食物等方面投入更多的劳动力，一些人很有可能会认同这些物品并"拥有"它们（另见 Bowles and Choi 2013）。值得注意的是，在后旧石器时代早期和中期，磨制石器通常在家庭和墓葬背景下出现。在墓葬中出土的磨制石器表明了某种形式的认同。因此，不论"所有权"概念的定义多么宽泛，或者多么细致，都是人与物之间纠缠关系的一部分。人对碾磨石器和植物加工的依赖可能已经产生了某种形式的、具有束缚和依附作用的"所有权"。人们在劳动力和产品的分享与分配方面可能已经遇到了问题。虽然前陶新石器时代 A 阶段的谷物储备已经表明了当时存在强有力的均衡和分享机制（见下文），但随着时间的推移，越来越多的证据表明人们以家庭为单位进行食物储备。到了恰塔霍裕克遗址所处的阶段，正如我已经指出的，当时存在"强有力的平均主义"（aggressive egalitarianism），其中，均衡机制和食物储备与碾磨石器工具的家庭所有制之间存在尖锐的矛盾（Hodder 2014）。确实，分享和占有之间越来越尖锐的矛盾关系可能是末次盛冰期就已经出现的人依赖碾磨石器去加工食物这一做法所产生的长期后果。

另有其他几种事物及其过程也让人们迈向更为定居的农业生活（对此更加详细的论述见 Hodder 2018b）。以石镰为例。前田等学者（Maeda et al. 2016）认为，石镰最早是用来切割芦苇等原料的工具。在这些学者看来，人们在经历了前陶新石器时代 B 阶段之后，将石镰用作农业收割工具，这产生了一定程度的羁绊。镰刀的使用让人们可以更容易地收割不易落粒的谷穗。但谷穗一经收割，人们必须通过打谷脱粒的方式将其剥离，而对那些采集而来的成熟谷穗则不必如此。因此，使用镰刀会迫使人们付出包括制作镰刀和打谷脱粒在内的额外的劳动投入。

迫使中东地区史前先民过上定居农业生活的带有羁绊作用的纠缠关系还包括对谷物储备及田间害虫的管理，将动物粪便用作田间肥料，以及对垃圾废弃物的管理（Hodder 2018b）。虽然碾磨石器、镰刀、储物箱、驯化动物的粪便及垃圾废弃区域能让人们有机会从事各种活动，但在每种活动中，这些物品都需要人们对其投入更多的劳动，因此，人们不得不沿着特定的路径去从事活动。这些物品就是柴尔德笔下的"一揽子"物品，彼此相互联系、相互纠缠。虽然碾磨石器让食物得以为人们提供更多的营养，而且更软的食物让人的牙齿变小，但也让人们陷入对植物性食物的加工活动之中，而加工食物则同房屋和聚落内发生的其他活动相关联。植物及植物加工的困难让碾磨石器、火塘、烤炉与储物箱之间建立了联系。储物箱则迫使人们同老鼠及其他需要人应对和处理的害虫之间发生联系，这让人们不得不在房屋内修建独立的储物箱，并产生了所有权的问题。越来越多的人口及逐渐扩大的群体规模迫使人们对垃圾进行处理。然而，以动物粪便形式存在的垃圾一方面促进了作物的生长，另一方面也让人陷入了"精耕细作的混合农业"生产中。在这样的农业生产中，相互依附关系将人和动植物牢牢锁定。人们为其他目的而制作的镰刀不得不用来进行植物收割，而动物粪便和储物箱之间的纠缠关系则让前陶新石器时代 B 阶段出现了不易落粒的谷物。正如傅稻镰等学者（Fuller et al. 2016）所指出，到了前陶新石器时代 B 阶段，人们已经陷入打谷脱粒和扬谷等更高强度劳动及为农田提供养料的纠缠之中。从此时起，除非当地出现不利的条件，否则人们会沿着上述纠缠之路一直走下去无法回头，与此同时，人们已经"困在"自身对驯化动植物的长期依赖关系之中无法抽身。

结　　论

　　本章中的两个案例论述了一个跨越数千年的长时段过程。考虑到这一时段如此漫长，我们很难证明人们踏上了一条旨在进行动植物驯化和建立定居村落的征途。相反，上述行为倒很像是多条交织在一起的纠缠关系线索的意外后果。在本章的两个案例中，这些纠缠关系线索涉及各种物质的、社会的-符号的实践活动。在大部分关于动植物驯化和定居生活是如何出现的解释中，人们大量使用的可持久保存的物质文化只发挥了非常小的作用。与之相对的是，人们的关注点一直集中在环境与气候变化、人口压力及动植物资源利用方面。人对物质世界的全方位参与基本不会构成现有解释的核心（Robb 2013 是例外）。

　　在中国的华南地区，这些相互纠缠的关系线索包括了磨制石器的生产与使用、橡子的碾磨与消费、陶器的制作与使用、水稻的收割与加工、人类生物学与牙齿的形成、禾本科作物的播种与土壤管理、除草与可能发生的灌溉活动，以及定居村落。这些关系线索并不仅仅是聚合体或网络，相反，它们涉及了让人劳心劳力的依赖关系与依附关系。在中东地区，相互纠缠在一起的事物包括了人的身体、碾磨石器、植物、火塘、聚落、气候、环境、杂草、镰刀、害虫、动物粪便和垃圾。但同样需要指出的是，我并没有将上述事物表述为由各种事物构成的聚合体。正如图 1.4 所示，我试图关注的是涉及人与物之间关系过程的各种线缕或线索——调味、医治、进入迷幻状态，以及人们更加熟知的各种过程，如碾磨、舂捣、烤干、加热、分筛、施肥、清理、保护、挖掘、播种和收割等。这些关系线索通过横向的依附关系，共享用具并一器多用，以及整个时空尺度下人类活动的时序安排，彼此纠缠在一起。

第九章
方　法

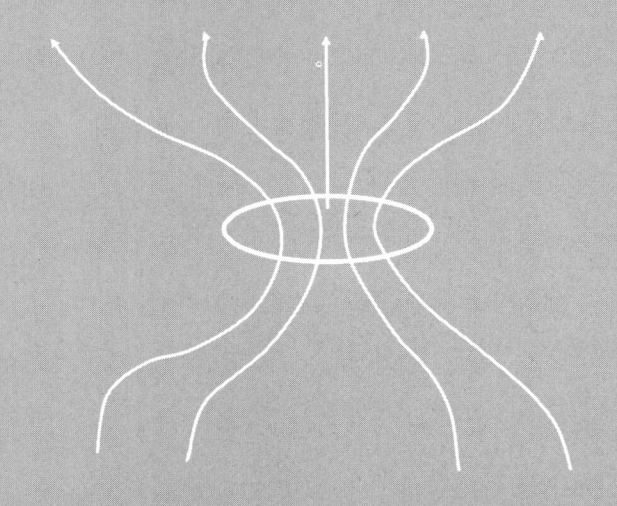

全球气候变暖，以及我们无法对其作出充分的应对是论述纠缠理论的一个极好案例。起初，人们的应对方案似乎是以减少二氧化碳排放量为核心，但这套方案同全球不平等纠缠在一起。因此，2022年在埃及举行的《联合国气候变化框架公约》第二十七次缔约方大会（COP27）不得不让富裕国家为贫穷国家提供支持，以补偿贫穷国家在气候变化方面所遭受的损失。上述这套方案还同西方国家的气候变化怀疑论者联系在一起。对这些怀疑论者来说，气候变化是需要阐释的问题。他们并不相信眼前的事实。

在本书中，我曾提及追踪纠缠关系各个部分及其历时性发展的各种方法。上一章所述的两个新石器时代案例涉及的方法如下：首先，对共同出现的事物进行情境分析（例如磨制石器的用途及出土背景），之后将情境化的材料同某些基本原理相契合（例如将植物拿到多功能的重型磨制石器旁进行加工是合理的论述，而搬着磨制石器去加工植物则是不合理的），同民族学中的归纳性论述相契合（例如石器同所有权之间的联系），还同纠缠理论的一般假设相契合（例如当物实现自身的可供性时，通常会产生依附关系和羁绊）。在我看来，将情境化的材料同理论相契合的做法是所有考古学研究所遵循的步骤（Hodder 1999）。这一做法的困难之处在于我们需要决定情境从何处开始，又从何处结束。我将在本书第十章中，从如何能动地划分边界这个视角出发，对这一问题进行阐述。但此时此刻我想探讨的是，我们是否能够找到可以全面研究纠缠关系复杂性的正式方法（formal method）。我们能找到合适的分析工具去研究依赖关系和依附关系的复杂性吗？有一种做法是应用复杂系统分析中的正式方法（如Bentley and Maschner 2003），但我并没有采用数学建模的方法，而是试图借助与网络分析有关的探索性方法。

纠缠关系图

在前面的章节中，我们一直以恰塔霍裕克遗址作为案例来论述土耳其新石器时代人与黏土的纠缠关系。在第三章中，简图 3.2 表达的是恰塔霍裕克人对灰泥的利用是如何依赖其他工具的，这是一个论述物与物之间相互依赖的例子。在第四章中，我们探讨了恰塔霍裕克人使用白色灰泥粉刷房屋墙壁，而屋内烤炉冒出的烟会将墙壁熏黑，因此，人们需要在遗址周围的冲积层下获取精细的白色灰泥，并用新挖出来的白色泥灰土一遍又一遍地粉刷墙壁。在第七章中，我们讨论了不断粉刷墙壁同用泥浆涂抹人头和动物头之间的关系，而在头骨上涂抹泥浆是恰塔霍裕克人在居址上进行记忆构建过程的一部分。

上述这些案例仅仅是恰塔霍裕克遗址与黏土有关的庞杂纠缠关系的一部分。在图 1.3 中，克里斯·多尔蒂和我曾尝试对这一庞大纠缠关系的一部分进行追踪。图 1.3 所识别出的是恰塔霍裕克遗址早期地层序列中的纠缠关系。克里斯·多尔蒂和我在绘制纠缠关系图时采用了一些惯例。图中的箭头代表"依赖"，这采用了第二章中论述的依赖关系定义。一些依赖关系是单向的，正如我用"依赖"这一术语所体现的那样，这些依赖关系通常指的是让某事发生或产生影响的关系。因此，垃圾堆依赖黏土（黏土或泥灰土遍布整个垃圾堆，或许让垃圾堆变得整洁平整），但黏土并不依赖垃圾堆；灰泥浆依赖垃圾堆（遗址上的灰泥主要是由垃圾堆中的物品构成），但垃圾堆并不依赖灰泥浆；壁画依赖房屋（房屋是壁画的分布地点），但房屋并不依赖壁画（房屋的存在及在遗址上屹立不倒并不需要借助壁画）；颜料依赖地表景观（用作颜料的赭石和矿物是从地表获得的），但地表景观并不依赖颜料；墓葬依赖私人物品（作为随葬品），但私人物品并不依赖墓葬（私人物品并不专门为墓葬随葬而制作）。

双向箭头表示的是双向依赖或共同依赖。虽然这些关系可能是相互依赖的关系，但其通常是带有限制性的依附关系（正如第二章中所定义）。因此，垃圾堆依赖狗（狗让垃圾堆保持整洁，免受害兽侵扰），狗也依赖垃圾堆（作为生活空间，因为人们不允许狗进入屋内），但狗在垃圾堆上排便同样也给垃圾堆带来问题；房屋依赖垃圾堆（进行废弃物的清理倾倒），垃圾堆同样依赖房屋（垃圾堆是由房屋内倾倒出的垃圾构成的），但垃圾堆也给房屋带来问题，因为垃圾堆分布在房屋周围让房屋墙壁遭受侵蚀并让房屋旁边布满污物；磨制石器依赖地表景观（作为来源地），地表景观也依赖磨制石器（如用来砍树的磨制石斧等），但砍树与获取石料也改变了景观，这可能会让树木和合适石料的数量变少；炊煮食物依赖陶球（在炊煮陶器出现之前），陶球也依赖炊煮（否则陶球将失去功能），但陶球的使用限制了可炊煮食物的种类；建房需要木材和树木，有人可能会认为，树木和木材不需要房屋，但树在地表上能存活多久取决于人们在建房时对树木的开采强度。

因此，图 1.3 呈现的是恰塔霍裕克遗址与黏土利用有关的依赖关系与依附关系链条。这些关系链条是根据考古学家对遗址出土的考古材料所进行的阐释构建的。举例来说，有证据表明，恰塔霍裕克遗址的垃圾堆内有大量被某种动物食用过的动物骨骼，因此，我们推断垃圾堆上有狗。恰塔霍裕克遗址基本没有发现猪骨，而且所发现的动物骨骼碎片尺寸很大，大到人类根本无法食用，因此，这些骨骼碎片很可能是进入了狗的肠道中，被狗所食用。我们几乎没有发现任何骨骼堆积的证据，能够证明狗在房屋内食用过动物骨头。我们在房屋内没有发现任何排泄物。因此，实际情况很可能是，狗在垃圾堆上觅食，抑制了害兽滋生（我们在房屋内和房屋周边发现了老鼠、鼬鼠的骨骼），而且还让垃圾堆上布满了（包括人类的）排泄物。我们还可以在图 1.3 中发现其他纠缠关系的类似论据。

最初在绘制图 1.3 时，克里斯·多尔蒂和我也将人作为一个节点。但很明显，图中的几乎所有事物在某种程度上都依赖人。因此，我们用填充成灰色的矩形来表示所有和人产生依赖关系的节点，用白色的圆形来表示其他节点。这样我们就能立即从矩形节点中识别出所有同人产生依赖关系的节点，即便那些我们用白色圆形表示的节点在某种程度上也受到了人的影响。因此，地表景观中可以被人利用的黏土、鱼及野生动物的数量很大程度上也依赖人的行动，即便地表景观、黏土、鱼及野生动物实际上可以在没有人类干预的情况下实现数量增值或繁殖。因此，矩形节点和圆形节点并没有绝对的差别，它们之间的区别体现在依赖程度上。

需要注意的是，这张图并没有穷尽所有的纠缠关系，该图仅表现了不同事物之间的部分纠缠关系。真实世界中的纠缠关系图是极为复杂的，正如我们在第三章和第八章中所看到的。我在第三章中绘制的纠缠关系图表明，同点火有关的事物是永远无法穷尽的。实际上，点火这一行为是在一个开放的系统中发生的，由此看来，那些没有在图中列出的或是我们没有预见到的变量总是会发生作用。这张纠缠关系图仅仅是有关人们的行为和思想的大致图示，并没有展示所有完整且稳定的人-物关系。

从绘制图1.3这幅纠缠关系图的过程中我们可以推断，至少在恰塔霍裕克遗址的黏土个案中，如果我们沿着纠缠线索一路追踪会发现，整个社会与物质系统的很大一部分都将落入这个纠缠关系网络之中。虽然我们最开始梳理的是同开采建造房屋所需的黏土有关的纠缠线索，但我们很快就会得到整个纠缠关系，这同我们对小规模开放系统的预期别无二致。正如第六章所述，在高度复杂的社会-物质系统中，可能存在内部组织关联相对较弱的纠缠关系。但在恰塔霍裕克，各种事物的确会很快纠缠在一起。

同样值得注意的是，产生依赖关系的原因多种多样。在图1.3中，房屋具有构建记忆的作用，因此它依赖人头和动物头。但泥砖和木材作为房屋结构的一部分也被房屋所依赖。而且为了保持清洁，房屋也依赖垫子。正如第五章所说，这种异质性是纠缠的主要特征之一。生活中许多不同构成、不同维度的事物会相互纠缠在一起。这些事物之间存在各种形式的依赖关系，但我们无法事先确定哪种依赖关系拥有更大的因果关系权重。

从上文有关纠缠关系图的论述中，我们还能够推断出，有非常多的节点是矩形的——这表明，很多物都依赖人的维护、行动、劳动与投入。在小型狩猎采集社会，我们可以预想到的是，纠缠关系图包含了很多具有自我再生能力或者参与几乎不涉及人的相互适应（mutual adaptation）过程的节点。在我看来，随着狩猎采集者在工具及管控资源方面投入了越来越多的人力与物力，我们将从纠缠关系图中越来越清晰地看到人所受到的羁绊。自恰塔霍裕克所处的时代开始，人所涉入的都是深度的依赖关系。此时，人已经全方位深度参与到生产与再生产的劳动中。正如第八章所述，这种深度纠缠既产生了约束作用，也提高了变化速率。

在这幅纠缠关系图中，同样清楚的是，有些事物之间的纠缠关系更加复杂。有些节点身上连接了更多的箭头。事实证明，这些事物是其所处社会结构系统（social arrangement）中的关键节点。在恰塔霍裕克的案例中，这些关键节点有很多同环境特征相关，如黏土、木材、湿地及野生动物。但这些高度关联的节点同样包括了如土地、驯化的绵羊，尤其是房屋等早期的社会组织单位。同沃特金斯（Watkins）等学者一样（Hodder 1990，2006b；Watkins 2004），我也曾一度认为，房屋是当时重要的社会组织单位，即房屋是"装在盒子里的世界"（同卡特［Carter］的私人通信），所有的物品都被搬入了房屋中。齐德（Zeder 2009）注意到一个更大范围的区域过程，在这个过程中，在室内发生了越来越多的储备活动。恰塔霍裕克遗址没有发现宗教活动中心和管理公共事务的建筑，也没有发现公共活动空间，因此，房屋起到了食物制备与消费、工具生产、死者埋葬、象征符号及社会记忆的功能。房屋是社会生活的重要组织形式（Hodder 2006b）。追踪纠缠关系图中的依赖关系线索的技术似乎在识别具有节点性质的事物和制度/组织上十分有效。食物在纠缠关系图中的中心地位就与之相关。房屋的主要功能之一是准备并提供食物，这主要体现在储物箱、动植物食物的制备痕迹、每座房屋内成组出现的炉灶与烤炉、房屋内部与房屋周围发现的有关宴享活动的证据，以及布满宴享活动物品的房屋内的陈设。在小规模的家屋社会中，吃饭是一项重要的社交与政治活动。

由此我们可以预见的是，在纠缠关系中，当变化发生时，这些关键节点很可能是最具韧性的。正因为它们牵涉的纠缠关系最多，所以各种事物更加依赖这些关键节点。而变化很可能受到人们的管控，因此关键节点依然存在。让这些节点发生变化需要人们花费巨大的人力与物力，因此，人们在纠缠中的其他地方进行权衡以寻找可变之处，直到关键节点不得不发生变化（正如我们在第四章中对人类行为生态学的讨论）。的确，恰塔霍裕克遗址的房屋具有惊人的延续性与稳定性。数百年来，恰塔霍裕克房屋的布局与内部功能几乎没有发生变化。虽然社会确实发生了巨大变化，但人们会寻求新的社会结构系统，以保留房屋的核心地位，即便出现了新的房屋形态。在第七章和第八章中，我论述了恰塔霍裕克遗址在第Ⅴ层后的变化是如何显现的，这些变化至少部分同可被利用的野牛数量有关。此时，很明显的是，人们更加依赖对驯化动植物资源的强化利用，而祖先及对大型狩猎活动与宴享活动进行记忆的重要性则不断降低。在上述所有的变化中，"历史性房屋"的主要功能已经不再是仪式与记忆，更多时候，这些房屋是进行家庭生产、储备和财富积累的地点。历史性房屋已经成为一个多功能的"工作间"，其面积要比周边的房屋更大，而且也是竞争性消费和交换发生的主要场所。由此可见，房屋的性质发生了变化。我们还可以预见的是，社会整体也发生了根本性变化，而且这些变化通过房屋呈现出结构性特征。此时，房屋的核心地位依然不变，但以新的形式体现出来。

在图 1.3 的纠缠关系图中，野生动物同样同其他事物之间存在诸多联系。考虑到在恰塔霍裕克遗址的经济、社会与礼仪系统中，野生动物尤其是野牛是重要的节点，我们可以预料的是，如果该节点发生了变化，将会影响深远，而实际情况也确实如此。最近的研究表明，在恰塔霍裕克遗址第Ⅵ层之后，野生动物（野牛、马和野猪）的相对比重有所下降，而相应地，驯化的绵羊与山羊的比重则有所上升（Russell et al. 2013）。此时的恰塔霍裕克正经历着重要的社会变化，我们有理由将许多社会变化同人们对野牛利用频率的降低联系在一起。房屋内的陈设数量减少，有关记忆构建以及不同房屋之间存在时间延续性的现象已经不如以前那样明显（Düring 2006）。此时，人们对绵羊和山羊次生产品的强化利用程度更高，并加强了对牛的管理。人们引入了新型作物（脱壳大麦），而且某些房屋的面积在逐渐增加，这些房屋或为多间建筑，或为多层建筑，房屋周围的火塘、烤炉及工作区等用于室外活动的空间更大。在遗址的上层，随着以显示为目的的生产与消费逐渐增多，陶器的装饰变得更复杂，而且墓葬往往是单独墓穴或在公共墓地埋葬。上述所有的变化同历史性房屋在祖先与记忆构建方面的核心地位降低有关，而野牛的宴享则是在历史性房屋内发生的重要活动。因此，我们有理由将野牛在自然界中数量的减少或人们食用野牛数量的减少看作是促成这些变化发生的重要因素。如果某个核心节点发生变化，将会带来非常深远的影响。

那些不处在核心地位的节点所发生的变化，其影响力也更弱。在纠缠关系图中，陶球同其他节点之间的关联并不多。这些陶球是用烧制的黏土制成的，用于炊煮食物。食物很可能放在诸如篮子之类的容器中。人们将陶球放入火塘或烤炉内加热后，会将陶球放入篮子内炊煮食物。实验和民族学研究都表明，这种炊煮方法十分有效（Atalay 2005）。在恰塔霍裕克遗址第Ⅶ层，陶球在考古堆积中的数量减少，并很快被炊煮食物的陶罐所取代。这一变化发生在遗址的第Ⅶ和第Ⅵ层中。人们从使用陶球转向使用陶罐来炊煮食物确实会涉及原料来源、劳动力及炊煮方式等其他方面的变化。但正如人们所预料的，这些变化的规模都很小。火塘和烤炉（至少在一段时间内）依然维持着原有的形态，而且人们在生产陶罐时，使用的是与陶球原料来源相似的矿物砂砾黏土。从使用陶球炊煮转向使用陶罐炊煮，并没有让整个纠缠关系图发生太多的改变。

正式网络的方法

或许来自网络分析的更为正式的方法能够帮助我们探究纠缠内部的一些过程，并帮助我们描述不同纠缠关系的差异性。这里的网络分析指的是以图形理论为基础的方法，这些方法能够让我们研究不同节点或顶点之间的关系模式，以及这些节点之间的联系、边缘或连接（Borgatti et al. 2009；Brandes et al. 2013；Collar et al. 2015；Knappett 2011，2013；Scott 2000；Terrell 1977）。网络分析可以用来研究各种各样的现象，在考古学中应用得最多的方法通常源自社会网络分析。布鲁曼斯（Brughmans 2013：633）将社会网络分析定义为"一种对活跃的个人、组织集团或社区之间资源流动媒介的社会关系进行探索的方法"。然而，虽然网络研究的目标可能是分析社会系统，但考古学中的网络研究从来都不是建立在对人与人之间的互动关系进行观察的基础上。相反，它以人与物之间的关系为基础。即便社会网络分析无法直接应用在考古学案例中，但更广义的网络科学中的方法，如结构分析、中心性分析和路径分析等，可以用来研究相互依附关系或纠缠关系。因为"变量之间和变量内部的依赖关系是网络科学的核心"（Brandes et al. 2013），所以上述方法很适合用来分析纠缠关系。

网络分析可以帮助我们描述和分析人与物之间纠缠关系的整体结构。正如我们所看到的，在任何纠缠关系中，都可能存在一些非常重要的、很多其他人与物都依赖的特定人-物关系组合。在某些情况下，纠缠关系可能是分散的或发散的。同样，正如由途经的主要机场联系在一起的航班网络所表现的那样，在一个由节点和连接构成的网络中，可能存在对运动和流动起约束作用的"中心节点"（hub）。

在将网络分析应用到纠缠研究时遇到的问题是，网络中的路径是否等同于纠缠中的操作序列。虽然网络分析中的路径看上去同人与物之间的操作序列相似，但二者依然存在差异。考古学中的很多网络分析关注的是测地路径（geodesic paths），如节点之间的最短距离，以及节点 A 和节点 B 之间有多少条连接（ties）或相差多少度。在网络中，任何节点都可以是起点也可以是终点。但在操作序列与依赖关系的纠缠中，节点是按照生产与消费的时间过程组成的特定序列（如彭特兰和费尔德曼［Pentland and Feldman 2007］的叙事网络）。操作链存在上游（原料来源及将原料制作成工具）和下游（使用、修理和废弃）之分。各种不同的时间序列（见下文）贯穿在纠缠关系中。下面我就是否可以将网络分析的方法加以改造用来分析纠缠的时间性进行探讨。

霍德和莫尔（Hodder and Mol 2016）通过将图 1.3 的纠缠关系图转化为正式网络（图 9.1）的方式将网络分析的方法应用在纠缠关系的研究中。他们生成了诸如定向网络（directed network）的非对称性的依附关系矩阵。之所以会出现这种关系矩阵，是因为有一些依附关系并不是双向的。A 依赖 B（如泥砖依赖黏土），但 B 并不依赖 A（但景观中的黏土并不依赖泥砖）。上述过程的一个意外后果是，关系矩阵的逐步构建过程本身就很有价值。矩阵的格式迫使研究者对所有可能的二元关系都加以考虑，但在绘制原始的纠缠关系图时，一些二元关系依然会缺失或未被研究者考虑到。维松（Visone）这款用来绘制图 9.1 的网络分析软件也有几种算法对网络进行自动化编排。这与图 1.3 相比，能够更好地对包含关系性数据的信息进行可视化表达。

网络分析为我们提供了描述各种纠缠关系并对其进行比较的方法。因此，我们决定对恰塔霍裕克遗址其他阶段（第 2 阶段和第 3 阶段）及邦库克鲁（Boncuklu）遗址早期阶段相关的纠缠关系图进行网络分析（Baird 2007）。公元前 8 千纪早期到公元前 7 千纪晚期的这段时间见证了陶器和家畜的出现，而且社会、经济与文化的整体组织结构在这一时期也发生了很多变化。因此，每个时间段所对应的纠缠关系中的节点都有所不同。当我们在评价分析结果时要牢牢记住这一点。

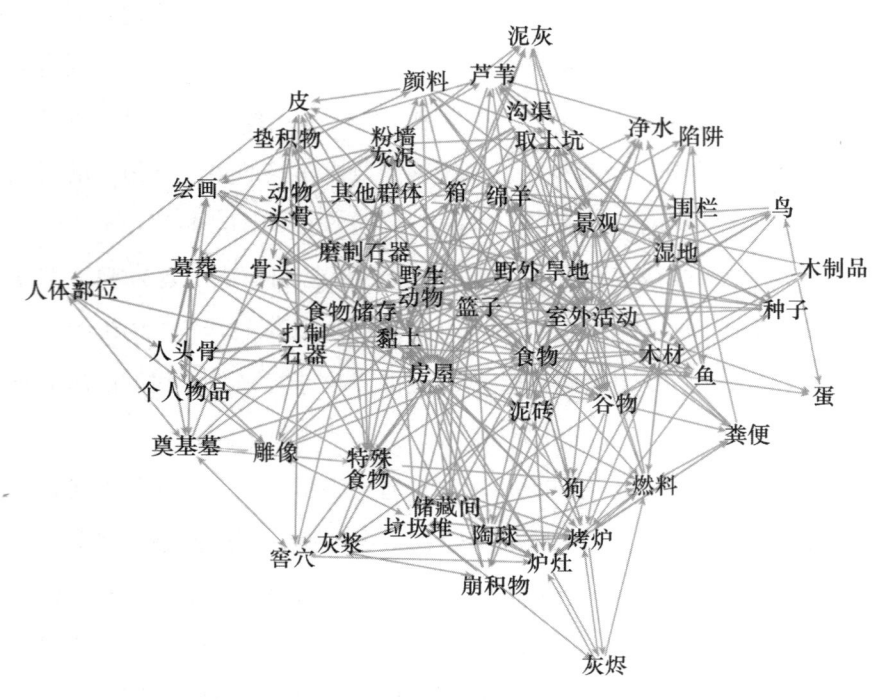

图 9.1　将图 1.3 的纠缠关系图转换为正式网络分析
（来源：Hodder and Mol 2016/施普林格·自然）

有趣的是，在所有四个阶段中，就介数（betweenness）和中心性（centrality）而言，房屋和食物一直都是等级最高的节点。这同考古学家当下对邦库克鲁和恰塔霍裕克遗址的阐释非常吻合。尤其是恰塔霍裕克遗址，考古学家一直以来都将其看作是家屋社会的典型案例。因为某些房屋是传承重要礼仪性器物的中心且房屋内发现有居室葬，这些单体房屋一直被考古学家称作"历史性房屋"（Hodder and Pels 2010）。恰塔霍裕克遗址的房屋被用来埋葬死者、进行食物制备和食物消费、从事仪式活动及器物生产活动。确实一直有人认为，此时，"一切都被人带进了房屋内"（Hodder 2006b），而且有很多证据都表明当时的人们是以房屋为基础进行经济生产（Hodder 2014）。黏土的使用通常也是在房屋的层面开展的，而且有证据表明，不同房屋的泥砖有着不同的原料成分。该遗址并没有发现公共建筑、主要中心，也没有发现主持宗教活动的精英群体，日常生活的很多活动都是通过房屋进行组织的。虽然存在更大规模的团体或群体，但恰塔霍裕克遗址在很大程度上依然是家庭生产模式（Düring 2006; Hodder 2022a, b; Marciniak and Czerniak 2007; Mills 2014）。同样，食物也是家庭领域内关注的焦点。房屋内的很多活动都涉及了用黏土制作的烤炉和炉灶，而且在遗址最初的第 1 阶段就出现了使用在烤炉中加热过的陶球进行食物炊煮的现象（Atalay 2005）。食物储藏箱内使用了黏土，而且不同规模（主要以家庭为基础）的食物消费和群体宴享活动中都有驯化和野生动物的参与（Demirergi et al. 2014）。人们将谷物储藏并脱壳，在房屋内用石磨盘以舂捣和碾磨的方式对谷物进行加工（Bogaard et al. 2013）。

  总体的介数及中心度（degree of centrality）的数值取决于网络尤其是相对小规模网络的总体密度（即如果每个节点都最大限度地连接在一起，现存连接数量同将会出现的连接数量之间的比值）。此外，当不同网络的节点内容和节点数量并不相同时，我们依然很难对其进行比较。然而在这些模型中，随着炊煮陶器和家畜的出现，节点的类型和数量也必然发生变化。另一种做法是使用自我中心网络（ego networks）进行分析。自我中心网络旨在对被称作自我节点的某一个节点周围的直接网络进行抽象、建模和分析。自我中心网络也被称作中心图（centered graph），它由社会学家林顿·弗里曼（Linton Freeman）（Freeman 1982）率先提出，为了更好地理解个体行动者在更大社会结构中的位置，学者们将其进一步发展完善。自我中心网络并不是将社会网络作为一个整体来研究其结构性质，而是用来理解更大的网络对某个个体行动者的影响（Mol et al. 2015）。

  图 9.2 展示了所有四个阶段与房屋有关的自我中心网络。在该案例中，自我中心网络包括了节点（自我节点）、一级和二级连接（tie）或邻居节点（neighbors 或他者节点 [alters]），以及所有邻居之间的连接。图中节

点的大小以介数中心性（betweenness centrality）为基础。图中节点的颜色具有以下含义：黑色表示的是自我节点，深灰色表示的是距离为 1 的节点，浅灰色表示的是距离为 2 的节点。正如考古学家在遗址现场就已注意到的，这些网络很好地反映了晚于邦库克鲁遗址的房屋所具有的更大的中心性，也反映了邦库克鲁遗址早期的垃圾堆所发挥的重要作用。我们将这四张网络分析图进行比较还能够发现，恰塔霍裕克遗址第 1 阶段和第 3 阶段的房屋具有更强的介数中心性。对上述四个网络关系所进行的各种度量证实了网络关系图给我们的视觉印象。在恰塔霍裕克遗址第 1 阶段和第 3 阶段，房屋介数的总体网络密度百分比和绝对值达到了最大值（见 Hodder and Mol 2016）。上述研究结果再次同考古学家在遗址现场搜集到的证据相一致。

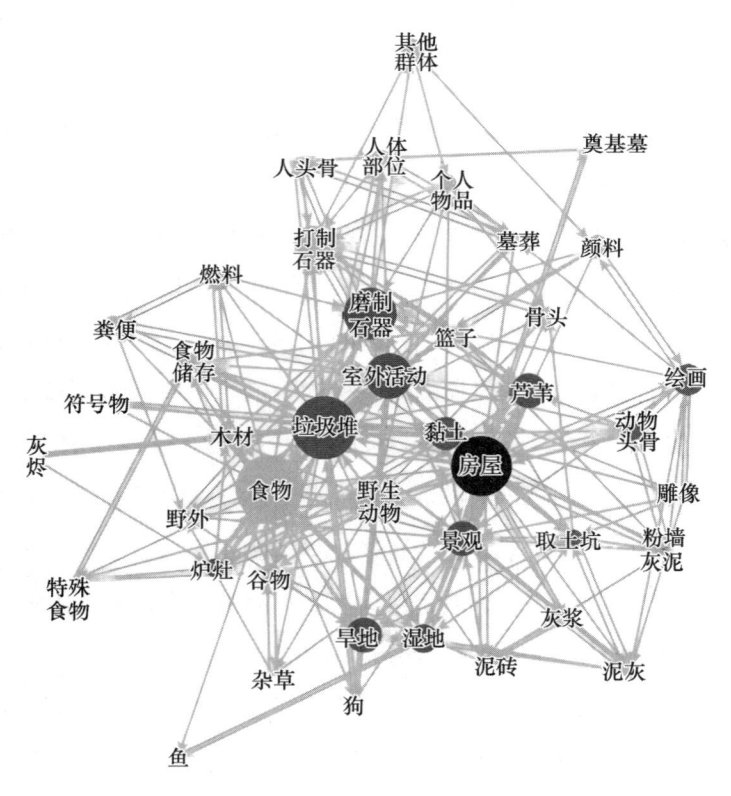

9.2-1　邦库克鲁

9.2-2 早期

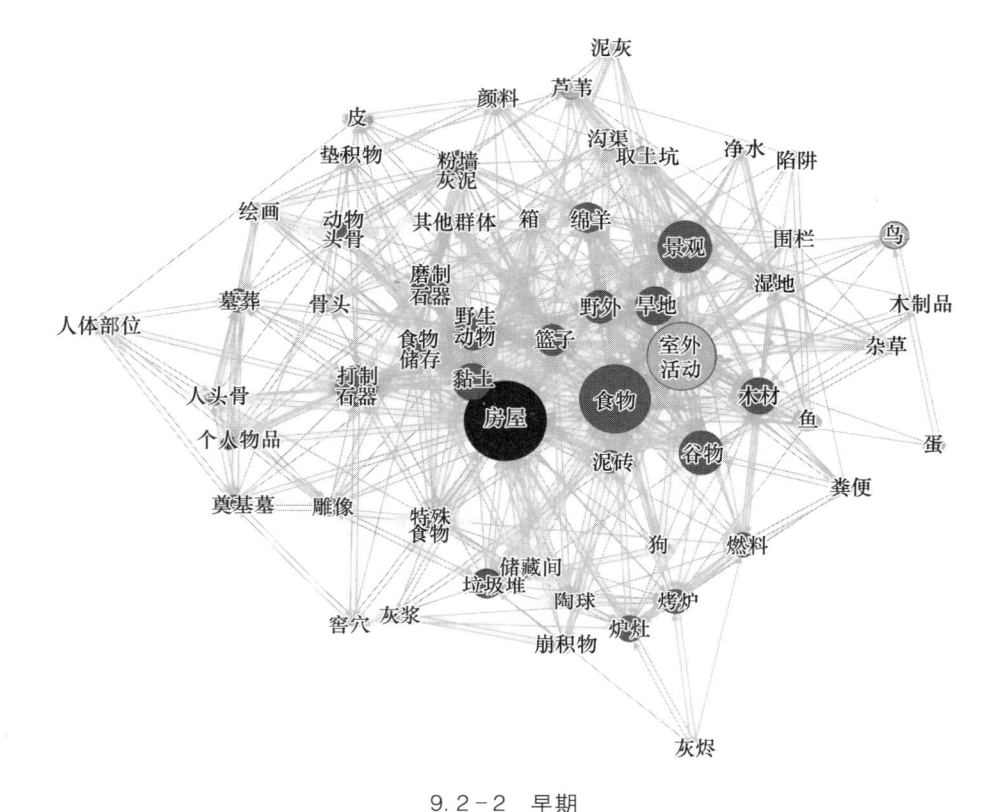

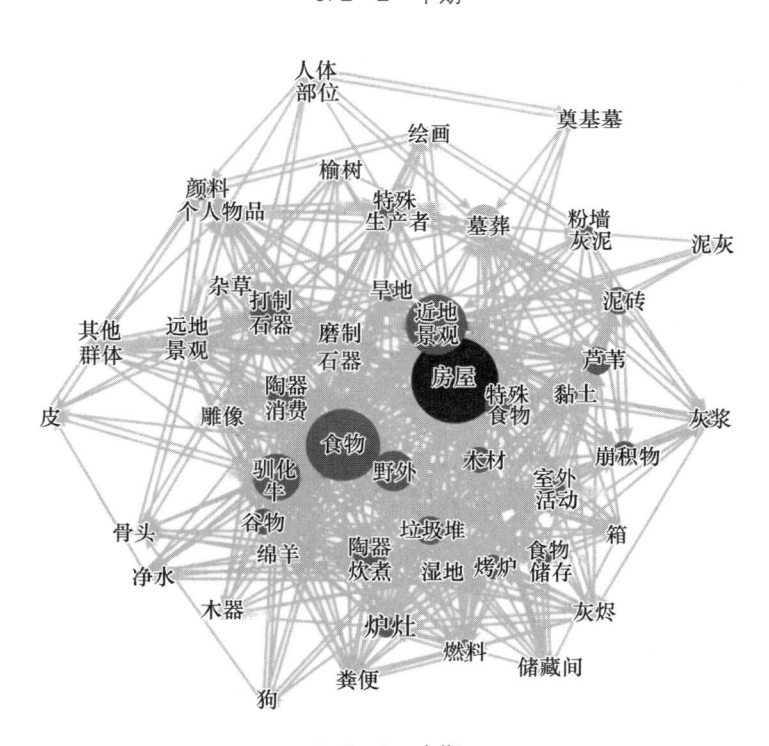

9.2-3 中期

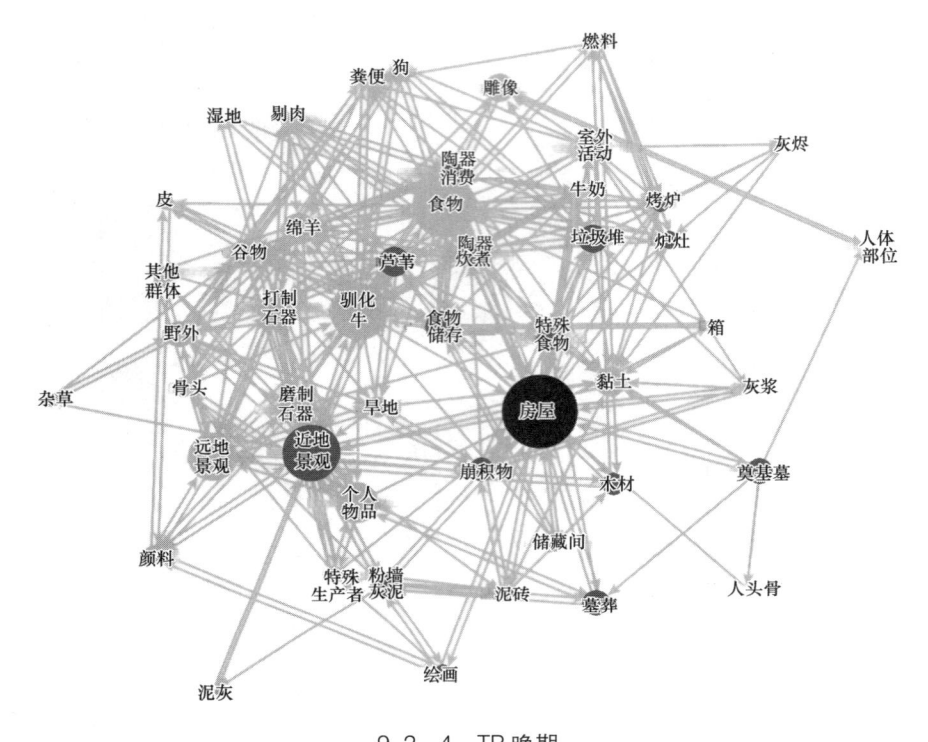

9.2-4 TP 晚期

图 9.2 四个阶段与房屋有关的自我中心网络

（来源：Hodder et al. 2016/施普林格·自然）

时 序 性 纠 缠

然而，上述这些网络分析的方法无法很好地解决纠缠关系流的多重时间序列问题。纠缠涉及多种方式，其中，由于各个操作序列彼此之间相互联系，每一个操作序列必须"等待"前一个序列完成才能够进行。每个操作序列都同其他序列之间存在纷繁复杂的纠缠。在讨论纠缠的这些面向时，我希望对下述四点内容进行区分：（1）操作步骤序列；（2）物的生命史；（3）事物类别的历史序列；（4）遗留（legacy）。

（1）在第三章中，我们讨论了包括操作链和行为链在内的各类操作序列。我们可以根据旨在达到某种结果或目的的操作序列组织纠缠关系图。人与物之间的相互作用具有时间性。在生产过程中，我们需要等前一个操作步骤结束后才能进行下一个步骤。考古学家通常关注原料获取、生产、交换、消费和废弃等步骤。但在更严密的尺度下，考古学家同样也能够将这些步骤的每一部分进行拆解。因此，在图9.3中，我已经识别出了恰塔霍裕克人用陶球在篮子中炊煮羊肉这一操作过程的某些步骤。起初，人们需要修建烤炉或炉灶，之后需要拾取粪便和木头用作燃料。与此同时，人们或许需要制作陶球并编织、制备篮子。之后，人们需要点火并将陶球放入火中。当陶球被加热后，人们需要用木制的钳子将陶球夹起来放到盛有生肉和液体的篮子之中。当陶球冷却后，人们会将其放回火中并将加热后的陶球放回篮子。上述过程会一直持续，直到将肉煮熟。

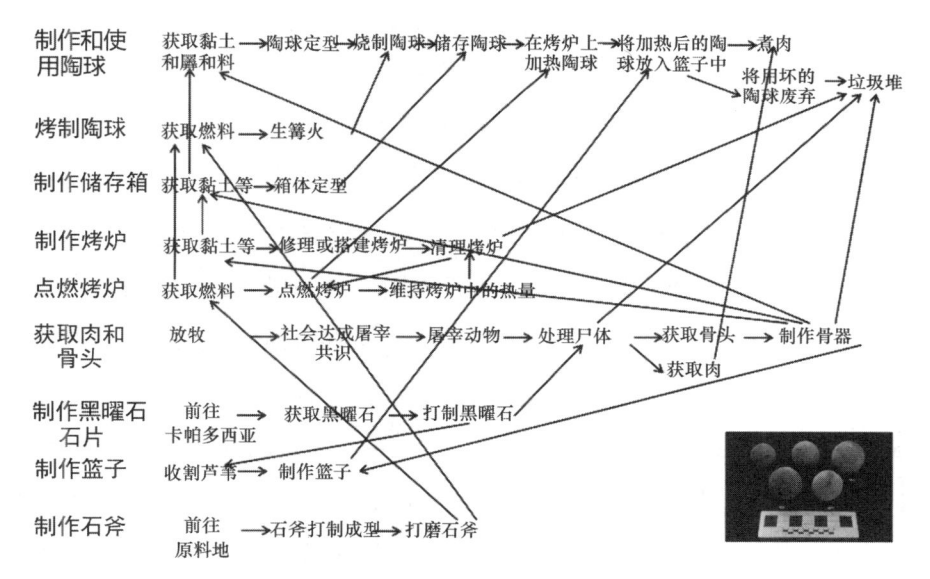

图 9.3 恰塔霍裕克人用陶球在篮子中炊煮羊肉的步骤序列

（来源：Hodder et al. 2016/施普林格·自然）

如果我们将用陶球炊煮的操作序列同炊煮陶器出现后用陶罐煮肉或炖肉的操作序列进行比较，将会有很多有趣的发现。陶器的生产过程本身就会增加复杂性，包括制作不易开裂和破损的薄胎陶器的精湛技术。但用陶罐煮肉也节省了很多劳动力，因为人们在煮饭过程中不再需要篮子，而且最重要的是，人们不再需要将陶球反复拿到火上去加热。正如第六章所述，究竟这种使用陶器的方式是否具有吸引力、是否高效，部分依赖于当时房屋内其他物品的作用。但让纠缠关系变复杂的主要因素是，恰塔霍裕克的陶器是人们通过和西部火山地区的群体交换得来，这其中还涉及被用作礼物交换的物品供给及对交换关系的维护（Doherty 2012）。

我们还必须在其他活动的季节性周期内确定操作序列。正如弗兰纳里（Flannery 1968）在对早期中美洲的研究中所指出，驯化玉米的出现会对人们获取其他资源产生重要影响。人们需要花费大量时间照顾玉米这种作物，因此会打乱采集各种其他植物的时间安排，这迫使人们更加依赖玉米。考古学家通常会使用表明季节性的各种指标（如候鸟或动物）来识别古人在一年中的哪个阶段在遗址上生活，而且考古学家也会应用生长周期的知识去重建遗址上发生的活动的季节模式。恰塔霍裕克遗址的考古证据证明了如图 9.4 所示的人类活动时间安排。操作序列错综复杂的关系肉眼可见，而且这些时间上的相互关系构成了纠缠关系的重要组成部分。伊丽莎白·亨顿（Elizabeth Henton）对驯化绵羊牙齿进行氧同位素序列分析，得到了恰塔霍裕克遗址绵羊出生时间的证据。亨顿（同作者的私人通信）认为，在恰塔霍裕克遗址的早期阶段，绵羊是在 4 月至 7 月出生；但到了遗址的晚期阶段，更多绵羊在 3 月出生。绵羊的出生时间更早表明当时人们操控了羊群的出生时间（因为如今当地野生绵羊的出生时间更晚），并且还表明了人们在冬季会给绵羊投喂饲料，这本身就暗示了人们会储备新鲜的干草。收割和储备额外的牧草给夏秋农忙时节的人们增加了压力，此时，人们正忙于繁重的体力劳动，如收割庄稼、屠宰和制备储备肉、采摘和储存水果，从整个平原地区收集木材、制作泥砖、以及粉刷房屋墙壁。过早出生的绵羊给夏秋农忙时节的人们增加了负担这一现象或许解释了为何到了恰塔霍裕克遗址晚期，人们

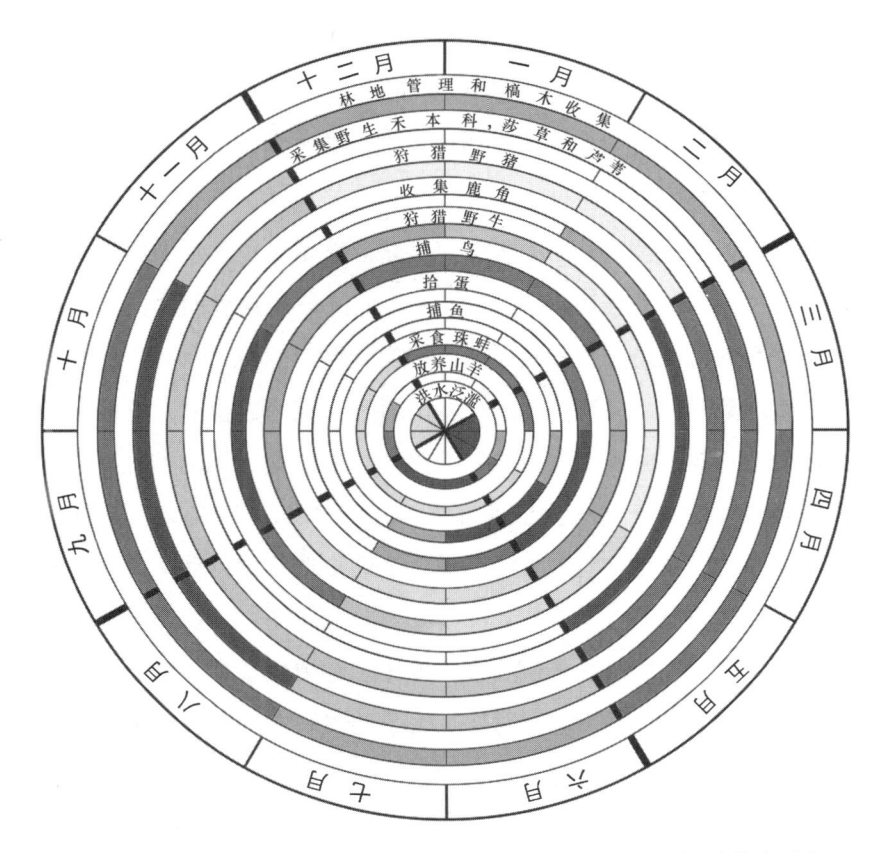

图 9.4 发生在恰塔霍裕克遗址新石器时代湿地和河岸环境下的季节性活动图。颜色更深的部分表示相应的人类活动更有可能发生的时间

（来源：Wolfhagen et al. 2021/安卡拉英国考古研究所）

粉刷房屋内墙壁的频率有所降低。遗址晚期的灰泥在颜色上不再如早期那样洁白，厚度有所增加，而且粉刷的次数也不如早期那样频繁。这种劳动强度更低的新型粉刷方式或许是为了减少夏秋农忙时节对劳动力的需求所进行的权衡。

（2）时序性纠缠的第二个研究尺度关注的是具体物品的生命史。单个物品一般都经历了制作、使用、重复利用和废弃的过程，考古学中已经发展出了通过研究器物运动轨迹来重建器物所经历的上述过程序列的方法。各种科学分析技术目前已经很成熟，而且人类学与物质性理论也越来越多地被考古学家们用来研究器物的生命史。虽然上述很多研究都会回到阿帕杜莱（Appadurai 1986）有关物的社会生命的开创性研究，但近年来，还有很多关注人工制品的研究很有意思，这些人工制品已经成为了记忆和标识，并在不断变化的社会情境中被赋予新的含义。虽然恰塔霍裕克遗址有很多不断被修补和重复使用的骨制品（Russell 2005），但或许最能够表明物具有长久且复杂的使用生命的案例是人头骨及其他部位的骨骼。一具有血有肉的遗骸最初可能被完整埋葬。但之后可能经历迁葬的过程，成为二次葬。此后人们可能会将尸体的颅骨取下，并用颜料和灰泥涂抹，以重塑人体的特征。之后，人们会将头骨埋入诸如房屋承重柱底部等地方（Hodder 2006b）。人体各个部位的循环流通，以及为这些人工制品书写生命史或传记的做法，是对整个遗址尤其是历史性房屋进行历史构建的重要方式。

（3）时序性纠缠的第三个研究尺度关注的是类别或类型的历史序列。很多演化考古学家都发展出了基于对亲缘关系和关联性的各种度量来追踪类型谱系的方法。在我看来，对类型增减的研究需要在产生类型的纠缠关系中进行。类型和特征在整个纠缠关系中彼此"契合"，它们在此意义上会持续存在。我在第一章中论述了恰塔霍裕克人使用陶球的频率逐渐降低，与此同时，炊煮陶器的数量逐渐增加。鉴于当时人们有很多问题需要处理，我们可以将陶球向炊煮陶器的转变看作是这些问题的解决方案。因此，我们可以将陶球和陶器的出现顺序放在制定决策的环境中进行理解（图9.5的下部），而不是仅仅绘制类型的频率分布图（图9.5的上部）。

（4）时序性纠缠的第四个研究尺度是遗留。在我看来，遗留指的是物本身累积至今的时间性。物要么存续至今，要么已经消亡。物身上活跃的时间性对人与物的行动方式产生重要影响。通过研究人对自己身边残存事物的回应方式，我们可以对某个社会的组织方式进行更多了解。恰塔霍裕克的"房屋"不仅是社会的-物质的组织，还在时空中不断流动（见第一章）。物质意

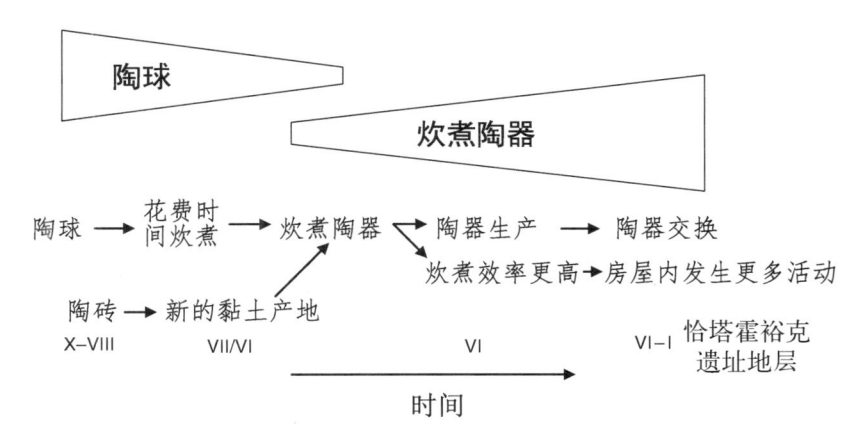

图 9.5 恰塔霍裕克遗址决策制定环境中（陶球和炊煮陶器）的类型序列
（来源：作者）

义的房屋构成了社会性房屋，并让社会性房屋的存在成为可能。但时间性的差异也让事物受到依附关系的约束。举例来说，房屋的墙体不够稳固，需要人们不断对其进行修缮。而如果新的房屋修建在早期房屋的残壁上，会更加稳固。一旦某座房屋投入使用，那么不论何种情况，在其上面修建的房屋都具有相似的形态。我们可以在恰塔霍裕克遗址第 4040 号区域内的一座房屋中看到这一点。在该房屋的北墙有一处拐角。当时的人们并没有必要设计这处拐角，该房屋附近也没有其他房屋需要避让。但这处拐角还是延续了早期房屋的轮廓，而在早期房屋中产生这种不同寻常的形态的原因是挤压（packing）。因此，某一地层的房屋形态是更早期地层中房屋形态的遗留——这是因为如果房屋修建在早期房屋的墙体之上会更加稳固。换言之，所有后期重建的房屋用的都是相同的墙体。

用于支撑房屋墙体的柱子经过精心维护。用作柱子的橡树和杜松生长在遗址南部和西部的山地地区，人们很难获得它们，因此，人们在修建房屋时，经常会将处在废弃阶段的房屋的柱子取下，并将其安放在新建造的房屋中。柱子的使用寿命通常会延续数代人之久（图 9.6）。人们有时也会将埋葬在早期房屋内的祖先遗骸挖出重新埋葬，形成二次葬。实际情况很可能是，炊煮陶器的使用寿命会持续数年；而墙壁上的灰泥每隔数月就会被重新粉刷。人们每天会根据自己的日常所需对谷物进行储存和加工。小雕像则似乎很快被人使用并废弃。

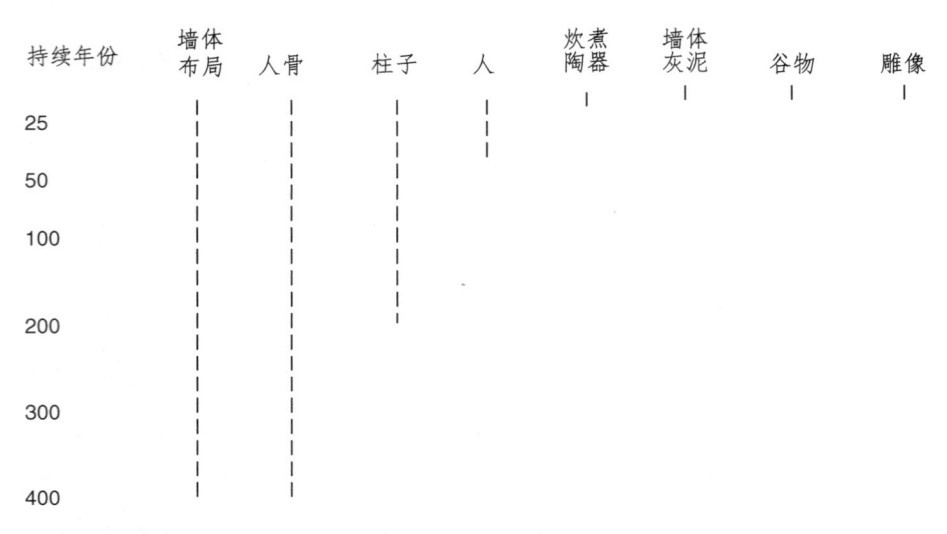

持续年份	墙体布局	人骨	柱子	人	炊煮陶器	墙体灰泥	谷物	雕像
25	│	│	│	│	│	│	│	│
50	│	│	│	│	│	│	│
100	│	│	│	│				
200	│	│	│					
300	│	│	│					
400	│	│	│					

图 9.6　恰塔霍裕克遗址各种遗物的遗留图表明了各类遗物持续存在的时间

（来源：作者）

由此，我们可以绘制考古遗物的遗留图，并将恰塔霍裕克遗址房屋内人与物的存续时间在图中标出。房屋墙体布局、居室葬及用橡树与杜松制成的木柱构成了可以被恰塔霍裕克人在特定背景下充分利用的遗留。实际上，上述三种物质遗留作为历史构建的一部分，被人们赋予了特殊的象征意义。墙壁的修建与拆除经过人们的精心管理，而且通常是在仪式活动的背景下发生。直立的柱子被人涂上灰泥并用野牛角和野牛头进行装饰。死者的头骨有时也被挖出并用作历史构建（如以头骨流通的方式构建历史）。在恰塔霍裕克遗址，存续时间更短的日常物品和物质遗留往往也承载着更少的社会与象征意义。小雕像很快被人做好并丢弃在垃圾堆中。用于食物制备和炊煮的陶器并没有繁缛的象征符号（同烤炉和储物箱一样都未经装饰）。在另一方面，人们也会对存续时间较短的灰泥涂抹颜料，但这种活动可能是对灰泥下面的墙壁而非针对灰泥本身所进行的装饰。不同社会的物质遗留被人们以不同的方式对待。在恰塔霍裕克，物质遗留对构建家屋社会的历史非常重要。其他社会可能更注重同那些没有遗留到后世的物品进行的日常互动。一个潜在的研究方向是对不同社会物质遗留的差异进行探索，并从纠缠程度的角度对其进行理解。

长期以来，考古学家们一直对残留（residuality）形式的物质遗留非常痴迷。去看一下你钱包内硬币的日期吧。你会发现，很少有日期为今年的硬币，相比之下，大部分硬币都是最近几年铸造的，但也有少数几枚硬币的日期很久远。如果我们对钱包内或某一考古堆积单位内不同日期硬币出现的频率进行统计就会发现，日期越久远的硬币数量越少。学者们已经就某一遗址（Evans and Millett 1992）及经济系统与货币流通（Reece 1984）讨论了硬币残留水平变异的原因。残留曲线的形态同流通、价值、精制加工（curation）和堆积的过程有关。虽然某些纠缠形式包含了更多数量的遗留和残留，但这依然是考古学家很少触及的研究领域。

历时性纠缠

这样看来，纠缠包括了相互关联、相互交织、长短不一的人-物依附关系线索。莫尔、卢卡斯和霍德（Mol, Lukas and Hodder 2021）试图对恰塔霍裕克遗址的依附关系流进行研究。这项研究主要关注的是依附关系流本身，并阐释其时间上的因果关联，而不是关注网络关系及流动关系图中的节点。纠缠关系所面临的一项重要挑战是，纠缠是一个有关物体的概念，这些物体在不同时间内可能相互融合（涌现）、可能持续存在，也可能在范围上不断扩展或发生改变。莫尔等人并没有像上文所述的网络分析一样将时间序列分成一个个更短的时间片段，而是应用考古学中可观察到且可量化的时序现象，来确定彼此之间具有相互关系的关键性纠缠事件。这使得考古学家的关注焦点从物转向处在运动过程或流动中的事件。

莫尔等人的研究首先从理论的角度对图 9.7 所示的物质流进行可视化。对物质流的描述方式取决于有哪些物质流交织在了一起。其中有一组物质流涉及建筑材料和房屋修建。恰塔霍裕克遗址早期阶段的泥砖是使用当地漫滩沼泽中的黏土及包含较多有机物的原料制成的（Love 2013, Tung 2013）。用这种黏土修建的墙壁很容易坍塌和变形。针对房屋墙壁的不稳定性，恰塔霍裕克人采用了多种应对措施，如将不同房屋挨在一起修建，这样就可以减少风化对房屋墙壁的破坏；人们还会修建额外的墙壁对墙体外表面进行保护（由此产生了双层墙壁）。人们解决墙体不稳定的另一个措施是制作含砂量更高的泥砖。为了获取这种泥砖的原料，人们会对居址周围的部分湿地进行深入挖掘，因此会对湿地内小型鱼类的数量产生影响，而这些小型鱼类此前曾出现在遗址周围三角洲状的小河中。

使用含砂量更高的泥砖不仅能够让墙体更加稳固，还能够逐渐增加房屋的面积。这样，更加宽敞的房屋就能够容纳更多种类的活动。同样，活动的增加连同其他物质流（详见下文）让房屋面积变得更大。到了遗址晚期，房屋已经变得非常大而且通常设有上下两层，这样，人们不得不再次使用包括修建扶壁在内的其他办法来稳固墙体。此外，还有另一条人与物之间相互依赖的路径。人们在遗址的早期阶段使用本地的资源。这种对本地资源的依赖很快降低了人类对小型淡水鱼类的依赖（这种现象同样受到人们为了获取含砂量更高的泥砖原料而在居址周围不断向下挖掘的影响，见上文）。当地资源的减少同样促成了人们从依赖野牛从事经济、社会与仪式活动到依赖家养牛的转变。

为了验证图 9.7 归纳的假说，几位研究者对恰塔霍裕克遗址的量化变量进行多元回归分析，以识别出突发事件或突变，这些突发事件可以作为分析网络关系历时性变化的基础。由此，学者们关注的焦点是各种事件及其因果关系，而并非空间网络中的单个事物。我们选取了详细程度和范围均适合达成上述目标的 18 个时间序列进行分析。这些时间序列包括了下述变量或线索的数量和密度：绵羊与山羊的骨骼、牛、马科动物、野猪、野鹿、鱼骨，恰塔霍裕克人使用的、原料源自涅涅茨山（Nenezi Dağ［NNZD］）和东湖山

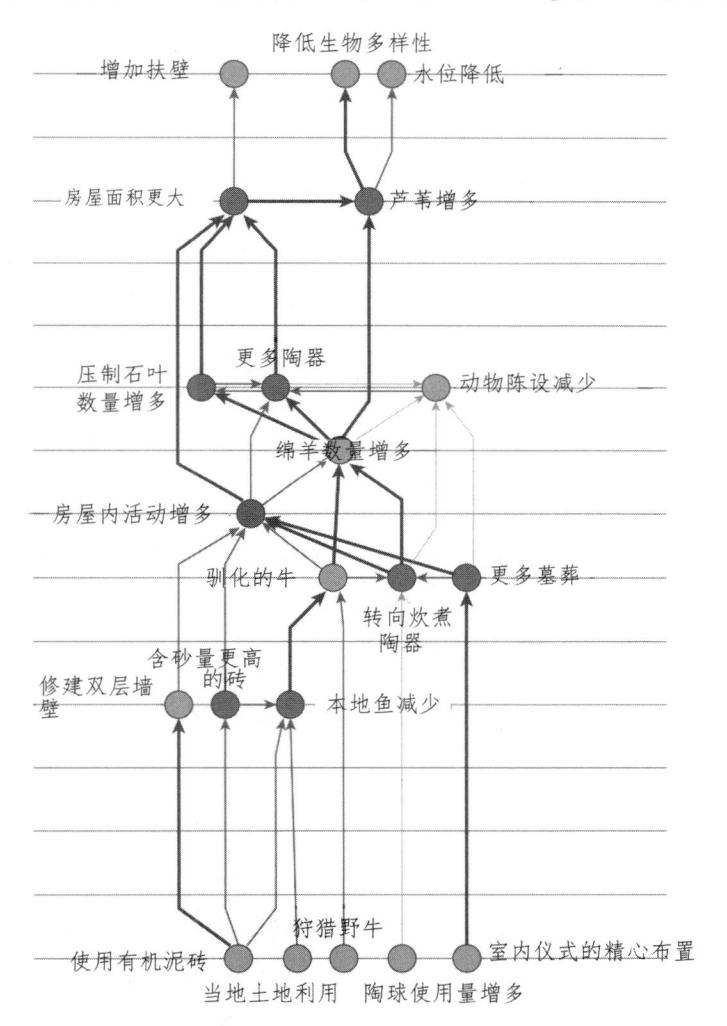

图 9.7　一个纠缠的理论模型，表明我们可以对许多原初的及核心的纠缠路径进行历时性追踪。图中由下至上的水平线表示的是恰塔霍裕克人从早到晚的生活地层

（来源：Mol, Lukas and Hodder 2021）

（East Göllü Dağ）的压制石片和黑曜石，陶球、炊煮陶器、动物陈设、房屋、室内居室葬、双层墙体、墙体填充量、泥砖成分、房屋居住面出土遗物总体类别的密度，以及芦苇植硅体数量的增加。我们将上述 18 个完全不同的数据分布进行整合，旨在提供一种自下而上的方法来研究这些物质材料和其他考古遗迹在数量或"流行程度"方面发生的显著变化事件，而这样做的目的是将上述这些阈值用作历时性纠缠模型的节点。

我们使用线性最小二乘回归来估算年代分布数据的变化率。以图 9.8 为例。变率的导数用来对每幅图的趋势方向进行量化——导数表示的是变率图的斜率，由此，正值表示的是变率图的正向趋势，负值表示的是变率图的负向趋势。将此应用到恰塔霍裕克遗址的年代数据分布中可知，我们可以将导数解读为图中数据背后的事物、实践活动或技术的"使用"或变化率的递增或递减趋势。我们对每一幅变率图的导数进行分析，并用 0.6/−0.6 的积分量（根据二次多项式的导数）来表示研究对象变率强烈的增加与减少趋势。同表示成比例变化的 0.5/−0.5 积分量相比，0.6/−0.6 积分量表示的是变率图中大幅度的比例增减，因此更有意义。正值至少表示的是一种超过中等程度（即 0.5）的趋势，而且能够让我们确定何为高重要性的增长。我们可以将反向超过阈值的情况理解为开始达到饱和或停滞状态。总而言之，选择 0.6/−0.6 作为阈值所表达的并不是最强或最弱的增减幅度，其表示的是某个纠缠的发展在稳定前或稳定后的直接变化量。研究者对不同的可能性组的解释如下：正向分布趋势上的数值 0.6 表示的是"完全采用"；负向分布趋势上的数值 0.6 表示的是"增长停滞"；正向分布趋势上的数值 −0.6 表示的是"衰减停滞"；负向分布趋势上的数值 −0.6 表示的是"消失"。

随后，我们用变率图上的 0.6/−0.6 数值来确定恰塔霍裕克遗址地层序列中，至少与分析研究时所用的数据集有关的重要变化事件。这里存在一个合乎逻辑的预设，即以某种方式相联系的主要变化应当在时间上密切相关。恰塔霍裕克遗址的模型通过将所有相邻两个地层的所有事件联系在一起来模

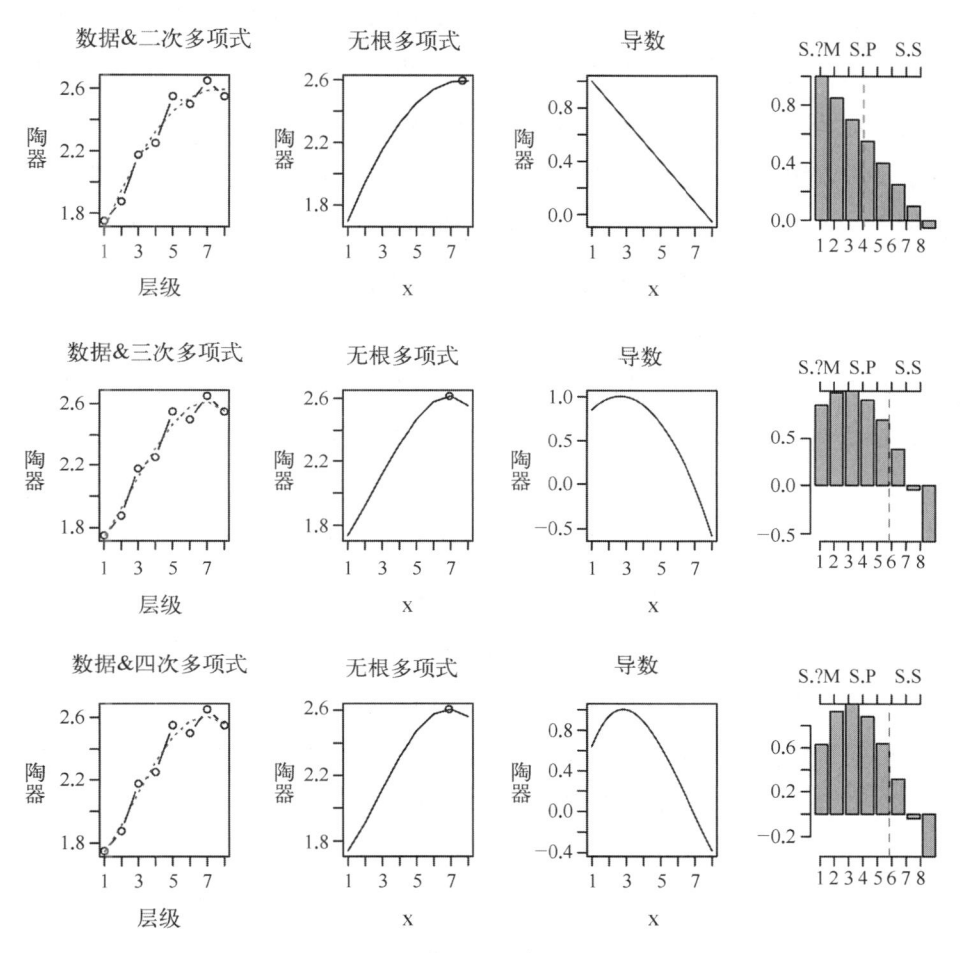

图9.8 用二次、三次和四次回归分析得到的陶器数据分布图。右侧直方图上的虚线表示的是阈值0.6/-0.6所在的位置

（来源：Mol, Lukas and Hodder 2021）

拟上述关联。当然，时间上的关联性并不足以让各种主要变化联系在一起，而且也可能会产生带有很多错误相关性的纠缠关系模型。此后，我们根据对遗址不同时期依附关系的总体理解，从似然性（likelihood）的角度，对所有可能关系的证据进行分类和编码。举例来说，我们知道陶球和炊煮陶器都用来煮饭，因此，我们有理由认为，陶球数量的减少同炊煮陶器使用

量的增加有关。虽然上述推理具有高度的阐释性，但依然同定量分析所提供的数据架构（data scaffolding）相联系。图 9.9 的分析结果显示了恰塔霍裕克遗址从最早的居住阶段（G 层）一直到废弃阶段（TP 层）所有的节点事件及其因果关系。通过使用这一模型，我们能够对历时性过程进行直观解读，不过，由于存在许多潜在的纠缠关系，这意味着任何线性的、历时性的解读都只能沿着纠缠关系中许多（潜在的）故事或链条中的一部分展开。

上述案例表明了正式的、受数据驱动的模型所具有的局限性，也指出了对具体物质关系进行阐释所处的位置。本章余下的部分将会对此展开讨论。我们当然也可以使用很多其他的方法去研究历时性的复杂关系。当下有很多由物转向流动和事件的研究受到了德勒兹和加塔利作品的影响（如 Deleuze and Guattari 2004）。而上述两位学者本人则受到了复杂系统理论和非线性动力学的影响。诚然，我们也应用了动态非线性系统理论、混沌理论，以及由麦克格莱德和范德莱乌（McGlade and Van Der Leeuw 1997）所倡导的复杂性理论对恰塔霍裕克的依附关系进行定量化解释。可以预见的是，在考古学中将会使用上述方法来研究历时性的纠缠流动。具体请参见下文。

阐　　释

上文中所讨论的那些正式的量化方法在进行不同案例比较、得出一般性趋势及建模时很有用。在考古学及其他人文社会科学中，人们都强烈感受到"大数据"、大尺度和长时段已经成为了一种研究趋势。绘制有关操作序列和各种依赖关系的纠缠关系图，对我们理解纠缠起作用和发生变化的方式很有裨益，此外，比较研究法也很有用。然而，有时这些正式的量化方法对数据的处理方式过于粗糙，因此需要我们对研究结果进行认真阐释。在上文所论述的历时性纠缠分析中，研究者们理所当然地使用了"炊煮陶器""动物陈设""房屋"及"人类墓葬"等词语，但这些词语并不是不证自明的。我们很难确定哪一件陶器作为炊器使用；而且由于房屋内发现有很多野牛角，我们往往很难确定哪些牛角是出自拆下的陈设。不仅如此，我在本书前文（第一章）就已经注意到，"房屋"一词存在争议，而且由于墓葬内的尸体经历了长期的转化过程，一座墓葬内埋葬的尸骨数量取决于我们统计的是原生（primary）、次生（secondary）还是再生（tertiary）的人骨遗存。

受本体论和新物质主义转向的影响，现如今，一些考古学家反对阐释和表征（相关综述见 Preucel 2020, Alberti et al. 2013）。琼斯和阿尔贝蒂（Jones and Alberti 2013：15）认为，考古学已经从关注让作为主体的考古学家阐释不会说话的考古材料，转向了关注考古学家同世间其他活跃的能动者之间的全然关系性。我对此也深表赞同。但我并不认为有人可以不加阐释地从事考古学研究——确实，这样的观点对我来说完全是不具备关系性的。声称存在不需要阐释的考古学这种言论往往是靠不住的，而且常常会被打回原形。在一

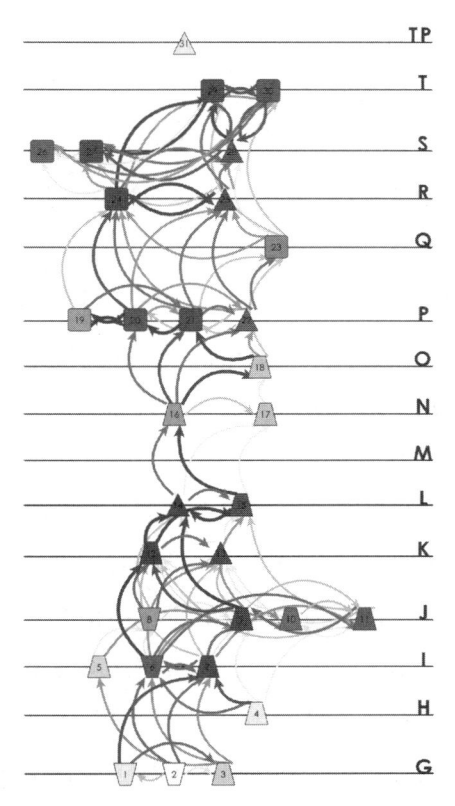

图9.9 恰塔霍裕克遗址不同时期的节点事件及其被人们所阐释的因果关系。箭头宽度和颜色深浅（由浅及深）表示的是不同事件在逻辑上存在相关性。节点颜色深浅（由浅及深）表示的是以纠缠关系的逻辑证据为基础的纠缠事件。三角形表示的是"完全采用"的事件，宽底梯形表示的是"增长停滞"的事件，窄底梯形表示的是"衰减停滞"的事件，圆角方形表示的是"消失"的事件。数字所代表的具体事件见原文

（来源：Mol, Lukas and Hodder 2021）

本名为《阐释之后的考古学》（Archaeology after Interpretation）的著作中，两位编者声称"我们并不想主张考古学的主要目标不应该是阐释"（Jones and Alberti 2013：18），而且，受本体论转向影响的考古学案例中确实到处充满了阐释（见本书第十章所述琼斯对雕刻有图案的石球这一案例的论述）。

虽然阐释过程完全是反身性的而且涉及各种理论、测量仪器和动因，但我们仍然可以通过恰塔霍裕克遗址的三个简短案例认识到阐释的重要作用。遗址上的野牛头通常被人抹泥并安置在墙壁上，我们可以将这些野牛头看作是对宴会的记忆。死者通常以居室葬的形式被安葬在房屋居住面以下，我们可以认为居室葬内安葬的是已经故去的祖先。女性雕像或许只是表达了成熟女性的身份地位。或许我们可以认为，恰塔霍裕克遗址起作用的是一套完全不同的本体论，在这种本体论看来，上述三类由物质参与的行动具有无尽的生命力。那么，我们如何能够证明这种本体论阐释的价值呢？虽然莫里斯·布洛赫（Maurice Bloch）（Bloch 2010）已经根据跨文化类比论证了野牛头具有让房屋充满生机的力量，而且这种类比通常很有效，但我们有充分的理由认为野牛头的情境关联表明其具有特殊作用。有许多野牛头被多次抹泥涂彩。人们将这些野牛头从早期的房屋建筑中取出，并放入新房屋内进行保存。这些野牛头被放入主室的重要位置。所有的这些共存关系营造了一种野牛头具有某种特殊力量的情境。至于人类墓葬则更常见于那些带有野牛头陈设等象征性装饰物的房屋内，逝者的头骨通常会被取下，而且在某些情况下还会被反复抹泥涂彩。房屋壁画描绘了秃鹰将人头和野牛头取回的情景。那些用石头雕刻而成的精美的女性雕像的沉积背景有时会显示出一种特殊的力量。其中，有一件雕像被放置在平台上，并同方铅矿、滑石粉、蓝珠和红色赭石共出。这是一组特殊的、不同寻常的器物组合，它证明了这些雕像确实可能具有充满生命力的力量。野牛头、人类墓葬和雕像的这组特殊的共存关系确实表现了一种在恰塔霍裕克遗址许多器物堆积中（如垃圾堆中的碎陶片)都不曾见到的生命力。在我们探究纠缠、聚合体和本体论时,这种情境化的阐释确实很难避免。

结　　论

在本章中,我一直想要阐明纠缠这个概念的有效性。通过论述有关纠缠线索分析的各种案例,我已经试图表明一些新方法、阐释和解释所具有的潜力。我们不但可以从功能和依赖性层面追踪纠缠关系,还可以从空间和时间维度对纠缠进行研究。有许多不同类型和规模的时间、历史和操作序列仍有待研究。一些有关社会韧性、持续性和变化的新方法也很有潜力。

然而,毫无疑问,更加正式的方法同诸如纠缠这样的关系性方法之间存在矛盾(见 Knappett 2020)。其中的一个主要问题是,鉴于考古材料的片面性和有限性,我们很难对纠缠所强调的各个线索之间的流动和偶然联系进行量化建模。建模需要更多的数据支持,而考古学家很难提供令人满意的数据质量。关系性这个概念表明,任何模型中的实体在同其他实体和流动之间的关系上都应该不断变化,而这种流动的变化是很难用网络分析等方法进行建模的。在上文有关历时性纠缠关系的研究中,我们试图将研究重点放在关系趋势而非实体层面,但很明显的是,在整个研究中,我们依然依赖某种形式的情境化阐释。

在这里,方法论的核心问题是纠缠涉及了对各种关系的研究,因此,定量分析法似乎很合适。然而,定量分析让我们忽视了复杂的阐释过程,而阐释对我们研究单个纠缠关系线索是很重要的。正如上文历时性纠缠关系研究案例中所用到的,某种形式的混杂分析(hybrid analysis)似乎很有必要。同上述核心问题有关的是我们应该如何划分研究边界。研究边界的划分长期以来一直都是情境化阐释的弱点。正如我们将要在下一章中讨论的,此时,我采用的是巴拉德(Barad)的能动切分(agential cut)概念。在划分研究边界时，作为研究者的我们也进入到研究现象中。我们自身以及我们所使用的测量仪器成为了内在互动（intra-actions）现象的一部分。我们需要做的是弄清楚我们应该在哪里划分边界，并对我们在划分边界过程中所作的决策进行反思批判。

第十章
走向纠缠的弦理论以及同其他理论的对比

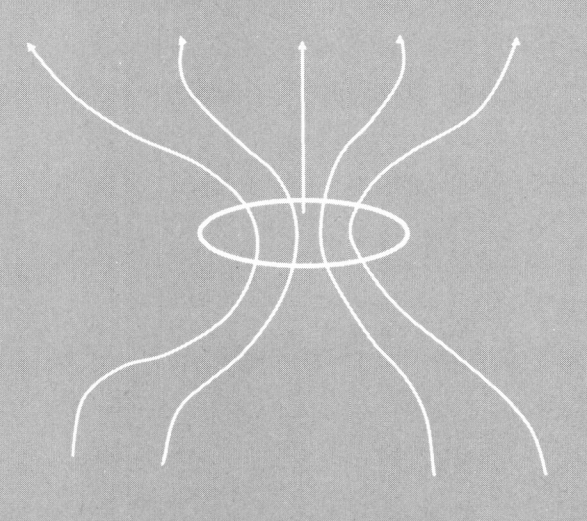

我站在跑道旁，看着人们排着队走上楼梯并进入机舱内，此时，我在想究竟是什么让飞机飞行？当然，从狭义的角度说，飞机自身的钢铁结构、引擎、燃料及机翼上方的气流让飞机向上爬升；从广义的角度说，确保飞机正常飞行的还包括交通管理员、雷达系统与追踪设备。正是所有的这些物质流、能量流与信息流让飞机能够正常航行。但如果缺少了那些排队登机的乘客们的各种欲求，如出差赚钱、走亲访友、度假、听音乐会，上述的物质流、能量流与信息流无法让飞机驶离地面。正如风所带来的推力一样，上述所有欲求的流动也是一种力量，构成了飞机引擎的推力。

到目前为止，我已经探讨了由具有羁绊作用的依赖关系与依附关系构成的纠缠是如何发生的，但在本书第一章中，我还从流动的角度对纠缠进行了定义。一直贯穿全书的是流动而非稳定的物。我现在想就本书一直强调的这种过程论思想进行更详细的探讨。

如前所述，纠缠可以被理解为彼此相互交缠、相互缠绕的诸多线索（参考 Ingold 2016）。图 1.3 和 1.4 所展示的就是这样一种纠缠观。本书第四章和第九章探讨了操作序列。每条线索都是物对人的依赖、人对物的依赖、物与物之间的依赖，以及人与人之间的依赖关系的某种混合，它将物质同抽象观念或符号混合在一起。每条线索都拥有在时间中跃动的能量，它们可以同其他线索建立联系，卷入其他线索中，去探索新的运动方向。但这些线索或流动究竟为何物？它们是如何构成的？我们应该如何理解作为表面稳定实体的物和流动概念之间的矛盾？

最近，很多学者都表达了物具有活力或能动性，或者物是行动者（actant）的观点。我们可以以此为出发点展开论述。确实，我自己也曾这样认为。但我已经意识到这种观点是错误的。物在现实社会中确实能够行动做事，但我们据此就得出结论，认为物具有能动性的这种做法是错误的。认为物自身就产生了流动的观点是站不住脚的。

物并不具有能动性

让我们以我折叠一张大毯子这个活动为例开启这部分的论述。乍一看,这个例子是在说人与物互联互通,共同产生了行动。我在叠毯子时首先把面前的毯子举过头顶,手臂在我面前向上伸展,将毯子的顶部边缘对折一次、两次、三次,折毯子的其他部分时也如法炮制——毯子的重量让其一次次地靠近地面,完成折叠。看上去像是毯子帮助我完成折叠的行动,这让毯子具有能动性或活力。但事实上,我叠毯子利用的是重力而非具有活力的毯子。毯子的底部边缘能够随着顶缘的折叠而完成折叠,是因为毯子的重量向下压,以及毯子自身相对坚实的属性,让毯子任何时候都不会卷曲变形。

诸如毯子这样的物并不具有能动性,它们是各种力量的传输通道。一件物体从山上滚落我们可以说它具有重力。但严格意义上讲,说皮球有重力并不正确。重力是诸如球等物体所在的力场。失去了力场就没有行动,而且没有了质量,重力便无法表达。同样,制陶过程中所使用的黏土也是如此。当陶工制作陶器时,黏土看上去拥有同陶工一起生产陶器的能动性,但实际上,是重力和各种电磁学过程让黏土以特定的方式集聚在一起,让其同水相结合产生各种形态。

那么,我们可否说社会场域也同样如此呢?在本章开篇的场景中,有各种各样的社会力量让那架飞机充满活力,其中就包括了去赚钱、去走亲访友及去其他地方旅行的欲求。社会生活由诸如威望、权力、爱和恨等各种不断变化的力量组成,这些力量不断在我们及我们周围的世界传递,并让我们自身与周遭的环境充满活力。从人的角度来看,我们的确可以讨论这些力量中有多少是不以我们的意志为转移的,但的确有一种观点认为,我们融入并参与到那些缠绕在我们身边的力量中。当然,对那些并不具有意向性的物质实物来说,我们或许可以认为,诸如威望等力量在物的身上得到体现。一件物体并不具有威望;

第十章　走向纠缠的弦理论以及同其他理论的对比 / 255

相反，它作为连接通道输送着威望的力量，与此同时也改变了这种力量。一件物体并不拥有权力；相反，它作为连接通道输送着权力，让权力得以呈现并且可能也改变着权力。在很多本土原住民看来，物具有鲜活的灵性，但此时，穿过物的身体、在物中循环流通的通常依然是某种力量，如礼物之灵（hau）。

在本书前面的章节中，我论述了恰塔霍裕克的房屋是如何在修建与重建的过程中不断流动，这使得我们很难知晓这种流动的过程从何处开始并从何处结束。重力等力量及干泥砖的物质特征让上述流动过程持续不断地发生。安置在房屋台基和柱子上的野牛角等事物所产生的能量振动同样让房屋充满活力。经历了数百年重建过程的房屋已经参与到了野牛和祖先的能量流动之中。灵性力量和社会威望是支撑、界定房屋并被房屋所容纳的能量流，是相互纠缠的各种力量的通道。

同样，恰塔霍裕克遗址的每一件陶器也不只是对其他陶器的主动模仿（见第一章）。每一件陶器都会从之前的陶器身上汲取能量，并赋予这些能量以新的动力（如图10.1）。用作炊器的陶罐（取代了陶球炊煮法）出现在遗

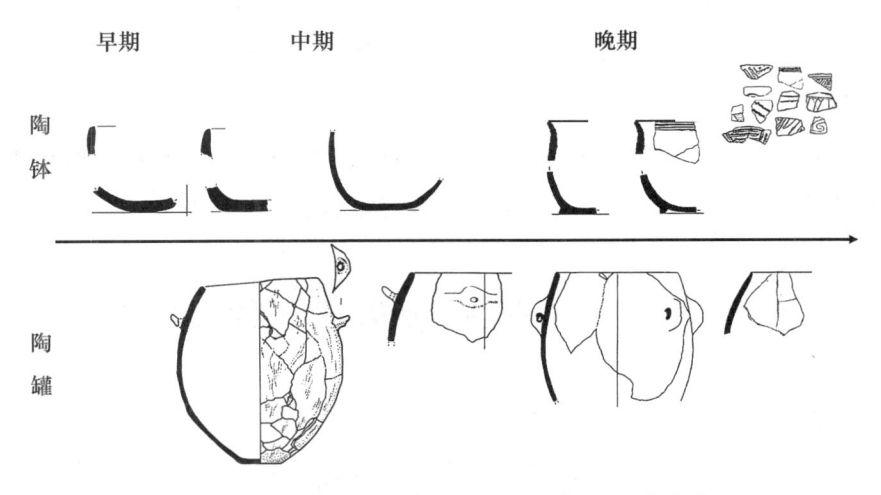

图 10.1　恰塔霍裕克遗址陶钵和陶罐随时间变化的概况（有关陶器的年代学分组见图 3.6）
（来源：杜伊古·塔尔干）

址中期，随着时间的推移，陶罐的标准化程度越来越高，并且能够养活不同规模的人群。早期地层的陶钵形态粗糙，厚壁圜底，且容积很小。从中期开始，陶钵的器壁更薄，打磨得更加精美，而且装有各式各样的鋬耳。到了晚期，陶钵出现圈足，并且有红色条状与刻划/凹槽装饰。这种陶钵演变序列表明，能量沿着越来越强调社会展示的方向传递，这同很多其他证据所反映的房屋在生产与消费活动中发挥越来越大的作用相契合（这同早期房屋在仪式活动与历史构建方面发挥更大的作用形成鲜明对比）。虽然每件陶钵都有早期器物的印记，但这同样为房屋内共生事件的发生增加了新的推动力。每一件陶器都是欲求流动的一个瞬间，为的是更好地炊煮食物，或者让房屋内更多的社会展示活动得以发生。陶钵边缘倾斜的方式、陶器中加入织物的方式，以及鋬耳的形态都存在着无穷无尽的微小变化。

因此，图 10.1 所示的陶钵与陶罐的演化序列不仅表明了历史联系和类型学迭代，而且还指出了陶钵与陶罐在特定背景下所受的能量流动及力场。波拉德（Pollard 2013）在论述西北欧公元前 5 千纪至公元前 3 千纪的新石器时代纪念性建筑时指出，这些纪念性建筑是由"大量生物动因（人、动物、植物等）的流动、能量流、地质与植被的可供性、宗教信仰，以及亲属关系与历史的纽带与划分"构成的。物自身并不具有能动性而是作为具有能动作用的能量通道这一观念，同我在本书中一直倡导的并不存在自在之物的观点不谋而合。物是由自身所经受的各种力量产生的。

当下并不存在，存在的只是从过去到将来的流动

由此可见，物并不具有能动性，正如物体不具有重力——相反，重力作为一种力量，同作为物体属性的质量有关。因此，是物体产生了重力而不是物体拥有重力。同样，社会事物是在生物-社会-物质的作用力下产生的，同时也产生了这些作用力。物的重要性在于它能够呈现当下，是各种力量传输

的通道。我不想再次陷入人是否具有能动性这个令人厌倦的争论，我只想说的是，人的能动性是通过多种形式的能量流传递的，但人的能动性要比其他事物的能动性更有能力颠覆并改变这些能量流。从某种程度上来说，人能够创造自己的欲望之弦。

但万事皆不稳定与万物皆流的观念同我们的日常经验相违背。正如许多学者所指出，我们之所以需要将物看作是稳定不变的，是因为我们需要一个稳定的世界去行动和制定计划。世间的流动太多，我们难以应对，因此我们认为物是稳定不变的。但不论对稳定性的需求多么必要，它依然只是一种错觉。正如柏格森（Bergson 1911 [1998]：9）指出，"我们应当看到，人的理智能够同无生命的物体尤其是固态物体和睦相处，在相处的过程中，我们的行动找到了自身的支点，我们的产业也找到了合适的工具；我们还应该认识到，我们的概念已经以固态的模式形成；而且不容置疑的是，我们的逻辑是有关固态物体的逻辑"。我们依赖稳定不变的空间几何学。柏格森继续指出（Bergson 1911 [1998]：2），"我们每时每刻都处在变化之中，而且存在状态本身也只有变化。对有意识的生命体来说，存在就意味着变化，变化就意味着成长，而成长则意味着永无止境地创造自身"（Bergson 1911 [1998]：7）。当我们对固态物体和稳固事物的感知同变动不居的时空现实相冲突时，柏格森提到了"真实的纠缠"（Bergson 1911 [1998]：11）。我们期望和想要的是那种被流动和变化无情破坏的稳定性。

在我们看来，我们在周遭世界所经历的物或多或少都是存在于当下的稳定的固态物体。来自过去的物在当下看上去是静止不动的——我们身边的物看上去总是一成不变。稳定之物的思想同被称为"当下"的观念关系密切。正如我在第一章中所述，人们就何为当下——是转瞬即逝的此刻，是 21 世纪，还是当下的时代——并未形成统一的看法。或许我们可以接受人们对当下有着不同的看法。或许定义"当下"本身的困难并不意味着当下并不存在。因此，我不认同"当下"这个观念并将其看作是一种必要的幻象，主要是因为我无法体验到当下。我能体验到的一切事物都已经成为过去。我无法让时间之流停下，然后说这就是当下。我无法将河流拦下。当然，我可以拍摄一张河流的照片，在照片中，河流是静止不动的。或许，照片及时捕捉瞬间的能力是我们对"当下"这一观念深信不疑的原因之一。但照片并没有让河流停下。

对我而言，对"当下"的怀疑还源于最近断代技术的新进展。考古学家和历史学家们一直以来都在以时间切片的方式谈论过去。因此，我们会将过去划分成早期青铜时代、晚期青铜时代或带纹陶文化（Bandkeramik），会通过绘制聚落分布图或直方图的方式概括这些时间切片中所发现的所有物质文化。这是建立在"当下"的时间块这一观念之上的粗糙技术，在这种块状时间观下，当下的一切事物都保持着一种稳定的关系。最近，建立在贝叶斯统计学基础上的测年技术认真选取那些具有严格地层学背景的测年材料进行断代，这种测年技术提出了一种新的时间观。现如今，我们可以测得诸如陶器的堆积或房屋的建造等事件在某一确切时间发生的概率①。在恰塔霍裕克，我们总是用时间切片的方式以地层序列为基础谈论变化——将所有发现在南部 J 层（Level South J）的材料放在一起，仿佛它们都处在"当下"。但应用建立在 1 000 个测年结果之上的贝叶斯程序可以让我们得到非常短的以 25 年为单位的时间切片，这个测年结果对于一个 9 000 年前的遗址来说精度相当高（Bayliss et al. 2015）。有了绝对日期概率，我们就可以脱离原有的地层系统，来探讨公元前 6575 年陶器或新型作物的出现。这让我们能够更好地理解连续变化与流动。我们可以以一种更精细的方式复制本书第九章论述的莫尔等人（Mol et al. 2021）所从事的研究。在某种程度上，我们可以不再探讨"当下"的序列而去研究流动，因为随着时间的推移，各种流动会不断纠缠在一起，又会不断摆脱纠缠。

在本书第一章和图 1.1 中，我以持续不断的流动和变化的方式描述了恰

---

① 即绝对日期概率，an absolute date probability——译者。

塔霍裕克遗址的房屋。任何事物都在不断变化，因此"当下"并不存在，存在的仅仅是由过去到未来的流动。但这里的流动是以线缕（strands）或线索的形式存在的。正如我们在前文所见，"无中不能生有，无火不能生烟"。新房屋总是在已有的房屋基础之上修建。在恰塔霍裕克遗址房屋的这个案例中，已建房屋的墙壁构成了新房屋的基础。晚近房屋的历史会影响新房屋——举例来说，某一时刻房屋居住面下的大量居室葬会影响在此修建的下一座房屋室内装饰的繁缛程度与居室葬数量（Hodder 2022b）。历史会昭示未来，因为房屋会营造地位，也会对地位的丧失作出回应（Hodder 2022b）。人们的每一次行动都会反思过去和展望未来，都有过去的痕迹和对未来的希冀。因为过去与未来之间存在依附关系，所以流动会产生线索。

由于会受到各种力的作用，流动是有界限的——电磁力和重力将各种物聚集在一起，但让物聚集在一起的还有各种社会力场和欲求。因此，本章开篇场景中的那架飞机是由焊缝、螺母、螺栓，以及人们想要旅行的欲求组装在一起构成的。这些力和欲求正如河水的流动一样，形成了一条穿过冲积层的通道，产生了自身的河岸与边界。万事万物皆有自己的轨迹路径，它取决于沿着特定方向运动的流。制作陶器和编织篮子依赖不同的物和路径。虽然某些路径的影响可能会有交叉，如陶器的制作可能会效仿篮子的技术和设计风格，但每一类器物依然会有自己独特的路径，并会同彼此的路径产生依赖与纠缠。虽然自在之物并不存在，但物的每一条线索都是一个奇点（singularity），都是某一时空背景下特定关系性的产物。

走向纠缠的弦理论

由此可见，稳定不变的物并不存在，它只存在于我们的想象及我们人类有限的感知能力之中。物并不存在，存在的只有流动。怀特海所谓的"现实实有"（actual entity）概念对我理解上述观点帮助很大。"现实实有是一种过程，而且不能通过'物'的形态来形容"（Whitehead 1978）。对怀特海而言，现实实有是对过去摄入（prehension）的未来合生（concrescence）。该定义的重点在于事物（如感觉）在回望过去的同时还会展望未来——它会绵延不断地存在着。某些事物会从过去延续到未来，事物的存在具有方向性或时间依赖。阿尔弗雷德·盖尔（Alfred Gell）（Gell 1998）也提出了一个和我类似的观点，他在绘制毛利人议事房屋的时空演变图时表明不同房屋之间存在复杂的联系。在另外一个案例中，盖尔为马塞尔·杜尚（Marcel Duchamp）作品全集中的某些作品绘制了发展变化图。杜尚的每一件艺术作品中都保留了之前作品中的某些痕迹（retention，即滞留），与此同时，杜尚还会寻求新的表达方式和艺术目标（protention，即前摄），因此会在艺术作品上作一些创新或延展。考古学家也习惯通过这类图及图 10.1 来展示器物的发展演变序列。

考古学中的演化论方法主要关注的是文化特征频率增减的"战舰曲线图"，即遗传的谱系关系。值得注意的是，在南美考古学中，"战舰曲线图"在西班牙语中表述为"线轴"（huso），意思是纺锤，它指的是随着羊毛一圈圈缠绕在纺锤上，纺锤逐渐膨胀成透镜状。因此，文化区块随着时间代代相传的这一观念还可以表述为纠缠关系链条在特定的时刻以特定的方式被捆绑在一起。所有的事物都具有一个或多个波函数（wave function）。

人们的行动总是带有过去的印记，会受到自身经历的影响，是有意识的非话语性行动；与此同时，人们在行动中也会设定目标并展望未来。在社会领域，人们的行动不仅受到回望过去、讲述故事等欲求的驱使，还源自寻求权力、威望等对未来期望的欲求。我们在自己编织的有关自身和周遭世界的叙事中生活。这些叙事关乎我们每时每刻的行动（如果我想来到我的车旁就需要再向前走一步）、我们每天的目标（我需要开车去超市购物，因为我儿子中午时会饿），还关系到更多的考虑（为了保住我的工作、供养孩子，我需要完成这篇文章）、我们的生平故事（我之所以能成为学者是因为从小在牛津长大），以及有关考古学史乃至人类史与宇宙史的更大尺度的叙事。叙事的线索通常充满矛盾且混杂无序，部分是因为它们还卷入到各种生物的与物质的生命史中。举例来说，在上文的叙事中，我不得不去面对我那辆已经濒临报废的汽车的生命史，这意味着我无法开车去购物。我是否能保住大学考古学教授的教职取决于我处在考古学学科发展史的哪个阶段（我无法在16世纪的剑桥大学找到考古学的工作）。我是否能保住我的教职还取决于各种考古学研究趋向的兴衰——学生还会对我教授的内容感兴趣吗？大家对我研究主题的兴趣减退了吗？我研究的主题是否在当时的考古学学术话语中被"取缔"了？

许多电影、肥皂剧、数据都有相互交织的多条故事线。这些叙事是有关个人或群体的，还涉及人们在生活中所遇到的问题和难题。我们都生活在叙事中——有些是个人史和家族史叙事，还有族群史、村落史、国家史、洲史、旧大陆史及新大陆史等的叙事。有的故事可能关注的是生活、运动、音乐、剧场、写作和工作。有的故事线可能集中在教育方面——我们都在哪些学校和高等教育机构接受过教育，在这些地方的表现如何。还有的故事线可能集中在我们从事过的职业和做过的工作——我们个人简历的故事线。虽然这些故事线都关乎我们自身，但它们往往同某些地方和事物交织在一起。我们的故事线、我们的生活流卷入到了物质流中，卷入到物质流无休止的变化之中。那本我们在巴黎购买并在去往尼斯市（Nice）的列车上阅读的书籍，现如今已经被遗忘在阁楼的抽屉底层——那本书的"物性"已经彻底改变。简（Jane）曾于一个温暖的夏日里在斯凯岛（Skye）海滩收集的那枚贝壳，现如今已经同一盏玻璃灯座中的其他贝壳混在了一起。我们同物之间的联系会同物体如何被获取、生产、运输、送往商店、购买并在家中使用，以及丢弃和倾倒或回收利用的故事线交织在一起。不同的故事线会相互交叉、相互纠缠。而且随着我们重新书写历史、重新改写我们的故事线，这些故事线还会不断变化。

在个人故事线同物的故事线的交汇处，汇集了有关万物变化的故事：物的获取方法在不断变化——棉纺生产模式会随着时代不断变化，运输模式经历了由帆船到蒸汽机船再到电力船的变化；而且随着时代的推移，风格也在不断变化，包括穿衣、居家用品，以及汽车的流行时尚都在变化。单个故事线或叙事流会卷入上述更大尺度的过程之中并对这些过程有所贡献。有些时候，我们的叙事尺度很微小：慢慢呼吸，缓步徐行，将食物先放在刀叉上再举起叉子放入嘴中吞咽，移动手臂从洗碗机中拿盘子。在其他时候，我们的叙事内容包括饮食习惯的流动，叉子在使用和制作上的变化趋势，盘子用瓷方式的不断变化（Elias 1978），以及诸如洗衣机、洗碗机等家用电器的出现。在更大的尺度上，我们的叙事内容则包括国家兴衰的千禧年运动（millennial movements）、农业和轮子的发明、气候模式的变化、物种的出现与消失，以及大陆运动。

每一条叙事线都源于各种错综复杂的力量——欲求、物质/自然，以及生物力量，而且每一条叙事线都会同其他叙事线相纠缠从而产生摩擦和变化。我们可以再回到恰塔霍裕克遗址炊煮方法的例子。有多种力量让中东地区房屋的面积从前陶新石器时代 A 阶段到前陶新石器时代 B 阶段再到早期陶器新石器时代不断增加（Byrd 1994，Kuijt and Goring-Morris 2002），恰塔霍裕克遗址的房屋面积也显示出相同的演变趋势。在我看来，这种房屋面积不断增加的线索或线缕是当时家庭生产与消费在经济上不断强化的结果，这同早期逐渐降低的集体、公共或共享的生产经济形成鲜明对比。不仅如此，房屋面积的不断增加还是恰塔霍裕克遗址使用含砂量更高的新型泥砖的结果，这种新型泥砖让人们可以建造带有二层空间的房屋。恰塔霍裕克遗址房屋内活动规模和种类的不断增加，会给以在篮子里放置加热陶球为特征的石煮法造成很大的压力。对此，人们的解决方法是发明含矿物质羼和料的薄壁炊煮陶器，这让煮饭者在将陶器放在炉灶上炊煮食物的同时还可以做其他事情（图 10.2）。

由此，在房屋内发生的越来越多的活动与使用石煮法做饭之间产生了矛

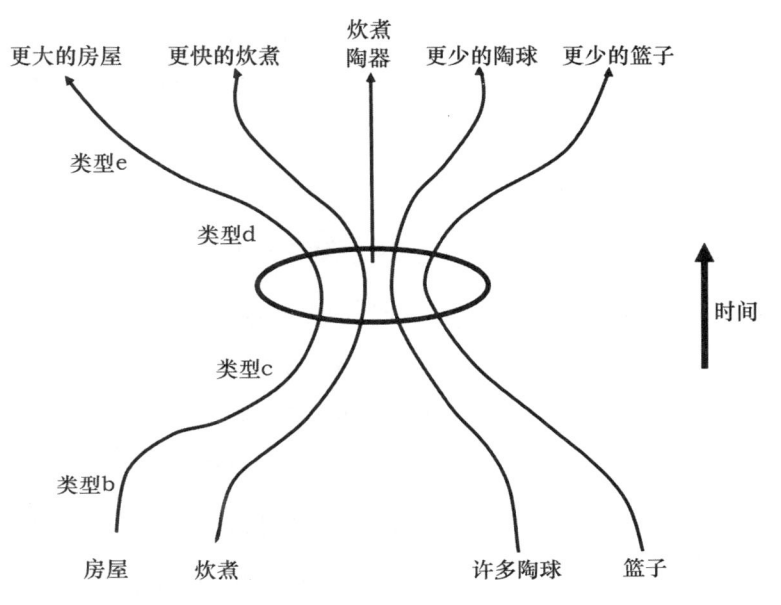

图 10.2 同恰塔霍裕克遗址陶煮法出现有关的主要路径

（来源：Hodder 2020）

盾。这些路径之间的摩擦产生了变化。对此，人们的解决方式是发明一种新形式的物质文化。我们可以用图 10.3 来概括这一过程。在具有异质性和混杂性的纠缠关系中出现的矛盾产生了转型与变化，以及新的物质形式。

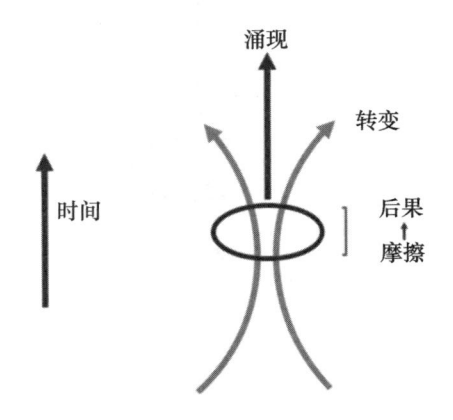

图 10.3 不同路径结合让新的人-物关系路径得以出现的普遍过程

（来源：Hodder 2020）

另一个同家庭关系更密切的例子是棉花的生产（图10.4）。棉花的全部可供性需要经过很长时间，在满足了特定的经济环境和条件之后，才得以实现。从大约公元前3000年开始，印度和秘鲁最先使用棉线。之后经过了漫长的平静期，在这期间，棉花在制衣、贡赋和货币方面的作用很小。欧洲直到更晚的中世纪还依赖羊毛和亚麻，部分原因在于棉花加工及棉布制作很困难。但此后意大利开始使用从黎凡特地区传入的羊毛纺线织布，从而开启了棉纺工业并在之后传入德国。当时，棉纺生产依然主要依靠乡村劳动力。欧洲人想要在全球棉花网络中注入资本和力量的意愿，让他们的贸易活动在武力的加持下，将棉花生产的各个环节遍布世界（Beckert 2014）。通过借助英国东印度公司，葡萄牙、法国、荷兰尤其是英国于16世纪和17世纪开始建立海上贸易网络，这使在印度购买的棉纺织品能够通过海上贸易网络交换东南亚的香料，同时，也可以将棉纺织品带回欧洲消费，或者运往非洲去购买可以为美洲正在兴起的棉花种植园（建立在蔗糖种植园模式基础上）进行劳动的奴隶。这是一场跨越了三个大洲的真实的线索纠缠（entanglement of strings）。

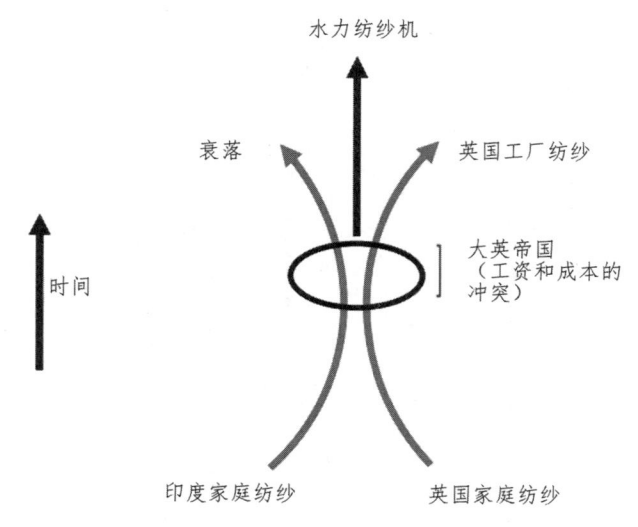

图10.4　18世纪晚期新型棉纺技术的出现所涉及的一些路径

（来源：Hodder 2020）

复杂的贸易网络将亚洲、美洲、非洲和欧洲"联系在一起"。在整个17、18世纪，虽然英国的棉花工业规模还相当小，但棉纺品需求的增加和奴隶贸易量的增加让英国工厂的产量逐步增加。之后在18世纪60年代至80年代的曼彻斯特，一些新的事物开始出现。水力纺纱机这种新物件用水轮将来自加勒比海的棉花纺成线纱，并剥削孤儿和当地工人（Fitton 1989，Hills 1979）。当然，虽然造成英国18世纪80年代工业革命和棉花产量增加的原因有很多，但可以肯定的是，水力纺纱机的发明是其中的一个重要因素。水力纺纱机出现之前，人们都是使用手工珍妮纺纱机在家纺纱。水力纺纱机让更大规模的生产成为现实，正如此后缪尔纺纱机（即骡机）构成了当时大型机器的基础。这些早期机器给社会造成了巨大影响。18世纪60年代至80年代，英国工厂要支付工人相对较高的工资，这意味着英国工业制造商的产量很难同印度制造商的产量相竞争。新的技术通过机械化和加速生产改变了上述产量关系。此时，棉花可以廉价生产，而且生产的规模越来越大。工人的劳动速度发生了变化，出现了雇佣劳动，而且对铁路网络和钢铁生产等其他产业也带来了很大影响。当然，我们不能说是新型纺纱机的出现导致了工业革命，但它的确对包括新的经济、社会与政治组织在内的工业资本主义的出现发挥了关键作用。

新型纺纱机让大量的人口涌入条件恶劣的城市。为何人们离开乡村去从事沉闷乏味且无法行使权力的工作？部分原因是这是一个长期过程的结果，经过这一过程，土地被兼并到富有的地主手中；还有一部分原因在于工厂和机械化棉花生产意味着生产出来的棉花价格更低，这使得在家庭作坊中劳作的人们毫无竞争力（Beckert 2014）。因此，人们被迫涌入工厂，操作机器，从事雇佣劳动。机器还创造了大量财富，而富有的工厂主在政府中获得了政治权力。因此，他们可以进一步剥削工人（例如他们会通过颁布法律让雇佣童工合法化）。但工人们也获得了权力（因为总有人要去操纵机器）。由此，民族国家的权力、阶级，以及现代民主的概念结合到了一起。现代世界是由机器（走锭纺纱机）牵引，并被机器创立的。

当然，有关棉花纠缠的叙事还有很多，我已经在其他著作中对其中的一些叙事进行了探讨（Hodder 2018a）。此刻，我想要关注的重要内容是18世纪60年代至80年代曼彻斯特新型纺纱技术的发明（图10.4）。由于18世纪晚期的国际贸易和殖民主义，英国支付给工人的较高工资同印度的低工资与低成本棉花生产之间产生了矛盾。曼彻斯特的工厂主为了继续维持其生产路径、维持其独特的关系线索，发明了水力纺纱机。这使得还沿用印度式家庭作坊模式纺纱的人被迫降低产量。结果，乡村英国人生产的棉花无法同城镇英国人用机器生产的棉花相竞争。这一冲突让大量农村人口涌入城镇并形成了需要进厂工作的城市工人阶级，这促使纺纱生产规模扩大，也让人们发明了缪尔纺纱机等体积更大、效率更高的机器。人与物之间的纠缠关系进一步扩大。综上所述，在上述案例中，人依赖棉花的生产过程，同纺纱机纠缠在一起，（在特定的背景下）让人们发明了效率更高的纺纱机，而新型纺纱机迫使人们涌入更加依赖棉花和纺纱机的工厂和城市。

人们之所以会卷入生物-社会-物质的路径，是因为人们依赖那些有着自身生命的物，而人们所依赖的物也依赖着具有生命且依赖人的其他物。虽然人们所卷入的线索或路径有着具有异质性的线缕，但各种各样的依附关系将这些线索或路径联系在一起。这些路径或流动彼此结合，从而引发了需要人们通过引入新事物来解决的矛盾和冲突，这让物质依赖与依附关系的数量总体有所增加。此外，正如当下人们所发现的那样，人们尝试着让自己摆脱纠缠并寻求更简单的解决方案，但即便这些更简单的方案通常也都会涉及自身有着纠缠关系的更复杂的技术。

上文对人与物之间的纠缠线索的论述主要关注的是人-物关系中的流动与变动（flux）。流动是混杂且相互连结的。大尺度的过程可以分解成某种程度上具有自身过去与未来及自身发展路径的线索，这些线索在不同的尺度上相互碰撞，产生了摩擦与变化。这是一种分解的视角。当然，人与物之间的

第十章　走向纠缠的弦理论以及同其他理论的对比 / 267

纠缠通常看上去相当稳定并具有结构性特征。我们可以将结构看作是纠缠关系的一种涌现现象，而且由于纠缠线索内部和不同线索之间存在具有束缚性质的依附关系，结构还具有一定的现实性。不同线索之间彼此缠绕。举例来说，通过发明水力纺纱机和速度更快、价格更低廉的机器来保持利润符合棉纺公司的利益。相关事物线索的未来发展逻辑也是如此。寻求更好的工作条件和更高的工资也符合工人们的利益。这些不同线索之间的关系并不是"结构性"的，因为每一件事物都依赖时间流中已经发生过的事情。工厂拥有者和纺织工人都发现了一种可以利用的新型政治权力形式。于是一切都开始发生变化。管理者和工人同所有与之相关的物质要素之间的线索彼此关联、彼此束缚，但一切都在劳动关系的历史进程中发生，都处在不断变化的流动而非稳定的结构之中。

虽然我已经在这一部分中概述了一种弦理论，但不敢自诩这里的弦理论同物理学中的弦理论之间存在任何联系。我所提出的纠缠的弦理论遵循着如下的逻辑关系。首先，自在之物并不存在，不存在稳定不变的物质，存在的只是源于各种力量和欲求的物质流、能量流与信息流。但这些流总是在有着过去与未来、滞留和前摄的路径上运动。这些路径是由生物-社会-物质线缕的线索组成的，这些线索以彼此结合（conjunctural）的方式纠缠在一起并产生变化。

我们从中得到的启示是，将空间和时间分而视之是毫无裨益的，我更喜欢将其看作是时空（spacetime）的纠缠流。空间关系关乎时间。这是由于万物总是处在运动之中，我们永远都不可能两次踏入同一条河流，因此我们可以说，空间关系总是和时间相关。正如我在论述第一章的一个案例时所说，恰塔霍裕克遗址房屋的空间范围取决于如何定义房屋，而定义本身就是一个历史过程。同样，不同背景/空间会带来不同的时间体验。勒高夫（Le Goff 1970）曾研究过中世纪法国的教会时间和商业时间。近年来，有很多人倡导关系考古学（relational archaeology），但正如我们将要在下文所见，关系考古学这种研究取向关注的依然是处在特定空间与时间下的人-物聚合体。纠缠的弦理论则更加激进，因为在这里，空间与时间是不可分割的。纠缠的弦理论认为，存在的只是令人不安的持续运动，它需要我们用自身的几何学、稳定之物、分类与语言，以及分离的时空观将其驯服。

总而言之，"物""东西"都不存在，存在的只有各种过程、流和振动。这些生物与非生物的过程及线索向不同的方向流动。这让可以集中能量和潜能（我们称之为物体或物）的修建和制作成为可能。"物"是能量在流动中的集中体现。物质即为能量，所有的物质都充满潜能。但物的生命及流的交错同样会让能量和潜能丧失。一切能量终将消散，一切物都会衰老、腐败、磨平棱角、衰败并逐渐失去社会威望。对抗衰败同样需要能量与目的。正如前文所述，所有的物都具有多个波函数。

可能发生的事情取决于刚刚发生的事情——取决于路径波动的起伏，以及人们对作为结果的未来如何预想。正如我一直在本书中所论述的那样，依附关系与羁绊将人与物卷入这些纠缠线索之中。贫困陷阱之所以会发生，是因为大量不同的线索关联到一起——教育、健康与收入产生了"关系纽带"，同时使得逃离贫困陷阱变得异常困难。正如英国在18世纪晚期到19世纪引入低成本的棉纺机后，英国及印度棉纺工厂的产量反映出的状况一样，各种不同线索的捆绑有时会产生积极且富有成效的摩擦，有时则会产生带有束缚性质的牢笼。

现阶段有关人与物之间关系的其他理论

很多学者都已经论述过复杂网络、混杂（mixes）及参与的思想，这些思想都是源于人与物之间的依附关系。举例来说，拉图尔等人就定义了人与物是以行动者网络（actor networks）或具有异质性的杂合体（heterogeneous mixes）的方式存在，我将在下文中详细讨论这一思想（Latour 2005）。我在

第二章中讨论了伦福儒（Renfrew 2004）有关人与物之间的物质参与理论，还讨论了海德格尔（Heidegger 1973：97）的"用具整体性"理论。正如我们在第三章中所见，法国技术研究领域长期以来十分重视操作链理论，认为在生产人工制品时，操作链将物与人联系在了一起（Leroi-Gourhan 1964—65，Lemonnier 1993a）。同时，希弗（Schiffer 1999）也论述了从原料获取到废弃的过程所形成的行为链。在第四章中，我还讨论了人、植物及环境之间互惠共生（mutualism and symbiosis）的思想，达尔文（Darwin 1958 [1859]）在《物种起源》一书结尾论述了该思想，这一思想通常被看作是协同进化与共生理论的来源，达尔文论述道："凝望着草木交织的河岸，河岸上长满了种类繁多的植物，鸟儿在丛中欢唱，虫儿在林间飞舞，这岂非趣事。"

莫斯（Mauss 1954 [1950]：25—26）写道："灵魂与物体、物体与灵魂合二为一，灵中有物，物中有灵。"在这一人类学传统下，其他学者如玛丽琳·斯特拉森（Marilyn Strathern）（Strathern 1988）曾讨论了锁链性联结（enchainment）或散存于物中的人格（distributed personhood）（正如第二章中所讨论的那样）。斯特拉森用"锁链性联结"一词形容波利尼西亚及美拉尼西亚人的文化中，人工制品并不是"自在之物"（a thing-in-itself）。物不需要从其使用者那里获得身份，也不需要将身份带给别人。当物被用作礼物进行流通与传递时，它已经成为了义务和欲望关系链条中的一部分。"如果在商品经济中，物和人呈现出的是物的社会形式，那么在礼物经济中，物和人呈现出的则是人的社会形式"（Strathern 1988：103）。在这一背景下，人是"可分之人"（dividuals）或"可分性人格"（partible persons）——即人是社会性繁殖行动链条的产物，所以，社会人（social persona）与个体人（individual persona）是不可分割的。由此可见，每个人都是他人的产物，或者说每个人都有一种身份，这种身份是婚姻、生育、养育等所有的社会行动产生的。束缚是由物的"礼物之灵"产生的——物需要被移动，它需要流动。

礼物被看作是人们要很快摆脱掉的责任——认为物固定不动是错误的，物不可能固定不动。其他学者如穆恩（Munn 1986）及维纳（Weiner 1992）也讨论过相似的过程。

正如尼克·托马斯（Nick Thomas）的一本有关"纠缠的实物"的书所论述的那样，由物的交换所产生的人与人之间复杂的相互关系也见于后殖民研究中。托马斯指出，西方人与非西方人"陷入了权利与义务的纠缠中，他们在进行物品交换和殖民的过程中存在着'互惠依赖关系'（reciprocally dependent）"（Thomas 1991：1）。"纠缠这一概念的目的在于抓住国际性不平等与本土挪用（local appropriation）① 之间的辩证关系"（Thomas 1991：207）。同欧洲与本土、全球与地方、资本主义商品经济与互惠的礼物经济、支配与抵抗这些二元对立不同，托马斯等学者对殖民地间交往互动的研究（如 Dietler 1998，2010；Gosden 2004；Jordan 2009；Orser 1996；Silliman 2005；Stein 2005）是建立在克里奥尔化（creolization）② 及杂合性（hybridity）这两个概念的基础之上，目的是"从历史的角度对殖民遭遇（colonial encounter）的复杂性进行准确思考"（Martindale 2009：61）。纳托尔（Nuttall 2009）在一本有关当代南非的研究著作中论述了黑人与白人之间的历史纠缠。白人对黑人剥夺得越多，白人就越依赖黑人（的劳动），反过来黑人也越依赖白人。在对黑人的依赖过程中，白人创立了一种隔离与差异的意识形态——种族主义。实际上，纳托尔论述的是一种共同依附关系。她对殖民者与被殖民者、大都市（metropole）与殖民地、中心与边缘、统治与反抗等这些简单的二元对立提出了质疑。与之相对的是，纳托尔谈论的是一种纠缠，或者说是"带有交错（interlacing）概念的网络，它是一种错综复杂的模式或环境，是一种起到联系作用的膜"（Nuttall 2009：3）。

---

① 指的是本地人对当地经济与文化资源、习俗、观念的掌控，如对外来习俗进行改造以适应本土环境，重拾传统知识等，以抵抗殖民压迫——译者。

② 欧洲语言同殖民地语言的混合——译者。

拉图尔与行动者网络理论

在科学社会学研究中，拉图尔等学者试图寻求一种更为均衡或更为综合的方式去分析人与物。社会学家们一直认为，社会世界是由人与人之间的关系构成的。但拉图尔（Latour 1990, 1993）、劳（Law 1999）及诺尔-塞蒂纳（Knorr-Cetina 1981）已经开始研究器械、测量工具、实验室探针及探测器是如何在将社会关系结构化的过程中扮演行动者角色。这些学者对实验室中科学知识的生产进行探索，但他们同时还认为，相似的社会/物的过程会在更大的背景中发生。他们关注大件实物的行动者网络，如被称作 ARAMIS 的计算机化的铁路运输系统（Latour 1996），但他们同时还研究吸管、设计图纸、电脑屏幕等小件实物。鉴于该理论比我们之前在第二章中讨论的各种理论（物质文化研究）更加关注物质实物，它在考古学中的影响力越来越大（Olsen 2007; Olsen and Witmore 2015; Shanks 2007; Webmoor 2007; Witmore 2007, 2021; Webmoor and Witmore 2008）。

这种通常被称作行动者网络理论（下文简称 ANT）的目标主要集中在关系性上，而不是侧重如真与假、能动性与结构、人与非人、先与后、知识与权力、情境与内容、物质性与社会性、主动与被动这些明显确定的、具有本质特征的二元对立上。二元对立并非不存在，而是作为影响或结果而存在。"它们并不是按照事物的次序出现的"（Law 1999: 3）。因此，ANT 表现为一种"物质性的符号学"。这种符号学主要侧重关系性，并将关系性应用到所有的物质材料中，产生一种具有关系性的物质性（Joyce 2002）。

我们首先来看一下拉图尔（Latour 1988）对"法国巴氏消毒法"进行研究的案例。在这项研究中，微生物被看作是"不可或缺的行动者"（Latour 1988: 39）。作为物的微生物和人建立了联系，并且还将人与物联系在一起。我们内脏中的微生物将我们自身同我们吃的食物联系在一起。它们还通过传染性疾病的传播同人联系在一起，人们为了自己的身体健康也为了消灭微生物而相互依赖，因此微生物与人联系在一起（Latour 1988：37）。所以，这里明显存在对依赖性的关注。为了让酿酒商与消费者之间产生经济联系，我们依赖用巴氏消毒法给啤酒杀菌的微生物。为了让我们的孩子吃上奶制品，我们依赖灭菌后的牛奶。19世纪末、20世纪初，人们在医疗保健领域取得的重大突破让第一次世界大战得以进行，因为"如果没有细菌学家，将军们绝对无法让百万大军身陷泥泞不堪、老鼠滋生的战壕中长达四年之久"（Latour 1988：112）。这种依赖关系也有成本，那就是"全面建立新的职业、机构、实验室和技术"（Latour 1988：39）。

在上述案例中，拉图尔笔下的行动者其构成十分多样，包括相互关联的物体，如卫生保健师、排水管、琼脂凝胶、鸡、农场及各种昆虫。行动者可以是人，可以是非人，可以是单个物体，也可以是大型机构。这样做是为了避免还原论，也为了将关注点集中在能够让行动者们具有形式、可以行动的分散网络上（参考Latour 1993）。在另一个案例中，劳和莫尔（Law and Mol 2008）研究了在手足口病疫情暴发期间，英国坎布里亚郡（Cumbria）的绵羊是如何在网络关系中感染这一疾病的。这里的网络关系是由兽医、实验室、有关流行病学及疾病传播的理论、对捕杀绵羊带来的经济财富损失所进行的经济学思考、农民有关牲畜及其吃草方式的知识，以及屠宰场等因素构成。从这一视角看，行动像黏液一样流动——任何行动者的行动都依赖其他行动者；然而，每个行动者自身都具有顽强的特质（stubborn specificity）。"如此多的因素在复杂实践的协作网络中汇集到了一起"（Law and Mol 2008：73）。地表环境依赖绵羊去维持现有的形态，但共同农业政策（Common Agricultural Policy）鼓励农民在草地上过度放牧。所以"地表环境依赖绵羊——但如果绵羊数量太多，会破坏地表环境。行动会产生复杂且无法预料的后果。而且构成聚合体的干扰网络（interfering webs）也会带来意外后果。所有这一切都意味着我们很难预料将会出现的事情。像行动者这样的聚合体具有创造性。它们总是会带来新效应，产生新事物"（Law and Mol 2008：74）。

在这样的研究中，正如我们在第四章中所讨论的那样，学者们对物不运转及出故障时所发生的事情很感兴趣。诺尔-塞蒂纳（Knorr-Cetina 1981）研究了一件出故障的实验室设备及其所产生的影响。科学家们开始使用离心机来取代这件出故障的设备。通过改进离心机，测量过程被重新定义，由此，科学家们不得不重新研究自己要解决的问题。可见，人、人的研究，以及设备这三者完全纠缠在一起。这一网络关系需要人持续不断地用"社会的、技术的及财政的方式进行维护、监管和维修"（Preda 1999：363）。"研究者在身体实践中应用的具身知识（embodied knowledge）及设备中所包含的知识存在实践层面的相互依附关系"（Preda 1999：352）。拉图尔（Latour 1993：11）将这种相互依赖关系称为"杂合化"（hybridization）。

考虑到 ANT 在分析和阐释人与物之间相互作用时包含了依赖关系和依附关系之间的张力，或许使用"网络"（network）一词看起来并不恰当。拉图尔（Latour 1999，另见 Latour 2005）认为，因为网络的观点关注的是互联网中的信息交换及全球性互动网络，所以网络的思想确实已经失去了重要的化合能力。他认为，在 ANT 中，"网络"一词的初始含义是转变（transformation）和转译（translation）。它指的是联系的复杂性，这种复杂性让事物的联系超过了原本作为稳定区域性实体的存在。在西班牙语中，"网络"一词被译为"red"，而在法语中，"网络"一词被译为"réseau"，这两种译文都暗指由结网生物产生的网（web）或由金属等材料制成的网状物（mesh）这种有形网络。英戈尔德（Ingold 2010）认为，上述词语要比"网络"更能给人一种类似根茎植物（rhizomic）的流动感（另见 Latour 2005）。蜘蛛网是蜘蛛身体的延伸，也让蜘蛛的生存成为可能。英戈尔德更喜欢用"织网"（meshwork）一词，更能给人一种由力量和鲜活生命的集合体所产生的动感，而不是让人关注由网络联系在一起的没有生命的物体。

然而 ANT 还是没有对人与物相互羁绊的方式给予足够的关注。其中，部分的原因在于 ANT 几乎没有关注物与物之间的依附关系，因此几乎没有阐述路径依赖及纠缠的黏附性（stickiness）（Harman 2014）。拉图尔的关注点通常是人与非人的混合，而且他反对文化与自然的对立。这种观点是值得称赞的，而且也促使某些考古学家（如 Olsen 2007，Witmore 2021）呼吁建立"对称性考古学"（Symmetrical Archaeology）。虽然我很赞同对称性考古学所取得的进展，而且我也理解强调对称性仅仅是让人们以开放的态度去探索人与非人的作用，但我依然反对对称性这个概念。我反对它的部分原因在于依附关系总是会涉及不对称的关系，而且只要有人的地方，就有权力的差异。在第五章中，我指出，关注物而不关注人及其不平等的理论是危险的。拉图尔的理论通常给人的印象是，人可以在网络中重新定义关系，因此可以解决不平等。正如哈曼（Harman 2018）指出，在理论上，为了在大型跨国公司面前占得上风，ANT 允许盐矿中的工人们在自身的处境中重新安排不同的行动者，但实际上，这种关系非常有利于占支配地位的行动者。对我而言，仅关注关系及其重新组合方式的 ANT 是错误的，而且同关注不对称、羁绊和不公正的纠缠理论截然不同。

我已经试图在关注"依赖关系"一词时将黏附的思想融入其中，并通过将依赖关系分解成不同的部分——依托、偶然性（两者都体现在依赖关系中），以及依附关系的羁绊——来阐述这个概念。尤其是依附关系的羁绊将人与物"黏附"在一起，而在我看来，网络的视角及 ANT 中充满异质性的杂合体（heterogeneous hybrids）视角没有对这种"黏附性"予以足够的关注。正是对陷入各种形式的人与物的依赖关系的关注让我转向了"纠缠"理论。

聚合体理论

正如本书所述，纠缠理论同当下学者们正在热议的聚合体理论有很多共通之处。长久以来，考古学家们一直在讨论组合（assemblage）[①]。正是器物

[①] 同"聚合体"英文一致——译者。

之间在某一背景下的共存关系让考古学成为一门科学，这同古物学家对器物本身的兴趣形成鲜明对比。"组合"对考古学家而言有两层含义。第一层含义是在房屋、灰坑或墓葬等背景中共出的各类器物；第二层含义是具有某些共同特征的器物组合，如安纳托利亚铜石并用时代的彩陶组合。总体而言，上文有关"组合"的第一层含义同聚合体理论和纠缠理论讨论的焦点最为相似。

考古学之外有关聚合体理论的很多论著都源于哲学家吉尔·德勒兹（Gilles Deleuze），尤其是德勒兹同加塔利（Deleuze and Guattari 2004）合著的《千高原》（*A Thousand Plateaus*），以及曼纽尔·德兰达（Manuel DeLanda）的著作。德兰达（DeLanda 2006）将聚合体看作是由具有异质性特征的各类事物构成的并由历史过程产生的整体。德兰达并没有应用有机体的隐喻来表述聚合体，也没有以结构的方式描述聚合体，相反，德兰达将社会聚合体看作是有意行动的整体性意外后果（DeLanda 2006：24）。所有的物体都是在历史过程中产生的而且是不稳定的，不仅如此，它们都是扁平的——换言之，不同物体之间并不存在等级差异，存在的只是一个个奇点①。这些物体之间的相互作用是自组织的，而且复杂性理论、非线性动力学或动态系统的影响贯穿始终。

在探索聚合体理论同考古学之间的关系时，哈米拉基斯和琼斯（Hamilakis and Jones 2017）将聚合体看作是一种新元素的并置（juxtaposition）会产生变革、带来新可能性的过程。聚合体理论在考古学中有很多吸引人的应用方式，在这些研究中，考古学家及其研究工具本身也成为了建构出的聚合体的一部分（如 Fowler 2013，Lucas 2012）。哈里斯（Harris 2017）也将聚合体看作是由可拆解、可分离的事物聚集在一起构成的可以让变化发生的事物集合。他遵循德勒兹与加塔利的观点，认为聚合体既有物质的元素也有表

---

① 指的是事物存在的独特的、动态的、处在生成过程中的特性——译者。

征的元素，而且它们既可以聚集在一起（territorialize，即辖域化）也可以彼此相分离（deterritorialize，即解辖域化）。相关的例子有很多。陶罐将黏土、黏度、生产工具与功能聚集在一起；环绕在堤道围场（causewayed enclosure）周围的沟渠将堆积在其中的人工制品聚集在一起。聚合体在多个尺度上存在。

虽然聚合体理论对异质性的关注受人欢迎，这和将聚合体视为"从部分之间的相互作用中产生属性的整体"的观念同样宝贵，但这一理论侧重对关联性（association）进行描述。虽然聚合体理论在探索物质元素与表征元素之间及稳定的物品集合（assortment）与不稳定的物品集合之间的差异性，但除了声称具有异质性的各种物集聚在一起产生涌现的特性外，该理论几乎没有什么解释价值。在《活力物质》（*Vibrant Matter*）这部著作中，本内特（Bennett 2010）有关聚合体的思想来自德勒兹和加塔利，虽然本内特明确强调了聚合体中具有异质性的部分之间会产生摩擦，但同很多其他有关聚合体理论的研究著作一样，本内特几乎没有对摩擦进行解释。虽然聚合体理论将物体看作是集聚在一起的，但在考古学的研究案例中，几乎很少给人以历史的卷入感。虽然物是聚集在一起的，但穿过物体的复杂力量与流动并不是分析的目标。聚合体理论中并没有等同于纠缠理论所论述的不同线索之间的依赖关系与依附关系的元素存在。有时，聚合体理论作为不同时刻的空间中物的集合而非彼此纠缠在一起的各种流动集合而出现。然而，依然有学者阐明了用流动来描述聚合体的方式。例如，哈米拉基斯（Hamilakis 2013）在对克里特岛早期青铜时代托洛斯墓葬（tholos tombs）中的公共墓葬与合葬墓进行研究的案例中，讨论了构成聚合体的各种感官流。在此，多种时间性也被认为是交织在一起的。

封装和捆绑

卢卡斯（Lucas 2012）将聚合体看作是各种物体的集合（包括人、陶器、箭头等），该集合在整合强度及存续时间上差别很大。卢卡斯认为，聚合体是由封装（containment）和捆绑（enchainment）过程产生的。封装容器（container）指的是墓葬或建筑等那些盛装陶器、碎骨和种子等物体集合的物。捆绑是有关不同物体在类型学上的相似性，这种相似性可以是由重复（repetition）、反复（iteration）和引用（citation）产生的（Lucas 2012：200—201）①。通过引用德勒兹和加塔利的思想，卢卡斯将封装和捆绑分别同辖域化和编码（coding）联系在一起。二者都被看作是可以让新的形式得以出现的稳定的力量。遗址形成过程与后堆积过程让聚集在聚合体中的力量变得不稳定，能够将聚合体拆解（disassemble）并使其失去物质形态（de-materialize）。

卢卡斯笔下的聚合体的封装与捆绑概念已经很接近本书的纠缠概念。"封装"与"捆绑"这两个概念的确是对羁绊的模仿②，但卢卡斯在论述时并没有以羁绊为核心。他关注的依然是物及聚合体本身，而不是产生物并将其包裹其中的力。例如，"一位陶工如果制作了一件和他昨天制作的一模一样的储藏陶罐，那么这位陶工就是在引用他昨天制作的那件陶罐，或者是在引用之前所有由他制作或为他所见的陶罐"（Lucas 2012：201）。卢卡斯确实将封装容器看作是"让物彼此分离或将物聚集在一起（辖域化）的重力中心"（Lucas 2012：200），而且他确实讨论了聚集和分解的力。但他并没有着重强调流经了人与物的力，也没有强调对陶罐的引用实际上是一种流动中的能量传递。

卢卡斯（Lucas 2012：201）认为，"引用自身并不能保证物与物被稳定地捆绑在一起；只有当引用出现的次数足够多、范围足够广时，才能形成稳定的网络关系，尽管次数多与范围广的程度依然是个问题"。上述观点会让

---

① 卢卡斯认为，聚合体的反复出现让捆绑得以发生，具体表现为反复和引用，前者指的是在同一地点反复出现的同一种共存关系的器物集合，反映的是反复出现的一种日常实践形式；后者指的是在不同地点出现的相似却不同的器物集合，反映的可能是记忆或模仿的过程——译者。

② 两个概念的英文单词均有束缚的含义——译者。

人认为，社会变革只可能通过巧妙控制网络关系中的相似性与差异性来实现。我在上文中对拉图尔的批判用在这里似乎也很合适——认为人们困在任何类型和形态的调整都无法改变的环境之中的这个观点是毫无意义的。然而，正如本书第十一章所述的西斯敏对糖的研究所示，从依附关系出发确实能够合理地论述在全球与家庭尺度下与黄油和咖啡有关的纠缠（Maxwell and Lucas 2021）。

另一种对封装概念的理解方式是关注封装的双重含义。一方面，封装可以指拥有或持有；另一方面，它还可以指控制或限制。正如我们所见，社会可以被看作是一组纠缠路径或物质与能量的流动。对这些流动的"封装"既涉及将物汇集在一起，也涉及限制与设定边界。恰塔霍裕克遗址新石器时代的地层序列中就发现了数量惊人的边界（Hodder 2023），其中包括了诸如陶器、篮子、木碗、储藏间（bins）、烤炉、勺子、贝壳、条带、布匹与皮袋等技术工艺，当然还有墓葬和房屋。这些种类繁多的物体限制并控制着水、脂肪、肉类、体液（腐烂的尸体）、牛奶、稀粥及祖先的流动，并将其封装在一起。封装不仅让更复杂的捆绑行为以馈赠的方式发生（如篮子中的死者，或者陶罐中的牛奶），还产生了更复杂的边界。我们可以将这种更大规模封装的出现放在恰塔霍裕克遗址的地层序列背景中，将其看作是当时人们试图限制社会过程的流动与变动的一部分。举例来说，那些被丢弃的、腐败的物质材料不允许在房屋居住面上流动。作为社会过程的一部分，这些物质材料被仔细封装，同时也将房屋内不同的社会群体与社会功能进行了区隔。

本体论

很多学者可能都会认为，最近的人文社会科学经历了"本体论转向"，从关注认识论（我们如何认识世界）转向关注人们理解世界的方式的根本性差异，即开始关注本体论。本体论转向有两个思想来源。第一个来源是拉图尔和对称性考古学著作所表述的网络中的扁平化（flatness）或对称性。对称性通过将人与非人看作是网络中在初始状态下同等重要的行动者（actant），使得人不再处于网络的中心，同时也形成了"后人类主义"思想。本体论转向的另一个来源是民族学及本土原住民学者、人类学家与考古学家，这些学者认为，不同人有关世界及其构成的视角截然不同。尤其需要指出的是，达维·科佩纳瓦（Davi Kopenawa）的著作深刻论述了非西方社会中有关生性论（animacy）的思想（见 Kopenawa and Albert 2013），与此同时，维维洛斯·德·卡斯特罗（Viveiros de Castro）的民族学研究以及对亚马逊社会中的视角主义的论述也产生了深远影响（Alberti and Marshall 2009，De Castro 1998）。

本体论转向同纠缠理论在内容上密切相关。毫无疑问，那些我用来描述纠缠的术语，如"人""物""依赖关系""依附关系"是以西方世界的本体论为背景。虽然我一直都在试图表明人与物很难分离而且任何想要在话语上将二者分离的举动都依赖于纠缠关系本身，但事实上，我们依然需要思考人与物之间截然不同的互动关系。在第七章中，我阐明了物质纠缠同抽象化之间是不可能截然分开的。意义和符号是完全在纠缠关系中产生的，我们可以将上述观点拓展到本体论领域。

那么，在何种程度上，我们可以重建位于纠缠内部并同纠缠一同产生的本体论呢？在第七章中，我极力主张，我们可以探究某种音乐形式的身体体验所产生的非表征性影响（non-representational effects）。但在史前社会的研究中，我们很难度量本体论。在一篇探讨本体论的文章中，琼斯（Jones 2020）指出，与其研究苏格兰新石器时代石球上的雕刻图案的表征意义，不如将这些雕刻有图案的石球看作是有关石雕作品的学习与教学机制。虽然上述解释看似合理，但依然没有摆脱对意义的阐释。认为石球是学习工具就是在对石球赋予意义。将数据放到不同的本体论中并不意味着我们可以摆脱表征和意义（Preucel 2020）。同样，我们还可以说，过去的物体都是具有灵性的。我们如何证明一件物品在古人眼中具有灵魂（animus）、灵力（*hau*，即礼物之灵）或其他某种力量呢？如果有人认为，过去的某一类物品拥有或者没有灵性，那我们应该选择哪种观点呢？接纳本体论并不意味着我们应该抛弃认识论，本书第九章已对相关方法进行了探讨。然而，依然存在伦理方面的问题。本土原住民一直认为，人、动物和物有着不同形式的能动性（De Castro 1998, Descola and Pálsson 1996, Kopenawa and Albert 2013）。现如今，还存在西方学者滥用本土知识并以本体论、生性论、对称性等理论的名义对其进行重构的风险。克雷林等学者（Crellin et al. 2021）对上述这些问题进行了积极的探讨。

物质参与理论

物质参与理论是由第二章所述的认知考古学发展而来。在"物质参与理论"著作中，马拉福瑞斯（Malafouris 2013, 2021）坚称，我们用手和身体感知世界的这种方式影响着我们的思维方式，由此人类的智慧大多是由手创造的。受怀特海（Whitehead 1978）的影响，他提出了一种过程论的方法，认为思考即物作①(thinking is "thinging"）——我们用物质参与世界的过程是在大脑、身体和文化的结合处发生的。马拉福瑞斯讨论了"再可塑性"（metaplasticity）的概念，认为凭借再可塑性，构成我们思维的生物学基础同我们创造的各种物质形式交织在一起，并可以被后者改变。以打制燧石石器为例，马拉福瑞斯主张一种手与工具之间相互作用的共同构成理论，这同英戈尔德的互通理论很相似（Ingold 2017），而且也会让人想到戈登·柴尔德笔下"人类如何创造了自身"（Childe 1951［1936］）的论述。对马拉福瑞斯而言，阿舍利手斧是一件"运动中的物体"（Malafouris 2021: 10）。手斧的变化依赖它如何被抓握。不仅是手改变了燧石，而且燧石也改变了手，因为石器制作者在创造性地探索石器加工方法时，会变得更加熟练、更加训练

---

① 怀特海的过程哲学强调运动、生成与过程，认为现实即生成。受这种思想的影响，马拉福瑞斯认为，思考是在物的运动以及同物的互动过程中生成的——译者。

有素。"使用工具的手背后并没有思维"（Malafouris 2021：13）。相反，是工具制作过程构成了思维过程。陶工"与黏土融为一体"（Malafouris 2013 第九章各处）。

思维与肉体、手和工具共同构成彼此的这种复杂的理论阐述很受欢迎。但从纠缠理论来看，除了"参与"关系外，还有很多其他的关系。我更喜欢将这些"参与"关系看作依赖关系，这种关系的确很有创造性，会产生一种创造性的演化，在这种演化进程中，人们会积极探索现实生活世界（Bergson 1911［1998］）。但这在某种程度上会让人想起马克思对黑格尔对象化过程的批判，而且我同样也看到了依附关系这一面向，即异化、剥削和贫困会破坏共同演化的、具有创造性的生成过程。如果将更大尺度的背景考虑其中，制陶者并不总是会和黏土融为一体。马拉福瑞斯的论述很大程度上是从现象学角度展开的（Malafouris 2013：20），而且他很少触及更大的社会背景（Malafouris 2013：213 是个例外）。他几乎没有提及异化、贫困和抗争，而这些都可能影响思维、身体和手联系在一起的方式。而且他主要关注的是制作，很少关注我们同伦敦地铁或互联网等复杂事物之间的互动过程。上述这些事物似乎不太适合这种现象学方法。

能动实在论

凯伦·巴拉德（Karen Barad）之所以会吸引我，其中的一个原因是她的理论强化了我一直在阐述的"自在之物"并不存在的观点。在这里，我对福勒和哈里斯（Fowler and Harris 2015）引用巴拉德的观点来支持自己所坚称的自在之物的概念感到困惑。对巴拉德来说，物总是包括了我们的理解模式在内的诸多现象的一部分。我们所使用的测量工具会影响我们构建出的现实世界，同时也构成了这种现实的一部分。很明显，在考古学中，我们筛土时用的筛子、我们采集的标本，以及我们研究时使用的显微镜都会影响我们的感知和结论。我们所看到的任何事物都会和其他事物纠缠在一起。我们或许会认为，未来人们可能会发明能够让考古学家重建地下社会现实而又不会破坏地下遗存的探测或扫描设备。由此，这些设备将会让我们观察到地下的"自在之物"与客观资料。我并不认同上述观点。任何由使用这种遥感设备所发现的现实本身都会产生需要阐释的资料。我们总是会陷入巴拉德口中的"内在互动"。如巴拉德所述，"'内在互动'这个新词表示的是纠缠在一起的能动作用之间的相互构成"（Barad 2007：33）。我们不可能将地下遗存同观察地下遗存的人与非人能动者完全分开。纠缠在一起的内在互动的思想认为，不同的能动作用并不是事先就有的，而是在内在的互动过程中涌现的。这就是我在试图表达的人与物之间的关系性产生的方式。

巴拉德所关注的"现象中的物"（things-in-phenomena）让她认为，物质并不是物，而是正在发生的行动，是一种过程，是能动性的凝结。它既是一种产生稳定的过程也是一种破坏稳定的过程。只要我们对物进行观察和测量，它就已经发生了变化。受量子理论的影响，巴拉德的纠缠理论表明，万事万物都处在不断变化中，而且这一观点已经在考古学中得到应用。举例来说，属性并不是稳定不变的，"它……指的是在其生成过程中的现象，而且不是物体本身所固有的"（Marshall and Alberti 2014：22）。马绍尔和阿尔贝蒂阐述了毛利人的楔形护身符（chevron amulets）是如何同时成为多种现象的一部分。例如，它们可以既是商品又是珍宝（taonga），其中，后者作为无法转译的毛利语词汇指的是高价值物品，或者是祖先的力量或功效。一切都要视情况而定。

虽然巴拉德所使用的"纠缠"一词源自量子理论，但它同我在本书中所阐述的用法是一致的，因为巴拉德指出，我们同世界相互作用的方式依赖于所涉及的能动作用。其中，起作用的不仅是依赖关系还有依附关系，因为任何时候我们的观察都受到那些能动作用的约束和限制。但巴拉德的能动实在论对我所定义的纠缠理论的一个问题进行了重要回应。本章中所论述的所有理论（ANT、聚合体理论、纠缠理论，以及织网等理论）都存在如何划分边界的问题——什么是聚合体/网络？什么又不是聚合体/网络？情境考古也存在同样的问题——最终，我们似乎只能任意划分边界。声称聚合体就是有着某种目的的合成物这种观点对我们解决边界问题似乎并无益处，这是因为人们还会争论哪些合成物同任何行动有关。巴拉德指出，自然科学中也普遍存在这样的问题，而且作为科学过程的一部分，我们需要作出界限划分。我们需要讨论我们的界限划分依据并证明这种划分是合理的。这些能动切分（agential cuts）影响着我们所得出的结论，它们是科学研究过程的一部分。

结　　论

本书的论点受到过程哲学家阿尔弗雷德·诺夫·怀特海（Alfred North Whitehead）的影响（Whitehead 1978, Sherburne 1966）。具有讽刺意味的是，所谓"过程考古学"理论的发展所应用的是生态系统理论，很难将或然的历史路径纳入其中。因此，后来产生了"后过程考古学"这种注重更完整过程的理论，而最近以来，考古学家更为直接地接受了怀特海的过程哲学（Gosden and Malafouris 2015）。

博加德等学者应用怀特海的理论对驯化的探讨为我们了解怀特海的思想在考古学中的应用提供了一个很好的案例。"在我们看来，将'驯化'理解为更广阔过程之海中的一组过程关系对考古学家更有益处，而将这种过程关系从其所处的更广阔的过程中抽离出来让我们更难（而不是更容易）理解作为过程关系的驯化背后的因果关系背景"（Bogaard et al. 2021：58）。这种理论看上去很像本书中所阐述的纠缠之流（entangled flow）的思想。对博加德等学者来说，变化是常态，考古学家需要解释的不是变化，而是稳定性（另见 Lucas 2012，拉图尔和 ANT 在更普遍的意义上论述了这一观点）。现如今，很多考古学家已经不将野生和驯化的植物物种看作是可以明确界定的、可以从野生状态突然变为驯化状态的物，考古证据表明，植物的驯化是一个漫长的渐变过程。博加德等学者从以物或物质为基础的形而上学思想转向了基于过程和持续变化的思想,而且他们还发现了植物物种的变化可以沿着多条路径发生。植物驯化漫长且缓慢的过程会同很多其他过程联系到一起的这个主题思想已经在本书第八章中得到详细论述。

总的来说,在我看来,纠缠理论显然是考古学中关注物、关系性和过程的诸多理论的一种。但纠缠理论有两方面同其他理论略有不同。尤其需要指出的是,纠缠理论要比其他理论更关注牵绊或羁绊。这样,它就能更好地研究权力、不平等和支配统治,即人们会卷入对自己不利的社会与经济环境中。此外,纠缠理论更关注时间上的关系性,关注从过去到未来的流动。纠缠理论非常强调各种力量、流动、趋向是如何将物分解成在不同尺度下混搭在一起的各种线索的。虽然这些线索之间相互联系,但它们在自身对过去的滞留与对未来的前摄上具有独特性。因此,它们既能产生新的关系以增加流动的数量与方向,也能产生摩擦从而让变化和羁绊得以发生。由此,鉴于上述两方面,纠缠理论的特别之处在于它更侧重人与物之间的牵绊。纠缠理论关注的不仅是网络、聚合体和关系,还包括关系路径。

第十一章
结论：由物到流

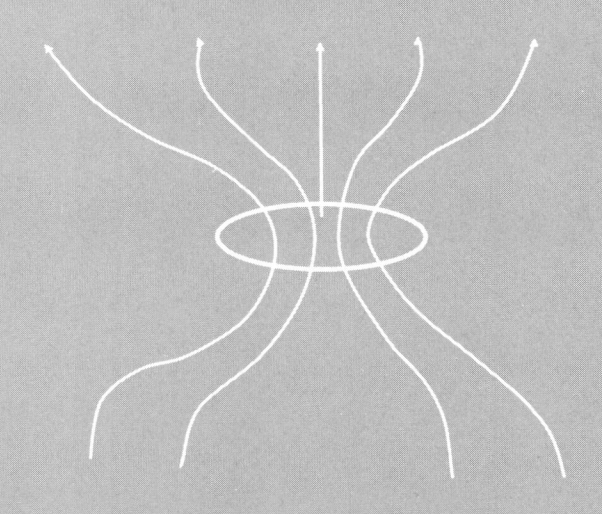

站立的事物终将倒下，但运动将会永存。

——巴萨瓦（Basavanna），12世纪印度哲学家和诗人

物质虽看上去不可分割，但它注定处在流动状态，而非静止不动。

——亨利·柏格森《创造进化论》(*Creative Evolution*)

水波式文化？

本书作为阐述纠缠理论著作的第二版，已经清楚阐明了学术界发生的由物到流的理论变化。在考古学中，对流动的关注本身并不是什么新鲜事。当我正写下这些文字时，已经距宾福德（Binford 1965）发表对文化水波论的批判性文章过了近60年的时间。宾福德将文化历史考古学的文化观形容为规范的文化观点，认为文化是一系列可以在时间（传统）和空间（传播）中传递的观念，"我将这种阐释性框架称作文化的水波论。考古学家用'文化流'（cultural stream）这样的词语来阐释文化，并用'流动'一词来形容新的文化因素进入到某一地区。文化被人们看作是滔滔流水"（Binford 1965：204）。自此之后，考古学理论已经取得了长足的进展。那么，我在本书中对流动和线索的关注是在重拾以往的文化观吗？

宾福德在文章中对文化水波论极尽批判之词，认为文化应该是人类的一种超肉体适应方式，由对环境作出反应的不同子系统组成。宾福德并没有将文化看作是由中心流向边缘地区的一整套观念和习俗，而是认为不同人群对环境的适应性反应存在多样性。他关注的是文化的变异性而非文化规范。不同线索之间相互纠缠的观点当然也保留着对变异性的关注。而当下对过程考古学①的关注也可看作是过程考古学和后过程考古学强调更加细化的过程概念这一做法的延续。本书的第十章提到了过程考古学。本书作为纠缠理论的

---

① 建立在过程哲学基础上的过程考古学，而非20世纪60年代兴起的新考古学——译者。

新版著作也是建立在过程论的方法基础上，该方法认为历史路径具有偶然性。宾福德虽然认识到了传统和历史的重要意义，但通常是以更强调瞬时性适应行为反应的多样性为理论框架。宾福德最终的目的是发现文化系统的规律，而且几乎不强调过去与未来之间的联系。宾福德确实对产生流动的原因，即时空中具有异质性的各种事物之间的路径依赖不感兴趣。但声称当下对流动的关注同文化历史考古学有关文化水波论的隐喻之间存在密切关系同样是错误的。在本书中，我已经在尝试避免使用任何有关文化整体的概念，而且我还竭力避免将文化从纠缠中分离出来的做法。各种具有异质性的营力产生了积极且生动的模仿过程而非传播过程。

因此，考古学理论中对过程的关注日益增多是贯穿本书的一条线索或流动。另一个更直接相关的过程线索是哲学与社会科学中对怀特海、柏格森和德勒兹等本书一直在引用的思想家的讨论。我们这样做的目的是让这本书纳入当下由存在向生成转变的学术思潮之中。在《千高原》一书中，德勒兹与加塔利指出，哲学的基本问题并不是"是什么"（即有关存在的问题），而是"事物发展的方向是什么""与之相关的过程有什么"及"事物会变成什么"（即有关生成的问题）。在对游牧科学进行讨论时，两位学者主要强调的是液体、生成和异质性，而不是固体及物的稳定性。在他们看来，线或流动的相互作用既可以增加流动的力量，也可以限制彼此。

正如本书上一章结尾所说，虽然本书的论证紧随上述思想，但更强调牵绊、羁绊和路径依赖。虽然本书体现了学界近年来有关人-物关系性和生成性的理论转向，但是是从依赖关系的积极与消极层面、促进的与羁绊的层面重构关系性。在此过程中，我们能够更好地探索不平等和不公正，即人们如何陷入对自己不利的社会与经济背景之中。在本书第十章所讨论的各种与过程、生成和关系性有关的理论中，我提出了一个有关不平等的新观点。对此，我们或许可以（继续用水进行比喻）说，我此时正在逆流而上，海浪从我身边经过。对此，在这个存在明显不平等的世界里，我们似乎比任何时候都更有必要理解不平等背后的各种过程。

写在最后的一些案例

我在之前的章节中曾论述了纠缠关系中的各种关系链条、线索或序列的类型。用具整体性中存在着依赖关系链条（见第二章）。由此，对牛的驯化涉及给牛圈围上由木桩制成的围栏。而木桩是用石斧砍下的木材制成，石斧则需要人们将其放在皮毛上打磨，这种关系链条会不断向外延伸。操作序列由原料获取、生产、使用与废弃的行为链或制作石制工具涉及的各种身体姿态构成（见第三章）。除此之外，关系链条还包括了历史性链条、世系或系谱（见第七章）。因此，欧亚大陆牛的驯化先于轮子的发明，前者构成了后者发生的先决条件。随着时间的推移，这两个具有异质性的关系链条或系谱会遵循各自部分独立的发展路径，但有时二者也会紧密结合在一起，如轮子最初被发明出来时就是如此（将农业的强化生产和役使动物联系在一起）；有时还会分道扬镳，如机动车的出现让交通工具不再受制于牛马（尽管农场所使用的牵引车依然让交通工具同动物驯化保持着紧密联系），等等。近年来，牛的驯化和轮式机动车的系谱再次汇集在一起，共同造成了温室气体排放和全球气候变暖。所以，每一条由多种成分构成的关系线索或线缕都有着各自部分独立的发展轨迹，而这些发展轨迹在某些特定时刻会汇集在一起，造成人们难以掌控或预测的危机局面。

蒂莫西·米切尔（Timothy Mitchell）（Mitchell 2002）对疟疾于20世纪在埃及蔓延的研究为我们提供了有关上述过程的绝佳案例。1942年，隆美尔的非洲军团（Rommel's Afrika Corps）穿过利比亚边界进入埃及，并在阿拉曼（al-Alamein）遭到拦截，伤亡惨重。与此同时，在埃及的另一端，携带有致命疟原虫（*Plasmodium falciparum*）的冈比亚疟蚊（*Ano Pheles gambiae*）从苏丹沿着尼罗河顺流而下进入埃及。在随后的三年里，埃及南部爆发疟疾疫情，造成了一两百万人死亡。"战争和疟疾疫情交织在一起，同严重的战时食物短缺这一危及埃及国家安全的第三种因素相互作用"（Mitchell 2002：20）。造成食物短缺的一个主要原因是自19世纪中叶开始修建的尼罗河大坝所带来的延迟效应。尼罗河大坝使得埃及大部分土地变为全年灌溉的农田。开始时，一年一度的尼罗河洪水通过淤泥和养分的沉积让土地变得肥沃。现如今，人们的农业生产需要大量如硝酸铵这样的化肥，不仅如此，自20世纪30年代末开始，埃及大部分化肥由一家德国商业集团公司所供应。战争的爆发切断了化肥供应链。由于缺少化肥，埃及南部的人民饱受饥荒和营养不良之苦，因此，疟疾疫情的致死率相当高。

　　上述这些影响因素之间的关系相当复杂。尼罗河大坝的网络系统让蚊子能够跨越障碍在不同区域之间自由穿行。尼罗河大坝还促使一种具有侵略性的水草大肆泛滥，而这种水草则为冈比亚疟蚊提供了天然温床。人们根除疟疾的一种有效方式是向积水中喷洒虐蚊杀（Malariol，一种由柴油和扩散剂混合而成的液体），以阻止蚊子幼虫的孵化。然而，虐蚊杀通常是用来确保灌溉水泵持续工作的液体。由于需求量巨大，欧美各大化肥公司很难向埃及提供充足的化学肥料，这些公司需要生产另一种硝酸铵产品——烈性炸药。

　　这一系列纠缠关系内部及不同纠缠关系之间，还存在复杂的、可能会引发危机的关系。我在此列出了三种关系。第一，当时有报道声称冈比亚疟疾在努比亚爆发，而日本人占领了爪哇，切断了给欧洲各国生产药物的荷兰金鸡纳树（*Dutch cinchona*）种植园供应链，因此，用来治疗感染的奎宁异常紧缺。第二，事实证明，在两次世界大战期间修建的包括阿斯旺大坝在内的大量水坝是一个杂乱无章的混杂过程，各种事物之间的相互作用带来了很多问题，并造成了巨量且出人意料的开销。用来建造阿斯旺大坝的硅酸盐水泥（Portland cement）让坝体发生泄漏并受到侵蚀，而且后续还带来了淤泥堆积、渗漏和蒸发的问题。不仅如此，由于大坝将菲莱神庙（Temple of Philae）等遗址淹没，修建大坝还将文物古迹卷入其中，这引发了公众的强烈抗议。这同埃及当局在 20 世纪 50 年代修建阿斯旺高坝并实施水力发电计划所引发的公众反应相类似。第三，欧洲纺织业对防蛀剂的渴求也让人们发现了二氯二苯三氯乙烷的毒性。1943 年，在埃及南部，人们开始使用 DDT 来消杀冈比亚疟蚊。虽然，当时人们还不知道 DDT 的原理，但随着时间的推移，人们意识到 DDT 对益虫和害虫进行无差别消杀，而且 DDT 对鱼类是有毒的，并对所有动植物都有害。到了 2007 年，联合国环境规划署对完全终止使用 DDT 表示支持（Mitchell 2002：49）。

所以，上述同埃及有关的事件链条将战争、疾病和农业联系在一起。河流、堤坝、化肥、食物网和资本家之间存在密切关系。由水力、化学、军事、政治、病原学及力学过程构成的联系具有高度的异质性特征。事物之间的纠缠和连结以复杂和不确定的方式将不同的系谱和时间性聚集在一起。不同关系线索的交汇是不受人控制的，它们在调节性话语（regulatory discourses）体系中相互抗衡。在米切尔看来，在上述埃及的例子中存在"专家之治"（rule of experts）向外蔓延的现象。阿斯旺大坝所引发的问题确实催生了成本效益分析的新领域（Mitchell 2002：37），人类行为生态学理论就同此领域密切相关，由此，该理论本身构成了对物进行监管的话语。专家的技术政治从不同的时间性及其相互作用所累积的持续不确定性中获取力量。

下面我们再回到恰塔霍裕克，来看一个有关遗产的例子。2012 年，恰塔霍裕克遗址被联合国教科文组织列入世界文化遗产名录。我切身感受到，申遗的过程宛如自然的洪荒之力席卷了整个遗址，掌控着一切。几条关系线索彼此纠缠，焕发着彼此的活力。学术界和政治界都在确定恰塔霍裕克遗址拥有"显著的普遍价值"。当地和国际社会都有意发展恰塔霍裕克的旅游业。而且最重要的是，土耳其的官员和政客们都希望从恰塔霍裕克遗址的申遗中赢得本国支持、提升国际声望，因此，他们希望在遗产名录中出现更多本国的遗址。梅斯克尔（Meskell 2018）对民族国家应用遗产进行国际外交的过程进行研究。近年来，各国竞相申遗的势头似乎不可阻挡。在恰塔霍裕克，申遗与其说是一股洪流，倒不如说是一头巨兽，将我们卷进了它势不可挡的行进道路。每个遗址申遗成功，每一行文字被记录在案，都会让人心潮澎湃。不论我们用流动、电流，还是用繁忙的交通来比喻申遗，遗址本身都会给我们带来一股直击心灵的力量，在这一过程中，遗址会被赋予生命，焕发新生。当然，随着时间的推移，一切会重回平静，我们会意识到自己陷入了官僚政治、文物保护的需求及各种外部干预之中。当然这会产生积极的影响，但同时我们也会感到自己身受禁锢。

社交网络是一个给我们很多人的生活带来巨大影响的当代例子。我们很多人都感到自己身受新媒体技术的羁绊。我们很多人都说自己沉迷于智能手机无法自拔。我们和社交媒体公司都知道这些产品会带来精神健康和社会问题，但我们大部分人似乎都无法逃离。我们用成瘾来形容这种现象似乎很合适。一直让我感到很有趣（和很可疑）的是，大型科技公司往往以"轻薄本"（"air" book）、"云"及"网络"来命名自己的产品，而且我们也知道互联网的运转依赖耗电量巨大的大型服务器，而在美国，电力依然主要由煤炭生产。因此，马克·米尔斯（Mark Mills）（Mills 2013）得以写下"云端始于煤炭"的论断。但纠缠已经从上述的这些物质羁绊延伸到社会羁绊。在杰夫·奥洛夫斯基（Jeff Orlowski）2020年为网飞纪录片（Netflix Documentary）拍摄的影片《监视资本主义：智能陷阱》（*The Social Dilemma*）中，有一句台词说道"这既是乌托邦也是异托邦……将我们联系在一起的技术同时也让我们分化，它分裂着我们，操控着我们，分散着我们的注意力，将我们货币化，并操纵着我们的行为"。产生问题的并不是智能手机本身，而是手机背后的整个纠缠关系网络，尤其是通过广告及向使用复杂的人工智能和心理学增加市场份额的广告商们出售个人信息来获利的商业模式——这样做的目的是通过操纵人们的好恶来获取商业收益。

这种情况产生了一种不可逆转的羁绊。用《监视资本主义：智能陷阱》这部影片中的台词来说：

实际上，事情已经发生，你已无力回天。虽然可以作出调整，但最终你必须实现收入和使用量的逐季增长。商业规模越大，人们越难改变。我所看到的场景是，人们一窝蜂地被某种商业模式、经济激励和股东施压所困，根本无法抽身去做其他事情。

由于美国政府一直缺少监管措施（这可以一直追溯到里根时代），这种商业模式在运行时几乎畅通无阻。社交媒体平台一直被用来支持各种民间社会运动，如阿拉伯之春、占领华尔街和米兔（MeToo）运动。但与此同时，人们也一直用社交平台发表仇恨言论，传播不实信息。从纠缠理论的角度来看，各种线索或流动相互缠绕在一起，这使得不论好坏，我们都被困在一个将人与物整合在一起的强大力量所创造的世界中无法抽身。当然，我们可以关掉手机，而且我坚持了很久，在2021年之前一直都拒绝使用智能手机。但最终我不得不向智能手机妥协。智能手机公司成功联合其他社会组织形成了强大的力量，这使得如果我没有智能手机，将无法在伦敦买票观看篮球比赛，也无法买票观看演出。我将无法购买火车票，也没有办法进行银行转账。智能手机已经同生活中的其他领域纠缠在一起，让我深陷其中，无法抽身。

一些有待解决的问题

在整本书中，有关物和有关流动的论述之间一直存在着张力。一方面来说，我一直认为物即是流动；但另一方面，我有时也在论述人和物质实物之间的关系，仿佛这些物质实物是有形的稳定实体。这种矛盾之所以会出现，原因有很多。在日常生活中，我们继续着自己的生活，物仿佛都有着自身独特而稳定的存在方式。在大部分时候，这种观点是成立的。但有些时候，情况并非如此，流动的概念令人不安，且它会证明自身的存在。举例来说，当我去参观博物馆时，我不必担心正在展出的展品是不稳定的这个事实。博物馆工作人员的职责是确保将湿度、温度和光照保持在合适的范围内，让展品不会发生霉变或遭受腐蚀。虽然大部分情况下，我们可以认为物是自在之物，但很明显，在博物馆中的物并非如此——它们依赖周围的媒介满足特定条件。

用德勒兹和加塔利的理论来看（Deleuze and Guattari 2004），这就好像我们需要生活在一个辖域化（territorialized）的世界中，同时有时还会看到周围的解辖域化（deterritorialization）过程。部分问题来自语言。为了用语言交流，我们需要将物贴上固定的标签。的确，我们可以讨论诸如房屋持续变化这样的过程，但为了进行比较及得出更高层次的论断，我们需要假定某种确定性存在。对德勒兹和加塔利而言，解辖域化可以是一种解放也可以是一种揭示的行为，它为我们提供了一个可以逃离约束状态的机会。但在我看来，物和流相互纠缠、彼此依存，限制并约束着我们。确实，流会进入我们的身体，穿透我们的思维，将我们也变成流的一部分。流在解放我们的同时也羁绊着我们。

在本书中，流和线索之间也存在着张力。如果说物是流的一部分，那为何我们还将其比作静态的线索呢？这是因为人-物关系是有界限的，会被分割成许多很小的片段、叙事和线条。我们似乎可以将叙事线比作一根绳索或线索。一些短小的纤维可以缠绕在一起形成一根更长的细线，几条细线缠在一起可以形成一根更粗的线，而多条粗线相互缠绕形成更粗的线索或绳索，以此类推。对纠缠的概念来说，这一景象在结构上过于严谨，而且我在本书第一章中指出，用纤维黏和而成的毛毡或许是对人-物关系更贴切的比喻。但绳索的比喻很好地形容了多股小线会不断缠绕在一起形成粗线的现象。它恰当地指出，人与物会被某些特定的路径所牵绊或羁绊。但依然需要指出的是，线索或毛毡的比喻太过静态、太过死板，我们需要在其中加入流和能量。正因如此，本书的封面展现的是力线（lines of force）而不是线索。能量通常会沿着力线流动；物构成了时空中力场的一部分。

在本书的最后，我想论述的是，随着时间的推移，流如何释放能量并最终消失不见。考古学中的"战舰曲线"或西班牙语中的"线轴"就暗含着上述观念（见本书第十章）。流会不断扩大、增加，最终消失。在自然界中，火会熄灭；在生物界中，有机体会消亡；在社会中，欲望、爱和权力等力量会不断消长。行动、物和鸣叫声都有自己的高光时刻，但最终会逐渐失去影响力。我们已经认识到，社会力量只有在语言、行为和物中体现时，才能产生行动。我们还可以将在物身上呈现这些力量的过程看作是表演。物通常会失去力量，最终消亡。我们唯有不停地使用物，让物发挥效用，才能让它们焕发生机，保持活力。因此，虽然存在多种形式的能量流或活力流，但它们为了持续存在，需要不断显现自身，发挥效力。在本书中，我一直认为，每一件陶器就像一股可以将流动唤醒的力量，它可以从之前的陶器中汲取能量，并将能量传递下去。这一模仿过程也的确是沿着既定的路线或线索向前推进，随着过程的持续，线索也发生改变。但在本书中，我并没有花太多的篇幅讨论向前推进的过程如何顺利实现。为了确保其行之有效，不会消亡，推进的过程必须持续不断。物如何发挥其效力所具有的重要意义再次表明，并不存在"自在之物"。一切都取决于物在流中所处的位置。

参 考 文 献

Acharya, A., Blackwell, M. and Sen, M., 2016. "The Political Legacy of American Slavery". *The Journal of Politics* 78 (3), pp. 621—641.

Achebe, C., 1994. *Things Fall Apart*. New York: First Anchor Books.

Agamben, G., 2009. *The Signature of all Things. On Method*. New York: Zone Books.

Alberti, B., Jones, A. and Pollard, J. (eds.), 2013. *Archaeology after Interpretation: Returning Materials to Archaeological Theory*. Walnut Creek: Left Coast Press.

Alberti, B. and Marshall, Y., 2009. "Animating Archaeology: Local Theories and Conceptually Openended Methodologies". *Cambridge Archaeological Journal* 19 (3), pp. 344—356.

Andrefsky, W. Jr., 1994. "Raw Material Availability and the Organization of Technology". *American Antiquity* 59 (1), pp. 21—34.

Appadurai, A. (ed.), 1986. *The Social Life of Things. Commodities in Cultural Perspective*. Cambridge: Cambridge University Press.

Arensburg, B. and Bar-Yosef, O., 1973. "Human Remains from Ein Gev 1, Jordan Valley, Israel". *Paléorient* 1, pp. 201—206.

Asouti, E. and Fairbairn, A. S., 2010. "Farmers, Gatherers or Horticulturalists? Reconstructing Landscapes of Practice in the Early Neolithic". In Finlayson, B. and Warren, G. (eds.), *Landscapes in Transition*. Oxford: Oxbow. pp. 161—172.

Asouti, E. and Fuller, D. Q., 2012. "From Foraging to Farming in the Southern Levant: The Development of Epipalaeolithic and Pre-pottery Neolithic Plant Management Strategies". *Vegetation History and Archaeobotany* 21, pp. 149—162.

Atalay, S., 2005. "Domesticating Clay: The Role of Clay Balls, Mini Balls and Geometric Objects in Daily Life at Çatalhöyük". In Hodder, I. (ed.), *Changing Materialities at Çatalhöyük: Reports from the 1995—99 Seasons*. Cambridge: McDonald Institute for Archaeological Research/British

Institute of Archaeology at Ankara Monograph. pp. 139—168.

Atalay, S., 2013. "Clay Balls, Mini Balls and Geometric Objects". In *Substantive Technologies at Çatalhöyük: Reports from the 2000—2008 Seasons* (Çatalhöyük Research Project Volume 9). London: British Institute at Ankara and Los Angeles: Cotsen Institute of Archaeology Press. pp. 247—252.

Atalay, S. and Hastorf, C. A., 2006. "Food, Meals, and Daily Activities: Food Habitus at Neolithic Çatalhöyük". *American Antiquity* 71 (2), pp. 283—319.

Baehr, P., 2001. "The 'Iron Cage' and the 'Shell as Hard as Steel': Parsons, Weber, and the Stahlhartes Gehäuse Metaphor in the Protestant Ethic and the Spirit of Capitalism". *History and Theory* 40 (2), pp. 153—169.

Baird, D., 2007. "The Boncuklu Project: The Origins of Sedentism, Cultivation and Herding in Central Anatolia". *Anatolian Archaeology* 13, pp. 14—18.

Bakker, J. A., Kruk, J., Lanting, A. E. and Milisauskas, S., 1999. "The Earliest Evidence of Wheeled Vehicles in Europe and the Near East". *Antiquity* 73, pp. 778—790.

Banerjee, M. and Miller, D., 2003. *The Sari*. Oxford: Berg.

Barad, K., 2007. *Meeting the Universe Halfway: Quantum Physics and the Entanglement of Matter and Meaning*. Durham NC: Duke University Press.

Barnard, A. and Woodburn, J., 1988. "Introduction". In Ingold, T., Riches, D. and Woodburn, J. (eds.), *Hunters and Gatherers 2. Property, Power and Ideology*. Oxford: Berg. pp. 4—32.

Bar-Oz, G. and Dayan, T., 2003. "Testing the Use of Multivariate Inter-site Taphonomic Comparisons: The Faunal Analysis of Hefzibah in its Epipalaeolithic Cultural Context". *Journal of Archaeological Science* 30, pp. 885—900.

Bar-Yosef, O., 2001. "From Sedentary Foragers to Village Hierarchies: The Emergence of Social Institutions". In Runciman, W. G. (ed.), *The Origin of Human Social Institutions*. Proceedings of the British Academy 110. Oxford: Oxford University Press. pp. 1—38.

Barrett, J., 1994. *Fragments from Antiquity: An Archaeology of Social Life in Britain 2900—1200 B. C.* Oxford: Blackwell.

Barrett, J. and Ko, I., 2009. "A Phenomenology of Landscape. A Crisis in British Landscape Archaeology?". *Journal of Social Archaeology* 9 (3), pp. 275—294.

Baudrillard, J., 1996. *The System of Objects*. London: Verso.

Bayliss, A., Brock, F., Farid, S., Hodder, I., Southon, J. and Taylor, R. E., 2015. "Getting to the Bottom of it All: A Bayesian Approach to Dating the Start of Çatalhöyük". *Journal of World Prehistory* 28 (1), pp. 1—26.

Beck, C., Taylor, A. K., Jones, G. T., Fadem, C. M., Cook, C. R. and Millward, S. A., 2002. "Rocks are Heavy: Transport Costs and Paleoarchaic Quarry Behavior in the Great Basin". *Journal of Anthropological Archaeology* 21, pp. 481—507.

Becker, J., 2001. "Anthropological Perspectives on Music and Emotion". In Juslin, P. N. and Sloboda, J. A. (eds.), *Music and Emotion. Theory and Research*. Oxford: Oxford University Press. pp. 135—160.

Beckert, S., 2014. *Empire of Cotton. A Global History*. New York: Vintage.

Beghin, T., 2022. *Beethoven's French Piano: A Tale of Ambition and Frustration*. Chicago: University of Chicago Press.

Bekaert, S., 1998. "Multiple Levels of Meaning and the Tension of Consciousness". *Archaeological Dialogues* 5 (1), pp. 6—29.

Belfer-Cohen, A. and Bar-Yosef, O., 2000. "Early Sedentism in the Near East: A Bumpy Ride to Village Life". In Kuijt, I. (ed.), *Life in Neolithic Farming Communities. Social Organization, Identity, and Differentiation*. New York: Kluwer Academic/Plenum Publishers. pp. 19—38.

Belfer-Cohen, A. and Goring-Morris, N., 2002. "Why Microliths? Microlithization in the Levant". In Elston, R. G. and Kuhn, S. L. (eds.), *Thinking Small: Global Perspectives on Microlithization*. Archaeological Papers of the American Anthropological Association 12. Hoboken NJ: Wiley. pp. 57—68.

Bennett, J., 2010 *Vibrant Matter: A Political Ecology of Things*. Durham: Duke University Press.

Bentley, R. A. and Maschner, H. D. G. (eds.), 2003. *Complex Systems and Archaeology: Empirical and Theoretical Applications*. Salt Lake City: University of Utah Press.

Bergson, H., 1911 [1998]. *Creative Evolution*. (trans. A. Mitchell). New York: Dover.

Bermudez, J. L., Marcel, A. and Eilan, N. (eds.), 1995. *The Body and the Self*. Cambridge, MA: MIT Press.

Bettinger, R. L., 2009. *Hunter-Gatherer Foraging: Five Simple Models*. New York: Eliot Werner Publications.

Biehl, P. and Ravenstock, E., 2009. "West trench 5". *Çatalhöyük Archive Report*. pp. 38—41. http://www.catalhoyuk.com/downloads/Archive_Report_2009.pdf. Accessed 23 June 2011.

Bijker, W. E., 1997. *Of Bicycles, Bakelites, and Bulbs. Toward a Theory of Sociotechnical Change*. Cambridge, MA: MIT Press.

Binford, L. R., 1965. "Archaeological Systematics and the Study of Culture Process1". *American Antiquity* 31 (2Part1), pp. 203—210.

Bird, D. W., Bliege Bird, R. and Parker, C., 2005. "Aboriginal Burning Regimes and Hunting Strategies in Australia's Western Desert". *Human Ecology* 4, pp. 443—464.

Bird, D. W. and O'Connell, J. F., 2006. "Behavioral Ecology and Archaeology". *Journal of Archaeological Research* 14, pp. 143—188.

Bliege Bird, R., 2007. "Fishing and the Sexual Division of Labor among the Meriam". *American Anthropologist* 109 (3), pp. 442—451.

Bliege Bird, R., Bird, D. W., Codding, B. F., Parker, C. H. and Jones, J. H., 2008. "The 'Fire

Stick Farming' Hypothesis: Australian Aboriginal Foraging Strategies, Biodiversity, and Anthropogenic Fire Mosaics". *Proceedings of the National Academy of Sciences* 105 (39), pp. 14796—14801.

Bloch, M., 2010. "Is There Religion at Çatalhöyük. ... or are There Just Houses?". In Hodder, I. (ed.), *Religion in the Emergence of Civilization. Çatalhöyük as a Case Study*. Cambridge: Cambridge University Press. pp. 146—162.

Bocquentin, F., Cabellos, T. and Samuelian, N., 2013. "Graves in Context: Field Anthropology and the Investigation of Interstratified Floors and Burials". In Bar-Yosef, O. and Valla, F. R. (eds.), *Natufian Foragers in the Levant*. Ann Arbor: International Monographs in Prehistory. pp. 185—192.

Bogaard, A., Allaby, R., Arbuckle, B. S., Bendrey, R., Crowley, S., Cucchi, T., Denham, T., Frantz, L., Fuller, D., Gilbert, T. and Karlsson, E., 2021. "Reconsidering Domestication from a Process Archaeology Perspective". *World Archaeology* 53 (1), pp. 56—77.

Bogaard, A., Charles, M., Livarda, A., Ergun, M., Filipović, D. and Jones, G., 2013. "The Archaeobotany of Mid-later Occupation Levels at Neolithic Çatalhöyük". In Hodder, I. (ed.), *Humans and Landscapes of Çatalhöyük: Reports from the 2000—2008 Seasons*. Los Angeles: Cotsen Institute. pp. 93—128.

Boivin, N., 2008. *Material Cultures. Material Minds*. Cambridge: Cambridge University Press.

Boix, C. and Rosenbluth, F., 2014. "Bones of Contention: The Political Economy of Height Inequality". *American Political Science Review* 108 (1), pp. 1—22.

Bonds, M. H., Keenan, D. C., Rohani, P. and Sachs, J. D., 2010. "Poverty Trap Formed by the Ecology of Infectious Diseases". *Proceedings of the Royal Society of London B: Biological Sciences* 277 (1685), pp. 1185—1192.

Bonogofsky, M., 2005. "A Bioarchaeological Study of Plastered Skulls from Anatolia: New Discoveries and Interpretations". *International Journal of Osteoarchaeology* 15, pp. 124—135.

Borgatti, S. P., Mehra, A., Brass, D. J. and Labianca, G., 2009. "Network Analysis in the Social Sciences". *Science* 323 (5916), pp. 892—895.

Bourdieu, P., 1977. *Outline of a Theory of Practice*. Cambridge: Cambridge University Press.

Bourdieu, P., 1984. *Distinction. A Social Critique of the Judgement of Taste*. London: Routledge.

Bowles, S. and Choi, J.-K., 2013. "Coevolution of Farming and Private Property during the Early Holocene". *Proceedings of the National Academy of Sciences* 110 (22), pp. 8830—8835.

Bradley, R., 1998. *The Significance of Monuments: On the Shaping of Human Experience in Neolithic and Bronze Age Europe*. London: Routledge.

Brandes, U., Robins, G., McCranie, A. and Wasserman, St., 2013. "What is Network Science?". *Network Science* 1 (1), pp. 1—15.

Brandes, U. and Wagner, D., 2004. "Analysis and Visualization of Social Networks". In Jünger,

M. and Mutzel, P. (eds.), *Graph Drawing Software*. Berlin: Springer Verlag. pp. 321—340.

Brown, B., 2001. "Thing Theory". *Critical Inquiry* 28 (1), pp. 1—22.

Brown, B., 2003. *A Sense of Things. The Object Matter of American Literature*. Chicago: University of Chicago Press.

Brughmans, T., 2013. "Thinking through Networks: A Review of Formal Network Methods in Archaeology". *Journal of Archaeological Method Theory* 20, pp. 623—662.

Byrd, B., 1994. "Public and Private, Domestic and Corporate: The Emergence of the Southwest Asian Village". *American Antiquity* 59, pp. 639—666.

Byrne, R. W., 1997. "The Technical Intelligence Hypothesis: An Additional Evolutionary Stimulus to Intelligence?". In Whiten, A. and Byrne, R. W. (eds.), *Machiavellian Intelligence II. Extensions and Evaluations*. Cambridge: Cambridge University Press. pp. 289—311.

Carrier, J. G., 1998. "Property and Social Relations in Melanesian Anthropology". In Hann, C. M. (ed.), *Property Relations. Renewing the Anthropological Tradition*. Cambridge: Cambridge University Press. pp. 85—103.

Cessford, C., 2005. "Estimating the Neolithic Population of Çatalhöyük". In Hodder, I. (ed.), *Inhabiting Çatalhöyük: Reports from the 1995—1999 Seasons*. Cambridge: McDonald Institute for Archaeological Research/British Institute of Archaeology at Ankara Monograph. pp. 325—326.

Cessford, C., Newton, M. W., Kuniholm, P. I., Manning, S. W., Özbakan, M., Özer, A. M., Akoğlu, K. G., Higham, T. and Blumbach, P., 2006. "Absolute Dating at Çatalhöyük". In Hodder, I. (ed.), *Changing Materialities at Çatalhöyük: Reports from the 1995—99 Seasons*. Cambridge: McDonald Institute for Archaeological Research/British Institute of Archaeology at Ankara Monograph. pp. 65—100.

Chapman, J., 2000. *Fragmentation in Archaeology. People, Places and Broken Objects in the Prehistory of South Eastern Europe*. London: Routledge.

Childe, V. G., 1951 [1936]. *Man Makes Himself*. London: Watts.

Çilingiroğlu, Ç., 2005. "The Concept of 'Neolithic Package', Considering its Meaning and Applicability". *Documenta Praehistorica* 32, pp. 1—13.

Clark, A., 1997. *Being there. Putting Brain, Body, and World Together Again*. Cambridge, MA: MIT Press.

Clarke, E., Dibben, N. and Pitts, S., 2010. *Music and Mind in Everyday Life*. Oxford: Oxford University Press.

Clutton-Brock, J., 1981. *Domesticated Animals from Early Times*. Austin: University of Texas Press.

Codding, B. F., Porcasi, J. F. and Jones, T. L., 2010. "Explaining Prehistoric Variation in the Abundance of Large Prey: A Zooarchaeological Analysis of Deer and Rabbit Hunting along the Pecho Coast of Central California". *Journal of Anthropological Archaeology* 29, pp. 47—61.

Cole, M., 1998. *Cultural Psychology: A Once and Future Discipline*. Cambridge, MA: Harvard

University Press.

Coles, J. M., 1979. *Experimental Archaeology*. London: Academic Press.

Collar, A., Coward, F., Brughmans, T. and Mills, B. J., 2015. "Networks in Archaeology: Phenomena, Abstraction, Representation". *Journal of Archaeological Method and Theory* 22 (1), pp. 1—32.

Conkey, M. and Hastorf, C. (eds.), 1990. *The Uses of Style in Archaeology*. Cambridge: Cambridge University Press.

Cook, N. and Dibben, N., 2001. "Musicological Approaches to Emotion". In Juslin, P. N. and Sloboda, J. A. (eds.), *Music and Emotion. Theory and Research*. Oxford: Oxford University Press. pp. 45—70.

Crellin, R. J., Cipolla, C. N., Montgomery, L. M., Harris, O. J. T. and Moore, S. V., 2021. *Archaeological Theory in Dialogue*. London: Routledge.

Creswell, R., 1993. "Of Mills and Water Wheels. The Hidden Parameters of Technological Choice". In Lemonnier, P. (ed.), *Technological Choices: Transformation in Material Cultures since the Neolithic*. London: Routledge. pp. 181—213.

Dahlhaus, C., 1989. *Nineteenth-Century Music*. Berkeley: University of California Press.

Darwin, C., 1883. *The Descent of Man and Selection in Relation to Sex*. (Second edn.). London: John Murray.

Darwin, C., 1958 [1859]. *The Origin of Species*. New York: Penguin.

David, P. A., 1985. "Clio and the Economics of QWERTY". *American Economic Review* 75 (2), pp. 332—337.

Deacon, T. W., 1997. *The Symbolic Species. The Co-Evolution of Language and the Brain*. New York: Norton.

De Castro, E. V., 1998. "Cosmological Deixis and Amerindian Perspectivism". *Journal of the Royal Anthropological Institute* 4, pp. 469—488.

Deetz, J., 1977. *In Small Things Forgotten*. New York: Anchor.

DeLanda, M., 2006. *A New Philosophy of Society*. London: Continuum.

Deleuze, G. and Guattari, F., 2004. *A Thousand Plateaus* (trans. B. Massumi). London: Continuum.

DeMarrais, E., Gosden, C. and Renfrew, C. (eds.), 2004. *Rethinking Materiality: The Engagements of Mind with the Material World*. Cambridge: McDonald Institute Monographs.

DeMarrais, E., Gosden, C. and Renfrew, C., 2004. "Introduction". In Demarrais, E., Gosden, C. and Renfrew, C. (eds.), *Rethinking Materiality*. Cambridge: McDonald Archaeological Institute. pp. 1—7.

Demirergi, G. A., Twiss, K. C., Bogaard, A., Green, L., Ryan, P. and Farid, S., 2014. "Of Bins, Basins and Banquets: Storing, Handling and Sharing at Neolithic Çatalhöyük". In Hodder, I. (ed.), *Integrating Çatalhöyük: Themes from the 2000—2008 Seasons*. London: British Institute at Anakara and Los Angeles: Cotsen Institute of Archaeology Press. pp. 91—108.

Descola, P. and Pálsson, G. (eds.), 1996. *Nature and Society: Anthropological Perspectives*. Milton Park: Taylor & Francis.

Diamond, J., 1997. *Guns, Germs, and Steel: The Fates of Human Societies*. New York: Norton.

Dietler, M., 1998. "Consumption, Agency, and Cultural Entanglement: Theoretical Implications of a Mediterranean Colonial Encounter". In Cusick, J. (ed.), *Studies in Culture Contact: Interaction, Culture Change, and Archaeology*. Carbondale, IL: Centre for Archaeological Investigations. pp. 288—315.

Dietler, M., 2010. *Archaeologies of Colonialism: Consumption, Entanglement, and Violence in Ancient Mediterranean France*. Berkeley: University of California Press.

Dobres, M.-A. and Robb, J. (eds.), 2000. *Agency in Archaeology*. London: Routledge.

Doherty, C., 2008. *Clay Sourcing. Çatalhöyük Archive Report*. pp. 257—262. http://www.catalhoyuk.com/downloads/Archive_Report_2008.pdf. Accessed 23 June 2011.

Doherty, C. 2012. "Sourcing Çatalhöyük's Clays". In Hodder, I. (ed.), *Substantive Technologies at Çatalhöyük: Reports from the 2000—2008 Seasons*. Los Angeles: Cotsen Institute UCLA.

Doherty, C., 2013. "Sourcing Çatalhöyük's Clays". In Hodder, I. (ed.), *Substantive Technologies at Çatalhöyük: Reports from the 2000—2008 Seasons* (Çatalhöyük Research Project Series Volume 9). London: British Institute at Ankara; Los Angeles, Cotsen Institute of Archaeology Press. pp. 51—66.

Doherty, C., 2017. *Living with Clay: Materials, Technology, Resources and Landscape at Çatalhöyük*. PhD thesis, University of Leicester, Leicester.

Doherty, C., 2020. *The Clay World of Çatalhöyük: A Fine-grained Perspective*. Oxford: BAR Publishing.

Dohrn-van Rossum, G., 1996. *History of the Hour: Clocks and Modern Temporal Orders*. Chicago: University of Chicago Press.

Donald, M., 1991. *Origins of the Modern Mind: Three Stages in the Evolution of Culture and Cognition*. Cambridge: Harvard University Press.

Dubreuil, L. and Grosman, L., 2013. "The Life History of Macrolithic Tools at Hilazon Tachtit Cave". In Bar-Yosef, O. and Valla, F. R. (eds.), *Natufian Foragers in the Levant*. Ann Arbor: International Monographs in Prehistory. pp. 527—543.

Düring, B. S., 2006. *Constructing Communities: Clustered Neighbourhood Settlements of the Central Anatolian Neolithic, ca. 8500—5500 Cal. BC*. Leiden: Nederlands Instituut voor het Nabije Oosten.

Edensor, T., 2011. "Entangled Agencies, Material Networks and Repair in a Building Assemblage: The Mutable Stone of St Ann's Church, Manchester". *Transactions of the Institute of British Geographers NS* 36, pp. 238—252.

Edwards, P. C., Bocquentin, F., Colledge, S., Edwards, Y., Le Dosseur, G., Martin, L., Stanin, Z. and Webb, J., 2013. "Wadi Hammeh 27: An Open-air 'Base-camp' on the Fringe of the Natufian 'Homeland' ". In Bar-Yosef, O. and Valla, F. R. (eds.), *Natufian Foragers in the Levant*. Ann Arbor: International Monographs in Prehistory. pp. 319—348.

Elias, N., 1978. *The Civilizing Process: The History of Manners*. New York: Urizen.

Elliott, A., 1994. *Psychoanalytic Theory: An Introduction*. Oxford: Blackwell.

Elston, R. G. and Brantingham, P. G., 2002. "Microlithic Technology in Northern Asia: A Risk Minimizing Strategy of the Late Paleolithic and Early Holocene". In Elston, R. G. and Kuhn, S. L. (eds.), *Thinking Small: Perspectives on Microlithization*. Washington, DC: Archaeological Papers No. 12, American Anthropological Association. pp. 104—117.

Erdoğu, B., 2009. *West Trench 8. Çatalhöyük Archive Report*. pp. 51—53. https://www.catalhoyuk.com/archive_reports/2009. Accessed 10 April 2023.

Evans, J. and Millett, M., 1992. "Residuality Revisited". *Oxford Journal of Archaeology* 11 (2), pp. 225—240.

Falconer, E. and Scott, C., 2018. "Phenomenology and Phenomenography in Virtual Worlds: An Example from Archaeology". https://eprints.bournemouth.ac.uk.

Firth, R., 1968 [1936]. *We, the Tikopia*. Boston: Beacon Press.

Fitton, R. S., 1989. *The Arkwrights: Spinners of Fortune*. Manchester: Manchester University Press.

Flannery, K. V., 1968. "Archaeological Systems Theory and Early Mesoamerica". In Meggers, B. J. (ed.), *Anthropological Archaeology in the Americas*. Washington, DC: Anthropological Society of Washington. pp. 67—87.

Fleming, A., 2006. "Post-processual Landscape Archaeology: A Critique". *Cambridge Archaeological Journal* 16, pp. 267—280.

Foucault, M., 1973. *The Order of Things*. New York: Vintage Books.

Foucault, M., 1995. *Discipline and Punish: The Birth of the Prison*. New York: Vintage Books.

Fowler, B., 2001. *Iceman: Uncovering the Life and Times of a Prehistoric Man Found in an Alpine Glacier*. Chicago: University of Chicago Press.

Fowler, C., 2004. *The Archaeology of Personhood*. London: Routledge.

Fowler, C., 2013. *The Emergent Past: A Relational Realist Archaeology of Early Bronze Age Mortuary Practices*. Oxford: Oxford University Press.

Fowler, C. and Harris, O. J., 2015. "Enduring Relations: Exploring a Paradox of New Materialism". *Journal of Material Culture* 20 (2), pp. 127—148.

Freedberg, D. and Gallese, V., 2007. "Motion, Emotion and Empathy in Esthetic Experience". *TRENDS in Cognitive Sciences* 11 (5), pp. 197—203.

Freeman, L. C., 1982. "Centred Graphs and the Structure of Ego Networks". *Mathematical Social Sciences* 3 (3), pp. 291—304.

Freud, S., 1920. *Beyond the Pleasure Principle*. Standard Edition. London: Hogarth.

Fruth, B. and Hohmann, G., 1996. "Nest Building Behaviour in the Great Apes: The Great Leap Forward?". In McGrew, W. C., Marchant, L. F. and Nishida, T. (eds.), *Great Ape Societies*. Cambridge: Cambridge University Press. pp. 225—240.

Fuller, D. Q., 2007. "Contrasting Patterns in Crop Domestication and Domestication Rates: Recent Archaeobotanical Insights from the Old World". *Annals of Botany* 100, pp. 903—924.

Fuller, D. Q., Allaby, R. G. and Stevens, C., 2010. "Domestication as Innovation: The Entanglement of Techniques, Technology and Chance in the Domestication of Cereal Crops". *World Archaeology* 42 (1), pp. 13—28.

Fuller, D. Q. and Denham, T., 2022. "Coevolution in the Arable Battlefield: Pathways to Crop Domestication, Cultural Practices and Parasitic Domesticoids". In Schulz, T., Peregrine, P. N. and Gawne, R. (eds.), *The Convergent Evolution of Agriculture in Humans and Insects*. Cambridge, MA: MIT Press. pp. 177—208.

Fuller, D. Q., Stevens, C., Lucas, L., Murphy, C. and Qin, L., 2016. "Entanglements and Entrapment on the Pathway toward Domestication". In Fernandini, F. and Der, L. (ed.), *The Archaeology of Entanglement*. Walnut Creek: Left Coast Press. pp. 151—172.

Garrard, A. N., 1984. "The Selection of South-west Asian Animal Domesticates". In Clutton-Brock, J. and Grigson, C. (eds.), *Animals and Archaeology: 3. Early Herders and Their Flocks*. Oxford: BAR International Series 202. pp. 117—132.

Garrard, A. N. and Byrd, B. F., 1992. "New Dimensions to the Epipalaeolithic of the Wadi el-Jilat in Central Jordan". *Paléorient* 18, pp. 47—62.

Geertz, C., 1973. *Interpretation of Cultures: Selected Essays*. New York: Basic Books.

Gell, A., 1992. "The Technology of Enchantment and the Enchantment of Technology". In Coote, J. and Shelton, A. (eds.), *Anthropology, Art and Aesthetics*. Oxford: Clarendon Press. pp. 40—63.

Gell, A., 1996. "Vogel's Net: Traps as Artworks and Artworks as Traps". *Journal of Material Culture* 1 (1), pp. 15—38.

Gell, A., 1998. *Art and Agency*. Oxford: Clarendon.

Gibson, J., 1986 [1979]. *The Ecological Approach to Visual Perception*. Hillsdale, NJ: Lawrence Erlbaum.

Giddens, A., 1979. *Central Problems in Social Theory*. Berkeley: University of California Press.

Goldberg, P., 2001. "Some Micromorphological Aspects of Prehistoric Cave Deposits". *Cahiers d'Archéologie du CELAT* 10, pp. 161—175.

Gombrich, E. H., 1979. *The Sense of Order. A Study in the Psychology of Decorative Art*. Oxford: Phaidon.

Gore, C., 2003. "Globalization, the International Poverty Trap and Chronic Poverty in the Least

Developed Countries". Chronic Poverty Research Center Working Paper No. 30. Available at SSRN: http://ssrn.com/abstract=1754435 or doi:10.2139/ssrn.1754435.

Goren-Inbar, N., Alperson, N., Kislev, M., Simchoni, O., Melamed, Y., Ben-Nun, A. and Werker, E., 2004. "Evidence of Hominid Control of Fire at Gesher Benot Ya'aqov, Israel". *Science* 304, pp. 725—727.

Gosden, C., 1994. *Social Being and Time*. Oxford: Blackwell.

Gosden, C., 2004. *Archaeology and Colonialism: Cultural Contact from 5000 BC. to the Present*. Cambridge: Cambridge University Press.

Gosden, C., 2005. "What do Objects Want?". *Journal of Archaeological Method and Theory* 12 (3), pp. 193—211.

Gosden, C. and Malafouris, L., 2015. "Process Archaeology". *World Archaeology* 47 (5), pp. 701—717.

Grafing, K. G., Babcock, A., Loud, T. and Scherr, E. N., 1974. "Alpheus Babcock's Cast-iron Piano Frames". *The Galpin Society Journal* 27, pp. 118—124.

Grosz, E., 2001. *Architecture from the Outside: Essays on Virtual and Real Space*. Cambridge, MA: MIT Press.

Guignon, C. B., 1993. "Introduction". In Guignon, C. B. (ed.), *The Cambridge Companion to Heidegger*. Cambridge: Cambridge University Press. pp. 1—41.

Hall, H., 1993. "Intentionality and World: Division I of Being and Time". In Guignon, C. B. (ed.), *The Cambridge Companion to Heidegger*. Cambridge: Cambridge University Press. pp. 122—140.

Halstead, P., 1996. "Pastoralism or Household Herding? Problems of Scale and Specialization in Early Greek Animal Husbandry". *World Archaeology* 28, pp. 20—42.

Hamilakis, Y., 2013. *Archaeology and the Senses. Human Experience, Memory, and Affect*. Cambridge: Cambridge University Press.

Hamilakis, Y. and Jones, A. M., 2017. "Archaeology and Assemblage". *Cambridge Archaeological Journal* 27 (1), pp. 77—84.

Hanson, A. M., 1985. *Musical Life in Biedermeier Vienna*. Cambridge: Cambridge University Press.

Hardy-Smith, T. and Edwards, P. C., 2004. "The Garbage Crisis in Prehistory: Artifact Discard Patterns and the Early Natufian Site of Wadi Hammeh 27 and the Origins of Household Refuse Disposal Strategies". *Journal of Anthropological Archaeology* 23, pp. 253—289.

Harman, G., 2014. "Entanglement and Relation: A Response to Bruno Latour and Ian Hodder". *New Literary History* 45 (1), pp. 37—49.

Harman, G., 2018. *Object Oriented Ontology. A New Theory of Everything*. New Orleans: Pelican.

Harris, H. S., 1995. *Hegel: Phenomenology and System*. Indianapolis, IN: Hackett.

Harris, O. J., 2017. "Assemblages and Scale in Archaeology". *Cambridge Archaeological Journal* 27 (1), pp. 127—139.

Harris, O. J. and Cipolla, C. N., 2017. *Archaeological Theory in the New Millennium: Introducing Current Perspectives*. London: Routledge.

Harrison-Buck, E. and Hendon, J. A. (eds.), 2018. *Relational Identities and Other-than-human Agency in Archaeology*. Denver: University Press of Colorado.

Hauptmann, H. and Schmidt, K., 2007. "Anatolien vor 12000 Jahren: Die Skulpturen des Frühneolithikums". In Lichter, C. (ed.), *Die ältesten Monumente der Menschheit*. Karlsruhe: Badisches Landesmuseum. pp. 67—82.

Hegel, G. W. F. (translated 1977 by A. V. Miller), 1807. *Phenomenology of Spirit*. Translation. Oxford: Clarendon Press.

Hegmon, M., Peeples, M. A., Kinzig, A. P., Kulow, S., Meegan, C. M. and Nelson, M. C., 2008. "Social Transformation and its Human Costs in the Prehispanic U. S. Southwest". *American Anthropologist* 110 (3), pp. 313—324.

Heidegger, M., 1971. *Poetry, Language, Thought* (trans. A. Hofstadter). London: Harper.

Heidegger, M., 1973. *Being and Time*. Oxford: Blackwell.

Henton, E. M., 2013. "Oxygen Stable Isotope and Dental Microwear Evidence of Herding Practices at Çatalhöyük". In Hodder, I. (ed.), *Humans and Landscapes of Çatalhöyük: Reports from the 2000—2008 Seasons* (Çatalhöyük Research Project Series Volume 8). London: British Institute at Ankara; Los Angeles, Cotsen Institute of Archaeology Press. pp. 299—316.

Hillman, G. C., 2000. "Abu Hureyra 1: The Epipalaeolithic". In Moore, A. M. T., Hillman, G. C. and Legge, A. J. (eds.), *Village on the Euphrates*. Oxford: Oxford University Press. pp. 327—398.

Hills, R. L., 1979. "Hargreaves, Arkwright and Crompton. Why Three Inventors?". *Textile History* 10 (1), pp. 114—126.

Hodder, I., 1982. *Symbols in Action*. Cambridge: Cambridge University Press.

Hodder, I., 1986. *Reading the Past*. Cambridge: Cambridge University Press.

Hodder, I., 1990. *The Domestication of Europe*. Oxford: Blackwell.

Hodder, I. (ed.), 1996. *On the Surface: Çatalhöyük 1993—1995*. Cambridge: McDonald Institute for Archaeological Research/British Institute of Archaeology at Ankara Monograph.

Hodder, I., 1999. *The Archaeological Process*. Oxford: Blackwell.

Hodder, I. (ed.), 2000. *Towards Reflexive Method in Archaeology: The Example at Çatalhöyük*. Cambridge: McDonald Institute for Archaeological Research/British Institute of Archaeology at Ankara Monograph.

Hodder, I. (ed.), 2005a. *Çatalhöyük Perspectives: Themes from the 1995—1999 Seasons*. Cambridge: McDonald Institute for Archaeological Research/British Institute of Archaeology at Ankara Monograph.

Hodder, I. (ed.), 2005b. *Inhabiting Çatalhöyük: Reports from the 1995—1999 Seasons*. Cambridge:

McDonald Institute for Archaeological Research/British Institute of Archaeology at Ankara Monograph.

Hodder, I. (ed.), 2006a. *Changing Materialities at Çatalhöyük: Reports from the 1995—99 Seasons*. Cambridge: McDonald Institute for Archaeological Research/British Institute of Archaeology at Ankara Monograph.

Hodder, I., 2006b. *The Leopard's Tale: Revealing the Mysteries of Çatalhöyük*. London: Thames and Hudson.

Hodder, I., 2007a. "Çatalhöyük in the Context of the Middle East Neolithic". *Annual Review of Anthropology* 36, pp. 105—120.

Hodder, I. (ed.), 2007b. *Excavating Çatalhöyük: South, North and KOPAL Area Reports from the 1995—1999 Seasons*. Cambridge: McDonald Institute for Archaeological Research/ British Institute of Archaeology at Ankara Monograph.

Hodder, I., 2009. "An Archaeological Response". *Paléorient* 35 (1), pp. 109—111.

Hodder, I., 2012. *Entangled. An Archaeology of the Relationships between Humans and Things*. (First edn.). London: Wiley.

Hodder, I., 2014. "Çatalhöyük: The Leopard Changes its Spots. A Summary of Recent Work". *Anatolian Studies* 64, pp. 1—22.

Hodder, I., 2016. *Studies in Human-thing Entanglement*. http://www.ian-hodder.com/books/studies-human-thing-entanglement.

Hodder, I., 2018a. *Where Are We Heading. The Evolution of Humans and Things*. New Haven: Yale University Press.

Hodder, I., 2018b. "Things and the Slow Neolithic: The Middle Eastern Transformation". *Journal of Archaeological Method and Theory* 25 (1), pp. 155—177.

Hodder, I., 2020. "The Paradox of the Long Term: Human Evolution and Entanglement". *Journal of the Royal Anthropological Institute* 26 (2), pp. 389—411.

Hodder, I. (ed.), 2021a. *Peopling the Landscape of Çatalhöyük: Reports from the 2009—2017 Seasons*. Çatalhöyük Research Project Series Volume 13. London: British Institute at Ankara Monograph No. 54.

Hodder, I. (ed.), 2021b. *The Matter of Çatalhöyük: Reports from the 2009—2017 Seasons*. Çatalhöyük Reseach Project Series Volume 14. London: British Institute at Ankara Monograph No. 55.

Hodder, I. (ed.), 2021c. With C. Tsoraki. *Communities at Work: The Making of Çatalhöyük*. Çatalhöyük Reseach Project Series Volume 15. London: British Institute at Ankara Monograph No. 56.

Hodder, I. (ed.), 2022a. *Çatalhöyük Excavations: The 2009—2017 Seasons*. Çatalhöyük Reseach Project Series Volume 12. British Institute at Ankara Monograph No. 57.

Hodder, I., 2022b. "Staying Egalitarian and the Origins of Agriculture in the Middle East". *Cambridge Archaeological Journal* 32 (4), pp. 619—642.

Hodder, I., 2023 (forthcoming). "Containing the Flow: Çatalhöyük". In Nieuwenhuyse, O., Bernbeck, R. and Berghuijs, K. (eds.), *Containers of Change: Ancient Container Technologies form Eastern to Western Aisa*. Leiden: Sidestone Press. pp. 21—47.

Hodder, I. and Meskell, L., 2011. "A 'Curious and Sometimes a Trifle Macabre Artistry': Some Aspects of Symbolism in Neolithic Turkey". *Current Anthropology* 52 (2), pp. 235—263.

Hodder, I. and Mol, A., 2016. "Network Analysis and Entanglement". *Journal of Archaeological Method and Theory* 23 (4), pp. 1066—1094.

Hodder, I. and Pels, P., 2010. "History Houses: A New Interpretation of Architectural Elaboration at Çatalhöyük". In Hodder, I. (ed.), *Religion in the Emergence of Civilization. Çatalhöyük as a Case Study*. Cambridge: Cambridge University Press. pp. 163—186.

Hornby, N., 2005. *A Long Way Down*. London: Penguin.

Horwitz, L. K., Tchernov, E., Ducos, P., Becker, C., von den Driesch, A., Martin, L. and Garrard, A., 1999. "Animal Domestication in the Southern Levant". *Paléorient* 25 (2), pp. 63—80.

Howse, D., 1980. *Greenwich Time and the Discovery of the Longitude*. Oxford: Oxford University Press.

Ingold, T., 2000. *The Perception of the Environment: Essays of Livelihood, Dwelling and Skill*. London: Routledge.

Ingold, T., 2007a. "Materials Against Materiality". *Archaeological Dialogues* 14 (1), pp. 1—16.

Ingold, T., 2007b. "Writing Texts, Reading Materials. A Response to My Critics". *Archaeological Dialogues* 14 (1), pp. 31—38.

Ingold, T., 2010. "Bringing Things Back to Life: Creative Entanglements in a World of Materials". *ESRC National Centre for Research Methods. Working Paper Series* 05/10. http://eprints.ncrm.ac.uk/1306. Accessed 24 June 2011.

Ingold, T., 2016. *Lines. A Brief History*. London: Routledge.

Ingold, T., 2017. "On Human Correspondence". *Journal of the Royal Anthropological Institute* 23 (1), pp. 9—27.

Johnson, M., 2010. "*Archaeological Theory. An Introduction*. Oxford: Wiley-Blackwell.

Jones, A., 2001. *Archaeological Theory and Scientific Practice*". Cambridge: Cambridge University Press.

Jones, A., 2004. "Archaeology and Materiality: Materials-based Analysis in Theory and Practice". *Archaeometry* 46 (3), pp. 327—338.

Jones, A., 2020. "An Archaeology of Affect: Art, Ontology and the Carved Stone Balls of Neolithic Britain". *Journal of Archaeological Method and Theory* 27 (3), pp. 545—560.

Jones, A. and Alberti, B., 2013. "Archaeology after Interpretation". In Alberti, B., Jones, A. and Pollard, J. (eds.), *Archaeology after Interpretation: Returning Materials to Archaeological Theory*. Walnut Creek: Left Coast Press. pp. 15—42.

Jordan, J. S., 2009. "Wild Agency: Nested Intentionalities in Cognitive Neuroscience and Archaeology". In Renfrew, C., Frith, C. and Malafouris, L. (eds.), *The Sapient Mind: Archaeology Meets Neuroscience*. Oxford: Oxford University Press. pp. 71—87.

Joseph, R., 1999. "Environmental Influences on Neural Plasticity, the Limbic System, Emotional Development and Attachment". *Child Psychiatry and Human Development* 29, pp. 187—203.

Joyce, R. A., 1998. "Performing the Body in Prehispanic Central America". *Res* 33, pp. 147—165.

Joyce, R. A., 2000. "Girling the Girl and Boying the Boy: The Production of Adulthood in Ancient Mesoamerica". *World Archaeology* 31, pp. 473—483.

Joyce, R. A., 2002. *The Languages of Archaeology*. Oxford: Blackwell.

Joyce, R. A., 2005. "Archaeology of the Body". *Annual Review of Anthropology* 34, pp. 139—158.

Karlsson, H., 1998. *Re-thinking Archaeology*. Göteborg: Gotarc Series B. 8.

Kaya, M. A., Bunch, T. D. and Konuk, M., 2004. "On Konya Wild Sheep, Ovis Orientalis Anatolica, in the Bozdağ Protected Area". *Mammalia* 68 (2—3), pp. 229—232.

Keane, W., 2003a. "Self-interpretation, Agency, and the Objects of Anthropology: Reflections on a Genealogy". *Studies in Society and History* 45 (2), pp. 222—248.

Keane, W., 2003b. "Semiotics and the Social Analysis of Material Things". *Language and Communication* 23, pp. 409—425.

Kienlin, T. L., Bischoff, E. and Opielka, H., 2006. "Copper and Bronze during the Eneolithic and Early Bronze Age: A Metallographic Examination of Axes from the North Alpine Region". *Archaeometry* 48 (3), pp. 453—468.

Kislev, M. E., Nadel, D. and Carmi, I., 1992. "Epipalaeolithic (19000 BP) Cereal and Fruit Diet at Ohalo II, Sea of Galilee, Israel". *Review of Palaeobotany and Palynology* 73 (1—4), pp. 161—166.

Knappett, C., 2005. *Thinking through Material Culture*. Philadelphia: University of Pennsylvania Press.

Knappett, C., 2011. *An Archaeology of Interaction: Network Perspectives on Material Culture and Society*. Oxford: Oxford University Press.

Knappett, C. (ed.), 2013. *Network Analysis in Archaeology: New Approaches to Regional Interaction*. Oxford: Oxford University Press.

Knappett, C., 2020. "Relational Concepts and Challenges to Network Analysis in Social Archaeology". In Donnellan, L. (ed.), *Archaeological Networks and Social Interaction*. London: Routledge. pp. 20—37.

Knappett, C. and Malafouris, L. (eds.), 2008. *Material Agency. Towards a Non-Anthropocentric Approach*. New York: Springer.

Knorr-Cetina, K., 1981. *The Manufacture of Knowledge: An Essay on the Constructivist and Contextual Nature of Science Knowledge*. Oxford: Pergamon.

Kopenawa, D. and Albert, B., 2013. *The Falling Sky. Words of a Yanomami Shaman*. Cambridge, MA: Belknap Press.

Kuijt, I., 2008a. "The Regeneration of Life: Neolithic Structures of Symbolic Remembering and Forgetting". *Current Anthropology* 49, pp. 171—197.

Kuijt, I., 2018. "Material Geographies of House Societies: Reconsidering Neolithic Çatalhöyük, Turkey". *Cambridge Archaeological Journal* 28 (4), pp. 565—590.

Kuijt, I. and Goring-Morris, A. N., 2002. "Foraging, Farming, and Social Complexity in the Pre-Pottery Neolithic of the Southern Levant: A Review and Synthesis". *Journal of World Prehistory* 16, pp. 361—440.

Lamoureux St-Hilaire, M. and Iannone, G., 2011. "The Last Waltz at Minanha: Exploring Gradual Abandonment in the North Vaca Plateau". In Morris, J., Awe, J., Badillo, M., and Thompson, G. (eds.), *Research Reports in Belizean Archaeology: Papers of the 2011 Belize Archaeology Symposium, Volume 9*. Belmopan, Belize: Institute of Archaeology. pp. 207—220.

Latour, B., 1988. *The Pasteurization of France*. Cambridge, MA: Harvard University Press.

Latour, B., 1990. "Postmodern? No, Simply Amodern: Steps towards an Anthropology of Science". *Studies in the History and Philosophy of Science* 21 (2), pp. 145—171.

Latour, B., 1993. *We Have Never Been Modern*. Cambridge, MA: Harvard University Press.

Latour, B., 1996. *ARAMIS, or the Love for Technology*. Cambridge, MA: Harvard University Press.

Latour, B., 1999. "On Recalling ANT". In Law, J. and Hassard, J. (eds.), *Actor Network Theory and After*. Oxford: Blackwell and the Sociological Review. pp. 15—25.

Latour, B., 2005. *Reassembling the Social: An Introduction to Actor-Network-Theory*. Oxford: Oxford University Press.

Law, J., 1992. *Notes on the Theory of the Actor Network: Ordering, Strategy and Heterogeneity*. Lancaster: Centre for Science Studies, Lancaster University.

Law, J., 1999. "After ANT: Complexity, Naming and Topology". In Law, J. and Hassard, J. (eds.), *Actor Network Theory and After*. Oxford: Blackwell and the Sociological Review. pp. 1—14.

Law, J. and Mol, A., 2008. "The Actor-enacted: Cumbrian Sheep in 2001". In Knappett, C. and Malafouris, L. (eds.), *Material Agency. Towards a Non-anthropocentric Approach*. New York: Springer. pp. 57—77.

Le Goff, J., 1970. "Merchant's Time and Church's Time in the Middle Ages". *Annales: Economies, Sociétés, Civilisations* 15, pp. 417—433.

Lemonnier, P., 1993a. "Introduction". In Lemonnier, P. (ed.), *Technological Choices: Transformation in Material Cultures since the Neolithic*. London: Routledge. pp. 1—35.

Lemonnier, P. (ed.), 1993b. *Technological Choices: Transformation in Material Cultures since the Neolithic*. London: Routledge.

Lemonnier, P., 2012. "Technology". In Thieberger, N. (ed.), *The Oxford Handbook of Linguistic Fieldwork*. Oxford: Oxford University Press. pp. 298—316.

Lengyel, G., Nadel, D. and Bocquentin, F., 2013. "The Natufian at Raqefet Cave". In Bar-Yosef, O. and Valla, F. R. (eds.), *Natufian Foragers in the Levant*. Ann Arbor: International Monographs in Prehistory. pp. 478—504.

Leroi-Gourhan, A., 1943. *L'Homme et la Matière*. Paris: Albin Michel.

Leroi-Gourhan, A., 1945. *Milieu et Technique*. Paris: Albin Michel.

Leroi-Gourhan, A., 1964—1965. *Le Geste et la Parole*. (2 vols.). Paris: Albin Michel.

Levitin, D., 2006. *This is Your Brain on Music*. London: Atlantic Books.

Liu, Y., 2023. "Complexity, Instability and Contradiction: The Impact of Human-Thing Entanglement on the Social Decline of the Hamin Mangha Neolithic Site in China". *Cambridge Archaeological Journal* 33 (1): pp. 75—97.

Love, S., 2013. "An Archaeology of Mudbrick Houses from Çatalhöyük". In Hodder, I. (ed.), *Substantive Technologies at Çatalhöyük: Reports from the 2000—2008 Seasons*. London: British Institute at Anakara and Los Angeles: Cotsen Institute of Archaeology Press. pp. 81—96.

Lucas, G., 2005. *The Archaeology of Time*. Abingdon: Routledge.

Lucas, G., 2008. "Time and the Archaeological Event". *Cambridge Archaeological Journal* 18 (1), pp. 59—65.

Lucas, G., 2012. *Understanding the Archaeological Record*. Cambridge: Cambridge University Press.

Lyman, R. L., 1994. *Vertebrate Taphonomy*. Cambridge: Cambridge University Press.

Lyons, D. and d'Andrea, A. C., 2003. "Griddles, Ovens, and Agricultural Origins: An Ethnoarchaeological Study of Bread Baking in Highland Ethiopia". *American Anthropologist* 105 (3), pp. 515—530.

Maeda, O., Lucas, L., Silva, F., Tanno, K. I. and Fuller, D. Q., 2016. "Narrowing the Harvest: Increasing Sickle Investment and the Rise of Domesticated Cereal Agriculture in the Fertile Crescent". *Quaternary Science Reviews* 145, pp. 226—237.

Maher, L. A., Richter, T. and Stock, J. T., 2012. "The Pre-Natufian Epipalaeolithic: Long-term Behavioral Trends in the Levant". *Evolutionary Anthropology* 21, pp. 69—81.

Mahoney, J., 2000. "Path Dependence in Historical Sociology". *Theory and Society* 29, pp. 507—548.

Malafouris, L., 2008a. "At the Potter's Wheel: An Argument for Material Agency". In Knappett, C. and Malafouris, L. (eds.), *Material Agency. Towards a Non-Anthropocentric Approach*. New York: Springer. pp. 19—36.

Malafouris, L., 2008b. "Beads for a Plastic Mind: The 'Blind Man's Stick' (BMS) Hypothesis and the Active Nature of Material Culture". *Cambridge Archaeological Journal* 18 (3), pp. 401—414.

Malafouris, L., 2009. "Between Brains, Bodies and Things: Tectonoetic Awareness and the Extended Self". In Renfrew, C., Frith, C. and Malafouris, L. (eds.), *The Sapient Mind: Archaeology*

Meets Neuroscience. Oxford: Oxford University Press. pp. 89—104.

Malafouris, L., 2013. *How Things Shape the Mind*. Cambridge (Mass): MIT press.

Malafouris, L., 2021. "Making Hands and Tools: Steps to a Process Archaeology of Mind". *World Archaeology* 53 (1), pp. 38—55.

Marciniak, A. and Czerniak, L., 2007. "Social Transformations in the Late Neolithic and the Early Chalcolithic Periods in Central Anatolia". *Anatolian Studies* 57, pp. 115—130.

Marciniak, A. and Czerniak, L., 2008. *TP Area. Çatalhöyük Archive Report*. pp. 73—82. https://www.catalhoyuk.com/archive_reports/2008. Accessed 10 April 2023.

Marshall, Y. and Alberti, B., 2014. "A Matter of Difference: Karen Barad, Ontology and Archaeological Bodies". *Cambridge Archaeological Journal* 24 (1), pp. 19—36.

Martin, L., 2000. "Gazelle (Gazella spp.) Behavioural Ecology: Predicting Animal Behaviour for Prehistoric Environments in South-West Asia". *Journal of the Zoological Society of London* 250, pp. 13—30.

Martindale, A., 2009. "Entanglement and Tinkering: Structural History in the Archaeology of the Northern Tsimshian". *Journal of Social Archaeology* 9, pp. 59—91.

Mathieu, J. R. (ed.), 2002. *Experimental Archaeology. Replicating Past Objects, Behaviors and Processes*. Oxford: BAR International Series 1035.

Matthews, W., 2005. "Micromorphological and Microstratigaphic Traces of Uses and Concepts of Space". In Hodder, I. (ed.), *Inhabiting Çatalhöyük: Reports from the 1995—1999 Seasons*. Cambridge: McDonald Institute for Archaeological Research/British Institute of Archaeology at Ankara Monograph. pp. 355—398.

Mauss, M., 1935. "Les Techniques du Corps". *Journal de Psychologie Normal et Pathologique* 32, pp. 271—293.

Mauss, M., 1950. *Sociologie et Anthropologie*. Paris: PUF (Bibliotheque de Sociologie contemporaine).

Mauss, M., 1954 [1950]. *The Gift*. Oxford: Routledge.

Maxwell, Á. E. and Lucas, G., 2021. "The Archaeology of Z: Household Economies in Nineteenth-century Iceland". *Historical Archaeology* 55 (2), pp. 238—249.

Mazzucato, C., 2013. "Sampling and Mapping Çatalhöyük". In Hodder, I. (ed.), *Humans and Landscapes of Çatalhöyük: Reports from the 2000—2008 Seasons* (Çatalhöyük Research Project Series Volume 8). London: British Institute at Ankara; Los Angeles, Cotsen Institute of Archaeology Press. pp. 31—64.

Mbembe, A., 2001. *On the Postcolony*. Berkeley: University of California Press.

McAnany, P. A., Sabloff, J. A., Lamoreaux St-Hilaire, M. and Iannone, G., 2015. "Leaving Classic Maya Cities: Agent-based Modeling and the Dynamics of Diaspora". In Emberling, G. (ed.), *Social Theory in Archaeology and Ancient History*. Cambridge: Cambridge University Press. pp. 259—288.

McAnany, P. A. and Yoffee, N. (eds.), 2009. *Questioning Collapse: Human Resilience, Ecological Vulnerability, and the Aftermath of Empire*. Cambridge: Cambridge University Press.

McGlade, J. and Van Der Leeuw, S. E., 1997. "Introduction: Archaeology and Non-Linear Dynamics-New Approaches to Long-term Change". In *Time, Process and Structured Transformation in Archaeology*. London: Routledge. pp. 1—31.

McGuire, R. H., 2021. "A Relational Marxist Critique of Posthumanism in Archaeology". *Cambridge Archaeological Journal* 31 (3), pp. 495—501.

McLellan, D., 2000. *Karl Marx. Selected Writings*. Oxford: Oxford University Press.

Meignen, L., Bar-Yosef, O., Goldberg, P. and Weiner, S., 2000. "Le feu au Paléorient Moyen: Recherches sur les Structures de Combustion et le Statut des Foyers". *L'exemple du ProcheOrient. Paléorient* 26 (2), pp. 9—22.

Mellaart, J., 1964. "Excavations at Çatal Hüyük, 1963: Third Preliminary Report". *Anatolian Studies* 14, pp. 39—119.

Mellaart, J., 1967. *Çatal Hüyük: A Neolithic Town in Anatolia*. London: Thames and Hudson.

Meltzoff, A. and Moore, M. K., 1995. "Infants' Understanding of People and Things: From Body Imitation to Folk Psychology". In Bermudez, J. L., Marcel, A. and Eilan, N. (eds.), *The Body and the Self*. Cambridge, MA: MIT Press. pp. 43—69.

Merleau-Ponty, M., 1962. *Phenomenology of Perception*. London: Routledge and Kegan Paul.

Merleau-Ponty, M., 1963 [1942]. *The Structure of Behaviour*. London: Methuen.

Meskell, L., 2004. *Object Worlds in Ancient Egypt: Material Biographies Past and Present*. Oxford: Berg.

Meskell, L. (ed.), 2005a. *Archaeologies of Materiality*. Oxford: Wiley-Blackwell.

Meskell, L., 2005b. "Introduction: Object Orientations". In Meskell, L. (ed.), *Archaeologies of Materiality*. Oxford: Wiley-Blackwell. pp. 1—17.

Meskell, L., 2018. *A Future in Ruins: UNESCO, World Heritage, and the Dream of Peace*. Oxford: Oxford University Press.

Meskell, L., Nakamura, C., King, R. and Farid, S., 2008. "Figured Lifeworlds and Depositional Practices at Çatalhöyük". *Cambridge Archaeological Journal* 18 (2), pp. 139—161.

Miller, D., 1987. *Material Culture and Mass Consumption*. Oxford: Blackwell.

Miller, D., 2005a. "Materiality: An Introduction". In Miller, D. (ed.), *Materiality*. Durham: Duke University Press. pp. 1—50.

Miller, D. (ed.), 2005b. *Materiality*. Durham: Duke University Press.

Miller, D., 2007. "Stone Age or Plastic Age?". *Archaeological Dialogues* 14 (1), pp. 23—27.

Miller, D., 2010. *Stuff*. Cambridge: Polity Press.

Miller, D. and Tilley, C. (eds.), 1984. *Ideology, Power and Prehistory*. Cambridge: Cambridge University Press.

Mills, B., 2014. "Relational Networks and Religious Sodalities at Çatalhöyük". In Hodder, I. (ed.), *Religion at Work in a Neolithic Society: Vital Matters.* Cambridge: Cambridge University Press. pp. 159—186.

Mills, M., 2013 (August) *The Cloud Begins with Coal — Big Data, Big Networks, Big Infrastructure, and Big Power — An Overview of the Electricity Used by the Global Digital Ecosystem.* Digital Power Group/National Mining Association/American Coalition for Clean Coal Electricity. http://www.tech-pundit.com.

Minsky, R., 1994. *Psychoanalysis and Culture.* New Brunswick: Rutgers University Press.

Mintz, S. W., 1985. *Sweetness and Power. The Place of Sugar in Modern History.* Harmondsworth: Penguin.

Mitchell, T., 2002. *Rule of Experts. Egypt, Techno-Politics, Modernity.* Berkeley: University of California Press.

Mol, A. A. A., Hoogland, M. L. P. and Hofman, C. L., 2015. "Remotely Local: Ego-Networks of Late Precolonial (AD. 1000—1450) Saba, Northeastern Caribbean". *Journal of Archaeological Method and Theory* 22 (1), pp. 275—305.

Mol, A. A. A., Lukas, D. and Hodder, I., 2021. "Diachronic Entanglements at Çatalhöyük: Complementing Network Visualizations of Key Human and Thing Dependencies with a Datascaffolding and Modeling Approach". In Hodder, I. and Tsoraki, C. (eds.), *Communities at Work. The Making of Çatalhöyük.* London: British Institute at Ankara. pp. 215—228.

Moyo, D., 2009. *Dead Aid: Why Aid Is Not Working and How There Is a Better Way for Africa.* New York: Farrar, Straus and Giroux.

Munn, N. D., 1986. *The Fame of Gawa: A Symbolic Study of Value Transformation in a Massim (Papua New Guinea) Society.* Cambridge: Cambridge University Press.

Murray, J. and Murray, M., 1984. *Computers in Crisis.* Princeton: Petrocelli.

Nadel, D., 1990. "Ohalo Ⅱ—A Preliminary Report". *Mitekufat Haeven* 23, pp. 48—59.

Nadel, D., 2004. "Wild Barley Harvesting, Fishing, and Year-round Occupation at Ohalo Ⅱ 19.5 KY, Jordan Valley, Israel". In Section 6: the Upper Paleolithic general sessions and posters, *Acts of the XIVth UISSP Congress, University of Liege, September 2001.* British Archaeological Reports International Series, No. 1240. Oxford: Archaeopress, pp. 135—143.

Nadel, D. and Rosenberg, D., 2013. "The Final Epipaleolithic/PPNA Site of Huzuq Musa (Jordan Valley) ". In Bar-Yosef, O. and Valla, F. R. (eds.), *Natufian Foragers in the Levant.* Ann Arbor: International Monographs in Prehistory. pp. 382—396.

Navarro-Farr, O. C., Freidel, D. A. and Arroyave-Prera, A. L., 2008. "Manipulating Memory in the Wake of Dynastic Decline at El Peru'-Waka'". In Stanton, T. W. and Magnoni, A. (eds.), *Ruins of the Past: The Use and Perception of Abandoned Structures in the Maya Lowlands.* Boulder, CO: University Press of Colorado. pp. 113—145.

Nuttall, S., 2009. *Entanglement. Literary and Cultural Reflections on Post-Apartheid*. Johannesburg: Witwatersrand University Press.

Olsen, B., 2003. "Material Culture after Text: Re-Membering Things". *Norwegian Archaeological Review* 36, pp. 87—104.

Olsen, B., 2007. "Keeping Things at Arm's Length: A Genealogy of Asymmetry". *World Archaeology* 39 (4), pp. 579—588.

Olsen, B., 2010. *In Defense of Things*. Walnut Creek: Altamira Press.

Olsen, B. and Witmore, C., 2015. "Archaeology, Symmetry and the Ontology of Things. A Response to Critics". *Archaeological Dialogues* 22 (2), pp. 187—197.

Orser, C. E., 1996. *A Historical Archaeology of the Modern World*. New York: Plenum Publishers.

Ortman, S. G., 2000. "Conceptual Metaphor in the Archaeological Record: Methods and an Example from the American Southwest". *American Antiquity* 65 (4), pp. 613—645.

Osvath, M. and Gärdenfors, P., 2005. "Oldowan Culture and the Evolution of Anticipatory Cognition". *Lund University Cognitive Science* 122, pp. 1—16.

Özdoğan, M., 2002. "Defining the Neolithic of Central Anatolia". In Gerard, F. and Thissen, L. (eds.), *The Neolithic of Central Anatolia, Internal Developments and External Relations during the 9th—6th Millennia cal BC*. Proceedings of the International CANeW Round Table, Istanbul 23—24 November 2001. Istanbul: Ege Yayinlari. pp. 253—261.

Pauketat, T. R., 2001. "Practice and History in Archaeology. An Emerging Paradigm". *Anthropological Theory* 1, pp. 73—98.

Pauketat, T. R., 2007. *Chiefdoms and Other Archaeological Delusions*. Lanham: AltaMira.

Pearson, J. and Meskell, L., 2015. "Isotopes and Images: Fleshing out Bodies at Çatalhöyük". *Journal of Archaeological Method and Theory* 22 (2), pp. 461—482.

Peirce, C. S., 1932. *Collected Papers of Charles Sanders Peirce. II: Elements of Logic*. Cambridge, MA: Harvard University Press.

Pelegrin, J., 1990. "Prehistoric Lithic Technology: Some Aspects of Research". *Archaeological Review from Cambridge* 9, pp. 116—125.

Pels, P., 2008. "The Modern Fear of Matter: Reflections on the Protestantism of Victorian Science". *Material Religion* 4 (3), pp. 264—283.

Pentland, B. T. and Feldman, M. S., 2007. "Narrative Networks: Patterns of Technology and Organization". *Organization Science* 18 (5), pp. 781—795.

Pierson, P., 2000. "Increasing Returns, Path Dependence, and the Study of Politics". *American Political Science Review* 94 (2), pp. 251—267.

Piggott, S., 1983. *The Earliest Wheeled Transport*. Ithaca: Cornell University Press.

Pitt-Rivers, A. L. -F., [1874 and 1875] 1906. *The Evolution of Culture and Other Essays*. Oxford: Clarendon Press.

Pitter, S., Yalman, N. and Evershed, R., 2013. "Absorbed Lipid Residues in the Çatalhöyük Pottery". In Hodder, I. (ed.), *Substantive Technologies at Çatalhöyük: Reports from the 2000—2008 Seasons* (Çatalhöyük Research Project Series Volume 9). London: British Institute at Ankara; Los Angeles, Cotsen Institute of Archaeology Press. pp. 193—200.

Pollard, A. M., Batt, C. M., Stern, B. and Young, S. M. M., 2007. *Analytical Chemistry in Archaeology*. Cambridge: Cambridge University Press.

Pollard, J., 2013. "From Ahu to Avebury: Monumentality, the Social, and Relational Ontologies". In Alberti, B., Jones, A. and Pollard, J. (eds.), *Archaeology After Interpretation*. London: Routledge. pp. 177—196.

Porter, M. E., 1996. "What is Strategy?". *Harvard Business Review* 4134, pp. 1—19.

Preda, A., 1999. "The Turn to Things: Arguments for a Sociological Theory of Things". *The Sociological Quarterly* 40 (2), pp. 347—366.

Preucel, R. W., 2006. *Archaeological Semiotics*. Oxford: Blackwell.

Preucel, R. W., 2020. "In Defence of Representation". *World Archaeology* 52 (3), pp. 395—411.

Proust, M., 1981. *Swann's Way*. New York: Random House.

Rathje, W. L., 1975. "The Garbage Project: An Archaeological Perspective on Modern House-Holdlevel Resource Management". In Rathje, W. L. (ed.), *Actas del XLI Congreso Internacional de Americanistas. Instituto Nacional de Antropología e Historia. Mexico*. 41 (1), pp. 230—237.

Rathje, W. L. and Murphy, C., 1992. *Rubbish! The Archaeology of Garbage*. New York: Harper Collins.

Reece, R., 1984. "The Use of Roman Coinage". *Oxford Journal of Archaeology* 3 (2), pp. 197—210.

Renfrew, C., 2001. "Symbol before Concept". In Hodder, I. (ed.), *Archaeological Theory Today*. Cambridge: Polity Press. pp. 122—140.

Renfrew, C., 2004. "Towards a Theory of Material Engagement". In Demarrais, E., Gosden, C. and Renfrew, C. (eds.), *Rethinking Materiality*. Cambridge: McDonald Archaeological Institute. pp. 23—32.

Rice, J. S., 1998. *A Disease of One's Own: Psychotherapy, Addiction, and the Emergence of Co-Dependency*. New Brunswick: Transaction Publishers.

Richerson, P. J. and Boyd, R., 2005. *Not by Genes Alone: How Culture Transformed Human Evolution*. Chicago: University of Chicago Press.

Rindos, D., 1984. *The Origins of Agriculture: An Evolutionary Perspective*. New York: Academic Press.

Ringer, E. (ed.), 1990. *The Early Romantic Era*. London: Macmillan Press.

Robb, J., 2013. "Material Culture, Landscapes of Action, and Emergent Causation: A New Model for the Origins of the European Neolithic". *Current Anthropology* 54 (6), pp. 657—683.

Robb, J. E., 2005. "The Extended Artifact and the Monumental Economy". In DeMarrais, E., Gosden, C. and Renfrew, C. (eds.), *Rethinking Materiality: The Engagement of Mind with the*

Material World. Cambridge: McDonald Institute for Archaeological Research. pp. 131—139.

Roberts, N., 1998. *The Holocene: An Environmental History.* Oxford: Blackwell.

Rosen, C., 1995. *The Romantic Generation.* Cambridge: Harvard University Press.

Rosen, C., 1997. *The Classical Style.* New York: Norton.

Rosenberg, M., 1994. "Pattern, Process, and Hierarchy in the Evolution of Culture". *Journal of Anthropological Archaeology* 13, pp. 307—340.

Rosenberg, M., 2007. "Hallan Cemi (there is a sedilla under the c in Cemi)". In Lichter, C. (ed.), *Die Altesten (umlaut above the a in altesten) Monumente der Menscheit.* Karlsruhe: Badisches Landesmuseum.

Russell, N., 2005. "Çatalhöyük Worked Bone". In Hodder, I. (ed.), *Changing Materialities at Çatalhöyük: Reports from the 1995—99 Seasons.* Cambridge: McDonald Institute for Archaeological Research/British Institute of Archaeology at Ankara Monograph. pp. 339—368.

Russell, N., Twiss, K. C., Orton, D. C. and Demirergi, A., 2013. "More on the Çatalhöyük Mammal Remains". In Hodder, I. (ed.), *Humans and Landscapes of Çatalhöyük: Reports from the 2000—2008 Seasons.* London: British Institute at Anakara and Los Angeles: Cotsen Institute of Archaeology Press. pp. 213—258.

Ryan, J. C. and Durning, A. T., 1997. *Stuff. The Secret Lives of Everyday Things.* Seattle: Sightline Institute.

Ryan, P., 2011. "Plants as Material Culture in the Near Eastern Neolithic: Perspectives from the Silica Skeleton Artifactual Remains at Çatalhöyük". *Journal of Anthropological Archaeology* 30 (3), pp. 292—305.

Ryan, P., 2013. "Plant Exploitation from Household and Landscape Perspectives: The Phytolith Evidence". In Hodder, I. (ed.), *Humans and Landscapes of Çatalhöyük: Reports from the 2000—2008 Seasons* (Çatalhöyük Research Project Series Volume 8). London: British Institute at Ankara; Los Angeles, Cotsen Institute of Archaeology Press. pp. 163—190.

Samson, J., 1991. *The Late Romantic Era.* London: MacMillan Press.

Samuelian, N., 2013. "A Study of Two Natufian Residential Complexes: Structures 200 and 203 at Eynan (Ain Mallaha), Israel". In Bar-Yosef, O. and Valla, F. R. (eds.), *Natufian Foragers in the Levant.* Ann Arbor: International Monographs in Prehistory. pp. 172—184.

Sanmark, A., 2009. "Administrative Organization and State Formation: A Case Study of Assembly Sites in Södermanland, Sweden". *Medieval Archaeology* 53, pp. 205—241.

Schaller, G. B., 1977. *Mountain Monarchs. Wild Sheep and Goats of the Himalaya.* Chicago: University of Chicago Press.

Schiffer, M. B., 1976. *Behavioral Archaeology.* New York: Academic Press.

Schiffer, M. B., 1987. *Formation Processes of the Archaeological Record.* Albuquerque: University of New Mexico Press.

Schiffer, M. B., 1990. "The Influence of Surface Treatment on Heating Effectiveness of Ceramic Vessels". *Journal of Archaeological Science* 17, pp. 373—381.

Schiffer, M. B., 1999. *The Material Life of Human Beings: Artifacts, Behavior, and Communication*. New York: Routledge.

Schiffer, M. B. and Skibo, J. M., 1997. "The Explanation of Artifact Variability". *American Antiquity* 62 (1), pp. 27—50.

Schiffer, M. B., Skibo, J. M., Boelke, T. C. and Neupert, M. A., 1994. "New Perspectives on Experimental Archaeology: Surface Treatments and Thermal Response of the Clay Cooking Pot". *American Antiquity* 59 (2), pp. 197—217.

Schmidt, K., 2006. *Sie Bauten den Ersten Tempel. Das Rätselhafte Heiligtum der Steinzeitjäger*. Munich: C. H. Beck.

Schorske, C. E., 1961. *Fin-de-Siècle Vienna*. Cambridge: Cambridge University Press.

Scott, J., 2000. *Social Network Analysis: A Handbook*. London: Sage.

Searle, J. R., 2000. "What is a Speech Act?". In Stainton, R. (ed.), *Perspectives in the Philosophy of Language: A Concise Anthology*. Peterborough, Canada: Broadview Press. pp. 253—268.

Serres, M., 1995. *The Natural Contract*. Ann Arbor: University of Michigan Press.

Shanks, M., 2007. "Symmetrical Archaeology". *World Archaeology* 39 (4), pp. 589—596.

Shapin, S. and Schaffer, S., 1985. *Leviathan and the Air-Pump. Hobbes, Boyle, and the Experimental Life*. Princeton: Princeton University Press.

Sherburne, D. W., 1966. *A Key to Whitehead's Process and Reality*. Chicago: University of Chicago Press.

Sherratt, A., 1981. "Plough and Pastoralism: Aspects of the Secondary Products Revolution". In Hodder, I., Isaac, G. and Hammond, N. (eds.), *Pattern of the Past: Studies in Honour of David Clarke*. Cambridge: Cambridge University Press. pp. 261—305.

Shore, B., 1996. *Culture in Mind: Cognition, Culture, and the Problem of Meaning*. Oxford: Oxford University Press.

Sillar, B., 2000. *Shaping Culture. Making Pots and Constructing Households*. Oxford: British Archaeological Reports International Series 883.

Sillar, B. and Tite, M. S., 2000. "The Challenge of 'Technological Choices' for Materials Science Approaches in Archaeology". *Archaeometry* 42 (1), pp. 2—20.

Silliman, S., 2005. "Culture Contact or Colonialism? Challenges in the Archaeology of Native North America". *American Antiquity* 70, pp. 55—74.

Simmel, G., 1978. *The Philosophy of Money*. Boston: Routledge and Kegan Paul.

Skibo, J. M., 2009. "Archaeological Theory and Snake-Oil Peddling". *Ethnoarchaeology* 1 (1), pp. 27—56.

Skibo, J. M. and Schiffer, M. B., 2008. *People and Things. A Behavioral Approach to Material Culture*. New York: Springer.

Skibo, J. M., Schiffer, M. B. and Reid, K. C., 1989. "Organic-Tempered Pottery: An Experimental Study". *American Antiquity* 54, pp. 122—146.

Snir, A., Nadel, D., Groman-Yaroslavski, I., Melamed, Y., Sternberg, M., Bar-Yosef, O. and Weiss, E., 2015. "The Origin of Cultivation and Proto-Weeds, Long before Neolithic Farming". *PLoS One* 10 (7), e0131422.

Stallybrass, P., 1998. "Marx's Coat". In Spyer, P. (ed.), *Border Fetishisms: Material Objects in Unstable Places*. New York: Routledge. pp. 183—207.

Stein, G., 1999. *Rethinking World Systems*. Tucson: University of Arizona Press.

Stein, G., 2005. *The Archaeology of Colonial Encounters: Comparative Perspectives*. Sante Fe: School of American Research Press.

Sterelny, K. and Watkins, T., 2015. "Neolithization in Southwest Asia in a Context of Niche Construction Theory". *Cambridge Archaeological Journal* 25 (03), pp. 673—691.

Stordeur, D., Benet, M., der Aprahamian, G. and Roux, J.-C., 2000. "Les Bâtiments Communautaires de Jerf el Ahmar et Mureybet PPNA (Syrie)". *Paléorient* 26, pp. 29—44.

Stout, D., Toth, N., Schick, K. and Chaminade, T., 2009. "Neural Correlates of Early Stone Age Toolmaking". In Renfrew, C., Frith, C. and Malafouris, L. (eds.), *The Sapient Mind: Archaeology Meets Neuroscience*. Oxford: Oxford University Press. pp. 1—20.

Strathern, M., 1988. *The Gender of the Gift*. Berkeley: University of California Press.

Strathern, M., 1999. *Property, Substance and Effect. Anthropological Essays on Persons and Things*. London: Athlone Press.

Symonds, J., 2011. "The Poverty Trap: Or, Why Poverty is not about the Individual". *International Journal of Historical Archaeology* 15, pp. 563—571.

Tarkan, D., 2021. "Pottery Production Technologies and Quantified Analysis". In Hodder, I. (ed.), *The Matter of Catalhoyuk: Reports from the 2009—2017 Seasons*. London: British Institute at Ankara. pp. 71—96.

Tarlow, S., 2010. *Ritual, Belief and the Dead in Early Modern Britain and Ireland*. Cambridge: Cambridge University Press.

Tarlow, S., 2012. "The Archaeology of Emotion and Affect". *Annual Review of Anthropology* 41, pp. 169—185.

Taruskin, R., 2005. *The Oxford History of Western Music. Volume 3. The Nineteenth Century*. Oxford: Oxford University Press.

Taussig, M. T., 1993. *Mimesis and Alterity: A Particular History of the Senses*. New York: Routledge.

Taylor, J., 2022. "Building 79". In Hodder, I. (ed.), *Çatalhöyük Excavations the 2009—2017 Seasons*. London: British Institute at Ankara. pp. 195—202.

Terrell, J. E., 1977. "Human Biogeography in the Solomon Islands". *Fieldiana Anthropology* 68 (1), pp. 1—47.

Testart, A., 2008. "Des Cranes et des Vautours ou la Guerre Oubliée". *Paléorient* 34 (1), pp. 33—58.

Thomas, J., 1999. *Time, Culture and Identity*. London: Routledge.

Thomas, J., 2005. "Between 'Material Qualities' and 'Materiality' ". *Archaeometry* 47, pp. 198—201.

Thomas, N., 1991. *Entangled Objects. Exchange, Material Culture and Colonialism in the Pacific*. Cambridge, MA: Harvard University Press.

Thompson, E. P., 1967. "Time, Work-Discipline, and Industrial Capitalism". *Past and Present* 38 (1), pp. 56—97.

Tilley, C., 1994. *A Phenomenology of Landscape: Places, Paths and Monuments*. London: Berg.

Tilley, C., 1999. *Metaphor and Material Culture*. Oxford: Blackwell.

Tilley, C., 2004. *The Materiality of Stone*. Oxford: Berg.

Tinbergen, N., 1963. "On Aims and Methods of Ethology". *Zeitschrift für Tierpsychologie* 20, pp. 410—433.

Tite, M., 1972. *Methods of Physical Examination in Archaeology*. London: Academic Press.

Tomlinson, G., 1999. *Metaphysical Song*. Princeton: Princeton University Press.

Tresset, A. and Vigne, J.-D., 2007. "Substitution of Species, Techniques and Symbols at the Mesolithic-Neolithic Transition in Western Europe". *Proceedings of the British Academy* 144, pp. 189—210.

Tung, B., 2013. "Building with Mud: An Analysis of Architectural Materials at Çatalhöyük". In Hodder, I. (ed.), *Substantive Technologies at Çatalhöyük: Reports from the 2000—2008 Seasons*. London: British Institute at Anakara and Los Angeles: Cotsen Institute of Archaeology Press. pp. 67—80.

Verhoeven, M., 2002. "Ritual and Ideology in the Pre-Pottery Neolithic B of the Levant and Southeast Anatolia". *Cambridge Archaeological Journal* 12, pp. 233—258.

Vigne, J.-D., 2008. "Zooarchaeological Aspects of the Neolithic Diet Transition in the Near East and Europe, and Their Putative Relationships with the Neolithic Demographic Transition". In Bocquet-Appel, J.-P. and Bar-Yosef, O. (eds.), *The Neolithic Demographic Transition and Its Consequences*. New York: Springer. pp. 179—205.

Wallerstein, I., 1976. *The Modern World-System: Capitalist Agriculture and the Origins of the European World-Economy in the Sixteenth Century*. New York: Academic Press.

Wang, J., 2023. "A Posthumanist Approach to the Origin of Rice Agriculture in Southern China". *Current Anthropology*, 64 (3), pp. 242—268.

Watkins, T., 2004. "Building Houses, Framing Concepts, Constructing Worlds". *Paléorient* 30 (1), pp. 5—23.

Webb, J. A. and Domanski, M., 2008. "The Relationship between Lithology, Flaking Properties and Artifact Manufacture for Australian Silcretes". *Archaeometry* 50 (4), pp. 555—575.

Webmoor, T., 2007. "What about 'One More Turn after the Social' in Archaeological Reasoning? Taking Things Seriously". *World Archaeology* 39 (4), pp. 563—578.

Webmoor, T. and Witmore, C., 2008. "Things are Us! A Commentary on Human/Things Relations under the Banner of a 'Social' Archaeology". *Norwegian Archaeological Review* 41, pp. 53—70.

Weiner, A., 1992. *Inalienable Possessions: The Paradox of Keeping-While-Giving*. Berkeley: University of California Press.

Weiss, E., Wetterstrom, W., Nadel, D. and Bar-Yosef, O., 2004a. "The Broad Spectrum Revisited: Evidence from Plant Remains". *Proceedings of the National Academy of Sciences of the United States of America* 101 (26), pp. 9551—9555.

Weiss, E., Kislev, M. E., Simchoni, O. and Nadel, D., 2004b. "Small-Grained Wild Grasses as Staple Food at the 23 000-year-old Site of Ohalo II, Israel". *Economic Botany* 58, S, pp. 125—134.

Weiss, E., Kislev, M. E., Simchoni, O., Nadel, D. and Tschauner, H., 2008. "Plant-Food Preparation Area on an Upper Paleolithic Brush Hut Floor at Ohalo II, Israel". *Journal of Archaeological Science* 35, pp. 2400—2414.

Whitehead, A. N., 1978. *Process and Reality*. New York: The Free Press.

Wilcox, M., 2009. *The Pueblo Revolt and the Mythology of Conquest: An Indigenous Archaeology of Contact*. Berkeley: University of California Press.

Willcox, G., Fornite, S. and Herveux, L., 2008. "Early Holocene Cultivation before Domestication in Northern Syria". *Vegetation History and Archaeobotany* 17, pp. 313—325.

Willis, P., 2017. *Learning to Labour: How Working Class Kids Get Working Class Jobs*. London: Routledge.

Winnicott, D. W., 1971. *Playing and Reality*. London: Routledge.

Winterhalder, B., 1996. "Social Foraging and the Behavioral Ecology of Intragroup Resource Transfers". *Evolutionary Anthropology* 5 (2), pp. 46—57.

Winterhalder, B. and Kennett, D. J., 2006. "Behavioral Ecology and the Transition from Hunting and Gathering to Agriculture". In Kennett, D. J. and Winterhalder, B. (eds.), *Behavioral Ecology and the Transition to Agriculture*. Berkeley: University of California Press. pp. 1—21.

Winterhalder, B. and Smith, E. A., 2000. "Analyzing Adaptive Strategies: Human Behavioral Ecology at Twenty-five". *Evolutionary Anthropology* 9, pp. 51—72.

Witmore, C., 2021. "Finding Symmetry? Archaeology, Objects, and Posthumanism". *Cambridge Archaeological Journal* 31 (3), pp. 477—485.

Witmore, C. L., 2007. "Symmetrical Archaeology: Excerpts of a Manifesto". *World Archaeology* 39 (4), pp. 546—562.

Wolfhagen, J., Veropoulidou, R. and Ayala, G., 2021. "The Seasonality of Using Wetland and Riparian Environments at Catalhoyuk". In Hodder, I. and Tsoraki, C. (eds.), *Communities at Work. The Making of Catalhoyuk*. London: British Institute at Ankara. pp. 103—114.

Wollstonecroft, M. M., Ellis, P. R., Hillman, G. C. and Fuller, D. Q., 2008. "Advances in Plant Food Processing in the Near Eastern Epipalaeolithic and Implications for Improved Edibility and Nutrient Bioaccessibility: An Experimental Assessment of Bolboschoenus Maritimus (L.) Palla (Sea Club-Rush)". *Vegetation History and Archaeobotany* 17 (S1), pp. 19—27.

Woodburn, J., 1980. "Hunters and Gatherers Today and Reconstruction of the Past". In Gellner, E. (ed.), *Soviet and Western Anthropology*. London: Duckworth. pp. 95—118.

Woodburn, J., 1998. "'Sharing is not a Form of Exchange': An Analysis of Property-Sharing in Immediate-Return Hunter-Gatherer Societies". In Hann, C. M. (ed.), *Property Relations. Renewing the Anthropological Tradition*. Cambridge: Cambridge University Press. pp. 48—63.

Wrangham, R., 2009. *Catching Fire: How Cooking made us Human*. New York: Basic Books.

Wright, K., 2004. "The Emergence of Cooking in Southwest Asia". *Archaeology International* 8, pp. 33—37. doi: 10.5334/ai.0810.

Wright, K. I., 1991. "The Origins and Development of Ground Stone Assemblages in Late Pleistocene Southwest Asia". *Paléorient* 17 (1), pp. 19—45.

Wright, K. I., 1994. "Ground-Stone Tools and Hunter-Gatherer Subsistence in Southwest Asia: Implications for the Transition to Farming". *American Antiquity* 59 (2), pp. 238—263.

Wynn, T., 1993. "Layers of Thinking in Tool Behavior". In Gibson, K. R. and Ingold, T. (eds.), *Tools, Language and Cognition in Human Evolution*. Cambridge: Cambridge University Press. pp. 389—406.

Yalman, N., Tarkan, D. and Gültekin, H., 2013. "The Neolithic Pottery of Çatalhöyük: Recent Studies". In Hodder, I. (ed.), *Substantive Technologies at Çatalhöyük: Reports from the 2000—2008 Seasons*. London: British Institute at Anakara and Los Angeles: Cotsen Institute of Archaeology Press. pp. 147—182.

Zaslaw, N., 1989. *The Classical Era*. Englewood Cliffs, NJ: Prentice Hall.

Zeder, M. A., 2006. "Central Questions in the Domestication of Plants and Animals". *Evolutionary Anthropology* 15, pp. 105—117.

Zeder, M. A., 2009. "The Neolithic Macro-(R)evolution: Macroevolutionary Theory and the Study of Culture Change". *Journal of Archaeological Research* 17, pp. 1—63.

Zeder, M. A., 2012. "The Domestication of Animals". *Journal of Anthropological Research* 68 (2), pp. 161—190. doi: 10.3998/jar.0521004.0068.201.

Zeder, M. A., Emshwiller, E., Smith, B. D. and Bradley, D. G., 2006. "Documenting Domestication: The Intersection of Genetics and Archaeology". *TRENDS in Genetics* 22 (3), pp. 139—155.

Zeder, M. A. and Hesse, B., 2000. "The Initial Domestication of Goats (Capra Hircus) in the Zagros Mountains 10000 Years Ago". *Science* 287, pp. 2254—2257.

Zeder, M. A. and Smith, B. D., 2009. "A Conversation on Agricultural Origins". *Current Anthropology* 50 (5), pp. 681—690.

索 引

词条后的页码指的是原书页码。斜体者表示的是书中的图，粗体者表示的是书中的表。

abstractions 抽象化，1—2, 113—127
 and categorization 和分类，117
 circulation of 的循环，124, 126
 metaphors 隐喻，118
 see also architecture; art, works of; music 另见建筑；艺术作品；音乐
Abu Hureyra 1A archaeological site, Syria 叙利亚阿布·胡雷拉考古遗址 1A 期，133, 134
Acharya, Avidit 阿维迪特·阿查里亚，105
Actor Network Theory（ANT）行动者网络理论，20, 102, 172—174
 aims 目标，172—173
affordances 可供性，49—51, 55
 and behavioral chains 与行为链，55
Agamben, Giorgio 乔治·阿甘本，72
agency 能动性，concept of 的概念，59, 160
 secondary 次生能动性，34
 and things 与物，8, 32, 34, 41, 160, 161—163, 179
agential realism 能动实在论，179
agricultural techniques 农业技术，69
 harvesting 收割，137
 plowing 犁耕，47, 51
 threshing 打谷脱粒，137
 use of fertilizers 施肥，184
 see also domestication 另见驯化
Alberti, Benjamin 本杰明·阿尔贝蒂，158, 179
alienation 异化，17—18, 25
 Marxist view of 马克思主义视角的，34, 35, 40
American slavery 美国奴隶制，105
ancestors 祖先，links to 的联系，28, 66, 88, 92, 109, 123
Andrefsky, William 威廉·安德列夫斯基，57
animal domestication 动物驯化，76—78, 105, 106

and dependence 和依赖关系, 77, 78—79
and diet-breadth models 和食谱宽度模型, 80
dogs 狗, 140, 141
effects on animal size 对动物体型的影响, 77
gazelles 羚羊, 76
goats 山羊, 76—78
sheep 绵羊, 76, 77, 106, 149—150
Appadurai, Arjun 阿琼·阿帕杜莱, 150
archaeological perceptions 考古学的知觉, 7, 15, 29, 70, 87, 91
affordances 可供性, 49—50
Assemblages 聚合体, see assemblage theory influences on 见聚合体理论的影响, 4, 16, 20, 41, 104
and interpretation 和阐释, 5, 16, 37, 72—73, 148, 158
knowledge 知识, 23
ontology 本体论, see ontology residuality 见本体论残留, 152
sequential staging 序列阶段, see sequential analysis time 见时间序列分析, 163—164
archaeological sites 考古遗址, 43, 104, 148
excavation of 的发掘, 5
see also Çatalhöyük archaeological site 另见恰塔霍裕克考古遗址; Maya archaeological sites 玛雅考古遗址
Archaeology after Interpretation（Jones and Alberti）《阐释之后的考古学》（琼斯和阿尔贝蒂）, 158
Archaeometry journal《考古测量学》期刊, 60
architecture 建筑, 50, 88, 115—116, 119
art, works of 艺术作品
decorated pottery 装饰陶器, 10
as response to materials 作为对物质材料反应的, 31, 115

value 价值, 26
wall paintings 壁画, 81, 124
Art Nouveau 新艺术主义, 115, 116
Asouti, Eleni 埃莱尼·阿苏蒂, 136
assemblage theory 聚合体理论, 8, 175—176
and dependence 和依赖关系, 9
human 人, 9, 43
of production 生产的, 43
Aswan Dam 阿斯旺大坝, 185
Atalay, Sonya 索尼娅·阿塔莱, 134
Australia 澳大利亚, 56, 57, 80, 94
automatic skills 自动化技术, 23

Banerjee, Mukulika 穆库里卡·班纳吉, 35
Barad, Karen 凯伦·巴拉德, 179
Barnard, Alan 艾兰·巴纳德, 28, 137
Bar-Oz, Guy 盖伊·巴尔-奥兹, 131—132
Barrett, John 约翰·巴雷特, 38
Baudrillard, Jean 让·鲍德里亚, 107
Becker, Judith 朱迪斯·贝克尔, 122
Beethoven, Ludwig van 路德维希·范·贝多芬, 118—120, 121, 122
behavioral archaeology 行为考古学, 20, 54, 57, 70
and material behavior 和物质材料的行为, 70—74
see also behavioral chains 另见行为链
behavioral chains 行为链, 52, 54—58, 82—83, 184
dependences 依赖关系, 57
sequential staging 序列阶段, 56, *56*, 57, 84
behavioral ecology 行为生态学, 74—79
animal 动物, 76
cereal domestication 谷物驯化, 75—76
cost-and-benefit analysis 成本收益分析, 81—83

human 人, *see* human behavioral ecology 见人类行为生态学

Bekaert, Stefan 斯蒂芬·贝卡尔特, 23

Bennett, Jane 简·本内特, 175

Bentham, Jeremy 杰里米·边沁, 72

Bergson, Henri 亨利·柏格森, 1, 163

bicycles 自行车, and entanglement 与纠缠, 19, 22, 110—111

Binford, Lewis R. 路易斯·R. 宾福德, 182—183

Bird, Douglas W. 道格拉斯·W. 伯德, 82

Bird, Rebecca Bliege 丽贝卡·布莱格·伯德, 80

birds, depiction of 鸟的描述, 124

Bloch, Maurice 莫里斯·布洛赫, 158

Bogaard, Amy 艾米·博加德, 180

Boivin, Nicole 尼科尔·博伊文, 38

Boncuklu archaeological site, Turkey 土耳其邦库克鲁考古学遗址, 145—146

Bonds, Matthew H. 马修·H. 邦兹, 91

bone 骨头, archaeological finds of 考古发现的, 73, 76, 81, 141

    as food source 作为食物资源, 81, 82, 131

    tools 工具, 81, *135*, 150

    see also skulls, treatment of 另见对头骨的处理

Bourdieu, Pierre 皮埃尔·布迪厄, 23, 88—89, 117—118

    habitus 惯习或习性, 15, 116

Boyle air pump 波义耳空气泵, 69

brain, study of 对大脑的研究, *see* neuroscience, human 见人类神经心理学

bricks 砖, 67—68, 82, 153

    source materials 材料来源, 61, 67, 82, 153

British East India Company 英国东印度公司, 168

broad spectrum economies 广谱经济, 80, 84—85

Bronze Age 青铜时代, 176

Brughmans, Tom 汤姆·布鲁曼斯, 144

bull heads, at Çatalhöyük 恰塔霍裕克的牛头, 124, 158—159

burial practices 埋葬实践, 92—93, 124—126, 133, 151, 176

    severed heads 割下的头颅, 123—126

    see also skulls, treatment of 另见对头骨的处理

Byrd, Brian F. 布赖恩·F. 伯德, 133

Canadian First Nations 加拿大原住民, 93—94

Caribbean plantation organization 加勒比种植园组织, 126—127

Carrier, James 詹姆斯·卡里尔, 28

cars 车, 87, 104, 106

    design and assembly 设计和装配, 47, *48*, 106, 107

    regulation 规章, 85

    social significance 社会意义, 107

Çatalhöyük archaeological site, Turkey 土耳其恰塔霍裕克遗址, 61—64, *62*, 142—144, 151, 152

    abstract entanglements 抽象的纠缠, 123—126

    ancestors 祖先, links to 的联系, 66, 92, 109, 123

    bull heads 牛头, 124, 158—159

    burials 墓葬, 61, 92—93, 123—124

    clay use 黏土的使用, *12*, 45—46, 67, 140

    conservation techniques 保存技术, 66—67

    domestication 驯化, 80—81, 143

    excavations 发掘, 61

food practices 食物实践, 134, **135**

houses 房屋 see Çatalhöyük houses 见恰塔霍裕克房屋

layout 布局, 7, 61, 151

middens 垃圾堆, 61, 74, 141, 152

phytoliths 植硅石, 68

pottery 陶器, 9, 10—11, *11*, 82

pre-pottery Neolithic 前陶新石器时代, 61—64, *62*, *63*

radiocarbon dating 放射性碳年代, 61—64, *62*, *63*

refuse pits 垃圾坑, 74

seasonal activities 季节性活动, 148—149, *149*

sequential analysis 序列分析, *13*, 145—146, 153—157, *157*, 158—159

skulls, treatment of 头骨的处理, 66, 71, 81, 123, 150

walls 墙壁, 66—67, *67*

World Heritage status 世界遗产地位, 185

Çatalhöyük houses 恰塔霍裕克房屋, 5, *6*, 61, 143, 151—152

as examples of flow 作为流动的案例, 7, 10, 151, 164

history houses 历史性房屋, 143, 145—146, 150, 153

instability 不稳定性, 66, 153

size 面积, 153

use of plaster 灰泥的使用, 45—46, 71, 149

wall paintings 壁画, 81, 124

wall posts 墙壁立柱, 151

see also house societies 另见家屋社会

cattle 牛, 77, 101

domestication 驯化, 61, 72

in prehistoric art 在史前艺术中, 81, 109

status value 地位价值, 81, 101, 143

wild 野生的, 80—81, 101, 109, 143

see also bull heads 另见牛头; dairying 乳酪制作

cereals 谷物, 55—56, 75—76, 80

domestication 驯化, 75—76, 80, 106, 129, 130, 148

flatbreads 薄饼, 56

gluten 面筋, 55—56, 128

grinding see groundstones 碾磨见磨制石器

Phragmites australis reeds 芦苇, 68, 75

rice 水稻, 128—130

wild 野生的, 132, 136

Childe, V. Gordon, V. 戈登·柴尔德 16, 130—131, 137, 178

China 中国, 128—130

plant domestication 植物驯化, 128—129

pottery 陶器, 129

Çilingiroğlu, Çiler 奇勒·西林吉罗格鲁, 130

Clark, Andrew 安德鲁·克拉克, *Being There*《此在》, 37, 38

Clarke, Eric 埃里克·克拉克, 122

clay, use of, 黏土使用 11—12, *12*, 66, 67, 146

bricks 砖, 61, 67, 82, 153

cooking balls 炊煮球, 143, 147—148, *148*, *150*, 156

plaster 灰泥, 45—46, 67, 71

pottery 陶器 see pottery 见陶器

climate change 环境变化, global 全球的, 85, 139

clocks 时钟, 99—100

atomic 原子的, 99, 101

Coastguard and Park Service 海岸警卫队和公园管理处, 108

Codding, Brian 布赖恩·科丁, 80

co-dependency 共同依附关系

human-human 人与人的, 86, 93—94, 172

human-thing 人与物的, 9, 75, 95—96

of knowledge 有关知识的, 173—174

cognition 认知, study of 的研究, 36—38

archaeological 考古学的 see cognitive archaeology 见认知考古学

brain evolution 大脑演化, 39

interactionist versus internalist 互动论者与内在论者, 36—37

language 语言, 39

and material culture 与物质文化, 36, 37—38

neuroscientific 神经科学的, 37—39

and technology 和技术, 39

cognitive archaeology 认知考古学, 20, 23, 36, 38—39

influences on 影响, 36

Cole, Michael 迈克尔·科尔, 37

Common Agricultural Policy (CAP) 共同农业政策, 173

Complex Systems Analysis 复杂系统分析, 139

containment 封装, 176—177

cooking 炊煮, 13—14, 55—56, 75, 132

balls 球, 143, 147—148, *148*, *150*, 156, 166

in baskets 在篮子中, 143, 166

pottery 陶器 see cooking pots 见炊煮陶罐

technology 技术, 42, 55—57

cooking pots 炊煮陶罐, 61, 82, 129, 148, 156

construction 制作, 55, 57, 129

invention 发明, 14, 166—167, *167*

cotton 棉花, use of 的使用, 167—169

technology 技术, 168—169

craftsmanship 技术, 17—18, 28

Creswell, Robert 罗伯特·克雷斯韦尔, 53—54

culture, aquatic view of 文化水波论视角, 182—183

culture, material 物质文化 see material culture studies 见物质文化研究

dairying 乳酪制作, 39, 78

dams, Egyptian 埃及的大坝, 184, 185

D'Andrea, Catherine 凯瑟琳·德安德烈亚, 55—56

Darwin, Charles 查尔斯·达尔文

The Descent of Man 《人类的由来》, 39

Origin of Species 《物种起源》, 171

David, Paula, 宝拉·戴维 104

Dayan, Tamar 塔玛尔·达扬, 131—132

Deacon, Terrence 特伦斯·迪肯, 39

debt, as entanglement 作为纠缠的债务, 3, 45, 58, 86, 89, 96

debt traps 债务陷阱, 90—91

de Castro, Viveiros 维维洛斯·德·卡斯特罗, 177

Deetz, James 詹姆斯·迪兹, 102

DeLanda, Manuel 曼纽尔·德兰达, 175

delayed return systems 延迟回报系统, 83, 86—87

Deleuze, Gilles 吉尔·德勒兹, 16, 157, 175

A Thousand Plateaus 《千高原》, 175, 183

dependence 依赖关系, concept of 的概念, 20—25, 40, 77, 92, 98—99

addictive 成瘾的, 21, 31

and constraint 与约束, 21, 52

and contingency 与偶然性, 109—111

and ownership 与所有权 see property 见财产

see also dependence 另见依赖关系, forms of 的形式; dependency theories 依附关系理论; gifts 礼物, exchange of 的交换

dependence 依赖关系, forms of 的形式, 21,

40, 45, 51, 52, 141

    aid 目标, 91

    co-dependency 共同依附关系 see co-dependency 见共同依附关系

    entrapment 羁绊 see entrapment 见羁绊

    human-thing 人与物的, 19—40, 41, 45, 77, 89, 113, 141—142

    productive 富有创造性的, 21, 43, 57

    and symmetry 和对称性, 184

    thing-thing 物与物的, 51—58

dependency theories 依附关系理论, 9, 21, 24—25, 91, 108—109

diachronic entanglements 历时性的纠缠, 152—157

Diamond, Jared 贾雷德·戴蒙德, 101

dichloro-diphenyl-trichloroethane（DDT）二氯二苯三氯乙烷, 185

disease resistance 抗病毒能力, 101, 184

Doherty, Chris 克里斯·多尔蒂, 140, 141

Domansky, Marian 玛丽安·多曼斯基, 57

domestication 驯化, 75—77, 128—129, 179

    see also animal domestication 另见动物驯化; plant domestication 植物驯化

Donald, Merlin 梅林·唐纳德, 37, 38

dry stone walls 干燥的石墙, 68—69

Duchamp, Marcel 马塞尔·杜尚, 165

Durning, Alan 艾兰·德宁, 110—111

Edensor, Tim 蒂姆·艾登瑟, 66

Edwards, Philip C. 菲利普·C. 爱德华兹, 74

ego networks 自我网络, 146—147, *147*

Ein Gev I archaeological site, Israel 以色列艾因·盖夫 I 号遗址, 133

El Perú Waká archaeological site, Guatemala 危地马拉秘鲁瓦卡考古学遗址, 88

Elston, Robert G. 罗伯特·G. 埃尔斯顿, 81

enchainment 捆绑, concept of 的概念, 52, 171—172, 176—177

    see also behavioral chains 另见行为链; operational chains 操作链

energy flows 能量流, 44, 45, 187—188

    battleship curves 战舰曲线, 165, 187

    and entanglement theory 纠缠理论, 161—162, 170—171, 187

entanglement 纠缠, definitions of 的定义, 8—10, *12*, 14, 95—111

    and alienation 和异化, 17—18, 25

    degrees of 的程度, 14—15

    and habitus 和惯习, 15, 116

    and materialism 和唯物主义, 96

    and narratives 和叙事, 14, 165—166

    and networks 和网络, 51

    and perception of animation 和活力的感知, 19—20

    as process 作为过程, 14, 15

    and time 和事件, 13—14, 98—105

    see also dependence 另见依赖关系, forms of 的形式; entrapment 羁绊

entanglement 纠缠, human-human 人与人的, 86—94, 95—98

    and gender 和性别, 97

    and power 和权力 see power relations 见权力关系

    see also entanglement theory 另见纠缠理论

entanglement 纠缠, human-thing 人与物的 see thing-human entanglement 见物与人的纠缠

entanglement methodology 纠缠方法论, 139—159

    data driven 受数据驱动, 153—156

    diagram examples 图示案例, *12*, *151*, *154*, *155*, *157*

    formal 正式的, 152—157, 158

network analysis 网络分析, 139, 144—146

sequencing 序列, 147—158

see also tanglegrams 另见纠缠关系图

entanglement string theory 纠缠的弦理论, 160—181

and change 和变化, 165—170

entanglement theories 纠缠理论, 41—42, 86, 106—108, 171—181

abstractions 抽象化, 59—60, 113

Actor Network Theory 行动者网络理论 see Actor Network Theory (ANT) 见行动者网络理论

assemblage theory 聚合体理论 see assemblage theory 见聚合体理论

and complexity 和复杂性, 48—49, 107—108

cores and peripheries 核心和外围, 108—109

diachronic 历时性的 see diachronic entanglements 见历时性纠缠

emotional bonds 情感纽带, 92—93, 96—98

generalizations 一般性通则, 106—107

historical trajectories 历史轨迹, 104

methodology 方法论 see entanglement methodology 见纠缠方法论

and poverty 和贫困, 90—91

string 线索 see entanglement string theory 见纠缠的弦理论

see also dependence 另见依赖关系, concept of 的概念; entanglement 纠缠, definitions of 的定义; entrapment 羁绊; path dependence 路径依赖

entrapment 羁绊, 40, 79, 89

and power relations 和权力关系, 87—89, 98, 103—105, 174

and social media 和社交媒体, 185—186

Epipaleolithic period 后旧石器时代阶段, 123, 130

food processing 食物加工, 74—75, 131, 133, 135—137

see also Kebaran period 另见卡巴拉文化阶段; Natufian period 纳吐夫文化阶段

Ethiopia 埃塞俄比亚, 55—56

ethnographic studies 民族学研究, 38, 53, 57, 126, 177

ethology 动物行为学 see behavioral ecology 见行为生态学

Europe 欧洲, 118—121

classical music 古典音乐 see music 见音乐, classical 古典的

international commerce 国际贸易, 126—127, 168

social developments 社会发展, 120

see also Vienna 另见维也纳, fin de siècle 世纪末的

evolutionary archaeology 演化考古学, 20, 74, 78, 150—151, 165

evolutionary ecology 演化生态学, 79

exchange value 交换价值, 25—26, 43—44

attribution of 的属性, 25—26

Marxist idea of 马克思主义思想, 35, 43

works of art 艺术作品, 26

Fairbairn, Andrew 安德鲁·费尔贝恩, 136

fetishes 拜物, 21, 34, 35

figurines 雕像, 53, 81, 124, 151, 152, 158—159

fire making 生火, 45, 45, 70—71, 141

portable 可移动的, 71

see also hearths 另见炉灶

Fleming, Andrew 安德鲁·弗莱明, 32

flows 流动

energy 能量 see energy flows 见能量流

information 信息, 45

language 语言, 187
    study of 的研究, *153*, *154*, 160
    see also entanglement string theory 另见纠缠的弦理论
foods 食物, 55, 127, 134, 136
    acorns 橡子, 129, 130
    centrality of 的中心性, 142
    cereals 谷物 see cereals 见谷物
    processing 加工, 56, 74—75, 132, 133, 134
    storage 储藏, 132, **135**, 137
    sweetened 变甜的, 126—127
    see also cooking 另见炊煮
forgetness 遗忘性, 101—103
    and entrapment 和羁绊, 101—102
fossil fuels 化石燃料, use of 的利用, 139, 186
Foucault, Michel 米歇尔·福柯, 72, 87
French Revolution 法国大革命, influence of 的影响, 120, 121
French school of technology studies 技术研究的法国学派, 52—54
Freud, Sigmund 西格蒙德·弗洛伊德, 115
    Beyond the Pleasure Principle《超越快乐原则》, 24
Fuller, Dorian Q. 傅稻镰, 75, 136

Garrard, Andrew 安德鲁·加勒德, 75, 133
Gell, Alfred 阿尔弗雷德·盖尔, 26, 165
    gender 性别, 56, 80, 97, 117
    gifts 礼物, exchange of 的交换, 25, 27, 43, 171—172
Gibson, James 詹姆斯·吉布森, 49—50
Gombrich, Ernst 厄恩斯特·贡布里希, 115—116, 122—123
Gore, Charles 查尔斯·戈尔, 90
Greenwich Mean Time (GMT) 格林尼治时间, 99
Grosz, Elizabeth 伊丽莎白·格罗兹, 9

groundstones 磨制石器, 129, 130, 131, 134, 136
    ownership of 的所有权, 136—137
    portability 便携性, 133
    uses, 131—132
    see also querns 另见碾磨盘
Guattari, Félix 菲利克斯·加塔利, 16, 156, 175
    A Thousand Plateaus《千高原》, 175, 183

Hadron Collider, the 强子对撞机, 2
Halstead, Paul 保罗·霍尔斯特德, 78
Hamilakis, Yannis 扬尼斯·哈米拉基斯, 175, 176
Hardy-Smith, Tania 塔妮娅·哈代-史密斯, 74
Harman, Graham 格拉汉姆·哈曼, 174
Harris, Oliver J. T. 奥利弗·J. T. 哈里斯, 175
Hastorf, Christine A. 克里斯廷·A. 哈斯托夫, 134
hearths 炉灶, 70—71, 109, 132, 133, 166
    construction 建立, 147
    and ovens 和烤炉, 142, 143
Hegel, Georg Wilhelm Friedrich 乔治·威廉·弗里德里希·黑格尔, *Phenomenology of Spirit*《精神现象学》, 33, 35
Heidegger, Martin 马丁·海德格尔, 2—3, 17, 20, 29—32, 37
Henton, Elizabeth 伊丽莎白·亨顿, 149
Heraclitus 赫拉克利特, 1, 7
Hillman, Gordon 戈登·希尔曼, 133
history houses 历史性房屋, 143, 145—146, 150
Homer 荷马, 38
Hornby, Nick 尼克·霍恩比, *A Long Way Down*《漫漫长路》, 109—110
Horwitz, Liora Kolska 利奥拉·科尔斯卡·霍维茨, 76—77
houses 房屋, 153, 166
    at Çatalhöyük 在恰塔霍裕克 see Çatalhöyük

houses 见恰塔霍裕克房屋
  at Ein Gev I 在艾因·盖夫 I 号遗址, 133
  as social institutions 作为社会机构的, 142—143, 146, 151, 177
house societies 家屋社会, 146, 152
human behavioral ecology (HBE) 人类行为生态学, 79—83, 116, 185
  influence on archaeology 对考古学的影响, 79
  reductionism 还原论, 82—83
human-human entanglement 人与人的纠缠, 86—94, 95—98
  see also power relations 另见权力关系; entanglement theories 纠缠理论
human-thing entanglement 人与物的纠缠 see thing-human entanglement 见物与人的纠缠
hunter-gatherer societies 狩猎采集社会, 28, 80, 83, 87
  diet-breadth models 食谱宽度模型, 80
hygiene 卫生, 46, 71, 173

ideas 观念 see abstractions 抽象化
immediate returns systems 即时回报系统, 83, 86—87
indigenous assimilation 本土同化, 93—94
indigenous beliefs 本土信仰, 161, 178
individualism 个人主义, 120, 122, 126
industrial revolution, the 工业革命, 120, 168—169
information flows 信息流, 7, 45, 100
  internet 互联网, 174
Ingold, Tim 蒂姆·英戈尔德, 17, 38, 51

Jerf el Ahmar archaeological site, Syria 叙利亚杰夫·艾哈迈尔考古学遗址, 124
Johnson, Matthew 马修·约翰逊, 35

Jones, Andrew Meirion 安德鲁·梅里恩·琼斯, 60, 158, 175, 177—178

Kamloops Indian Residential School, Canada 加拿大坎卢普斯原住民寄宿学校, 93—94
Keane, Webb 韦布·基恩, 52
Kebara Cave, Israel 以色列卡巴拉洞穴, 71
Kebaran period 卡巴拉文化时期, 131
Kislev, Mordechai 莫迪凯·基斯里夫, 132
Klimt, Gustav 古斯塔夫·克里姆特, 115
Knappett, Carl 卡尔·克纳佩特, 17, 49, 50
  Thinking through Material Culture《透过物质文化思考》, 37
Knorr-Cetina, Karin 卡琳·诺尔-塞蒂纳, 173—174
Kopenawa, Davi 达维·科佩纳瓦, 177

Latour, Bruno 布鲁诺·拉图尔, 20, 172, 173, 174
Law, John 约翰·劳, 102, 173
legacy 遗留, 151
  diagrams 图示, *151*, 152
  and residuality 和残留, 152
Le Goff, Jacques 雅克·勒高夫, 99
Lemonnier, Pierre 皮埃尔·勒莫尼耶, 53
Leroi-Gourhan, André 安德烈·勒鲁瓦-古朗, 23, 54
  L'Homme de la Matière《人与物》, 53
  Milieu et Techniques《环境与技术》, 53
Levitin, Daniel J. 丹尼尔·J. 利维汀, 122
linear least-squares regression analysis 线性最小二乘回归分析, 153—154, 155—156, *155*
Lucas, Gavin 加文·卢卡斯, 176
Lyons, Diane 黛安·里昂, 55—56

maintenance 维护, 68—69, 71

of buildings 建筑的, 68—69, 70, 84, 96
   and thing life cycles 和物的生命周期, 83—84
Malafouris, Lambros 兰布罗斯·马拉福瑞斯, 17, 38, 51, 178—179
malaria 疟疾, 184
Manchester 曼彻斯特, UK 英国, 168—169
Maori people 毛利人, 165, 179
Marshall, Yvonne 伊冯·马绍尔, 179
Martin, Louise 路易丝·马丁, 76
Marx, Karl 卡尔·马克思, 33, 35, 99
   Kapital《资本论》, 35
Marxism 马克思主义, 15, 33—34
   and alienation 和异化, 34, 35, 40
   and objectification 和对象化, 178
material culture studies 物质文化研究, 31, 32—33, 34
   approaches 方法, 37, 54, 114
   influence 影响, 20
   inspiration for 的灵感, 35
Material Engagement Theory 物质参与理论, 178—179
materialism 物质主义, 42, 60, 96, 111
   see also new materialism, the 另见新物质主义
materiality 物质性, 17, 33—35, 41, 60, 100
   and analytical science 和分析科学, 59—61
   physical processes 物理过程, 9, 95—96
   relational 关系的, 173
   see also material culture studies 另见物质文化研究; thing-in-itself 自在之物, concept of 的概念
Mauss, Marcel 马塞尔·莫斯, 23, 25, 28, 171
   Techniques du Corps《身体技术》, 53
Maya archaeological sites 玛雅考古遗址, 87—89

see also El Perú Waká, Guatemala 另见危地马拉秘鲁瓦卡考古学遗址; Minanha, Belize 伯利兹米南哈遗址
McAnany, Patricia 帕特丽夏·麦卡纳尼, 88
mechanization 机械化, 83, 169
Melanesia 美拉尼西亚, 25, 28, 171
Mellaart, James 詹姆斯·梅拉特, 66
Mbembe, Achille 阿奇勒·姆班贝, 98
Merleau-Ponty, Maurice 莫里斯·梅洛-庞蒂, 30, 32, 38
   Phenomenology of Perception《知觉现象学》, 32
Meskell, Lynn 琳恩·梅斯克尔, 34—35
microbes 微生物, as entanglement links 作为纠缠联系的, 173
middens 垃圾堆, 13, 40, 73, 140, 146
   Çatalhöyük 恰塔霍裕克, 61, 74, 141, 152
millennium bug (Y2K) 千年虫, 100
Miller, Danny 丹尼·米勒, 33, 34, 35
Mills, Mark 马克·米尔斯, 186
mimesis 模仿, 38, 44, 58, 117, 124, 188
Minanha, Belize 伯利兹米南哈遗址, 88
Mintz, Sidney 西斯敏, 126—127
Mitchell, Timothy 蒂莫西·米切尔, 184
Mol, Angus 安格斯·莫尔, 144—145, 152—153, 173
multiple regression analysis 多元回归分析, 153
music 音乐, classical 古典的, 119, 122—123
   atonal 无调性的, 115, 118
   and bodily resonance 和身体共鸣, 115, 118
   complexity 复杂性, 117
   instrument improvements 乐器进步, 120—121, 122
   nineteenth-century 19世纪, 118—120, 121

Napoleon Bonaparte 拿破仑·波拿巴，100，121

native Americans 美洲原住民，92
    see also Canadian First Nations 另见加拿大原住民

Natufian period 纳吐夫文化时期，73—74，123，131，134，136

Navarro-Farr, Olivia C. 奥利维亚·C. 纳瓦罗-法尔，88

Near Eastern agriculture 近东农业，55—56，77—78

Neolithic Age 新石器时代，61，64，67—68，130，177—178
    monuments 纪念性建筑，35，38
    see also pre-pottery Neolithic 另见前陶新石器时代；Neolithicization 新石器时代化，process of 的过程；sedentism 定居；stone technology 石器技术

Neolithicization 新石器时代化，process of 的过程，130—131

networks 网络，51，174
    internet 互联网，174

neuroscience 神经科学，human 人，38，121，122

Nevalı Çori archaeological site, Turkey 土耳其内瓦利·乔里考古学遗址，124

new materialism, the 新物质主义，8，16，158

Nile river 尼罗河，184

Nuttall, Sarah 莎拉·纳托尔，172

objectification 对象化，2，33，34
    Hegelian view of 黑格尔视角的，33
    Marxist view of 马克思主义视角的，33—34

O'Connell, James F. 詹姆斯·F. 奥康奈尔，82

Ohalo II archaeological site, Israel 以色列奥哈洛 II 号考古学遗址，132，136

Olsen, Bjørnar 比约纳·奥尔森，30，31

ontological turn 本体论转向 see new materialism, the 见新物质主义

ontology 本体论，archaeological 考古学的，16—17
    shift to 转向，17，177—178

operational chains 操作链，52—54，144，147—148，160，184

Operation Barbarossa 巴巴罗萨计划，95

Optimal Foraging Theory 最佳觅食理论，79—80

Ortman, Scott G. 斯科特·G. 奥特曼，114

Ötzi Ice Man 奥茨冰人，71

Ovis orientalis 欧洲盘羊，77

Paleolithic period 旧石器时代阶段，37，71，131
    technology 技术 see stone technology 见石器技术
    see also Pleistocene period 另见更新世阶段；Epipaleolithic period 后旧石器时代阶段

panopticon, the 全景敞视监狱，72，87

path dependence 路径依赖，14，18，103—105，129
    and belonging 和归属感，92
    creation 创造，104—105
    institutional 制度的，105

Pelegrin, Jacques 雅克·佩莱格林，23

personhood 人格，38

Perspectivism 视角主义，8，177

PET scans 正电子放射扫描，38—39

Phragmites australis reeds 芦苇，68，75

Pitt-Rivers, Augustus 奥古斯塔斯·皮特-里弗斯，3，23，49

plant domestication 植物驯化，75—76，128，179
    cereals 谷物，75—76

in China 中国的, 128—129
in the Middle East, 中东地区的 75—76
rice 水稻, 128—129
plaster making 制作灰泥, 45—46, *46*, 71
Pleistocene period 更新世阶段, 70—71
Last Glacial Maximum 末次盛冰期, 129, 131, 132, 137
technological developments 技术发展, 71, 129
Pollard, Jasper 贾斯帕·波拉德, 162
Popper, K. R. K. R. 波普尔, 116
positron emission tomography 正电子放射扫描 see PET scans 见正电子放射扫描
pottery 陶器, 5, 10—11, 55, 82, 129
cooking 炊煮 see cooking pots 炊煮陶罐
decoration 装饰, 10, 124, 125
evolution of 的演化, 82, 161—162, *162*
making 制作, 51, 82, 148, 161
poverty traps 贫困陷阱, 90—91
dependency 依附关系, 91
and disease 和疾病, 91
entanglement perspective 纠缠视角, 91
and environmental degradation 和环境恶化, 90
historical perspective 历史学的视角, 91
and international debt 和国际债务, 90—91
and trickle down economics 和涓滴效应, 91
power relations 权力关系, 87—89, 90—91
elite/non-elite 精英/非精英, 88—90
and entrapment 和牵绊, 88, 89—91
surveillance 监视, 87
see also poverty traps 另见贫困陷阱
pre-pottery Neolithic 前陶新石器时代, 61—64, 62, 63, 130, 131
animal domestication 动物驯化, 61, 64, 76—77
food processing 食物加工, 130—131, 136, 138
PPNA 前陶新石器时代 A 阶段, 73, 131, 137
PPNB 前陶新石器时代 B 阶段, 73—74, 76—77, 130, 137
refuse organization 废弃组织, 73—74
skull use 头骨利用, 124
tools 工具, 137
present 当下, concept of 的概念, 5—7, 163
and flow 和流动, 6, 163—164, 170—171
prison design 监狱设计, 72, 87
process approaches to archaeology 考古学的过程方法, 180, 183
process philosophy 过程哲学, 15, 180
property 财产, 26, 28—29
identification of 的认同, 26—27
maintenance 维护 see maintenance 见维护
ownership 所有权, 96—97, 136—137
Proust, Marcel 马塞尔·普鲁斯特, 127

querns 碾磨盘, 131, 136, 146

radiocarbon dating 放射性碳年代测定, 59—60, 61—64, *62*, *63*
refuse discard 垃圾废弃, 44, 72—74
organization 组织, 73—74
types 类型, 73
Renfrew, Colin 科林·伦福儒, 36, 38
rice production 水稻生产, 128—130
introduction in China 在中国的出现, 129, 130
Riegl, Alois 阿洛伊斯·李格尔, 115
romanticism 浪漫主义, 118—119, 120
Ryan, John C. 约翰·C. 瑞恩, 110—111

Ryan, Philippa 菲利帕·瑞恩, 68

sailing boats 帆船, 51—52, 107, 108
Schiffer, Michael 迈克尔·希弗, 54, 55
    Behavioral Archaeology《行为考古学》, 73
Schoenberg, Arnold 阿诺德·勋伯格, 115, 118
Schorske, Carl Emil 卡尔·埃米尔·休斯克, 114—115
sedentism 定居, growth of 的发展, 29, 73, 77, 129, 132—133, 135
    and animal husbandry 和动物饲养, 76, 77
    and entrapment 和牵绊, 128, 130
    and refuse organization 和废弃组织, 73
selfhood 自我, 9, 17, 33
    and change 和变化, 163
    and identity 和认同, 32, 33, 34
    phenomenology of 的现象学, 33
    repression 压抑, 115
    and society 和社会, 9, 17, 19, 31—33, 35
    and things 和物, 2, 17, 25, 33, 34, 35, 38
self-sufficient stability 靠自身的稳定性, theory of 的理论, 4, 15—16, 65
    and change 和变化, 15, 16, 65—66
Serres, Michael 迈克尔·塞尔, 65
Sherratt, Andrew 安德鲁·谢拉特, 47
Sillar, Bill 比尔·西拉, 53
Simmel, Georg 格奥尔格·齐美尔, 25, 34
Skibo, James M. 詹姆斯·M. 斯基博, 57
skulls 头骨, treatment of 的处理, 66, 71, 81, 123—124, 150
smartphones 智能手机, 185—186
smectite 蒙脱石, 66, 67, 96
Smith, Eric Aldern 埃里克·奥尔德·史密斯, 79, 132
Snir, Ainit 艾尼特·斯尼尔, 132
    The Social Dilemma (Jeff Orlowski),《监视资本主义：智能陷阱》(杰夫·奥洛夫斯基) 186

social media 社交媒体, 185—186
Southwest Airlines 西南航空, 114
spacetime concept 时空概念, 170
statistics 统计学, use of 应用, 153—156, 158, 163—164
stone technology 石器技术, 38, 53, 57, 130
    grinding 碾磨 *see* groundstones 见磨制石器
    microliths 细石叶, 81—82, 178
    skilled use 有技巧地使用 *see* stoneworking skills 见石器加工技术
    see also dry stone walls 干燥的石墙
stoneworking skills 石器加工技术, 68—69, 178
Stout, Dietrich 迪特里希·斯托特, 38—39
Strathern, Marilyn 玛丽琳·斯特拉森, 27, 171
structural coupling 结构性耦合, 122
sugar 糖, 126—127
    legislation 法律, 127
    link between Europe and the Caribbean 欧洲与加勒比地区的联系, 126
    and new meal practices 和新的饮食传统, 127
Symonds, James 詹姆斯·西蒙兹, 91

tanglegrams 纠缠关系图, 140—144, 145, 147
    examples 例子, *12*, *145*
taphonomy 埋藏学, 72—73
technology 技术, 16, 42, 69, 136
    bone 骨头, 81, **135**, 150
    clay 黏土, 45—46, 53, 67, 140, 146
    conservation 保存, 66
    cooking 炊煮 *see* cooking pots 见炊煮陶罐
    marine 海洋的, 51—52, 107, 108
    stone 石器 *see* stone technology 见石器技术
    see also wheel 另见轮子, introduction of 的

引入

technology studies 技术研究, 52—58

    approaches 方法, 52, 54

    see also behavioral archaeology 另见行为考古学

temporal instability 时间的不稳定性, of things 物的, 6—7, 66, 100

temporalities 时间性, human-thing differences in 人与物的差异, 83—84, 85, 100, 102, 109, 147

    effect on human behavior 对人类行为的影响, 98—101, 103—104, 111, 150—151, *150*

    see also time 另见时间

Theseus' ship thought experiment 忒休斯之船的思想实验, 1, 59

thing-human entanglement 人与物的纠缠, 21, 22—26, 35—40, 70

    dependence 依赖关系, 22—26, 40, 41, 45, 113, 141—142

    hierarchical 等级的, 22—23, *22*

    and identity 和认同, 25

    and life cycles 和生命周期, 83—84

    and maintenance 和维护 see maintenance 见维护

    and mimesis 和模仿, 58, 117

    and ownership 和所有权, 96—97, 136—137

    phenomenology 现象学, 29—30, 179

    preferences 偏爱, 117—118

    racial 种族的, 172

    reflective/non-reflective 反思的/非反思的, 22

    and regulation 和监管, 85

    sensory 感官, 27

    and stability 和稳定性, 85, 170

    and temporalities 和时间性 see temporalities 见时间性, human-thing differences in 人与物的差异

    see also dependence 另见依赖关系, forms of 的形式; entanglement, 纠缠, definitions of 的定义; entanglement string theory 纠缠的弦理论

thing-in-itself 自在之物, concept of 的概念, 3—8, 59, 162

    and assemblages 和聚合体, 8

    and change 和变化, 4—5, 7, 16, 164

    and technology 和技术, 16

things 物, definition of 的定义, 1—4, 19—20

    as animate 有生命的, 19—20

    and self-sufficient stability 和靠自身的稳定性 see self-sufficient stability 见靠自身的稳定性, theory of 的理论

    see also thing-in-itself 另见自在之物, concept of 的概念

things 物, unruliness of 的野性, 84—85, 110

thing-thing interactions 物与物的相互作用, 43—49, 55—59

    bundling 捆绑, 52

    consumption 消费, 44

    dependencies 依附关系, 51—58

    discard 废弃, 44

    exchange 交换, 43—44

    ideas 观念, 58—59

    openness of 的开放性, 49, 53

    past and future 过去和未来, 58

    and performance characteristics 和性能特征, 55

    post-deposition 后堆积, 44—45

    production and reproduction 生产和再生产, 43

    use 使用, 44

Thomas, Julian 朱利安·托马斯, 60

Thomas, Nicholas 尼古拉斯·托马斯, 172
A Thousand Plateaus (Deleuze and Guattari) 《千高原》(德勒兹和加塔利), 175, 183
Tilley, Christopher 克里斯托弗·蒂利, 114
    The Materiality of Stone 《石头的物质性》, 35—36
    The Phenomenology of Landscape 《景观现象学》, 31—32
time 时间, 13—14, 98—100
    calendar 日历, 99
    contexts 背景, 99—100
    linear 线性的, 98—99
    periods 阶段, 163—164
    zones 区, 99
    see also clocks 另见时钟; present 当下, concept of 的概念
Tinbergen, Niko 尼科·丁伯根, 74
tools 工具 *see* technology 见技术
tooth size 牙齿尺寸, 129, 131—132, 136, 137

UNESCO World Heritage sites 联合国教科文组织世界遗产遗址, 185
University College London (UCL) 伦敦大学学院, school of material culture studies 物质文化研究学派, 20, 36

value of things 物的价值 *see* exchange value 见交换价值
Vienna 维也纳, fin de siècle 世纪末的, 114—115, 119
Vigne, Jean-Denis 让-丹尼斯·瓦因, 78
Visone software 维松软件, 145

Wagner, Otto 奥托·瓦格纳, 114—115
wall paintings 壁画, 81, 124
Wang Jiajing 王佳静, 128—130
war 战争, effects of 的影响, 184—185
Webb, John 约翰·韦布, 57
Weiner, Annette 安妮特·维纳, 25
Weiss, Ehud 埃胡德·韦斯, 132
wheel 轮子, introduction of 的引入, 46—47, 47
    in the Americas 在美洲, 72
    and draught animals 和役使动物, 72, 184
Whitehead, Alfred North 阿尔弗雷德·诺夫·怀特海, 164—165, 179
Willis, Paul 保罗·威利斯, *Learning to Labor* 《学做工》, 92
Winnicott, Donald 唐纳德·温尼科特, 25
Winterhalder, Bruce 布鲁斯·温特哈尔德, 79
Wölfflin, Heinrich 海因里希·沃尔夫林, 115
    Renaissance and Baroque 文艺复兴和巴洛克, 115—116
Wollstonecroft, Michèle 米歇尔·沃拉斯通克拉夫特, 74—75
Woodburn, James 詹姆斯·伍德伯恩, 28, 83, 86—87, 137
World Systems theory 世界体系理论, 21, 108
Wright, Karen 卡伦·怀特, 131, 132, 133
Wynn, Thomas 托马斯·怀恩, 23

Yorkshire Dales 约克郡河谷, 68—69

Zaslaw, Neal 尼尔·札斯洛, 119
Zeder, Melinda 梅琳达·齐德, 77—79, 105, 130, 132, 142

译 后 记

在这本著名的考古学理论著作翻译完成，即将付梓之际，再次翻开翻译手稿，不禁思绪万千。从着手本书的翻译到现在，已经过去近十年，作者、译者，相信也包括读者的生活和所思所想在这么多年中都发生了很多变化。作为一篇延续近十年的"纠缠小史"，我想在译后记里谈一下本书的翻译历程，以及自己在翻译过程中的思与获，希望能够帮助读者理解这本书的核心理念，也是为这场十年的纠缠之旅画上句点。

与《纠缠》邂逅

同《纠缠》这本书的纠缠开始于12年前的2012年。当时，这本书的第一版刚刚出版，伊恩·霍德教授受邀到中国社会科学院考古研究所（以下简称"社科院考古所"）和北京大学讲学。当时我还在吉林大学读硕士，从网络上得到消息后便和几位同学一起驱车来到北京，第一次见到了霍德教授。在讲座中，霍德教授并没有给大家讲纠缠理论，而是讲了恰塔霍裕克遗址的相关研究成果[①]。当时，由于种种原因，我并没有和霍德教授有过多交

---

① ［英］伊恩·霍德、赵志军、翟少冬：《恰塔胡由克（Çatalhöyük）的社会变化：一个9 000年前的土耳其小镇》，《南方文物》2012年第3期。

流，只是在社科院考古所同霍德教授一起拍摄了一张合影（见下图）。此时翻看这张合影，以纠缠的视角来看，每个人的人生轨迹都犹如纠缠的线缕一样发生了巨大的变化。

2012 年 3 月 12 日译者同作者在社科院考古所的合影（摄影：丁思聪）

（照片中的人物从左至右依次为：译者、赵潮、战世佳、琳恩·梅斯克尔、伊恩·霍德、张萌）

2013 年秋，我有幸来到社科院考古所攻读博士学位。其间，承蒙陈星灿老师和刘莉老师关照，让我有机会来到斯坦福大学考古中心访学，学习世界前沿的考古学知识。在斯坦福大学求学期间，我除了旁听刘莉老师有关中国考古学及微痕与残留物分析的课程外，还有幸旁听了霍德教授的"当代考古学理论"及"物：人与物之间关系的考古学"等课程。这两门课程从理论与实践两个维度对当代考古学最重要的理论流派及最新动向进行介绍。尤其是第二门课，在课上，霍德教授带着我们从不同的视角对考古学研究物质文化的理论方法进行了细致研读，课程主体内容便是以《纠缠》这本书的第一版为蓝本①。在去斯坦福大学之前我便已读过该书的部分内容，在听课的过程中，对书的内容有了更深的理解。当时觉得人与物之间的关系是除了过程考古学与后过程考古学之外的一个全新视角，为我们研究古代社会及其文化变化提供了一个新方法；书中对其他理论的论述也可以让我们了解当代考古学理论发展的现状。鉴于这本书的很多内容对国内考古学界来说仍比较陌生，在听过课之后，我便向霍德教授表明了将这本书翻译成中文的想法。霍德教授对此欣然同意。这样，2015年初我还在斯坦福大学学习期间便开始着手《纠缠》第一版的翻译。

遗憾的是，由于博士论文写作和博士后研究等原因，翻译工作被一再搁置，进展缓慢，直至2023年年初才将第一版的译稿完成。但在联系出版社时得知，《纠缠》一书的第二版即将在2023年下半年出版。经过和出版社及作者本人商议后，决定在该书第一版译稿的基础之上，翻译出版第二版。又过了一年时间，终于在2024年年初完成了第二版的翻译修改。鉴于各种原因未让《纠缠》一书中译本及时出版，在此，对一直关心该书翻译进展的作者深表歉意。

但经历漫长的翻译周期并非全无益处。在翻译本书的过程中，我曾就书中很多内容向作者求教，霍德教授均对此给予耐心解答，很多解答内容被编排到了译者注部分。我在斯坦福大学求学时，还就后过程考古学及纠缠理论等问题对霍德教授进行深度访谈②，并对霍德教授及其相关理论思想的文章进行了译介③。在翻译期间，我完成了以后过程考古学理论与实践为主题的

---

① Hodder, I., 2012. *Entangled: An Archaeology of the Relationships between Humans and Things*. Oxford：Wiley Blackwell.

② ［英］伊安·霍德、刘岩、杨旭：《伊安·霍德（Ian Hodder）教授访谈录》，《南方文物》2016年第1期。

③ ［英］伊安·霍德著，刘岩译：《后过程考古学的发展历程》，《南方文物》2020年第3期；［瑞典］阿萨·伯格伦、［瑞典］比约恩·尼尔森著，刘岩译：《回顾与展望：反身考古学还是反身的方法？》，《南方文物》2017年第1期。

博士论文①，并应用《纠缠》一书中提到的很多人与物之间的关系理论如惯习理论②、情境分析法③和现象学理论④进行个案研究，对这些理论有了更深刻的理解。与此同时，我也注意到纠缠理论被各国的考古学者用来研究殖民历史、农业与景观利用及社会不平等等问题⑤。这些研究无疑让我从实践角度更深刻地理解了纠缠理论的价值和应用策略。我也曾撰写文章积极探索该理论对中国考古学的启示，以及在中国考古学研究中应用的可能性，指出了纠缠理论在促进科技考古同社会理论的整合、田野考古的高精度发掘、从多个视角研究社会文化变化方面能够发挥巨大的优势⑥。其中，纠缠理论对研究农业起源的重大价值已经引起了中国考古学者的注意，霍德教授在《纠缠》一书的第二版中也引用了达特茅斯学院王佳静博士解释中国南方地区稻作农业起源的案例。在这个案例中，水稻的驯化被看作是因人与物之间关系的意外后果而发生（见本书第八章）⑦。同样，针对纠缠理论在实际应用中重物质、轻观念的特点，我将纠缠理论同惯习理论、关系本体论、社会记忆理论相结合，对纠缠理论进行改造，并应用改造后的纠缠理论对中国新石器

---

① 刘岩：《后过程考古学理论体系的研究与实践》，中国社会科学院研究生院博士学位论文，2018年。

② 刘岩：《日常生活实践：查海遗址聚落空间的社会考古学研究》，《考古》2020年第12期；刘岩：《内蒙古白音长汗遗址兴隆洼文化时期的社会空间研究》，《边疆考古研究（第27辑）》，科学出版社，2020年，第117—134页。

③ 刘岩：《西方考古学的关键概念：context的含义分析》，《东南文化》2020年第1期。

④ 刘岩：《牛河梁遗址与良渚古城遗址的景观考古学研究》，北京师范大学博士后出站报告，2021年；刘岩、赵俊杰：《吉林安图县金代长白山神庙遗址的景观考古学研究》，《边疆考古研究（第34辑）》，科学出版社，2023年，第344—363页。

⑤ Der, L. and F. Fernandini (eds.), 2016. *Archaeology of Entanglement*. Walnut Creek: Left Coast Press; Bauer, A. and S. Kosiba, 2016. "How Things Act: An Archaeology of Materials in Political Life". *Journal of Social Archaeology* 16 (2), pp. 115—141；江芝华：《兰阳平原新石器时代晚期人地关系的纠葛：以宜兰县丸山遗址为例》，《台湾大学考古人类学刊》2019年总第91期。

⑥ 刘岩：《考古材料研究的新视角：人与物之间关系的纠缠理论分析》，《东南文化》2021年第1期。

⑦ Wang, J., 2023. "A Posthumanist Approach to the Origins of Rice Agriculture in Southern China". *Current Anthropology* 64 (3), pp. 242—268.

时代社会的衰落进行解释，认为纠缠本身所具有的复杂性、不稳定性与矛盾性会让社会变化沿着多条潜在的路径发生①。很荣幸，我在文章中对抽象观念的强调在本书中被霍德教授所采纳（见本书第七章）。可以说，本书的翻译是同译者近些年的学术探索和实践同步进行的。这些学习和探索过程无疑对保证译文的准确性大有裨益。

纠缠理论含义的简析与变化

在本书的翻译期间，霍德教授有关纠缠理论的思想也在不断变化。正如本书第一章中所说，纠缠理论从提出至今经历了三个阶段的变化。在 2012 年的第一版《纠缠》中，霍德最初将纠缠定义为人对物的依赖、物与物之间的相互依赖、物对人的依赖，以及人与人之间的相互依赖这四类关系的总和②。然而，霍德还指出，很少有物与物之间的关系不涉及人，以及人与人之间的关系不涉及物的情况，因此，在 2016 年出版的纠缠理论著作中，霍德将纠缠理论定义为，积极依赖关系与消极依附关系的辩证与双重约束关系，即人依赖物，但人依赖的物反过来也依赖人并束缚人的自由活动，即人对依赖人的物具有依赖性（或物对依赖物的人具有依赖性）③。此后，霍德在 2018 年出版的《纠缠小史：人与物的演化》（以下简称"《纠缠小史》"）这本通俗性著作中，对该定义中的双重约束性进行了详细论述，并用纠缠理论解释宏观的社会演化，认为纠缠让人类社会的演化具有了一般方向性，即人在利用物解决各种事情时产生的人-物、物-物、物-人纠缠会

---

① Yan, L., 2023. "Complexity, Instability and Contradiction: The Impact of Human-Thing Entanglement on the Social Decline of the Hamin Mangha Neolithic Site in China". *Cambridge Archaeological Journal* 33 (1), pp. 75—97.

② Hodder, I., 2012. *Entangled: An Archaeology of the Relationships between Humans and Things*. Oxford: Wiley Blackwell.

③ Hodder, I., 2016. *Studies in Human-Thing Entanglement*. Creative Commons Attribution (4.0).

加深物对人的束缚，因为在这一过程中，人们会不断遇到新问题并借助新的物去解决，使得纠缠关系随着时间的推移越来越复杂，新的问题、矛盾、冲突与偶发事件频发，人们会不断陷入自身活动的意外后果之中①。但在霍德看来，这种辩证论的定义依然有问题，因为很多时候我们很难界定人与物的边界，人的体内包含着各种物质、能量与信息流，而且人的身体、心智、人格等也延伸到了物质世界。对此，霍德在本书中将纠缠定义为一种隐喻，试图厘清由物质的正向流动与逆向流动构成的具有矛盾性质的混杂状态，而物（包括人、动物、事物、观念、社会组织机构等）正是在这种流动的混杂状态下生成并聚合在一起的（见本书第一章）。从中我们可以看出，霍德受到了布鲁诺·拉图尔②、蒂姆·英戈尔德③、吉尔·德勒兹④、阿尔弗雷德·怀特海⑤、亨利·柏格森⑥、简·本内特⑦等学者强调的，人与物之间不断运动和关联的本体论与新物质主义⑧思想的影响，即便霍德的纠缠理论同这些学者的思想相比，更强调人与物之间具有束缚性质的依附及不对称关系。这些思想让霍德的纠缠理论完成了"由物到流"的转变，提出了"走向纠缠的弦理论"，从本体论角度指出构成世间存有的是物质、能量、信息、欲望的流动、过程和力场，而过去、现在、未来，以及时间与空间都处在不断变

---

① ［英］伊恩·霍德著，陈国鹏译：《纠缠小史：人与物的演化》，文汇出版社，2022年。

② ［法］布鲁诺·拉图尔著，刘鹏、安涅思译：《我们从未现代过：对称性人类学论集》，上海文艺出版社，2022年。

③ ［英］蒂姆·英戈尔德著，张晓佳译：《线的文化史》，北京联合出版公司，2023年。［英］蒂姆·英戈尔德著，朱怡芳译：《制作：人类学、考古学、艺术学和建筑学》，江苏凤凰美术出版社，2025年。

④ ［法］吉尔·德勒兹、［法］费利克斯·加塔利著，姜宇辉译：《资本主义与精神分裂（卷2）：千高原（修订译本）》，上海人民出版社，2023年。

⑤ ［英］怀特海著，杨富斌译：《过程与实在：宇宙论研究（修订版）》，中国人民大学出版社，2013年。

⑥ ［法］亨利·柏格森著，陈圣生译：《创造的进化论》，漓江出版社，2012年。

⑦ ［美］简·本内特著，马特译，张靖松校：《活力物质："物"的政治生态学》，西北大学出版社，2024年。

⑧ Harris, O., C. Cipolla., 2017. *Archaeological Theory in the New Millennium*. London：Routledge.

化、运动和生成的过程之中（见本书第十章）。由此，霍德会在书中引用"忒休斯木船悖论"及亚里士多德的名言"人不能两次踏进同一条河流"，并极力指出康德笔下的"自在之物"是不存在的，存在的只是由各种物质与社会力量所控制的物质流、能量流与信息流（见本书第一章）。

纠缠理论的变化还体现在其囊括的范围在学术批评与回应中不断拓展。学术界对纠缠理论的批评主要集中在以下几点：过于关注物质关系，而忽略人与人及抽象观念层面的关系；过于关注人对物的照管、实际功能性及物对人的束缚，而忽略或弱化了人与物之间的其他联系，如人与物的精神关系及人与物的对称关系；纠缠理论有关纠缠深度不断增加及人类无法摆脱纠缠的思想具有决定论、宿命论和保守主义等色彩；如何在研究中控制好时间尺度并对纠缠进行量化等[1]。

针对人与人之间的抽象纠缠，霍德在2016年的著作及本书中对这一部分内容进行了扩充，尤其侧重从纠缠的角度去理解权力、不平等、贫困、情感纽带及宗教。在权力、不平等与贫困方面，霍德指出，被统治阶层受到人与物之间的纠缠及统治阶层的约束，手里的资源配置不足以让其摆脱不平等和贫困（见本书第五章）。此外，霍德还指出人与人之间还会在生与死、爱与恨、对祖先的崇拜（见本书第五章），以及在不同感官、不同领域营造相同意义与情感层面产生联系。其中，本书第七章论述了浪漫主义、法国革命、个人主义与中产阶级音乐观、钢琴技术变革、音乐与声音的情感表达等因素使得音乐、社会、身体、情感在特定的社会背景下实现了共鸣。在第七章中，霍德还指出了恰塔霍裕克遗址割人头与兽头的现象所反映出的物的功能性、不同领域的抽象观念，以及具身实践方面所具有的观念一致性：在恰塔霍裕克，将祖先的头骨留给后人保存具有构建历史记忆、维护社会的延续

---

[1] Hodder, I., 2016. *Studies in Human-Thing Entanglement*. Creative Commons Attribution (4.0), Chapter 9.

性作用；同时，割头的现象在近东有着悠久的历史传统，还可能同某种神话相联系；在房屋的室内装饰、壁画、雕塑、陶器等背景中出现，表明割头作为一种观念广泛存在于不同时空背景下的多个领域；不仅如此，人们在割人头和兽头，以及在给头骨、房屋墙壁与地面抹泥的这几个场景上具有身体感知上的一致性，以至于人们在经历一个场景时会想起其他场景，让头骨和抹泥这两件事物在社会中能够传递神圣性①。在宗教方面，霍德从宗教解释和解决世间的苦难、灾祸等超验难题出发，指出宗教的物质性与实践性使其可以作为人们解决复杂的、难以厘清的且超越人类生命史与生命体验的纠缠关系的策略，如恰塔霍裕克遗址用野牛的神力来告慰死者；但他也指出，宗教的解决策略是暂时性的，只会让人获得片刻的宽慰，却让人长期陷入宗教涉及的物质及终极观念的支配关系中②。

有关纠缠的方向性、因果决定论与普遍性问题。霍德在不同的场合用石煮法及棉花生产等例子揭示了纠缠随着时间的推移而变得复杂，以及纠缠的复杂性、异质性让变化、矛盾和冲突得以显现，促使人们用新技术、新物质解决问题，从而进一步加剧纠缠的复杂性及对人的束缚性这一普遍过程（见本书第十章及《纠缠小史》）。但同时也指出了纠缠关系是在具体的社会与物质背景下建立的，特别强调对具体材料进行详细个案分析的重要性，同时，否认将上述一般性的纠缠过程看作是客观规律，认为纠缠关系的建立是具体背景下的理论、方法、仪器、材料证据的互动过程，离不开考古学家利用考古学知识，在一定的学术规范下对考古证据的阐释（见本书第九章）。因此，霍德强调纠缠的历史特殊性与阐释性特征。这同霍德早期的情境考古

---

① 刘岩：《考古材料研究的新视角：人与物之间关系的纠缠理论分析》，《东南文化》2021 年第 1 期。

② Hodder, I., 2016. *Studies in Human-Thing Entanglement*. Creative Commons Attribution (4.0), Chapter 7.

学主张是一致的①。而针对引发变化的动因等问题，纠缠本身的复杂性、异构性与偶然性使得该理论反对单一的因果决定论，强调变化发生的多种路径，主张从人与物的实践关系内部去梳理变化的具体过程而不是借用抽象的、看不见的宏大叙事（如环境变化、人口压力等）去解释变化。而此时，考古学中被热烈讨论的能动性概念则被看作是由人与物之间的互动关系带来的意外后果所引发的让事情发生的能力②。

至于纠缠理论的宿命论、过于强调人与物之间的负面关系，霍德对此也有回应。在霍德看来，纠缠理论的确指出了人类发展过程中的某些必然性，如人很难脱离物的束缚，万物所经历的物理、化学与生物过程，以及人们一旦进行了农业革命走向定居生活便走向了路径依赖之路，很难回头。但同时，由于复杂之物不受人管控的野性、多重时间性，使得纠缠也会产生类似蝴蝶效应一样人们无法预测的偶然事件，如千年虫危机的爆发，史前时代纺轮、轮子的使用在数千年后引发战争、产业革命、剥削、殖民等意外后果。在霍德看来，人们一直在探索减轻纠缠的方法，如进行循环经济，试图采用本土原住民对工业景观及遗产的态度（详见《纠缠小史》）等。但同时，霍德也坦言，我们目前还没有找到一个可以长久摆脱纠缠的有效方法，即便某些社会短期之内试图减轻纠缠的束缚，但也都是在现有的策略基础上进行的小修小补。人们要改变一直以来沿用的依赖新物品、新技术解决问题的策略，探寻其他方案，从追溯人-物纠缠关系链条中获取远见卓识，要"多一些智慧，少一些匠气"③。至于构成纠缠理论核心特征的人与物之间负面的依附关系，霍德也坦言，这是纠缠理论同行动

---

① [英]伊恩·霍德、[美]斯科特·赫特森著，徐坚译：《阅读过去：考古学阐释的当代取向》，北京大学出版社，2020年。
② 有关能动性理论的讨论见：曹斌编译，林永昌审校：《考古学：实践和能动性理论》，上海古籍出版社，2021年。
③ [英]伊恩·霍德著，陈国鹏译：《纠缠小史：人与物的演化》，文汇出版社，2022年。

者网络理论、聚合体理论等更强调对称关系的理论之间最大的不同之处。虽然批评者指出这一特征使得纠缠理论无法完全摆脱学界一直批判的现代社会以来建立的主客二元对立论，但霍德认为，这一理论也打破了现实社会中的平等主义神话，揭示出了古代与现代社会中存在的诸多不平等现象。用格拉汉姆·哈曼（Graham Harman）的话说，"对拉图尔而言，统治阶层和被统治阶层是可以转化的，这是因为被统治阶层可以通过切断统治阶层的网络关系而推翻现有的社会格局……对霍德而言，人与物之间的依附关系是很难改变的"①。不难看出，正如很多学者所说，纠缠理论过于突显了人类社会中的消极现象，对于构建平等、和谐、积极的人类社会秩序而言未免有些悲观，或许这也是为何更多学者愿意接受第十章所列出的关系本体论思想，去关注人与物之间更积极、更丰富、更有活力、更多元的互动关系。但正如霍德在本书最后一章所说，纠缠理论旨在反映当代社会中存在的贫富差距与阶级固化现象，当下的世界远不是新物质主义者们笔下万物平等的世界，平等只是这些学者们的诉求，不平等与不公正在当下社会真实存在。这也体现了本书的现实关怀。

最后，有关纠缠的量化与界定的方法。霍德自纠缠理论提出起，就积极探寻量化方法的应用。霍德在本书第九章中论述了网络分析、多元统计分析等方法在定量纠缠分析中的应用，为我们提供了很多新的案例。但从中我们也不难发现，霍德在应用定量方法进行分析并表达了这种方法的广阔前景的同时，也对其保持谨慎态度，呼吁大家注意量化分析背后的阐释过程。同时也再次表明，纠缠理论的深入研究需要建立在高精度的材料及大量基础的功能分析与理化分析的基础之上。

---

① Harman, G., 2014. "Entanglement and Relation: A Response to Bruno Latour and Ian Hodder". *New Literary History* 45（1），pp. 37—49.

思想史视角下的纠缠理论与霍德考古学思想的脉络

  需要承认的是，翻译这样一本充满哲学、理论和思辨色彩的书的确是一项充满挑战的工作。除了要对书中提到的很多概念理论进行深入理解外，还需要在作者学术思想演变乃至整个考古学学科范式转变的背景下理解本书的内容。纵观霍德的学术经历，其考古学思想的变化同近四十年来整个考古学大趋势的变化是一致的。考古学中每一个重要的节点都可以看到霍德的身影。用霍德在采访中的话说，"我不喜欢在思想上故步自封，也不喜欢在某种理论上停滞不前"[①]。

  了解考古学史的读者对本书的作者应该并不陌生。霍德是英国后过程考古学运动的代表人物，师从著名的考古学家戴维·克拉克（David Clark）。霍德最早是一位过程考古学家，主要从事考古学空间分析研究[②]。但在研究的过程中，霍德发现相同空间模型背后可以有多种解释。霍德推测，相同空间分布模式背后可能存在不同的社会过程。对此，霍德在非洲进行民族考古学研究，发现了群体内部的社会策略、物质文化的象征意义及群体认同的表达方式等[③]。在此基础上，霍德召开学术会议，对过程考古学展开批判，并著书立说，开启后过程考古学运动[④]。霍德主张应用结构主义、社会实践理论，并吸收心态史、新文化史及观念主义、历史哲学等思想对物质文化在古代社会历史背景及当代社会背景中的社会与结构性意义进行多元阐释[⑤]。后

---

  ① ［英］伊安·霍德、刘岩、杨旭：《伊安·霍德（Ian Hodder）教授访谈录》，《南方文物》2016年第1期。
  ② Hodder, I., C. Orton, 1976. *Spatial Analysis in Archaeology*. Cambridge：Cambridge University Press.
  ③ Hodder, I., 1982. *Symbols in Action*. Cambridge：Cambridge University Press.
  ④ Hodder, I. (ed.), 1982. *Symbolic and Structural Archaeology*. Cambridge：Cambridge University Press.
  ⑤ ［英］伊恩·霍德、［美］斯科特·赫特森著，徐坚译：《阅读过去：考古学阐释的当代取向》，北京大学出版社，2020年。

过程考古学开启考古学研究的人文转向，让考古学研究除了具有假说验证的理性色彩外，还具有了强调人文理解的感性一面①。在此基础上，霍德不断探索将考古学同社会学、历史学、文化人类学等学科相结合的路径，应用惯习（或习性）与能动性理论去研究社会凝聚力的构建及个人与社会的关系问题②，提出反身研究法，在考古实践中将理论、方法与材料整合在一起进行多元阐释与多重叙事，将考古实践同当代社会问题与知识生产相结合③。同时，霍德将上述诸多理论应用于农业起源④、史前宗教的特征表现与社会作用⑤，以及土耳其恰塔霍裕克遗址的发掘与社会考古学⑥研究中。

但情况自霍德1999年来到斯坦福大学之后开始悄悄发生变化。进入21世纪，过程考古学与后过程考古学的论战逐渐平息，二者从最初的针锋相对，开始进行相互借鉴，出现了过程考古+（processual archaeology plus）⑦、历史过程主义⑧等融合科学方法、能动性、权力及性别等理论的新视角。而霍德来到美国后，也开始受到美国考古学思想的影响，阅读了很多行为考古、行为生态学与人类行为生态学、复杂系统论及新进化论等方面的著作，这在《纠缠》一书中均有所体现⑨。此后，拉图尔的行动者网络理论等新物

---

① 陈胜前：《理解后过程考古学：考古学的人文转向》，《东南文化》2013年第5期。
② Hodder, I., C. Cessford., 2004. "Daily Practice and Social Memory at Çatalhöyük". *American Antiquity* 69 (1), pp. 17—40; Hodder, I., "Agency and Individuals in Long-Term Processes". In Dobres, M-A., J. Robb (eds.), 2000. *Agency in Archaeology*. London: Routledge, pp. 21—33.
③ Hodder, I., 1999. *The Archaeological Process: An Introduction*. Oxford: Blackwell.
④ Hodder, I., 1990. *The Domestication of Europe*. Oxford: Blackwell.
⑤ Hodder, I., 2010. *Religion in the Emergence of Civilization*. Cambridge: Cambridge University Press.
⑥ Hodder, I., 2006. *The Leopard's Tale: Revealing the mysteries of Çatalhöyük*. London: Thames & Hudson.
⑦ Hegmon, M., 2003. "Setting Theoretical Egos Aside: Issues and Theory in North American Archaeology". *American Antiquity* 68 (2), pp. 213—243.
⑧ Pauketat, T. R., 2001. "Practice and History in Archaeology: An Emerging Paradigm". *Anthropological Theory* 1 (1), pp. 73—98.
⑨ ［英］伊安·霍德、刘岩、杨旭：《伊安·霍德（Ian Hodder）教授访谈录》，《南方文物》2016年第1期。

质主义思想影响到考古学界，让考古学也卷入了本体论与物质转向的学术思潮中①。霍德注意到了这一转向并积极回应，加之恰塔霍裕克遗址的长期考古实践，让霍德意识到，相比于之前对人的能动性与象征符号的强调，物质因素在人类社会生活中发挥着积极作用。在此基础上，《纠缠》这本书的写作便水到渠成了。

如果将纠缠理论同我们较为熟知的后过程考古学进行比较，我们可以对两者的关系及后过程考古学本身理解得更加深刻。霍德在《阅读过去：考古学阐释的当代取向》一书的开篇就指出了后过程考古学的三大特征，即关注个人的能动性、文化意义与背景，以及历史情境②。纠缠理论依然对这三个特征有所涉猎，但表现形式有所不同。纠缠理论同样强调能动性，但能动性已经不仅局限在人，而是纠缠本身所具有的产生某种后果的能力。换言之，变化的推动力由个人变为纠缠关系本身。至于能动性的另一重含义——权力，后过程考古学强调人对他人的支配权或通过空间与身体所彰显的规训权力③；而纠缠理论更强调依附关系所产生的权力差异（见本书第五章），认为被统治阶层除了受到统治阶层的支配外，还受到依附关系的羁绊，离开既有体系的选择和资源更有限。文化意义方面，虽然纠缠理论也强调抽象的文化意义，但认为影响人行动方式的并不是文化、传统或实践逻辑（即惯习），而是物质条件、依附关系与路径依赖，并强调物质、社会、观念和身体需要相互契合。情境方面，《纠缠》第一版中的情境概念基本沿袭了后过程考古学中情境的大部分内容，即实践、社会及历史与当代，但受新物质主义影响，本书中情境的含义由之前的静态转向动态，关注的是物质、能量、信息

---

① Witmore, C., 2007. "Symmetrical Archaeology: Excerpts of a Manifesto". World Archaeology 39 (4), pp. 546—562.
② [英]伊恩·霍德、[美]斯科特·赫特森著，徐坚译：《阅读过去：考古学阐释的当代取向》，北京大学出版社，2020年。
③ Miller, D., C. Tilley (eds.), 1984. Ideology, Power and Prehistory. Cambridge: Cambridge University Press.

的聚合过程。可见，纠缠理论虽在形式结构上延续了后过程考古学，但二者已经有了较多区别。

我们还可以从特里格（B. Trigger）对后过程考古学三波浪潮的归纳来比较纠缠理论和后过程考古学。这三波浪潮分别是强调结构与象征的情境考古、强调权力的能动性考古，以及强调感官体验的现象学考古①。前两波浪潮的内容在上文中已有所体现。而在现象学方面，纠缠理论更强调人与物之间在实践中的具身关系与关系性而非主、客体对立的思想，至于感官体验方面，纠缠理论更强调身体、感官、物质、技术、社会观念之间的和谐一致（见本书第七章有关抽象化、隐喻、通感、共鸣的论述），即情感体验也是在纠缠关系网络中产生的。由此可见，纠缠理论的很多特征能够在后过程考古学中找到影子，但其侧重点发生了较大的变化，加入了很多新物质主义及本体论转向的元素。不过，由于纠缠理论强调人与物之间的差异性以及依附关系所体现的不对称性，使得主张前者的学者们大多将霍德排除在外②。对此，或许正如陈胜前教授在本书的推荐语中所说，纠缠理论对考古学研究的阐释性特征的强调（见本书第九章）使其依然是后过程考古学理论体系的一部分，我们或许可以将其称为后过程考古学的第四波浪潮。

不论怎样，正如两位外国考古学家对本书的推荐语所说，在过去的四十年中，霍德的思想一直在变化，而且难能可贵的是，霍德的思想和著作一直处在学术前沿，是考古学理论论争的焦点。霍德考古学思想的变化特征很好地诠释了万物皆流的思想。在提出纠缠理论之后的这十年里，霍德的学术思想依然在变化。这使得本书作为《纠缠》的第二版，同第一版出现了很大的差别。霍德已经在本书的序言中向读者告知了两版著作的差别，主要表现在

---

① ［加］布鲁斯·G. 特里格著，陈淳译：《考古学思想史（第 2 版）》，中国人民大学出版社，2010 年。

② Alberti, B., 2016. "Archaeologies of Ontology". *Annual Review of Anthropology* 45, pp. 163—179; Harris, O., C. Cipolla., 2017. *Archaeological Theory in the New Millennium*. London: Routledge.

新版删去了第一版中的进化论部分，认为进化论同本书的论点之间已经出现了矛盾。同时，新版的第二、三、四和七章基本保留了第一版的内容，并将第一版后边章节的相关内容，按照内容重组到新版的其他章节中，以保证结构的清晰连贯。新增的主要是"由物到流"的视角、人与人之间的关系、案例及方法部分。这些内容在前文有关纠缠理论变化的部分已经有所涉猎，故不赘述。用霍德在本书中倡导的最新观点来说，《纠缠》这本书作为一条运动关系线缕的连接通道，让近十年间作者与译者的个人生命历程、学术界及整个社会的发展变化一起，从过去流向未来。而纠缠理论因其将普遍性与特殊性、科学与人文、人与物、主体与客体、存在与生成相结合，以及强调自下而上分析考古材料的旧大陆学术传统，可以为中国考古学理论体系的构建带来有益的启发。

最后，在本书即将付梓之际，我要向为本书的翻译提供过无私帮助的各位师友表达谢意。感谢霍德教授对我在斯坦福大学访学期间学业方面给予的关心和帮助，让我有机会去恰塔霍裕克遗址学习后过程考古学的实践，同时，对我在翻译过程中遇到的问题给予细致的解答，尤其对我改造纠缠理论提出肯定性建议。感谢我的博士导师陈星灿教授一直心系本译著的出版，积极帮助联系出版事宜，并对我进行理论探索与实践研究提供诸多建设性建议。感谢斯坦福大学刘莉教授对我在斯坦福大学学习期间的专业教诲，让我看到了将微观考古分析和宏观社会理论相结合去解决问题的研究思路。感谢陈星灿、陈胜前两位老师在百忙之中通读译稿，并对本书进行推荐，感谢北京师范大学哲学学院万兆元老师对书中部分哲学概念的翻译给出建议。感谢我学术道路上的挚友和师兄复旦大学张萌博士在我进行学术探索的过程中经常同我进行理论交锋与思路碰撞，让我可以不断思考纠缠理论同科学考古学范式的异同。我的几位本科学生也参与了本书的修订与校对，李晨舟、赵子正对译稿进行通篇阅读与修订，王欣艳对参考文献和索引进行核对修订，对几位同学的认真负责与辛苦劳动表示感谢。感谢北师大历史学院参加《纠缠小史》读书小组和我一起阅读和学习纠缠理论的各位同学——忽蓝、黄元琪、江怡慧、李凤昉、马泽林、溥吉涛、沈瑜霖、王欣艳、魏智诚、严君菡、杨震宇、于若芸、赵婉彤、赵子正。在那段时间里，大家通过阅读和讨论来一起应对初入大学和不确定环境带来的迷茫、不安与彷徨。在和你们的交流中，我看到了纠缠理论帮助大家理解疫情、内卷、新媒体、消费主义等社会热点的价值，希望纠缠理论也可以在未来帮助你们去适应一个个充满无限可能性和复杂性的新环境。感谢上海古籍出版社慧眼识珠，将这本重要的理论著作引进国内，感谢王璐女士和宋佳女士为本译著的出版所作的辛苦努力。最后，感谢在本书翻译过程中，一直给予我关心和支持的家人、朋友，你们的支持是我坚持完成翻译的动力。

古诗云"十年磨一剑"。虽然本书的翻译工作前后持续了近十年，但远未达到"磨一剑"的程度，更多是本人自我学习、自我探索、和作者对话、理解作者所言所思并将作者的思想转译给读者的过程。由于本人的学识和能力所限，书中难免有不足、疏漏甚至错误之处，恳请各位读者批评指正。

刘　岩
2024 年 4 月 9 日于北京师范大学珠海校区

图书在版编目(CIP)数据

纠缠：人与物之间关系的考古学／(英)伊恩·霍德著；刘岩译．－－上海：上海古籍出版社，2025.3.
ISBN 978－7－5732－1515－4
Ⅰ．K851
中国国家版本馆 CIP 数据核字第 20259G9W03 号

Title: Entangled: A New Archaeology of the Relationships between Humans and Things
By Ian Hodder, ISBN: 9781119855866

Copyright © 2024 by John Wiley & Sons, Inc. All rights reserved.

All Rights Reserved. This translation published under license with the original publisher John Wiley & Sons, Inc.
No part of this book may be reproduced in any form without the written permission of the original copyrights holder.
Copies of this book sold without a Wiley sticker on the cover are unauthorized and illegal.

本书简体中文版专有翻译出版权由 John Wiley & Sons, Inc.公司授予上海古籍出版社。
未经许可，不得以任何手段和形式复制或抄袭本书内容。
本书封底贴有 Wiley 防伪标签，无标签者不得销售。
版权所有，侵权必究。

责任编辑：王　璐　宋　佳

装帧设计：阮　娟

技术编辑：耿莹祎

纠缠：人与物之间关系的考古学

(英)伊恩·霍德　著
刘　岩　译
上海古籍出版社出版发行
(上海市闵行区号景路 159 弄 1－5 号 A 座 5F　邮政编码 201101)
　(1) 网址：www.guji.com.cn
　(2) E-mail：guji1@guji.com.cn
　(3) 易文网网址：www.ewen.co
上海天地海设计印刷有限公司印刷
开本 787×1092　1/16　印张 23.25　插页 3　字数 317,500
2025 年 3 月第 1 版　2025 年 3 月第 1 次印刷
印数：1—2,100
ISBN 978－7－5732－1515－4
K·3809　定价：108.00 元
如有质量问题，请与承印公司联系